普通高等教育"十一五"国家级规划教材

高校工程管理专业指导委员会规划推荐教材

# 国际工程承包
（第二版）

何伯森　主编

中国建筑工业出版社

图书在版编目（CIP）数据

国际工程承包/何伯森主编. —2版. —北京：中国建筑工业出版社，2006

普通高等教育"十一五"国家级规划教材
高校工程管理专业指导委员会规划推荐教材
ISBN 978-7-112-08581-1

Ⅰ.国... Ⅱ.何... Ⅲ.对外承包-承包工程-高等学校-教材 Ⅳ.F752.68

中国版本图书馆CIP数据核字（2006）第133141号

---

普通高等教育"十一五"国家级规划教材
高校工程管理专业指导委员会规划推荐教材

国 际 工 程 承 包
（第二版）

何伯森 主编

\*

中国建筑工业出版社出版、发行（北京西郊百万庄）
各地新华书店、建筑书店经销
北京密云红光制版公司制版
北京富生印刷厂印刷

\*

开本：787×960毫米 1/16 印张：18¾ 字数：389千字
2007年1月第二版 2012年9月第二十次印刷
定价：32.00元
ISBN 978-7-112-08581-1
（20950）

版权所有 翻印必究
如有印装质量问题，可寄本社退换
（邮政编码100037）

本社网址：http://www.cabp.com.cn
网上书店：http://www.china-building.com.cn

本书是在 2000 年《国际工程承包》(第一版)的基础上重新编写的,是高校工程管理专业指导委员会规划推荐教材。

本书介绍了国际工程的有关概念,分析与展望了国际工程的市场形势,介绍了国际工程人才的培养模式、国际上通用的招标程序、合同模式以及国际工程的投标程序和技巧,详细地讨论了如何进行国际工程的投标报价,并附有几个案例。且详细地介绍了国际工程项目施工阶段的管理,包括施工管理的程序、项目经理部的组织形式、人力资源管理,各种计划管理体系的制定和控制;承包商的项目资金管理;物资、设备管理;信息文档管理和信息沟通交流;国际工程施工的项目文化建设以及项目危机的处理机制。还详细介绍了总承包商的组织管理以及对分包商的选择和分包合同的管理。讨论了国际工程项目的索赔管理,包括索赔的理念、类型、常用的索赔定量计算模型,并介绍了建立索赔专家系统模型的新思路。

本书作者均具有在国外从事国际工程承包的实践经验。全书内容与已出版的《国际工程合同管理》密切配合,丰富而翔实,兼顾理论性与实用性。本书不仅可以供高等院校"工程管理"专业作为专业教材,也完全可以作为其他"工程类"(如土木、水利、路桥、铁道、电力、石油、化工、电信、矿冶等)专业开设相关课程的教材,同时也可供各个对外公司、工程公司、咨询公司以及相关的财会、物资、法律工作者在工作中学习参考。

* * *

责任编辑:张　晶　向建国
责任设计:董建平
责任校对:张树梅　王金珠

# 第 二 版 前 言

我国工程建设企业走向国际工程承包和咨询市场已有二十六载春秋,在"走出去"战略思想的指引下,至 2005 年底,我国对外公司数已发展到 1800 多家,在 180 个国家和地区签订了大量的国际工程承包、咨询和劳务项目合同,其中国际工程承包累计签订合同额 1859.1 亿美元,完成营业额 1357.9 亿美元。2005 年我国公司全年新签国际工程承包合同额 296 亿美元,完成营业额 217.6 亿美元,2005 年有 46 家公司进入 225 家国际大承包商的行列,共完成国外营业额 100.7 亿美元。目前,我国已成为全世界对外承包工程的第六大国,这个行业开始进入了快速、良性的发展轨道。在看到我国开拓和占领国际工程市场方面取得巨大成绩的同时,也应看到我国和发达国家公司的差距。上述 46 家公司国外营业额的总和还比不上 225 家中第 3 名的一家法国公司,该公司国外营业额为 102.68 亿美元。我国承包企业在国外承包的工程项目中大型项目较少,工程咨询设计走出国门的很少,设计—建造、交钥匙总承包项目也比较少,经济效益也不理想。产生上述问题的根本原因之一是国际工程管理人才匮乏。

我国已经加入世界贸易组织,国内的建设市场日益对外开放,国外的咨询设计和工程公司正在走进中国这个巨大的建设市场,但入世也为我国的建设大军走向国际市场创造了更好的条件。如何利用入世的机遇,迎接入世的挑战,使我们的思想、知识和理念更好地与国际接轨,是摆在我国工程建设行业有关的政府部门、公司企业、管理人员、技术人员和教育工作者面前的重大课题。

我国工程管理专业和其他工科类专业的学生应该懂得更多的国际工程投标、承包和工程管理的国际惯例,以便在有机会从事国际承包工程时有必要的知识储备。

本书的特点是:

1. 注重基本理论概念的阐述。书中注重基本理论概念的阐述和分析,如国际工程的概念及其特点;国际工程项目的招标程序、合同类型;国际工程项目的投标决策和投标报价的特点;国际工程项目的施工组织与控制、资金管理、物资采购、信息管理、项目文化和危机管理;国际工程管理人才的素质要求;国际工程总包与分包管理;国际工程索赔的定量计算模型;索赔矩阵等,以帮助学生打好国际工程承包的理论基础。

2. 开拓国际工程承包市场与项目实施管理相结合。本书既着眼于开拓学生的视野,介绍国际工程承包和咨询市场二十多年来的变化和对发展形势的预测,以使学生具有分析和开拓国际工程市场的思路,又要教会学生具备动手解决实际问题的能力。本书前4章主要介绍如何研究和分析国际工程承包市场的发展动态、国际工程投标的技巧和报价的方法,以及如何通过投标和谈判去拿到项目;后4章主要介绍中标以后,在项目实施过程中,如何管好工程承包项目的施工、分包与索赔,以取得良好的经济效益和扩大我国的国际影响。

3. 反映国际上的最新动态。本书介绍了国际工程承包市场的最新发展动态和一些国际组织对该市场今后发展前景的预测;FIDIC《合同指南》中推荐的招标程序;FIDIC新版合同条件中有关工程实施过程中的管理和索赔的新的理念和途径等。

4. 理论与实践相结合。本书作者们都有较丰富的国外承包工程的实践经验,学校的老师不但有在国外工程承包第一线工作经验,还多年从事国际工程管理的学科建设、教学、科研、咨询等工作;中国交通建设集团的参编者均有多年国外工程承包的经验;全体作者在编写本书的过程中均结合个人在国外从事工程承包工作的体会,努力做到理论与实践密切结合,使教材内容可用以指导实践。

在这里要特别说明的两点是:

1. 本书是在过去作者编写出版的几本教材和专著的基础上改写的,改写的原则一是遵循高等学校土建学科教学指导委员会工程管理专业教学指导委员会编制的工程管理专业国际工程管理方向课程教学基本要求;二是补充了国际上最新的动态,对过去书中比较成熟的内容也重新进行了推敲和修改。

2. 本书是2000年6月出版的建设部"九五"重点教材《国际工程承包》的修订版,该书是第二届工程管理专业教学指导委员会确定的教材。由于当时只写一本书,所以将国际工程合同管理的有关内容都写进去了。第三届工程管理专业教学指导委员会确定要编写《国际工程合同管理》和《国际工程承包》两本书,因此,对两本书的内容又重新进行了划分。两本书中仅有极少部分的内容存在必要的重复。在《国际工程承包》一书中,着重增加了工程实施阶段的管理。

本书主编何伯森,副主编陈勇强(均为天津大学管理学院),各章作者如下:第一章、第二章、第三章何伯森,第四章张鸿文(中国交通建设集团),第五章、第六章李玉彬(中国交通建设集团),第七章、第八章陈勇强,全书由何伯森、陈勇强统稿。

本书在编写过程中,徐树人、张水波、卢欢庆、刘俊颖、鹿丽宁等为部分章节提供了修改建议和资料;康立秋、王向飞、梁霄鹏、刘丽萍、刘姗姗、许剑涛、陶刚毅、徐青杨等在本书编写过程中协助工作,在此一并表示衷心的感谢。

作者力图向全国工程管理专业和其他工程类专业的教师、同学们及在第一线从事国际工程管理的读者们奉献一本有理论价值与实用价值的教科书。但限于水平和经验,错误、疏漏之处难免。热切希望阅读本书的读者提出宝贵的指正意见,以便使这本教材不断地完善。作者在此预致谢忱。

# 第 一 版 前 言

国际工程是一项充满机遇和挑战的事业。在全球范围内,存在着一个总体上发展比较稳定的国际工程市场。国际工程也是一项跨多个学科的复杂的系统工程,需要高层次的管理人才。

改革开放二十年来,我国各对外公司在国际工程承包、咨询和劳务市场中披荆斩棘、奋勇拼搏。1998年,我国对外公司已进入160个国家和地区,在国外承包、咨询和劳务的合同总额已达到117亿美元,有30家中国公司加入国际承包商的"第一梯队"——世界225家最大承包商的行列。这说明我国对外公司在开拓国际工程市场方面取得了很大的成绩。但是和发达国家的公司相比,我们在国际市场(尤其是国际工程咨询市场)中的占有率仍很低,承包项目中总承包的大项目少,经济效益不理想。产生上述问题的根本原因之一是国际工程管理人才的匮乏。

当我国加入世界贸易组织(WTO)之后,我们面临的国际市场将是一个日益开放的大市场。一方面,这为我们充分利用国内和国外的"两个市场,两种资源"创造了有利条件,我国有4000多万建设大军,近百万工程技术人员,具有很强的工程技术力量,如何更好地组织这支队伍走向国际大市场是放在我们每一个工程管理人员面前的一大课题;另一方面,外国公司进入中国市场的"门坎"也降低了。我国近年来一直是世界上外资流入第二大国,每年有几百亿美元外资进入中国市场,这些外资中有相当一部分投入到工程建设中,因而外国工程公司十分看好中国市场。据近几年的统计,国际上最大的200家设计咨询公司大约有2/3已进入中国市场,最大的225家承包商也有1/3进入中国市场。加入WTO以后国内的建筑市场竞争必将更加激烈,因而放在我们面前的另一个课题就是如何巩固国内市场。

1998年教育部对全国的专业目录进行了调整,管理作为一门学科已经单设一类,将原来的建筑管理、管理工程、国际工程管理和房地产等专业合并为一个新专业——工程管理专业。工程管理专业培养的人才应该是面向各种类型的工程建设,如房建、路桥、港口、水利、电力、化工、冶金等。而任何一个专业,凡涉及工程建设的,无论是走向海外或是在国内市场都将会遇到国际工程项目,都离不开国际工程管理。因为一方面我国的工程项目管理正在逐渐和国际接轨;另一方面,国外的工程项目和国内的涉外工程项目都要求按照国际惯例来进行管理。所以对于工程管理这样一个专业,除了其中的国际工程管理方面之外,其余的几个方面（如项目管理、投资与造价管理、房地产管理等）也都十分需要学习国际工程管理方面的知识，否则，培养的学生将很难面对 21 世纪的挑战。这本教材正是为了这个目的而编写的。

本书首先介绍了国际工程的定义和概念，然后分析了国际工程市场形势，比较详细地讨论了国际工程管理人才培养的模式和要求，介绍了国际工程项目的管理模式，招投标程序和合同类型；比较详细地介绍了国际工程的招标、投标和报价，以及 1999 年新出版的 FIDIC 合同条件；讨论了合同管理的概念，业主方和承包商方的合同管理，包括风险和索赔管理；最后介绍了与国际工程密不可分的货物采购，融资、外汇与工程保险。

本书主要取材于世界银行和财政部的工程与货物采购招标文件范本，FIDIC 的合同条件以及国内外的一些专著。如果读者对国际工程管理有兴趣，在此推荐大家学习"国际工程管理教学丛书"，这套国家"九五"重点图书共 20 本，是组织国内各对外公司和大学的专家教授以及外国专家编写的，包含了国际工程管理各个方面的专著，如国际工程咨询、承包、项目管理、合同管理、市场学、工程估价、工料测量、谈判、施工索赔、公司理财、法律、融资、外汇、风险与保险、外贸、国际房地产以及国际工程管理的英语口语、专业阅读、写作和英汉/汉英词汇。学习之后必将大大地丰富你的知识，开拓你的眼界和思路。

为了及时地反映国际上的最新动态，本书将 1999 年 9 月 FIDIC 刚刚出版的《施工合同条件》也介绍给了读者，但随之又产生了一个新的矛盾，即全书用词的不统一。本书各章中的专业名词一般都是参照采用国内常用的财政部编写的世行贷款项目招标文件范本和已翻译出版的 FIDIC 的几本合同条件的专业名词。而 1999 年新出版的 FIDIC 合同条件的用词有两类变化：一类是用新的词代替了原有的词，如定义中用 Letter of Tender（投标函）代替了过去的 Tender（投标书），而对 Tender 又另行定义；另一类是英文原词没有改变，但中文译词必须改变，如 Taking-over Certificate，过去均译为"移交证书"，但在新版中纵观全文必须译为"接收证书"。为此，我们在这里作一个总的声明，即第四章"国际工程合同条件"一章中的用词，只适用于该章。由于世行和财政部的新范本的出版将是几年以后的事，所以在本书中暂时还无法对专业名词全部统一。

本书主编何伯森。各章作者如下：第一、二、三、五、七章，何伯森；第四章，刘雯、何伯森；第六章，张鸿文（中国港湾建设总公司）；第八章，鹿丽宁；第九、十章，王秀芹。除第六章外，其余各章作者单位均为天津大学管理学院。

在编写本书过程中，得到洪柔嘉、刘雯、万彩芸、王健等同志的大力支持和帮助，在此表示衷心的感谢。

我们力图向全国工程管理专业、各类工程专业的同学们及从事国际工程承包的同志们奉献一本有实用价值的教科书。我们热切希望有关老师、同学和其他读者对本书提出宝贵的指正意见，以便使这本教材不断完善。

# 目 录

第一章 绪论 ················································································· 1
    第一节 国际工程 ······································································ 1
    第二节 国际工程市场形势 ·························································· 3
    第三节 国际工程管理人才的培养 ················································ 13
    第四节 国际工程项目参与各方 ··················································· 18
    思考题 ··················································································· 21

第二章 国际工程招标程序与合同类型 ················································ 22
    第一节 国际工程的招标程序 ······················································ 22
    第二节 国际工程的招标方式 ······················································ 31
    第三节 国际工程合同类型 ························································· 32
    思考题 ··················································································· 37

第三章 国际工程投标与合同谈判 ······················································ 38
    第一节 国际工程投标的决策和组织 ············································· 38
    第二节 国际工程投标的技巧 ······················································ 45
    第三节 国际工程承包合同的谈判和签订 ······································· 52
    思考题 ··················································································· 63

第四章 投标报价 ············································································ 64
    第一节 投标报价的步骤 ···························································· 64
    第二节 投标报价的各项费用计算 ················································ 76
    第三节 单价分析 ····································································· 87
    附件一 投标报价计算案例一 ······················································ 90
    附件二 投标报价计算案例二 ······················································ 97
    思考题 ··················································································· 103

第五章 国际工程项目施工阶段的管理（一） ······································ 105
    第一节 国际工程项目施工管理概述 ············································· 105
    第二节 项目经理部的组织及项目人力资源管理 ····························· 120
    第三节 承包商的项目计划与控制 ················································ 134
    第四节 承包商的资金管理 ························································· 154
    思考题 ··················································································· 168

第六章 国际工程项目施工阶段的管理（二） ······································ 169

- 第一节 国际工程项目物资采购与管理 …… 169
- 第二节 国际工程项目信息与文档管理 …… 193
- 第三节 国际工程项目文化管理 …… 202
- 第四节 国际工程项目危机管理 …… 214
- 思考题 …… 222

### 第七章 国际工程分包合同管理 …… 224
- 第一节 总承包商的合同管理 …… 224
- 第二节 总承包商的分包合同管理的基础工作 …… 230
- 第三节 分包商的选择与指定分包商 …… 237
- 第四节 分包项目招标文件的编制 …… 241
- 第五节 分包合同的管理要点和应注意的问题 …… 246
- 思考题 …… 249

### 第八章 国际工程索赔管理 …… 250
- 第一节 国际工程索赔概述 …… 250
- 第二节 国际工程常见的索赔问题 …… 257
- 第三节 工程索赔定量分析模型 …… 263
- 第四节 工程索赔的工作程序和索赔报告的编写 …… 272
- 第五节 业主向承包商的索赔 …… 280
- 第六节 工程索赔管理的一种思路 …… 283
- 思考题 …… 289

### 参考文献 …… 290

# 第一章 绪 论

本章首先介绍了国际工程的概念和特点；然后介绍了国际工程的市场形势和发展趋势，讨论了为什么"走出去"是发展我国经济的重大战略决策；总结了我国公司二十多年来开拓国际工程市场的成绩和差距；较详细地论述了国际工程管理人才的培养；最后介绍了国际工程项目参与各方。

## 第一节 国 际 工 程

### 一、国际工程的概念

国际工程（International Project）是指一个工程项目的咨询、设计、融资、采购、施工以及培训等各个阶段的参与者来自不止一个国家或国际组织，并且按照国际上通用的工程项目的管理理念进行管理的工程。

根据这个定义，可以从三个方面去更广义地理解国际工程的概念和内容。

1. 国际工程包含国内和国外两个市场

国际工程既包括我国公司去国外参与投资和实施的各种工程，也包括国际组织、外国政府和国外的公司到中国来投资和实施的工程。我国目前是一个逐步开放的市场，我国已经成为世界贸易组织（World Trade Organization，WTO）的正式成员，工程建设市场将会更加开放，在国内也会遇到大量国内习惯上称为"涉外工程"的国际工程，主要包括建设资金来源于国外、咨询或/和总承包商是外国公司的项目。所以我们研究国际工程不仅是走向国外市场的需要，也是巩固和占领国内市场的需要，同时还是我国建设行业的管理逐步与国际接轨的需要。应该说明的是，香港、澳门的工程也属于国际工程范围。

从宏观经济学的角度看，国内"涉外工程"列入国内生产总值（GDP），而国外的国际工程应当列入国民生产总值（GNP）。

2. 国际工程包括咨询和承包两大行业

（1）国际工程咨询：包括对工程项目前期的投资机会研究、预可行性研究、可行性研究、项目评估、勘测、设计、招标文件编制、项目管理、监理、后评价等工作。咨询业是以高水平的脑力劳动为主的智力再加工行业，一般都是为业主一方服务的，但也可应承包商的聘请为其服务。

（2）国际工程承包：包括对工程项目进行投标、施工、设备和材料采购及设备安装调试、分包、提供劳务等工作。按照业主的要求，有时也做施工详图设计和部分永久工程的设计。

目前国际上的大型工程项目，正在发展一些新的工程建设管理模式：如将设计—建造统一由一家公司去实施；又如"交钥匙工程"，即将咨询的部分内容和施工、设备采购安装一并发包；此外还发展着各种管理承包类型的模式。这些模式都在《国际工程合同管理》一书中有详细介绍。

综上所述可以看出，国际工程涵盖着一个广阔的领域，各国际组织、国际金融机构、外国政府等投资方、各咨询公司和工程承包公司等在本国以外地区参与投资和建设的工程项目的总和，就组成了全世界的国际工程。国际工程涉及到多种类型的行业和专业。

3. 国际工程提供的是一种服务

国际工程项目实施的成果归业主所有，咨询工程师是受业主雇佣在项目实施期间为业主进行项目管理的，承包商则是受业主雇佣完成项目的实施。从本质上看，咨询工程师和承包商出售给业主的是自己的技术能力和管理能力，是一种服务，而不是项目本身。因此，在国际贸易和WTO的贸易规则中，国际工程咨询和承包均被明确列入服务贸易的范围内。

### 二、国际工程的特点

同一般的国内工程相比，国际工程存在着如下特点：

1. **跨多个学科的系统工程**：国际工程不但是一个跨多个专业和多个学科的新学科，而且是一个不断发展和创新的学科，从事国际工程的人员既要掌握某一个专业领域（如土木、电力、化工、信息技术等）技术知识，又要掌握涉及到项目管理、法律、金融、外贸、保险、财会等多方面的专业知识。从工程项目策划到项目实施，整个项目管理过程十分复杂，因而国际工程是跨多个学科的、对人才素质有很高要求的、复杂的系统工程。

2. **跨国的经济活动**：国际工程是一项跨国的经济活动，涉及到不同的国家，不同的民族、宗教，不同的政治、经济和文化背景，不同参与方的经济利益，因而合同中有关各方不容易相互理解，常常产生矛盾和纠纷。

3. **严格的合同管理**：由于参与各方来自不同的国家和地区，不可能依靠行政管理的方法进行工程项目管理，而必须采用国际上多年来业已形成惯例的、行之有效的一整套合同管理方法。采用这套方法虽然从前期招标文件的准备到招标、投标、评标花费了比较多的时间，但这些工作却为以后订好合同，从而在实施阶段严格按照合同进行项目管理打下一个良好的基础。

4. **风险与利润并存**：国际工程是一个充满风险的事业，每年国际上都有一批工程公司倒闭，又有一批新的公司成长起来。一项国际工程只有订好合同、管理得当，才会获得一定的利润。因此一个公司要想在这个市场中竞争并生存，就需要努力提高公司和成员的素质。

5. 发达国家垄断：国际工程市场是从西方发达国家许多年前到国外去投资、咨询和承包开始的，他们凭借雄厚的资本、先进的技术、高水平的管理和多年的经验，占有绝大部分国际工程市场，我们要想进入这个市场就需要付出加倍的努力。

6. 国际工程市场总体上是一个持续稳定的市场：国际工程市场遍布五大洲，虽然某些地区的政治形势和经济形势在某一个阶段并不十分稳定，但大部分地区的多数国家是稳定的。就全球来说，只要不发生世界大战，尽管国际资金流向可能有所变动，但很大一笔投资是用于建设的，因而可以说国际工程市场总体来说是稳定的。从事国际工程的公司必须加强调查研究，善于分析市场形势，捕捉市场信息，不断适应市场的形势变化，才能立于不败之地。

## 第二节 国际工程市场形势

### 一、国际工程市场形势

国际工程市场，包括总体市场规模和某一承包商可以占有的某一细分市场规模两个方面，总体上是一个比较稳定的大市场。

国际工程市场形势可以从两个方面来分析：一是全球各个国家建设行业的情况，二是世界上最大的工程公司和咨询公司的情况。

（一）全世界建设行业的情况和发展趋势

此处"建设行业"是广义的，指各类建设项目，而绝不仅是指土建工程。

1. 世界上150个国家和地区建设行业的情况

建设行业在世界经济中占有大约10%的比例，是世界各国经济中最大和最重要的组成部分之一。据美国"工程新闻记录"（Engineering News Record，ENR）杂志所做的调查研究表明，近几年世界上150个国家和地区用于建设行业的经费总和如表1-1。

世界上150个国家和地区用于建设行业的经费总和（单位：万亿美元） 表1-1

| 年 份 | 1996 | 1997 | 1998 | 1999 | 2000 | 2001 | 2002 | 2003 | 2004 |
|---|---|---|---|---|---|---|---|---|---|
| 150个国家和地区建设行业发包额总和 | 3.24 | 3.07 | 3.22 | 3.24 | 3.41 | 3.72 | 3.9 | 4.0 | 4.2 |

近几年，用于建设行业经费排名前3位的国家依次为美国、日本和中国。

2. 近几年世界上55个国家建设行业的情况

根据ENR杂志2005年初的报道，2004年世界建筑经费超过4.2万亿美元，其中拥有最大的建筑市场的55个国家的建设行业经费总和达到了3.9万亿美元，整个建筑市场预计在 2005 年将增长 2.6%，且此年增长率将持续到 2008 年。表 1-2 中列出了建设行业经费排名前 15 位的国家的经费统计或预测，表中最后一行为该年度 55 个国家建设行业经费总和的统计或预测。

**建设行业经费排名前 15 位的国家**（单位：亿美元） 表 1-2

| 国 家 | 2003 | 2004 | 2005 | 2006 | 2007 | 2008 |
|---|---|---|---|---|---|---|
| 美 国 | 10393 | 11591 | 12101 | 12180 | 12440 | 12886 |
| 日 本 | 4645 | 5068 | 5438 | 5715 | 5874 | 6095 |
| 中 国 | 2419 | 2691 | 2996 | 3381 | 3884 | 4400 |
| 德 国 | 2206 | 2468 | 2582 | 2670 | 2822 | 2921 |
| 法 国 | 1730 | 1968 | 2082 | 2183 | 2340 | 2452 |
| 意大利 | 1600 | 1821 | 1934 | 2031 | 2184 | 2293 |
| 英 国 | 1512 | 1775 | 1834 | 1900 | 2014 | 2108 |
| 西班牙 | 1440 | 1659 | 1787 | 1896 | 2044 | 2154 |
| 加拿大 | 1059 | 1233 | 1322 | 1410 | 1515 | 1601 |
| 荷 兰 | 700 | 785 | 826 | 864 | 925 | 969 |
| 印 度 | 650 | 739 | 785 | 849 | 922 | 1000 |
| 墨西哥 | 626 | 655 | 691 | 714 | 728 | 751 |
| 巴 西 | 423 | 543 | 567 | 594 | 614 | 653 |
| 澳大利亚 | 485 | 493 | 513 | 538 | 559 | 587 |
| 俄罗斯 | 339 | 423 | 470 | 515 | 562 | 610 |
| 总计（55 个国家） | 34895 | 39135 | 41515 | 43356 | 45772 | 48177 |

数据来源：Global Insight, Inc.

**3. 全世界建设行业的发展趋势**

全世界建筑市场中相关工程项目领域的市场年增长率统计及预测见表 1-3。由表中可以看出，1998～2003 年住宅市场是世界建筑市场的最大驱动力之一，但在今后若干年，基础设施和非住宅项目的增长率将超过住宅增长率。

**1998 年以来全球建筑市场年增长率的统计和预测**（%） 表 1-3

|  | 1998～2003 | 2003～2008 | 2008～2013 |
|---|---|---|---|
| 总 计 | 1.2 | 2.6 | 2.6 |
| 住 宅 | 2.7 | 1.5 | 1.6 |
| 基础设施 | 1.2 | 3.2 | 3.0 |
| 非住宅建筑 | -1.2 | 3.6 | 3.8 |
| 办公楼 | -1.1 | 3.8 | 4.1 |
| 商 业 | -1.8 | 3.2 | 3.6 |
| 政府机关 | -2.4 | 1.8 | 2.2 |
| 工 业 | -0.3 | 4.5 | 4.5 |

数据来源：Global Insight, Inc.

表 1-4 为全世界各地区建设行业的增长率。亚洲地区仍是全世界增长最快的地区；东欧、中东和非洲也有比较高的增长率；中国、印度、巴西等国将成为增长最快的国家。

全世界各地区建设行业的年增长率　　　　　表 1-4

| | 1998～2003 | 2003～2008 |
|---|---|---|
| 亚洲（包括日本） | -0.8 | 3.3 |
| 亚洲（不包括日本） | 3.2 | 5.1 |
| 东　欧 | 2.1 | 3.5 |
| 中东和非洲 | 0 | 3.2 |
| 北　美 | 3.8 | 2.7 |
| 南　美 | -4.3 | 2.9 |
| 西　欧 | 1.3 | 1.8 |
| 世界总计 | 1.2 | 2.6 |

· 数据来源：Global Insight, Inc.

Global Insight 公司研究认为，今后 4 年内中东和非洲将是建设行业健康发展的市场。而伊朗将是中东最大的市场，2003 年支出为 187 亿美元，与沙特阿拉伯相比有更高的增长率。

（二）世界上最大的工程公司和咨询公司的合同额与营业额

据美国 ENR 杂志历年统计发表的资料，仅将国际上 250/225 家最大的工程公司和 200 家最大的设计咨询公司的国际工程营业总额或合同总额列入表 1-5 和表 1-6。

250/225 家最大的国际承包商的合同额/营业额分布（单位：亿美元）　表 1-5

| 时　间 | 225家营业额总计 | 其　中 | | | | | |
|---|---|---|---|---|---|---|---|
| | | 中东 | 亚太 | 非洲 | 欧洲 | 北美 | 拉美 |
| 1981 | 1299 | 480 | 221 | 247 | 104 | 65 | 182 |
| 1986 | 739 | 161 | 173 | 131 | 119 | 104 | 52 |
| 1990 | 1202 | 199 | 271 | 152 | 305 | 217 | 58 |
| 1993 | 1552 | 268 | 514 | 141 | 337 | 165 | 125 |
| 1994 | 922 | 110 | 310 | 91 | 213 | 134 | 64 |
| 1995 | 1050 | 102 | 380 | 92 | 281 | 122 | 64 |
| 1996 | 1276 | 135 | 424 | 123 | 351 | 173 | 81 |
| 1997 | 1102 | 104.5 | 347.6 | 94.1 | 295.2 | 157.9 | 96.4 |
| 1998 | 1164 | 142.8 | 338.3 | 112.5 | 306.6 | 156.5 | 106 |
| 1999 | 1186.8 | 111 | 311.2 | 99.5 | 349.4 | 206.6 | 108.6 |
| 2000 | 1159.1 | 101.9 | 246.3 | 76.6 | 315.6 | 298.2 | 116.2 |
| 2001 | 1064.7 | 85.4 | 219.8 | 88.2 | 282.5 | 282.5 | 106.3 |
| 2002 | 1165.2 | 97.4 | 226.8 | 111.4 | 330.9 | 275.8 | 95.5 |
| 2003 | 1398.2 | 164.6 | 260.3 | 126.6 | 466.6 | 275.4 | 98.8 |
| 2004 | 1674.5 | 254.2 | 304.7 | 142.8 | 602.7 | 277.6 | 90.5 |
| 2005 | 1894.1 | 281.6 | 337.8 | 151.4 | 685.8 | 312.8 | 120.8 |

注：①1990 年以前为 250 家；

②1993 年以前为合同额，1994 年及以后为营业额；

③1998 年营业额总计包含南北极地区 1.3 亿。

200家最大的国际工程设计咨询公司的国外合同额/营业额分布（单位：亿美元）

表1-6

| 时间 | 200家营业额总计 | 其中 | | | | | |
|---|---|---|---|---|---|---|---|
| | | 中东 | 亚太 | 非洲 | 欧洲 | 北美 | 拉美 | 其他 |
| 1992 | 120.45 | 16.26 | 29.82 | 12.23 | 36.90 | 13.94 | 11.06 | |
| 1993 | 120.88 | 21.15 | 32.41 | 11.90 | 32.82 | 13.86 | 8.50 | |
| 1994 | 111.83 | 10.19 | 33.26 | 11.78 | 31.70 | 20.89 | 8.73 | |
| 1995 | 110.11 | 10.45 | 35.30 | 9.10 | 34.20 | 12.50 | 8.26 | |
| 1996 | 145 | 12.93 | 45.07 | 11.68 | 44.14 | 19.55 | 11.00 | |
| 1997 | 160.35 | 13.57 | 52.82 | 11.75 | 50.36 | 18.29 | 13.33 | |
| 1998 | 169.7 | 17.0 | 50.1 | 14.0 | 54.4 | 17.8 | 16.1 | |
| 1999 | 172.1 | 14.7 | 53.0 | 13.0 | 44.1 | 31.3 | 15.6 | |
| 2000 | 161.0 | 13.5 | 47.7 | 11.1 | 42.3 | 30.3 | 15.9 | |
| 2001 | 176.5 | 16.1 | 49.2 | | 46.2 | 34.8 | | (30.3)* |
| 2002 | 188.6 | 16.7 | 44.2 | 12.3 | 54.9 | 38.4 | 11.6 | 10.5 |
| 2003 | 210 | 20.5 | 48.6 | 20.3 | 71.0 | 37.1 | 12.4 | 0.04 |
| 2004 | 241.5 | 24.3 | 60.7 | 25.2 | 74.4 | 43.1 | 13.8 | |
| 2005 | 263.1 | 36.2 | 60.8 | 21.1 | 79.0 | 50.5 | 15.1 | |

注：①1993年以前为合同额，1994年及以后为营业额；
②2001年"其他"中的30.3亿美元系非洲和拉美的营业额合计。

从以上两表可以看出各大洲和各地区的动态：20世纪70年代国际工程承包市场呈上升态势，到80年代初是一个高峰，但由于中东动乱、两伊战争、拉美和非洲的一些国家进入向国际金融组织的还债期等原因，80年代中期呈现一个明显的低谷，到90年代初由于亚洲经济的高速增长、欧洲经济的稳步增长、中东市场的复苏等原因使国际工程承包市场又跃上一个新的高峰。1997年的亚洲金融危机对这个市场有一些冲击，但不算太大。总之，90年代至今，全世界承包和咨询市场总体比较稳定。据估计，全球国际工程市场每年总的合同额大约在3000亿~4000亿美元之间。这是一个充满竞争和风险而又极具诱惑力的市场。

在这个市场中，欧、美、日等发达国家的承包公司和咨询公司垄断市场的程度很高。以2005年为例，在200家大设计咨询公司中，欧、美、日公司占83%，达166家；在263.1亿美元的国外总营业额中，欧、美、日公司占89.5%，达235.4亿美元。在225家国际大承包商中，欧、美、日公司占58.2%，达131家；而1894.1亿美元的国外总营业额中，欧、美、日公司占88.0%，达1666.3亿美元。从发展趋势来看，尽管欧、美、日入围225家国际大承包商的公司数量比例并不大，但其所占市场份额比例却相当大。由此可见，我国公司打入这个市场绝非易事。

（三）促进国际工程承包市场稳步发展的因素

1. 社会稳定和经济发展，生活水平提高

社会稳定、经济发展和提高人民生活水平是各国政府的首要目标，而基础设施投资是促进经济发展的重要手段，也是保证社会稳定的重要手段。因此，即使是发达国家，其基础设施建设也要保证一定的规模。根据有关方面的统计，欧美等发达国家基础设施的投资规模基本稳定在国民生产总值的 6% 到 8%。另外，生活水平的提高也带动消费水平的提高，进而带动房建、道路、供电、供水等各类工程项目和基础设施建设的增加。

2. 自然资源开发

人类对自然资源的需求是无止境的。自然资源的开发需要相应的基础设施的支持，二者之间是互相促进，互相支持的关系。

3. 基础设施更新

在自然因素、技术因素和社会因素的共同作用下，基础设施的更新换代是不可避免的。特别是在一些基础设施建设停顿一段时期的国家和地区，如东欧、俄罗斯，今后一段时间这方面的商机会逐渐增多。

4. 自然灾害后重建和战后重建

自然灾害和战争对基础设施的破坏是巨大的，重建的工作量和支出也是巨大的。最近的美国政府为新奥尔良灾后重建的拨款为 600 亿美元，其中大部分将以工程承包的形式由各种承包商完成。如，世界银行估计 2004 年印度尼西亚海啸的灾后重建和防灾工作也需要上百亿美元。

安哥拉 2002 年实现国内和平后，政府预计国家重建计划需要 200 亿美元。安哥拉政府与中国政府签订的贷款协议就达 20 亿美元，全部用于工程承包项目，涉及道路、供水、供电和房建等，目前大部分项目已进入实施期。伊拉克、阿富汗重建工作也需要几百亿美元的资金。

（四）我国国内的国际工程

从 20 世纪 80 年代初开始，我国开始借贷外资修建各类工程。贷款单位主要有世界银行、亚洲开发银行和一些外国政府等，另外每年还有大量的外国公司来中国直接投资建设项目。以世行和亚行为例：世行自 1981～2005 年 6 月，向中国协议贷款总额达 391.14 亿美元（其中硬贷款 291.67 亿美元，软贷款 99.47 亿美元），支持涉及工交能源、农林水利、教育卫生、城建环保和扶贫等方面的 263 个项目，项目覆盖了我国除西藏和台湾以外的所有省、市、自治区。亚行自 1987～2005 年 10 月底，批准向中国贷款总额达 160 亿美元，涉及 116 个项目。另外，世行、亚行还向中国提供了数百个技术援助项目和经济调研项目。

世行、亚行及其他外资项目都要求进行国际公开招标，采用国际通用的相关合同条件，按照国际惯例来进行项目管理，因而都属于国际工程。对世行和亚行贷款的项目，凡其成员国的企业均可参加投标。

我国改革开放以来，特别是进入20世纪90年代后期，一直是外资流入量居世界前几位的国家，国内有大量的国际工程项目。据统计，国际上225家大承包商大约有1/3以上的公司在中国有承包项目，而且往往是中外联营体（Joint Venture，JV）中的负责方。例如黄河小浪底枢纽工程，一标是大坝工程标，中标的承包商是意大利英波吉罗公司与中国水电14局的中外联营体；二标是泄洪排沙系统，承包商是德国旭普林公司与中国水电7局、水电11局的中外联营体；三标是引水发电系统，承包商是法国杜美思公司与中国水电6局的中外联营体。这些联营体均由外国公司担任责任公司。国际上200家大设计咨询公司大约有2/3左右的公司在中国有设计咨询项目，小浪底水利枢纽工程业主方的咨询也是由世行特别咨询专家组和加拿大国际工程管理公司共同组成的。

现在我国已经加入WTO，中国国内的市场必将成为中外建筑企业角逐的市场，形势迫切地要求我们加快工程管理体制改革的步伐，努力提高企业素质，特别是人才素质，通晓和熟悉工程项目管理的国际惯例，否则我国公司将难以和国外公司抗衡。

### 二、"走出去"战略是发展我国经济的重大战略决策

"走出去"战略是我国的经济发展到一定水平后提出的一项基本国策，对中国经济长期、稳定地发展具有非常重要和深远的战略意义。"走出去"战略的实施可以分为政府层面和企业层面，其基本含义是：积极开拓国内外两个市场，充分利用国内外两种资源。国际工程承包是我国最早、最成熟的"走出去"形式，在国家"走出去"战略的实施中具有开路先锋和坚强后盾的作用。

1. 努力开拓两个市场，充分利用两类资源

由前面的资料和分析可以看出，国际工程市场总体上是一个比较稳定的市场，这个市场的特点是总体呈上升趋势。有时局部地区由于政治、战乱、灾害等原因，市场发包额下降，但全球大部分地区是稳定发展的。因而，我国的各类企业，不论是建设行业，或是计划投资办厂的其他行业（如IT业），都应该既分析研究国内市场，也分析研究国外市场，重视开拓国外市场；在开发国内资源的同时，也应重视充分利用国外资源。在我国国民经济快速发展的形势下，对国外市场和资源的依存度不断增加，特别是在自然资源方面。2004年我国对铁矿石、铜精矿、氧化铝和钢材的进口量已经居世界第一，原油进口量也很大。走向国外并用工程承包的方式去开采或生产这些国内急需的资源是支援国内经济发展的重要途径。

2. 我国的相关企业应该制定"走出去"的发展战略

目前我国经济形势稳定快速发展，国内市场比较大，因而不少企业只盯住国内市场，这实际上是缺乏战略发展眼光的表现。一个企业，应该"脚踏两只船"，

即在关注国内市场的同时,也关注国际市场,这样才会更有作为。走向国外市场一开始可能会遇到比国内市场更多更大的风险,但这也是促使企业提高自身管理水平和技术水平的契机。在国外工程市场的开拓实践中,将会培养一批国际工程管理人才,这些人才将会成为企业的骨干;开拓国际市场也将为企业带来更大的经济效益;经过若干年的磨练,将会使企业的国际化水平显著提高。

3. 在实践中培养国际工程管理人才

人才的培养需要通过在学校的学习以打好系统的理论基础,但更重要的是实践。如果有关企业派送一批中青年骨干参与国际工程承包或咨询,在国际工程实施第一线将会培养出大批复合型、外向型和开拓型的优秀人才。这批人才不仅对企业本身的改革,也将对国家建设工程管理体制的改革起到重大的作用。

4. 国际工程承包可以带动国产设备、材料的出口,带动国内多个行业的发展,增加大批劳动就业机会。

国际工程承包,特别是设计—建造、EPC 交钥匙或 BOT 之类的项目,可以带动国产设备和材料出口,同时也可以带动国内多个为国际工程承包服务的行业的发展,如远洋运输业、民航业、银行业、保险业、邮电业、机电设备业、建筑材料业以及装饰业等。各个行业的发展必将增加大批劳动就业的机会。

5. 为国家增加外汇收入

一般国际工程承包项目如果管理得比较好,会有一定的盈利,可以为国家增加外汇收入,而广大参与国际工程承包的人员也会直接从中受益。

6. 增强同各国政府和人民的友谊

由于在国外的国际承包工程涉及在某一国家某一地区长时期的工作,因而有很多机会和该国、当地政府以及各方面人士长时间的交往,可以增强同他们的交流。只要在工程实施过程中,本着"双赢"和"伙伴关系"的理念,表现出良好的职业操守和精神风貌,就可以深入地发展同各国政府和人民的友谊。

此外,国际工程完成的"产品"与当地人民的日常生活有长期、密切的联系,这可以提高国家和我国企业的知名度,是一般商品货物贸易所不可能做到的一种民间的政治、文化交流,可以更好地树立中国和中国人在国外的形象。

总之,开拓国际工程市场,为国家和人民带来的效益是多方面的。国际工程市场是一个值得下大力气去开拓的市场。

### 三、中国公司在国际工程市场中的开拓与差距

(一) 中国公司在国际工程市场中的开拓

1979 年我国开始组建对外经济技术合作公司(以下简称对外公司),二十多年来,各公司披荆斩棘,备尝艰辛,奋力开拓,克服了重重困难,取得了巨大的成绩,至 2005 年底,我国的对外公司数已发展到 1800 多家,在 180 个国家和地区签订了大量国际工程承包、咨询和劳务项目合同,其中累计签订国际工程承包

合同额 1859.1 亿美元，完成营业额 1357.9 亿美元；劳务合作累计签订合同额 403.6 亿美元，完成营业额 356.1 亿美元，派出各类劳务人员累计为 346.6 万人次。2005 年我国公司全年新签国际工程承包合同额 296 亿美元；完成营业额达到 217.6 亿美元；新签劳务合作合同额 42.5 亿美元，完成营业额 48 亿美元，派出各类劳务人员 27.4 万人。目前，我国已成为全世界对外承包工程的第六大国，这个行业开始进入了快速、良性的发展轨道。

我国公司开拓国际工程市场的成绩主要表现在：

1. 国际工程承包额有了巨大的增长

从下面两个表中的数字可以看出我国公司对外承包工程二十多年来的成就，表 1-7 为我国对外公司历年国际工程承包合同额总计，表 1-8 为进入 225 家国际大承包商的中国公司数。

我国公司历年对外承包及咨询设计合同额总计（单位：亿美元） 表 1-7

| 年 份 | 1987 | 1995 | 1998 | 1999 | 2000 | 2001 | 2002 | 2003 | 2004 | 2005 |
|---|---|---|---|---|---|---|---|---|---|---|
| 我国公司对外承包工程合同额总计 | 17 | 96 | 117（含咨询） | 147.1（含咨询） | 149.2 | 130.4 | 150.6 | 176.7 | 238.4 | 296 |
| 我国咨询设计公司对外合同额总计 | | 3.16 | 1.4 | 2.3 | 2.33 | 0.84 | 0.85 | 1.7 | 3.5 | 3.57 |

进入 250/225 家国际大承包商的中国公司数 表 1-8

| 年 份 | 1984 | 1995 | 1998 | 1999 | 2000 | 2001 | 2002 | 2003 | 2004 | 2005 |
|---|---|---|---|---|---|---|---|---|---|---|
| 公司数 | 1 | 23 | 30 | 33 | 34 | 39 | 43 | 47 | 49 | 46 |
| 国外营业额（亿美元） | | 29.7 | 50.29 | 60.99 | 53.64 | 53.61 | 71.29 | 83.3 | 88.3 | 100.7 |
| 占 225 家营业额百分比（%） | | 2.8 | 4.3 | 5.1 | 4.6 | 5 | 6.1 | 6.13 | 5.3 | 5.3 |

2005 年进入 225 家国际大承包商的 46 家中国公司完成国外营业额 100.7 亿美元，占我国公司对外承包工程营业总额 217.6 亿美元的 46.3%，其中前 10 家公司的营业额占到我国公司对外承包工程营业总额的 30.8%，这些公司是我国对外承包工程的主力军。

我国公司承揽和实施大型项目的能力不断增强。2001 年，我国企业承揽合同额上亿美元的大型项目有 16 个（合计 30.7 亿美元），到 2005 年合同额在 5000 万美元以上的项目有 115 个（其中超过一亿美元的有 49 个）共计 156.9 亿美元，占总额的 53%。截止到 2006 年 10 月，我国签订的最大国外承包项目合同额为 83 亿美元。

由表 1-7、表 1-8 中我国公司国际工程合同额和营业额的大幅度增长，以及承揽大型项目能力的增强，都可以看出我们取得的巨大进步和成绩。

2. 市场范围多元化

到2005年底，中国公司已进入了180多个国家和地区，特别是近几年来在欧洲、北美和非洲的市场营业额和合同额以每年20%~30%的速度增长，这说明我国各公司多元化地开拓国际市场取得了较大成就，为今后全方位发展打下了基础。

我国公司在海外的承包方式也在不断创新和发展，不仅仅是过去的施工总承包或施工分包，也开始以BOT（建造—运营—转让）、EPC（设计—采购—施工）、DB（设计—建造）、PMC（项目管理承包）、PPP（公私合营）交钥匙等模式承揽项目；不仅承揽现汇项目，也开始提供带资承包或融资服务。虽然这类项目不是很多，但对我国公司而言，是国际工程承包方式的创新和突破。

3. 对外直接投资和政府的对外经济援助拉动海外承包工程

随着我国经济的高速发展，我国正从资本的绝对短缺变为资本的相对短缺，而在有一些行业和企业出现了资本相对富裕的情况。因而对外投资必将直接带动我国国际承包工程的发展，这在资源开发领域、各种制造业领域表现得更为明显。截止到2005年底，我国对外直接投资累计517.2亿美元，仅2005年一年即达69.2亿美元，其中境外并购类投资占56.5%，主要集中在电讯、汽车、资源开发等领域；投资办厂类占43.5%，主要集中在制造业、服装、机械、医药、电子、制品加工等。

随着经济实力的增强，将采用多种方式增加对一些不发达国家的经济援助，这也会对我国的国际承包工程产生直接的促进作用。

4. 培养了一大批人才

二十多年来，各对外公司都通过培训以及国际工程承包项目的实践，培养了一大批能够掌握国际工程市场动态、熟悉招标投标、善于谈判制定合同、精于管理国际工程项目的骨干。这是各国际工程承包公司今后发展的最宝贵的财富。

近年来，我国对外承包工程的行业领域不断扩大，不仅仅是以往的房建、土木、水利项目，在电力、化工、石油、制造、通信、矿山建设等多个方面都加快了"走出去"的步伐。这些工业工程项目的对外开拓必将推动多个行业国际工程人才的培养和成长。

（二）我们的差距

我国对外公司和发达国家的公司相比还存在着很大的差距，主要表现在：

1. 市场占有率低。全世界的建设行业支出和国际工程合同额/营业额已如上述，随着国际上和平环境的保持，越来越多的国家加入WTO，各国工程咨询和承包公司到国外去占领市场的机遇更多，国际工程市场总体规模也会随之扩大。

我国公司在国际市场中的份额虽然逐年扩大，但和我国这样一个拥有约4000万工程队伍、几百万工程技术人员和上千家对外公司的大国相比，实在不太相配。我国近年一直有 40 多家对外公司进入 225 家国际大承包商行列，但是以 2005 年为例，这 46 家对外公司营业额总和为 100.7 亿美元，还比不上 225 家中第 3 名的法国 VINCI 公司，该公司国外营业额为 102.68 亿美元。

2. 我国工程咨询行业在国际工程咨询市场占有率很低。我国工程咨询行业进入国际工程咨询市场起步晚，市场占有率低。在 20 世纪 90 年代，每年进入全球 200 家最大设计咨询公司的只有几家，至 2005 年，我国不到 100 家设计咨询企业有境外业务，虽然有 14 家进入 200 家最大设计咨询公司的行列，但排名靠后，完成营业额合计 4.56 亿美元，仅占到 200 家全球最大设计咨询公司总营业额 263.1 亿美元的 1.73%。这和我国拥有 1870 家甲、乙级工程咨询企业，技术力量比较强大、人数众多的设计大军相比，实在是太低了。

为什么我国设计咨询业走出国门的速度比较慢，主要是由于缺乏国际工程咨询企业家，企业的管理理念落后，认识不到"走出去"的重大战略意义，而只是满足于国内任务饱和、效益好，畏惧走向国际市场所面临的风险；另一方面，绝大部分设计咨询企业是技术型的，技术人员众多，专业划分细，不懂工程管理，与项目的实施和管理脱节。此外，国际化水平不高，不熟悉国际上近二十年发展起来的各种新的项目管理模式以及国际上通用的技术标准和规范，缺乏国际工程人才也是重要原因。

3. 总承包项目较少，融资能力差。在国际上许多大公司合同额很高，其中一个重要的原因就是他们通过前期咨询入手，可以得到一些大的"EPC 交钥匙"项目，包含设计、施工、设备采购和安装，这些公司都具有很强的融资能力，因而能够承担大型交钥匙项目。由于我国设计咨询企业的国际化水平较低，而施工企业又基本上不具备设计咨询能力，因而拿到的 BOT、EPC 交钥匙项目的机会较少就不足为奇了，这是我国国际工程承包事业的软肋。此外，我国公司普遍存在融资能力差的问题，很难从国际金融机构融资，加以国内银行在这方面支持力度不够，这一点也十分影响我国公司承揽大型项目的能力。

4. 我国对外承包企业产业集中度不高，国际化水平低。我国进入国际市场的公司数量很多，但产业集中度不高，力量分散，互相压价，行业内竞争加剧。以 2005 年进入世界 225 强的 46 个公司而言，每个公司平均的国际市场营业额仅为 2.19 亿美元，而美国公司为 6.70 亿美元，欧洲公司为 19.60 亿美元，日本公司为 9.43 亿美元，韩国公司为 3.43 亿美元。国际大承包商的国际市场营业额占公司营业额的 60% 左右，而我国公司则远远低于这个水平。此外我国对外承包企业组织管理机构复杂，层次过多，这也大大影响到项目管理的效率和项目实施单位的积极性。

5. 工程项目管理水平低，项目的经济效益不理想。一方面由于国际工程市场是买方市场，各国公司（包括中国公司）之间投标时竞争激烈，互相压价，因而中标后利润空间不大；另一方面，工程项目管理水平不高，十分缺乏高水平的项目经理和各方面的国际工程管理人才，特别是合同管理专家和索赔专家，因而项目赢利创汇水平不理想，少数项目亏损严重。

6. 主要市场集中在经济不发达地区和华语圈国家。我国国际承包企业在亚洲和非洲等经济不发达国家的合同额、营业额的比例达到70%以上。这些国家和地区的国际工程承包市场的规模有限，项目连续性差，很难取得规模效益。

7. 国际工程管理人才匮乏。产生上述问题的根本原因是人才。

## 第三节　国际工程管理人才的培养

中国公司走向国际工程市场二十多年来虽然培养了一批人才，但是无论从数量上、质量上和知识结构上都是远远不够的。特别是考虑到更多的公司将走向国际市场，以及我国加入WTO之后有更多的外国公司进入中国这个市场，如果不抓紧人才的培养，就将面临着当我们作为业主方时，不会管理国际工程项目；而作为承包方时，工程建成了但该赚的钱又赚不到手的被动局面。

由于历史的原因，我国工程技术人才总体素质比较高，专业理论基础好，工程经验丰富，但最缺乏的是工程管理人才，特别是高水平的国际工程管理人才。吴仪同志在为"国际工程管理教学丛书"所写的序言中指出："商业竞争，说到底是人才竞争，国际工程咨询和承包行业也不例外。只有下大力气培养出更多的优秀人才，特别是外向型、复合型、开拓型的管理人才，才能从根本上提高我国公司的素质和竞争力。为此，我们既要对现有从事国际工程承包工作的人员继续进行教育和提高，也要抓紧培养这方面的后备力量。"这一段切中要害的话指出了我们当前要下大力气抓好的一件极为重要的工作。

国际工程管理是一门跨多个专业和多个学科的新学科，在国际上这门学科也在不断地发展和创新，同时，国际工程项目的实施十分复杂，因此对从事国际工程管理的人才的素质就提出了很高的要求。我国已经加入WTO，国内的市场将逐渐国际化，同时也有着更多进入国外市场的机遇。面对这些机遇和挑战，培养大批高水平的国际工程管理人才更加显得迫切和重要。

### 一、国际工程管理人才的素质要求

国际工程管理人才应该是"复合型、外向型、开拓型的高级管理人才"。

#### 1. 复合型

复合型主要指知识结构要"硬"、"软"结合，即一方面应具备某一个专业领域的工程技术理论基础及实践经验，另一方面要具有管理科学和经济学的理论基础以及很好的专业外语水平。工程技术理论基础一般指在一个专业领域具有工程师的知识结构和基础，这个领域可以是土建，也可以是化工、水利、电力、通信等；管理科学理论基础包括管理学、运筹学、组织行为学、市场学、管理信息系统、工程项目管理、工程估价以及有关法律基础等；经济学基础包括经济学、会计学、工程经济学、国际贸易、国际金融、保险以及公司理财等。我国过去的人才知识结构单一，很多人仅是某一领域的技术专家，而参与国际工程咨询或承包，就需要一个人最好是既懂技术，又懂管理和经济，否则很难胜任国际工程公司高层管理和国际工程项目经理的工作。

2. 外向型

外向型主要指了解和熟悉有关工程项目管理的国际惯例。具体地说：

- 技术方面：熟悉国外比较通用的设计规程、技术规范、实验标准等，能比较准确地掌握英文的有关技术文件。
- 经济方面：了解国际上有关贸易、融资、工程保险以及财务管理的要求。
- 管理方面：熟悉国际工程项目管理原理，特别是掌握合同管理（包括风险管理和索赔管理）以及工程进度、质量和造价管理。能够使用国际上比较通用的工程管理软件进行项目管理。
- 外语方面：除了要求具有熟练的外语听说、阅读和较好的信函、合同书写能力外，还要熟悉和理解国际通用的有关项目管理的专业用语和合同文本，看懂本专业的外文技术资料。

3. 开拓型

开拓型主要是指一位从事国际工程咨询或承包的高级管理人才所应具备的思想素质。

- 判断决策能力。能够有战略发展眼光，高瞻远瞩，对企业和项目进行目标管理。在国外承包工程时，情况复杂且瞬息万变，因而及时准确的判断和决策尤为重要。
- 善于抓住机遇。从事国际工程管理，不仅要熟悉了解本行业的知识，更需要对新事物敏感，善于主动寻找机会，抓住市场机遇，开拓新的市场。
- 拼搏奋斗精神。国际工程是一项充满风险的事业，不仅常常在不熟悉的国家和地区，更主要是和完全陌生的合同各方以及外国政府机构、群众团体打交道，因而会遇到许多想像不到的困难。这就要求具备善于管理风险、利用风险、百折不挠、不怕困难的精神，同时还要心胸开阔，在遇到挫折时要有很强的心理承受能力。
- 具有创新精神。国际工程管理是十分复杂的项目管理，将会遇到许多想像不到的新问题，因而要求具有独立分析问题、解决问题的能力和创新精神，善于不断总结经验，不断提高。
- 组织管理能力。由于国际工程项目的复杂性，更需要依靠领导班子的集体力量和发挥各级人员的积极性，民主决策、科学决策、虚心好学、不固执己见。
- 讲究公关技巧。有快速反应能力，能随机应变，懂得"双赢"原则，善于按照"伙伴关系"和"团队精神"与合同各方及政府、地方团体交往、谈判、解决棘手问题。

## 二、大力培养各种类型的国际工程管理人才

国际工程市场是一个竞争非常激烈而潜力巨大的市场,市场竞争说到底是人才的竞争。人才资源是第一资源,人才对一个企业的发展具有基础性、战略性和决定性的意义。每个企业应该将培养一大批各种类型的国际工程管理人才作为本企业重要的战略发展措施。有了一个下述多方面专家集成的高水平的人才群体优势,则可大大增加企业的国际工程市场竞争力,保证项目的成功率。

下面讨论国际工程承包企业所需要的各种类型的管理人才。

1. 国际工程企业家。我国有二千多家公司有对外经营权,但是十分缺乏高水平的国际工程咨询或承包企业家。企业家是现代经济运行第一线的主体,是现代社会进步和经济发展的主要动力。一个企业家首先要研究企业的战略管理,即是从企业的整体和长远利益出发,根据本企业的经营目标、内外环境和资源条件进行谋划和决策。一个企业家还要善于研究市场,抓住加入WTO后的机遇,将开发国际工程市场列为企业的重要战略目标,敢于面对风险,并且善于管理风险,同时也会实事求是地、冷静地分析处理问题。以上提到的只是一个企业家应具备的几个方面的素质而不是全部要求。总之,一个企业家应该是一个技术专家和社会学家相结合的领导。每一个对外公司的领导,一方面应该把自己塑造成国际工程企业家,另一方面应有意识地培养一批中青年接班人。

2. 国际工程项目经理。除了应具备复合型、外向型和开拓型的基本素质外,必须对国际工程项目管理的知识体系有深入的理解。项目经理首先应建立适应国际工程项目管理的项目机构,确定各职能部门(如合同管理、质量管理等)的职责,应善于充分发挥项目组每个成员的业务才能和管理才能,对项目的重大问题及时决策;善于分析和管理风险,心胸宽阔,对风险和挫折有很强的心理承受能力;善于做好项目有关各方的沟通和协调,善于用"双赢"的思想通过谈判去解决矛盾和争议。还应具有用英语和有关各方直接沟通的能力,这一点非常重要。在项目经理身上,用英语交流绝不仅仅体现了英语水平,更是体现了项目经理的水平和身份。

3. 国际工程咨询专家。指能从事国际工程项目的策划、可行性研究、评估、设计、项目管理、监理等工作的咨询专家,熟悉了解国际通用的各种技术规范,并具备从事工程项目管理的能力。国际工程咨询专家进入国际工程市场,可以有更多的机会拿到设计/建造及交钥匙等总承包的大项目。国际工程咨询专家不仅对设计咨询企业很重要,对施工企业也很重要,如果投标时有设计专家参加,一方面有助于分析和理解招标文件中工程设计方案与规范的要求,另一方面可以提出"备选方案"(Alternative)即从设计的角度提出另一套方案,有时对中标很有

帮助。

4. 合同管理专家。合同管理是工程项目管理的核心。国际工程合同是工程合同中最为复杂的，因为一个工程项目的参与者来自多个国家，不可能依靠行政方式管理，必须采用在国际上多年来已形成惯例的、行之有效的一整套合同管理方法，只有订好合同才能依靠合同来保护双方的权益。一个工程项目往往有几十个多则数百个合同。合同中任何一方都应在合同签订和实施之前即着手合同的管理。招标文件是合同的草案，因而合同专家首先应该有能力为业主方编写招标文件，或是在投标时能很快地理解和掌握对方的招标文件，提出问题，并在合同谈判中解决问题。进行合同管理是工程项目实施中最重要的工作，因为合同管理包含对技术、进度、质量、成本、健康、安全、环境等多方面的管理，合同各方都需要遵循合同中的要求，特别是会运用合同保护自己，争取自身合理的权利。因为工程合同是由一系列相关合同文件组成，既有商务部分，也离不开技术部分，所以一个合同专家不仅要掌握某一方面的专业技术知识，还要能深入理解和熟练运用合同条件等。

5. 投标报价专家。投标报价时既要熟悉市场行情，又要能很快地阅读理解外文招标文件，并看出其中隐含的问题，会运用不平衡报价技巧，能写出一份高水平的投标报价文件。投标报价专家还要善于在招标过程中分析业主方的心理状态及投标对手的动向，以便及时采用相应的策略，争取在保本的基础上中标。投标报价的水平是项目能否赢利的重要基础。

6. 工程施工专家。国际工程的施工专家决不仅仅是熟悉施工技术、善于进行现场施工组织的工程师，还应该了解和熟悉国际上通用的规范、规程和标准，能独立阅读理解合同中的外文技术规范和图纸，懂得项目管理，特别是合同中对施工进度、质量控制、设备、HSE等方面的要求，能用英文在现场处理各类施工技术问题和管理问题，还应具备防范风险和索赔的意识。

7. 物资管理专家。一个工程项目中货物采购常常占到工程总支出的50%～70%，甚至更高，把好物资这一关，对经费的开源节流、保证工程质量以及项目的顺利实施和赢利都非常重要。物资管理专家应十分熟悉各种外贸环节，熟悉了解物资市场行情、品种、规格和性能，了解各种运输方法、海关手续和保险事项以及如何进行验收、支付和索赔。

8. 财务管理专家。财务管理专家不但应熟悉项目内部的财务管理，特别是工程结算有关问题，懂得项目的各项财务报表和国外对审计的要求，熟悉外汇管理、了解国外有关财会和税收的法律，懂得合理避税；还应从公司财务管理角度考虑，还应该懂得投资决策和投资风险，特别是海外投资有关事宜。例如，公司如欲投标BOT（建造—运营—移交）项目，财务管理专家就应该会同咨询专家、合同管理专家、融资专家、风险专家等对项目进行深入地分析，从不同角度来研究投资回报率和项目风险等，以使这类长期投资项目能建立在可靠的项目预测的基础上。

9. 融资专家。融资是进行国际工程咨询和承包必不可缺的重要环节，各公司都要刻意培养懂得融资理论，了解融资途径，熟悉融资手续和掌握融资方法的融资专家。他们应广交国内外金融界的朋友，使公司在需要时能及时得到资金支持。不能够在国际上进行融资的公司，是不可能承揽大型国际工程承包项目和BOT项目的。

10. 风险和保险专家。项目的风险是客观存在的，如何管理好风险，包括承担合理的风险、回避和分散风险、防范发生新的风险以及利用风险赢利都是风险管理专家的任务。国外有专门的风险管理公司。保险是风险防范的一项重要措施。了解和熟悉各类（如咨询、设计、施工、运输等）保险的有关规定以及如何进行保险招标等都是非常重要的。

11. 索赔专家。索赔是项目参与各方根据合同拥有的正当的权利要求，一个项目经理部一方面应该使项目团队的每个人都具有索赔意识，善于捕捉索赔机遇；另一方面要有一些索赔专家自始至终管理索赔。索赔专家应十分熟悉有关法律、法规和项目的合同（特别是合同条件），掌握国际上有关索赔的案例和索赔的计算方法。索赔专家还应具有"敏感、深入、耐心、机智"的品质。一个项目的索赔专家小组的人员最好不要轻易变动，因为索赔是一个连贯性很强的工作，要固定人员坚持到底才有可能成功。

12. 信息管理系统专家。现在是信息时代，一个公司的信息资源管理十分重要，它应该包含三个方面的内容：一是公司内部网络，即公司领导和各个分公司、部门间应该是一个既贯通，又有必要的安全设置的内部网络系统，各部门之间有些信息可以资源共享，有些资料信息只能由公司领导或部门领导掌握和调用；二是公司和国内外各个分公司以及项目经理部的网络联系，通过这个网络可以及时传递信息，请示汇报和传递决策意见；三是电子商务网，包括市场信息、招标投标、货物采购等均可在网上进行。一个国际工程公司必须有信息管理系统专家，以便及时设计、更新和维护信息管理系统，保证公司在一个高效率的信息平台上运行。

13. 安全管理专家。安全管理工作贯穿于工程项目的始终，涉及从投标中的安全评估至提出施工安全方案等各个环节。所以安全管理专家要求具有完整的、多方面的工程专业技术知识，熟悉安全评估、防范、救助，并且还应熟悉国际劳工组织（ILO）的职业安全健康管理体系OSH2001系列标准以及项目所在国有关工程安全、福利、防火等相关法律及惯例。

14. 环境保护专家。工程项目中的环境保护工作与安全管理工作既相互联系又相互区别。环境保护专家应在规划、设计和施工之前提出环保方案，在施工中监控和管理影响施工现场以及周边地区（特别是居民区的）对健康和环境有害的各种因素；对供应商、分包商的环保资质和环保措施进行审查；同时还应熟悉环境管理体系 ISO14000 系列标准以及工程所在国与环保相关的法律。

15. 法律专家。一般的国际工程项目多半在工程所在国聘请当地的律师协助了解当地法律，进行诉讼或仲裁。笔者建议应该下大功夫培养几名复合型、外向型的本公司的法律专家，使他们不但懂得国际上与工程相关的法律，而且也了解本公司主要从事的工程项目的专业技术知识，还应具有很高的外语水平。依靠他们，一方面可以提高公司成员，特别是领导层的法律意识，审查重要的合同文本，另一方面可以协助项目经理聘请合适的本地律师。在发生了大的纠纷，例如将争端提交仲裁，一个案子可能拖延 2~3 年，甚至更长时间，全部依靠当地律师十分不便，而且价格昂贵，本公司的律师此时将会发挥巨大的作用。

这些专家的培养既需要在工程第一线的实践与总结，也需要学习系统的理论基础知识。以上提出的专家类型可能还不够全面，但一个对外公司如果具有一大批上述各方面的人才和专家，整个公司的水平将会有一个大的提升。公司可以依靠各方面专家组成的团队作为公司的智囊团，依靠现代化的网络信息系统，则可以保证公司在一个高水平的平台上运作。

一个公司只有很好地制定了人才战略，培养一大批高水平的、多种类型的国际工程管理人才，才能保证公司的可持续发展，保证我国的"走出去"战略取得巨大的成功。

## 第四节 国际工程项目参与各方

本节着重介绍参与国际工程承包项目有关各方。

### 一、业主（Owner）

业主是工程项目的提出者，组织论证立项者，投资决策者，资金筹集者，项目实施的组织者，也是项目的产权所有者，并负责项目生产、经营和偿还贷款。业主机构可以是政府部门、社团法人、国家控股企业、股份有限公司、个人独资公司等。

业主的性质影响到项目实施的各个方面，许多国家制定了专门的规定以约束公共部门业主的行为，尤其是工程采购方面，相对而言，私营业主在决策时有更多的自由。

英文中 Employer（雇主），Client（委托人），Promoter（发起人，创办人）在工程合同中均可理解为业主。开发房地产的业主称为发展商（Developer）。

### 二、业主代表（Owner's Representative）

业主代表指由业主方正式授权的代表，代表业主行使和履行在合同中明文规定的或隐含的权力和职责。

业主代表无权修改合同，无权解除承包商的任何责任。

在传统的项目管理模式中，对工程项目的具体管理均由（监理）工程师负责。在某些项目管理模式中（如 EPC/交钥匙项目），可不设工程师，业主代表要执行类似工程师的各项监督、检查和管理工作。总之，业主代表的具体权力和职责范围均应明确地在合同条件中规定。

### 三、承包商（Contractor）

承包商通常指承担工程项目施工及设备采购、安装的公司或他们的联合体。如果业主将一个工程分为若干个独立的合同，并分别与几个承包商签订合同，凡直接与业主签订承包合同的都叫承包商。

如果一家公司与业主签订合同将整个工程的全部实施过程或部分实施过程中的全部工作承包下来则叫总承包商（General Contractor, Main Contractor, Prime Contractor）。

在国外有一种工程公司（Engineering Company），系指可以提供从投资前咨询、设计到设备采购、施工等贯穿项目建设全过程服务的承包公司。这种公司多半拥有自己的设计部门，规模较大，技术先进，在特殊项目中，这类大型公司有时甚至可以提供融资服务。

### 四、建筑师/工程师（Architect/Engineer）

建筑师/工程师一般指不同领域和阶段负责咨询或设计的专业公司和专业人员。他们的专业领域不同，在不同国家和不同性质的工作中担任的角色可能不一致。在英国和美国大体相似，建筑师在概念设计阶段负责项目的总体规划、布置、综合性能要求和外观，而由结构工程师和设备工程师来完成设计以保证建筑物的安全。但是在工程项目管理中建筑师或工程师担任的角色和承担的责任是近似的。在各国不同的合同条件中可能称该角色为建筑师，或工程师，或咨询工程师。各国均有严格的建筑师/工程师的资格认证及注册制度，作为专业人员必须通过相应专业协会的资格认证，而有关公司或事务所必须在政府有关部门注册。

咨询工程师一般简称工程师，指的是为业主就某一具体问题提供有偿技术服务的独立的专业工程师。服务内容可以涉及到各自专长的不同专业。

建筑师/工程师提供的服务内容很广泛，一般包括：项目的调查、规划与可行性研究、工程咨询、工程各阶段的设计、项目管理、监理、参与竣工验收、试车和培训、项目后评价以及各类专题咨询。在国外对建筑师/工程师的职业道德和行为准则都有很高的要求，主要包括：努力提高专业水平，使用自己的才能为委托人提供高质量的服务；按照法律和合同处理问题；保持独立和公正；不得接受业主支付的酬金之外的任何报酬，特别是不得与承包商、制造商、供应商有业务合作和经济关系；禁止不正当竞争；为委托人保密等。

建筑师/工程师虽然本身就是专业人员，是专家，但是由于在工程项目管理中涉及的知识领域十分广阔，因而建筑师/工程师在工作中也常常要雇佣其他的咨询专家作为顾问，以弥补自己知识的不足，使工作更加完善。

### 五、分包商（Sub-contractor）

分包商是指那些直接与承包商签订合同，分担一部分承包商与业主签订合同中的任务的公司。业主和工程师不直接管理分包商，他们对分包商的工作有要求时，一般通过承包商处理。

国外有许多专业承包商和小型承包商，专业承包商在某些领域有特长，在成本、质量、工期控制等方面有优势，数量上占优势的是大批小承包商。如在英国，大多数小公司人数在15人以下，而占总数不足1%的大公司却承包了工程总量的70%，宏观看来，大小并存和专业分工的局面有利于提高工程项目建设的效率。专业承包商和小承包商在大工程中一般都是分包商的角色。广义的分包商包括供应商与设计分包商。

指定分包商（Nominated Subcontractor）是业主方在招标文件中或在开工后指定的分包商或供应商，指定分包商仍应与总承包商签订分包合同。

### 六、供应商（Suppliers）

供应商是指为工程实施提供工程设备、材料和建筑机械的公司和个人。一般供应商不参与工程的施工，但是如果设备安装要求比较高，一些设备供应商往往既承担供货，又承担安装和调试工作，如电梯、大型发电机组等。

供应商既可以与业主直接签订供货合同，也可以直接与承包商或分包商签订供货合同，视合同类型而定。

### 七、工料测量师（Quantity Surveyor）

工料测量师是英国、英联邦国家以及香港对工程造价管理人员的称谓，在美国叫造价工程师（Cost Engineer）或成本咨询工程师（Cost Consultant），在日本叫建筑测量师（Building Surveyor）。

工料测量师的主要任务是为委托人（Client）（一般是业主，也可以是承包商）进行工程造价管理，协助委托人将工程成本控制在预定目标之内。工料测量师可以受雇于业主，协助业主编制工程的成本计划，建议采购合同类型，在招标阶段编制工程量表及计算标底，也可在工程实施阶段进行支付控制，以至编制竣工决算报表。工料测量师受雇于承包商时可为承包商估算工程量，确定投标报价或在工程实施阶段进行造价管理。

以上介绍的是工程项目实施的主要参与方，随着不同的合同类型，不同的项目管理模式有不同的参与方，即使是同一个参与方（如建筑师），也可能在不同合同类型和不同的实施阶段中，承担不同的职责。

## 八、劳务供应商（Labour Supplier）

劳务供应商是指为工程实施提供所需劳务的公司或个人。这些劳务是工程项目直接的参与者，他们使用总包商或分包商提供的设备和材料，完成某项工作。劳务供应商通常按照提供的人数和工作时间与总包商或分包商结算，也可以按照完成的工作量结算。国内通常称为"包清工"。

## 九、项目融资方（Project Financer）

项目融资方是为工程项目提供所需资金的单位，通常可能是银行、大的企业、保险公司、信托基金等金融机构。项目融资方可以向业主，也可以向承包商提供资金，国内通常以"买方信贷"和"卖方信贷"来区分两种融资模式。通常情况下，业主的行为要受项目融资方的约束。例如，世界银行贷款项目要遵循世界银行采购指南的规定，选择承包商的结果要经世界银行批准等。

一个工程项目的实施除了上述有关各方外，与当地政府和当地公众也有密不可分的关系。当地的海关、税务、警察等部门也是实施国际工程项目过程中频繁交往的政府权力部门，和这些部门进行沟通与搞好关系十分重要。工程项目还可能与当地公众团体矛盾、民族和宗教团体等有直接或间接的联系，因此要小心谨慎地处理这些关系。

### 思 考 题

1. 试论述国际工程的概念、范畴及特点。
2. 根据 ENR 的资料分析近十几年来国际工程承包和咨询市场的变化趋势和走向。请查阅 ENR（每年八九月份中某一期）或国际经济合作杂志（每年 10 月及 12 月）中的有关文章，补充 225 家大承包商，200 家大设计公司及我国进入这两项排名的公司数。
3. 试综述分析我国工程公司向国际工程市场进军的形势和存在的问题。
4. 讨论我国加入 WTO 后，建设行业面临的机遇和挑战。
5. "走出去"的基本含义是什么？为什么我国将"走出去"提高到发展经济的重大战略决策高度？
6. 国际工程管理人才的基本素质要求是什么？
7. 什么样的人才才能胜任国际工程项目的项目经理？
8. 你对培养自己十年后成为哪一方面的工程管理专家有一个构想吗？
9. 你能说清楚在国际工程实施过程中项目各参与方的联系和作用吗？

# 第二章 国际工程招标程序与合同类型

本章首先介绍了国际工程的招标程序以及国际工程的各种招标方式,然后比较详细地介绍了按合同支付方式分类的各种合同类型。

## 第一节 国际工程的招标程序

国际工程有多种多样的项目采购方式,但是作为一种跨国的经济活动,一般业主方都采用招标方式来进行采购,特别是世行、亚行贷款的项目,一般是要求通过公开的竞争性招标来优选承包商或供应商。久而久之,在国际上逐渐形成了一套招标程序的国际惯例,具体到每个项目,在执行时可以加以改动。

下面介绍"FIDIC 合同指南"(2000 年版)中编制并推荐使用的"招标程序"(Tendering* Procedure),同时将该"招标程序流程图"(以下简称"流程图")作了少许补充和修改,放在图 2-1 中,并作简要说明。该流程图主要用于国际工程施工合同的招标。

"流程图"共分为确定项目策略、资格预审、招标和投标、开标、评审投标书及谈判、授予合同六个部分。

### 一、确定项目策略(Establishment of Project Strategy)

一个工程项目在前期策划阶段,应研究采用何种策略最适合实现项目的目标,这取决于项目的性质、复杂程度、融资渠道、项目的生命周期费用、业主方的管理能力以及外界的政治和经济环境等。

项目策略的选择属于一项重大决策,它将对项目实施的全过程产生深远的影响。确定项目策略要慎重,确定之后,要保证它在整个项目从初步构思到竣工验收的全过程中被认真地执行,否则可能导致索赔和争议,使各参与方付出额外的精力、时间和费用。

确定项目策略包括确定项目采购方法和项目实施的日程表。

项目采购方法(Procurement Method)一般指业主方在选择项目的服务方(如咨询、承包、供货等)时,从确定需求到完成的全过程中所采用的方法,包括招

---

\* 世行招标文件中对招投标中最常用的两个英文词有明确的说明:Bid, Tender 两词,其派生词 Bidder, Tenderer; Bidding, Tendering 都是同义词。

标方式等。但在确定采购方法前，必须先确定采用何种项目管理模式。工程项目的管理模式是指一个工程项目建设的基本组织模式，是在项目实施过程中各参与方所扮演的角色及其合同关系，在某些情况下，还要规定项目完成后的运行方式。确定项目的管理模式后才能决定项目的采购方法和招标方式。如采用传统的采购模式，则是先找一家咨询设计公司做前期工作和设计，再找一家工程公司承包施工；如采用设计-建造模式，则是找一家公司承担全部的设计和施工工作；如采用 EPC 模式，则是找一家公司承担项目的前期策划、设计、设备采购和工程施工工作。项目的管理模式确定后，参与项目各方所扮演的角色就明确了，从而才能确定合同方式以及合同中各方的权利、义务和风险分担。

采购方法确定后就可确定哪些采购工作需要招标，如设计、设备采购、施工等。然后确定招标方式和授予合同的准则。

这个阶段还应根据项目采购方法和招标方式来确定整个项目的时间进度表，包括项目的招标、设计、施工、验收等工作的里程碑（milestone）日期。同时，也应规定招标工作的日程表，包括项目的某些部分单独招标的日程表。

每个项目的安排在开始实施前要得到上级机关的审查批准，如果是国际金融机构贷款还需要得到该组织的审查批准。在安排日程表时，要充分估计审查批准所需的时间。

### 二、对投标人进行资格预审

在国际工程招标过程中，对投标人（Tenderer/Bidder）进行资格预审（Prequalification）是一个十分重要的环节。其目的是通过投标之前的审查，挑选出一批确有经验、有能力和具备必要的资源以保证能圆满完成项目的公司获得投标的资格。为了保证招标具有一定的竞争性，在资格预审合格的前提下，一般允许通过资格预审的公司不宜太多，也不宜太少，通常以 6~10 家为宜，还要根据项目的具体情况来确定。为了防止一些通过资格预审的公司不来投标，因而要求通过资格预审的公司回函确认他们是否参加投标。如果有的潜在投标人（Potential tenders）希望退出，则业主方应让下一个最有资格的公司入选，并要求该公司同样做出上述确认。

资格预审的程序包括业主方编制资格预审文件，通过刊登广告等方式邀请承包商参加资格预审，向承包商出售或颁发资格预审文件，承包商填写资格预审文件并送交业主方，由业主方对所有的资格预审文件进行分析评审，最后确定通过资格预审的公司，即进入"短名单"（Short List）的公司，并将通过资格预审的公司名单通知所有的申请人，而不必解释原因。

如果业主急于开工，或对比较简单的中小型工程，为了争取时间，可以不进行资格预审而进行资格后审（Post Qualification），即在招标文件中加入资格审查内容，投标人在提交投标书时提交资格审查资料，评标时先对投标人进行资格审查，不合格者取消被评标资格。有关内容在《国际工程合同管理》一书第2章第2节中作了详细介绍。

**三、招标和投标**

（一）招标（Call for Tender, Invitation to bid）

1. 招标文件的内容

招标是业主方采用市场采购的方式对将要实施的工程项目的全过程或某一阶段特定任务的实施者进行选择的方法和过程。工程采购（Procurement of Works）即是通过招标在市场中优选一家合格的承包商来完成合同中要求的工程项目实施的有关工作。

招标工作正式开始前的准备工作十分重要，其中最主要的即是编写一份高水平的招标文件。招标文件可以认为是合同的草案，是制定合同的基础，其中绝大多数内容将要进入正式的合同。因而对业主和承包商来说，招标文件都十分重要。

业主方在大多数情况下都是聘请咨询公司编制招标文件。招标文件内容包括：投标邀请书；投标人须知；招标资料表；合同条件（通用、专用）；技术规范；图纸；地质报告；投标书格式；工程量表；投标书附录和投标保函格式；协议书格式；各种保函格式以及附加资料表和资料数据等。一般投标邀请书和投标人须知不构成合同文件。业主/工程师可在招标文件中要求投标人提交与评标或与订立合同有关的附加资料表和附加数据，包括：投标人执行合同的组织机构和人员；项目进度计划；一些子项的价格分解；拟分包的工作和拟使用的分包商；关键岗位的职员；拟定的履约保证人以及拟使用的施工设备清单等。有关招标文件的详细介绍见《国际工程合同管理》一书第三章第三节。

2. 招标文件的颁发

招标文件的颁发一般采取出售形式。招标文件只出售给那些通过资格预审的公司。资格后审的项目不受此限。

（二）投标人现场考察（Visit to Site by Tenderers）

投标人现场考察是指业主方在投标人购买招标文件后的一定时间（一般为一个月左右）内，组织投标人考察项目所在现场的一种活动。其目的是为了让投标人在阅读和研究招标文件后有机会实地考察了解现场的实际情况。

一般现场考察都与标前会议（Pre-bid Meeting）一并进行，由业主方负责有关组织工作，投标人自费参加该项活动。

（三）投标人质疑（Tenderers' Queries）

投标人质疑有两种方式：信函方式或投标人会议方式，或两者同时采用。应在招标文件的"投标人须知"中说明。

信函方式。由投标人在规定时限（如提交投标书之前28天）内，将质疑的问题书面递交给业主/工程师。业主/工程师将汇总所有投标人的问题，用书面答复发给所有的投标人。

现场考察与标前会议相结合的方式。可以要求投标人在规定时间内将质疑的问题书面提交业主方，也允许在会议中提问。业主在会议上应回答所有的问题，向所有的投标人（无论是否与会）发送书面的会议纪要以及对所有有关问题的解答。但不论采取上述哪种方式，在问题解答中均不应涉及提出问题的质疑人。

业主应说明此类书面会议纪要及问题解答是否作为招标文件的补遗。如果是，则应将之视为正式招标文件的内容。

（四）招标文件补遗（Addenda to Tender Documents）

招标文件补遗应编有序号。因为招标文件补遗一般均构成正式招标文件的一部分，因此应由每个投标人正式签收，并将回执返还给业主/工程师。

补遗的内容多半出于业主方对原有招标文件的解释、修改或增删，也包括在投标人会议上对一些问题的解答和说明。

一般业主应尽量避免在招标期的后一段时间颁发补遗，否则会使承包商来不及对其投标书进行修改，如果颁发补遗太晚，业主应主动延长投标期。

（五）投标书的提交和接收（Submission and Receipt of Tenders）

投标人应在招标文件规定的投标截止日期（Deadline）或延期后的投标截止日期之前，将完整的投标书按要求密封、签字后送交业主指定地点。业主方应有专人签收保存。开标之前不得启封。如果投标书的递交迟于投标截止日期或者投送到非指定地点，一般将视为废标，并将被原封不动地退回。

四、开标（Opening of Tenders, Bid Opening）

开标指在规定的正式开标日期和时间（一般应为提交投标书截止日期和地点），业主方在正式的开标会上启封每一个投标人的投标书。业主方在开标会上只宣读投标人名称、投标价格、备选方案价格和检查是否提交了投标保证。同时也宣读因过期提交等原因而被取消投标资格的投标人的名称。

一般开标应采取公开开标，也可采取限制性开标，即只邀请投标人和有关单位参加。

五、评标（Bid Evaluation）

评标包括以下几部分工作：

1. 评审投标书（Review of Tenders）

评审投标书由专业人士进行，业主一般组建评标委员会进行评标。评标委员会的主要工作是审查每份投标书是否符合招标文件的规定和要求，并审查投标人的人员、设备、技术方案、业绩、财务、银行融资能力等，同时，也应核算投标报价有无运算方面的错误，如果有，则要求投标人与评标人共同核算并确认改正后的报价。如果投标文件有原则性的违背招标文件之处，或投标人不确认其投标书报价运算中的错误，则投标书应被拒绝并退还投标人，投标保证金将被没收。

2．包含有偏差的投标书（Tenders Containing Deviations）

在评审投标书后，业主方一般要求报价最低的几个投标人澄清其投标书中的问题，包括投标书中的偏差（Deviations）。偏差指的是投标书总体符合要求，但个别地方有不大合理的要求（如要求适当延长竣工日期）。业主可以接受此投标书，但在评标时由业主方将此偏差的资金价值采用"折价"方式计入投标价，然后按评标后的投标价（对某些投标书有偏差的投标人应考虑折价后的投标价）大小排序。

如果因投标书包含的偏差太大而不可能决定偏差的资金价值，则一般认为投标书不符合要求，将之退还给投标人。除非投标人声明确认撤回偏差，并不对投标价作任何修改，业主才可能接受此投标书。

3．对投标书的裁定（Adjudication of Tenders）

对投标书的裁定一般简称决标，指业主方在综合考虑了投标书的报价、技术方案以及其他方面的情况后，最后决定选中一家承包商中标。除非特殊情况，否则，业主应将合同授予投标书符合要求且评标后的投标价最低的投标人。

如果在投标人须知中允许投标人可以提交备选方案（Alternative），则在评标时也应对备选方案进行比较。因为备选方案可能在工期上有优势，或在价格上有优势，或在使用功能上有优势，或兼有其中几方面的优势，所以业主方最后在决定某一备选方案中标时不一定是价格最低的方案，但总体上应是符合招标文件的要求。

如果是世行、亚行等贷款项目，则要在贷款方对业主选中的承包商进行认真严格的审查后才能正式决标。

4．废标（Rejecting of all Tenders）

有时由于下列原因业主方宣布此次招标作废，取消所有投标，这些原因包括：每个投标人的报价都大大高于业主的标底；或每一份投标书都不符合招标文件的要求；或收到的投标书太少，一般指不多于3份。此时业主方应通知所有的投标人，说明废标原因，并退还他们的投标保证。

业主不能因企图获得较低的投标报价而废标，再完全按照原招标文件重新招标。如果在废标之后，业主方欲重新招标，则应按照新的技术标准和要求对原招标文件进行研究和修改之后，再行招标。

六、授予合同（Award of Contract）

授予合同包括以下四个步骤：

1. 签发中标函（Issue Letter of Acceptance）

在经过决标确定中标候选人之后，业主要与评标价格最低的投标人进行深入的谈判，将谈判达成的一致意见写成一份谅解备忘录（Memorandum of Understanding, MOU），此备忘录经双方签字确认后，业主即可向此投标人发出中标函（Letter of Acceptance）。中标函应明确承包商应实施的工程范围以及合同价格。

MOU 有时也叫合同协议书备忘录（或附录），或合同谈判纪要，它将构成合同协议书的重要文件之一，其效力优先于合同协议书之外的其他合同文件。

如果谈判未达成一致，则业主即与评标价第二低的投标人谈判。

2. 履约保证（Performance Security）

履约保证是指投标人在签订合同协议书时或在招标文件规定的时间内，按招标文件规定的保函（Guarantee）或担保（Bond）的格式和金额，向业主方提交的一份保证承包商在合同期间履约的担保性文件。

如果投标人未能按时提交履约保证，则投标保证将被没收，业主再与评标价第二低的投标人谈判签约。

3. 编制合同协议书（Preparation of Contract Agreement）

一般均要求业主与中标人正式签订一份合同协议书，且合同协议书的格式须由业主规定，并由业主方准备此协议书。协议书中除规定双方基本的权利、义务以外，还应列出所有的合同文件。

一般业主以中标函形式签发的通知将构成合同的成立。在有些国家，法律规定收到中标函即可认为合同成立，无需再签订合同协议书。但大多数国家的习惯做法还是要求采用合同协议书签字盖章的形式使合同正式生效。这一点业主应在招标文件中规定。

4. 通知未中标的投标人

只有在中标人与业主签订了合同协议书并提交了履约保证后，业主才将投标保证退还中标人。招标投标工作至此完成。然后，业主应通知所有未中标的投标人，并退还他们的投标保证。

图 2-1 是 FIDIC 编制的招标程序流程图。

# 招标程序流程图
## 推荐使用的投标人资格预审程序

| 节 | 业主/工程师 | 承包商 |
|---|---|---|
| 1.0 确定项目策略 | 项目策略的确定包括：<br>· 采购方式<br>· 招标方式<br>· 时间表 | |
| 2.1 编制资格预审文件 | 编制资格预审文件，包括：<br>· 邀请函<br>· 资格预审程序介绍<br>· 项目信息<br>· 资格预审申请报表等 | |
| 2.2 资格预审邀请 | 在有关的报刊、大使馆发布资格预审广告，说明：<br>· 业主和工程师<br>· 项目概况<br>　（范围、位置、计划、资金来源）<br>· 颁发招标文件和提交投标书的日期<br>· 申请资格预审须知<br>· 资格预审的最低要求<br>· 承包商资格预审资料的提交日期 | |
| 2.3 颁发和提交资格预审文件 | 颁发资格预审文件及调查表，要求每个公司/联营体提交如下资料：<br>· 组织机构<br>· 在与本项目类似的工作类型和所在地区的经验<br>· 资源：管理、技术、劳力、设备等方面的资源<br>· 财务报表<br>· 现有合同任务<br>· 诉讼史 | 索取资格预审文件<br><br>完成和提交资格预审文件和调查表 |
| | 回函说明收到 | |
| 2.4 分析资格预审申请书 | 分析资格预审资料：<br>· 公司/联营体结构<br>· 经验<br>· 资源<br>· 财务能力<br>· 总体适合性 | |
| 2.5 选择投标人 | 编制投标人名单 | |
| 2.6 通知申请人 | 通知所有被选中的投标人 | 被选中的投标人回函确认提交投标的意图 |

投标人名单

## 第一节 国际工程的招标程序

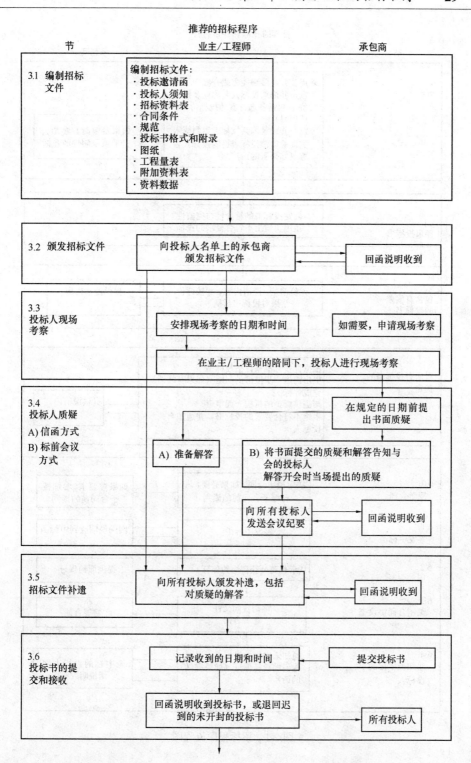

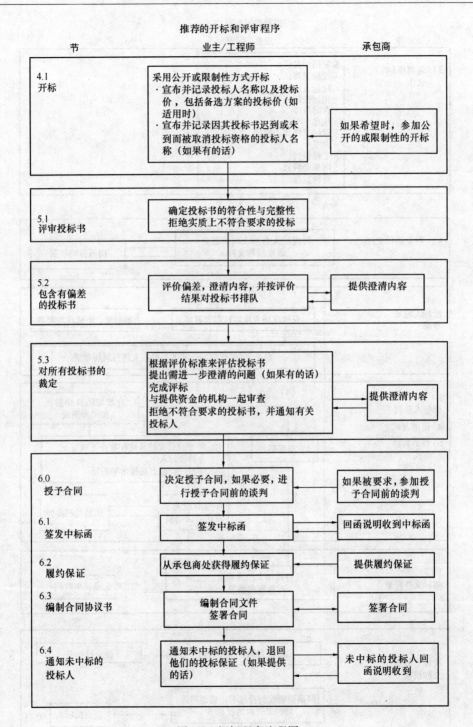

图 2-1 招标程序流程图

## 第二节 国际工程的招标方式

国际工程招标时,通常采用的招标方式一般可分为下列三种:

1. 公开招标

公开招标又称无限竞争性公开招标(Unlimited Competitive Open Bidding)。这种招标方式是业主在国内外主要报纸及有关刊物上刊登招标广告,凡对此招标项目感兴趣的承包商都有均等的机会购买资格预审文件,参加资格预审,预审合格者均可购买招标文件进行投标。

这种方式可以为一切有能力的承包商提供一个平等的竞争机会(A Fair Competitive Opportunity),业主也可以选择一个比较理想的承包商(即既有丰富的工程经验、必要的技术条件,也有足够的财务条件),同时也有利于降低工程造价,以合理的最低价采购合适的工程、货物或服务,保证采购按事先确定的原则、标准和方法公开进行,增加招标透明度,防止和减少贪污腐败现象的发生。因此,一般各国的政府采购,世行、亚行的绝大部分采购均要求公开招标。

这种方式的不足之处是国际竞争性招标从准备招标文件、投标、评标到授予合同均要花费很长的时间;文件较繁琐;如果是货物采购,可能造成设备规格多样化,从而影响标准化和维修。此外,也要防止一些投机商故意压低报价以挤掉其他态度严肃认真而报价较合理的承包商。这些投机商很可能在中标后,在某一施工阶段以各种借口要挟业主。

如采用这种方式,业主要加强资格预审,认真评标。

2. 邀请招标

邀请招标又称有限竞争性选择招标(Limited Competitive Selected Bidding)。这种方式一般不在报上登广告,业主根据自己的经验和资料,或请咨询公司提供承包商的情况,然后根据企业的信誉、技术水平、过去承担过类似工程的质量、资金、技术力量、设备能力、经营能力等条件,邀请某些承包商来参加投标。邀请招标一般5~8家为宜,但不能少于3家,因为投标者太少则缺乏竞争力。这种方式的优点是邀请的承包商大都有经验,信誉可靠。缺点则是可能漏掉一些在技术上、报价上有竞争力的后起之秀。

世行、亚行项目如要采用邀请招标需征求银行同意,一般适用于合同金额较小、供货人数量有限等情况。如为国际邀请招标,国内承包商不享受优惠。

3. 议标

议标也称谈判招标(Negotiated Bidding)或指定招标。适用于工期紧、工程总价较低、专业性强或军事保密工程,有时对专业咨询、设计、指导性服务或专用设备、仪器的采购安装、调试、维修等也采用这种方式。议标最好找两家公司同时谈判。这种方式节约时间,可以较快地达成协议,开展工作,但是无法获得有竞争力的报价。

国际工程常用的招标方式除了上述三种通用的方式外，还有时采用一些其他的方法，如两阶段招标、双信封投标等，在此作一简单介绍。

● 两阶段招标（Two-Stage Bidding）：对交钥匙合同，某些大型的、复杂的设施，或特殊性质的工程，或复杂的信息和通讯技术，要求事先准备好完整的技术规范是不现实的，此时可采用两阶段招标。

先邀请投标人根据概念设计或性能要求提交不带报价的技术建议书（Technical Proposals），并要求投标人应遵守其他招标要求。在业主方对此技术建议书进行仔细评审后，指出其中的不足，并分别与每一个投标人一同讨论和研究，允许投标人对技术方案进行改进以更好地符合业主的要求。凡同意改进技术方案的投标人均可参加第二阶段投标，即提交最终的技术建议书和带报价的投标书。业主据此进行评标。

考虑到透明性和知识产权的要求，在第二阶段对招标文件进行修改时，借款人应尊重投标人在第一阶段投标时所提交的关于技术建议书保密性的要求。

世行、亚行的采购指南中均允许采用两阶段招标。

● 双信封投标（Two-Envelope Bidding Procedure）：对某些形式的机械设备或制造工厂的招标，其技术工艺可能有选择方案时，可以采用双信封投标方式，即投标人同时递交技术建议书和价格建议书。评标时首先开封技术建议书，并审查技术方面是否符合招标文件的要求，之后再与每一位投标人就其各自的技术建议书进行讨论，以使所有的投标书达到所要求的技术标准。

如由于技术方案的修改致使原有已递交的投标价需修改时，将原提交的未开封的价格建议书退还投标人，并要求投标人在规定期间再次提交其价格建议书。当所有价格建议书都提交后，再一并打开进行评标。

亚行允许采用此种方法，但需事先得到批准，并应注意将有关程序在招标文件中写清楚。世行不允许采用此方法。

## 第三节　国际工程合同类型

国际工程合同的形式和类别非常之多，有许多分类方法，如：按工作内容分类可分为工程咨询服务合同（包含设计合同、监理合同等）、勘察合同、工程施工合同、货物采购合同（包含各类机械设备采购，材料采购等）、安装合同、装修合同等。

按承包范围分类可分为设计—建造合同、EPC/交钥匙合同、施工总承包合同、分包合同、劳务合同、项目管理承包（PMC）合同、CM合同等。

本章中主要介绍按支付方式进行的合同分类，一般分为总价合同、单价合同和成本补偿合同三大类。下面对这三类合同进行比较详细的介绍和讨论。

## 一、总价合同（Lump Sum Contract）

总价合同有时称为约定总价合同（Stipulated Sum Contracts），或称包干合同。这种合同一般要求投标人按照招标文件要求报一个总价，在这个价格下完成合同规定的全部工作内容。

总价合同一般有以下5种方式：

1. 固定总价合同（Firm Lump Sum Contract）。承包商的报价以业主方的详细的设计图纸及计算为基础，并考虑到一些费用的上升因素，如图纸及工程要求不变动则总价固定，但当施工中图纸或工程质量要求有变更，或工期要求提前，则总价也应改变。这种合同适用于工期不长（一般不超过一年），对工程项目要求十分明确的项目，如工期很长则可一次性付款。承包商将承担全部风险，将为许多不可预见的因素付出代价，因此一般报价较高。

2. 调价总价合同（Escalation Lump Sum Contract）。在报价及签订合同时，以招标文件的要求及当时的物价计算总价的合同。但在合同条款中双方商定：如果在执行合同中由于通货膨胀引起工料成本增加达到某一限度时，合同总价应相应调整。这种合同业主承担了通货膨胀这一不可预见的费用因素（Unpredictable Cost Elements）的风险，承包商承担其他风险。采用这种形式的项目，一般工期较长（如一年以上）。

3. 固定工程量总价合同（Lump Sum on Firm Bill of Quantities Contract）。即业主要求投标人在投标时按单价合同办法分别填报业主方编制的工程量表中各分项工程的单价，从而计算出工程总价，据之签订合同。原定工程项目全部完成后，根据合同总价付款给承包商。工期较长的大中型工程也可以分阶段付款，但要在订合同时说明。如果改变设计或增加新项目，则用合同中已确定的单价来计算新的工程量和调整总价，这种方式适用于工程量变化不大的项目。

这种方式对业主有利，一是可以了解投标人投标时的总价是如何计算得来的，便于业主审查投标价，特别是对投标人过度的不平衡报价，可以在合同谈判时压价；二是在物价上涨情况下，增加新项目时可利用已确定的单价。

4. 附费率表的总价合同（Lump Sum Price with Schedule of Rates）。与上一种相似，只是当业主方没有力量或来不及编制工程量表时，可规定由投标人编制工程量表并填入费率，以之计算总价及签订合同。这种方式适用于较大的，可能有变更及分阶段付款的项目。

5. 管理费总价合同（Management Fee Lump Sum Contract）。业主雇佣某一公司的管理专家对发包合同的工程项目进行管理和协调。由业主付给一笔总的管理费用。

采用这种合同时要明确具体工作范围。

对于各种总价合同，在投标时投标人必须报出各子项工程价格，在合同执行过程中，对很小的单项工程，在完工后一次支付；对较大的工程则按施工过程的里程碑（Milestone）分阶段支付或按完成的工程量百分比支付。

总价合同的适用范围一般包括两类工程。其一是在房屋建筑（包括住宅和楼宇）中使用，在这类工程中，招标时要求全面而详细地准备好设计图纸，一般要求做到施工详图；还应准备详细的规范和说明，以便投标人能详细地计算工程量；工程技术不太复杂，风险不太大，工期不太长，一般在一年以内，同时要给予承包商各种方便。此类工程对业主来说由于设计花费时间长，有时和施工期相同，因而开工期晚，开工后的变更容易带来索赔，而且在设计过程中也难以吸收承包商的建议，但是对控制投资和工期比较方便，总的风险较小。对承包商来说，由于总价固定，如果在订合同时不能争取到一些合理的承诺（如物价波动、地基条件恶劣时如何处理等），则风险比较大，投标时应考虑足够的风险费，但承包商对整个工程的组织管理有很大的控制权，因而可以通过高效率的组织管理和节约成本来获取更多的利润。

总价合同应用的另一类工程就是设计—建造和 EPC/交钥匙项目。这时业主可以比较早地将设计与建造工作一并总包给一个承包商，这时总承包商则承担着更大的责任与风险。

### 二、单价合同（Unit Price Contract, Schedule of Rate Contract）

当准备发包的工程项目的内容和设计指标一时不能十分确定，或是工程量不能准确确定时，则以采用单价合同形式为宜。

单价合同又分为以下三种形式：

1. 估计工程量单价合同（Bill of Approximate Quantities Contract）。业主在准备此类合同的招标文件时，委托咨询设计单位按分部分项工程列出工程量表并填入估算的工程量，承包商投标时在工程量表中填入各项的单价，据之计算出总价作为投标报价之用。但在每月结账时，以实际完成的工程量结算。在工程全部完成时以竣工图和某些只能现场测量的工程量为依据最终结算工程的总价格。

有的合同规定，当某一分项工程的实际工程量与招标文件上的工程量相差一定百分比（一般为 ±15% 到 ±30%）时，双方可以讨论改变单价，但单价调整的方法和比例最好在订合同时即写明，以免以后发生纠纷。

2. 纯单价合同（Straight Unit Price Contract）。在设计单位还来不及提供施工详图，或虽有施工图但由于某些原因不能比较准确地估算工程量时采用这种合同。招标文件只向投标人给出各分项工程内的工作项目一览表、工程范围及必要的说明，而不提供工程量，承包商只要给出表中各项目的单价即可，将来施工时按实际工程量计算。有时也可由业主一方在招标文件中列出单价，而投标一方提出修正意见，双方磋商后确定最后的承包单价。

3. 单价与子项包干混合式合同（Unit Price Contract with Lump Sum Items）。以

估计工程量单价合同为基础,但对其中某些不易计算工程量的分项工程(如施工导流,小型设备购置与安装调试)则采用包干办法,而对能用某种单位计算工程量的,均要求报单价,按实际完成工程量及工程量表中的单价结算。这种方式在很多大中型土木工程中都普遍采用。

对业主方而言,单价合同的主要优点是可以减少招标准备工作,缩短招标准备时间,可鼓励承包商通过提高工效等手段从成本节约中提高利润。业主只按工程量表的项目开支,可减少意外开支,只需对少量遗漏的项目在执行合同过程中再报价,结算程序比较简单。但业主方存在的风险也在于工程的总造价一直到工程结束前都是个未知数,特别是当设计师对工程量的估算偏低,或是遇到了一个有经验的善于运用不平衡报价的承包商时,风险就会更大。因而设计师比较正确地估算工程量和减少项目实施中的变更可为业主避免大量的风险。对承包商而言,这种合同避免了总价合同中的许多风险因素,比总价合同风险小。

### 三、成本补偿合同(Cost Reimbursement Contract, Cost Plus Fee Contract)

成本补偿合同也称成本加酬金合同,简称 CPF 合同,即业主向承包商支付实际工程成本中的直接费(一般包括人工、材料及机械设备费),并按事先协议好的某一种方式支付管理费及利润的一种合同方式。对工程内容及其技术经济指标尚未完全确定而又急于上马的工程,如旧建筑物维修、翻新的项目,完全崭新的项目,或是临时增加的不易计算工程量的项目(如抢险工作)以及施工风险很大的项目可采用这种合同。其缺点是发包单位对工程总造价不易控制,而承包商在施工中也不注意精打细算。因为有的形式是按照一定比例提取管理费及利润,往往成本越高,管理费及利润也越高。

成本补偿合同有多种形式,现介绍部分形式如下:

1. 成本加固定费用合同(Cost Plus Fixed Fee Contract, CPF)。根据双方讨论同意的工程规模、估计工期、技术要求、工作性质及复杂性、所涉及的风险等来考虑确定一笔固定数目的报酬金额作为管理费及利润。对人工、材料、机械台班费等直接成本则实报实销。如果设计变更或增加新项目,当直接费用超过原定估算成本的 10% 左右时,固定的报酬金额也要增加。在工程总成本一开始估计不准,可能变化较大的情况下,可采用此合同形式,有时可分几个阶段谈判付给固定报酬。这种方式虽不能鼓励承包商关心降低成本,但为了尽快得到酬金,承包商会关心缩短工期。有时也可在固定费用之外根据工程质量、工期和节约成本等因素,给承包商另加奖金,以鼓励承包商积极工作。

2. 成本加定比费用合同(Cost Plus Percentage Fee Contract)。工程成本中的直接费加一定比例的报酬费,报酬部分的比例在签订合同时由双方确定。

这种方式的报酬费随成本加大而增加,不利于缩短工期和降低成本。一般在工程初期很难描述工作范围和性质,或工期急迫,无法按常规编制招标文件招标时采用，在国外，除特殊情况外，一般公共项目不采用此形式。

3. 成本加奖金合同（Cost Plus Incentive Fee Contract）。奖金是根据报价书中成本概算指标制定的。合同中对这个概算指标规定了一个"底点"（Floor）（约为工程成本概算的 60%～75%）和一个"顶点"（Ceiling）（约为工程成本概算的110%～135%）。承包商在概算指标的"顶点"之下完成工程则可得到奖金，超过"顶点"则要对超出部分支付罚款。如果成本控制在"底点"之下，则可加大酬金值或酬金百分比。采用这种方式通常规定，当实际成本超过"顶点"对承包商罚款时，最大罚款限额不得超过原先议定的最高酬金值。

当招标前设计图纸、规范等准备不充分，不能据以确定合同价格，而仅能制定一个概算指标时，可采用这种形式。

4. 成本加保证最大酬金合同（Cost Plus Guaranteed Maximum Contract），即成本加固定奖金合同。订合同时，双方协商一个保证最大酬金额，施工过程中及完工后，业主偿付给承包商花费在工程中的直接成本（包含人工、材料等）和一定比例的管理费及利润。但最大限度不得超过成本加保证最大酬金。如实施过程中工程范围或设计有较大变更，双方可协商新的保证最大酬金。这种合同适用于设计已达到一定深度，工作范围已明确的工程。

5. 最大成本加费用合同（Maximum Cost Plus Fee Contract，MCPF）

这种方式是在工程成本总价合同基础上加上固定酬金费用的方式，即当设计深度已达到可以报总价的深度，投标人报一个工程成本总价，再报一个固定的酬金（包括各项管理费、风险费和利润）。合同规定，若实际成本超过合同中的工程成本总价，由承包商承担所有的额外费用；若是承包商在实际施工中节约了工程成本，节约的部分由业主和承包商分享（其比例可以是业主 75%，承包商 25% 或其他双方约定的比例），在订合同时要确定节约分成比例。

在《国际工程合同管理》一书第一章中介绍的风险型 CM 模式的保证最大工程费用（Guaranteed Maximum Price，GMP）即为此种支付方式。

6. 工时及材料补偿合同（Time and Material Reimbursement Contract）。用一个综合的工时费率（包括基本工资、保险、纳税、工具、监督管理、现场及办公室各项开支以及利润等）来计算支付人员费用，材料则以实际支付材料费为准支付费用。

这种形式一般用于招标聘请专家或管理代理人等。

在签订成本补偿合同时，业主和承包商应该注意以下问题：

1. 必须有一个明确的如何向承包商支付酬金的条款，包括支付时间和金额百分比。如果发生变更或其他变化，酬金支付规定应相应调整。

虽然已有了一些 CPF 合同的范本，但在每个项目的合同中列出"可补偿的费用"（Reimbursable Cost）的准确定义对业主和承包商双方都是至关重要的。因为有一些 CPF 合同中"可补偿的费用"甚至包括了各项管理费及设计的费用，此时承包商投标时的酬金仅仅考虑利润就可以了。

2. 应列出工程费用清单，要规定一整套详细的与工地现场有关的数据记录、信息存储甚至记账的格式和方法，以便对工地实际发生的人工、机时和材料消耗等数据认真而及时地记录，防止事后在数据统计上的不一致和纠纷。业主一方不仅在支付时，并且在税收、保险等方面也需要这些数据。

3. 应在承包商和业主之间建立起相互信任的关系，有时在合同中往往写上这一条。因为即使业主雇用专职现场监理，也很难详细准确地核查每一项应支付的成本。这种合作形式下，承包商的酬金已有保证，他就应该高效而经济地实施工程，工作中仅使用必要的人员和机械，以诚实的态度实事求是地记录申报每天的人工、机械和材料，并以竞争性的价格去采购材料，而业主方则应及时地提供资料和进行支付。

CPF 合同对业主而言，最大的优点是能在设计资料不完整时使工程早开工，并且可采用 CM 模式，完成阶段设计后阶段发包，从而使项目早日完工，节约时间和尽早收回投资。但业主要承担很大的风险，业主不能在项目早期知道最后的总成本，因而可能最终支付很高的合同价格。为了减少风险，可采用 MCPF 合同方式。

CPF 合同对承包商而言，其优点是可获得比较有保证的酬金，风险较小；而主要缺点是合同的不确定性，由于设计未完成，不知道合同的终止时间，有时很难计划安排其他的工程。

一项工程招标前，选用恰当的合同方式是建设单位制定发包策略及发包计划的一个重要组成部分。招标一般不属于设计的一个阶段，它仅仅作为设计完成后或与设计平行进行的一项专门工作，这项工作主要是复核工程计划和技术规范，进行全面施工规划，进行工程估价和编制招标文件。招标文件一般由业主委托咨询公司或设计单位编制。

采用何种合同支付方式往往与设计的阶段和深度分不开。如果设计只做到概念设计阶段，则只能采用成本补偿合同方式招标和实施。如果设计进行到基本设计阶段，则有可能采用单价合同。如果设计进行到详细设计阶段则可采用总价合同或单价合同。

思 考 题

1. 国际工程的招标程序一般分为几个阶段？试列出每个阶段中业主方和投标人应准备和进行的工作。
2. "确定项目策略"阶段包含什么主要内容？为什么这个阶段非常重要？
3. 国际工程的招标方式有哪几种？其适用条件是什么？
4. 两阶段招标和双信封投标有什么区别？
5. 试列出总价合同、单价合同和成本补偿合同各自的优缺点和适用条件。

# 第三章 国际工程投标与合同谈判

本章首先讨论了如何为投标决策进行前期调研,接着介绍了项目投标的影响因素和分析方法。阐述了投标班子的组成以及如何组建联营体,比较详细地介绍了工程项目投标时应注意的事项、投标的技巧和辅助中标的手段。最后讨论了工程承包合同的谈判和签订。

## 第一节 国际工程投标的决策和组织

投标(Tender, Bid)有时也叫报价(Offer),即承包商作为卖方(Seller),根据业主的招标文件,以报价的形式参与国际工程项目的竞争,争取拿到承包项目的过程。工程项目投标又分为承包工程的投标报价和提供劳务的投标报价。承包工程投标是一项十分复杂并且充满风险的工作。在本章及下一章主要研究与国际工程承包投标与报价的有关问题。

下面首先对工程项目投标过程作一简单介绍:

1. 投标的决策。面对众多的招标承包项目,究竟应该如何确定投标的对象呢?一个公司在某一个阶段参不参加投标,对某一个范围的工程投哪一个子工程的标,投高标价还是低标价,这就是投标决策(Make Policy)。投标决策是公司面临的第一个问题。

当初步做出对某一个项目投标的决定后,即应购买资格预审文件,填报资格预审文件的过程也是深入研究项目招标内容的过程,此时应确定承包方法(本公司独自承包或与其他公司合作等),提出建议供公司领导进一步决策。

2. 投标的准备。当确定对一个工程投标之后,需要做大量的准备工作,确定投标组织和人员,进行现场考察和询价工作。同时还应该了解、研究有关竞争对手的情况。

3. 制定施工方案,研究备选方案,估算工程成本,确定利润目标,计算投标报价,编制投标文件等。

4. 最后的投标决策与递交投标书。当计算出工程成本,提出投标报价方案后,公司领导要根据当时的具体情况,包括了解到的竞争对手情况,做出最后的投标报价决策,然后按规定时间、地点及业主的投标要求递交投标书。

### 一、投标的决策

一个企业的领导在经营工作中,必须要目光长远,有战略管理的思想。战略管理指的是从企业的整体和长远利益出发，就企业的经营目标、内部条件、外部环境等方面的问题进行谋划和决策，并依据企业内部的各种资源和条件来实施这些谋划和决策的一系列动态过程。对于从事国际工程承包的企业，在从事由投标到承包经营的每一项活动中，都必须要有战略管理思想，因为承包工程的经营策略是一门科学，是要研究如何用最小的代价来取得最大的、长远的经济效益和社会效益。

投标竞争，实质上是各个投标人之间实力、经验、信誉以及投标策略和技巧的竞争，特别是国际竞争性投标，不仅是一项经济活动，而且受到政治、法律、资金、商务、工程技术等多方面因素的影响，是一项复杂的综合经营活动。因此投标各阶段的准备工作，特别是情报工作是十分重要的。

一般谈到投标的准备是指购买招标文件后的各项调查研究及准备工作。一个具有战略管理思想的领导者，应该把投标前的准备工作分为两个阶段，即为投标决策进行前期调查研究的阶段和买到招标文件后进行项目投标的准备工作阶段。

（一）为投标决策进行前期调研阶段的工作

这一阶段是为投标决策做准备。如果公司准备去某个地区或对某一类工程投标，或准备到国外去开拓市场，绝不能等见到招标广告之后才去开始准备工作，而应较早地进入准备投标的市场去开始调查研究，作一些准备工作。在这方面预支一些经费是为了今后节省大量经费，为了使今后的投标报价建立在大量可靠的信息基础之上，使之既有竞争力，又可以提高承包效益，因而是完全必要的。

下面按到国外去开拓市场为投标决策作前期准备（即不针对一个投标项目）来列举需要调查研究的一些问题：

1. 政治方面

（1）项目所在国国内的政治和经济形势是否稳定，党派斗争的情况，军队的情况，民众对政府的依赖程度，有无发生暴动、战争或政变的可能。

（2）项目所在国与项目所在地相邻近的国家之间政治关系如何，有无发生相互封锁或战争的可能。

（3）项目所在地政府和人民对我国的政治态度如何，有无发生排斥、歧视、经济上的不平等待遇，甚至出现打击、抢劫等事件的可能，以及对工程师和劳工签证的签发情况。

2. 法律方面

（1）项目所在国的民法规定，尤其是有关民事权利主体的法律地位、权利能力和行为能力的规定。

（2）项目所在国的经济法规，尤其是有关建筑法、公司法、合同法、劳动法、环境安全保护法、税收法、会计法、海关法以及仲裁法等方面的法律规定。

（3）项目所在国有关各涉外法律的规定。

（4）项目所在国有关的其他具体规定，如：劳动力的雇佣、设备材料的进出口、运输方面的有关法令、规定等。

(5) 项目所在国对我驻外机构和项目机构的设立以及经营范围限定的法律规定等。

以上各项应尽可能找到项目所在国最新颁布的原文文件。

3．市场方面

市场方面的调研非常重要，因为这方面的内容很多，所以调查研究的工作量很大，诸如：

(1) 当地施工用料供应情况和市场价格，特别是当地砂、石等地方建筑材料货源和价格，运输能力与途径，有无可能自己开采，是否征收开采时的矿山使用费等；

(2) 当地专业分包的情况，包括业绩、实力、工作饱满程度等；

(3) 当地机、电设备采购条件、租赁费用、零配件供应和机械设备加工、修理能力等；

(4) 当地生活用品供应情况、食品供应及价格水平；

(5) 当地劳务的技术水平、劳动态度、雇佣价格及雇用当地劳务的手续、途径等；

(6) 当地运输情况、车辆及船舶租赁价格、汽车零配件供应情况、油料价格及供应情况、公路和桥梁管理的有关规定、当地司机水平及雇佣价格等；

(7) 有关海港、航空港及铁路的装卸能力、费用以及管理的有关规定等；

(8) 当地近几年的市场价格和物价指数变化情况等；

(9) 当地水电、通信等设施情况。

4．项目所在地自然环境条件

(1) 气象资料：年平均温度，年最高温度；风玫瑰图，最大风速，风压值；日照；年平均湿度，最高、最低湿度；室内计算温度、湿度，高温和低温持续时间。

(2) 水文资料：年降雨量、雨量分布、雨季时间长短、最大降雨量、河流及洪水情况、供水情况；潮汐、风浪、台风、飓风等（特别对港口工程和近海、沿海和沿海城市的各类工程）。

(3) 地质情况：该国各地区地质总体构造及特征；承载能力，地基是否是大孔土、膨胀土（需用钻孔或探坑等手段查明）；地震及其设防等级。

(4) 上述问题对施工的主要影响。

5．金融情况

收集该国主要银行的有关外汇管制和外币汇率、计息办法，工程付款确认办法，保险公司的有关规定，开具保函办法等。

6．收集其他公司过去的投标报价资料

这是一件非常困难的工作，因涉及到每个公司的切身利益，这种情报都是互相保密的，但并非不可能获得。例如可找一些代理人、一些当地商人讨论分包或合营，找信息公司或找不同行的本国公司，调查已实施的工程价格等。

7. 了解该国或相关项目业主的情况

该国有无自己编制的工程合同范本，该合同范本与国际通用合同范本有哪些出入，有哪些特殊规定和要求，对承包商承包工程有哪些特殊要求等。

在国外收集上述资料的方法可以通过：①大使馆经参处和有关中国公司；②外国公司或承包商、当地承包商；③信息咨询公司；④出售机电设备、工具和材料的商人；⑤雇员、代理人或当地合伙公司；⑥黄页、网络。但切忌只找一个公司或个别商人打听，以免上当受骗。

如果公司对国际工程承包经验不多，或对该国情况十分生疏，则在第一次打入该国市场时，可以担任分包或与当地承包商合伙投标，然后一面工作，一面下功夫收集资料。

(二) 项目投标决策的影响因素

为了有选择地进行投标，一个企业在进行决策之前，必须要从分析企业外部环境、企业内部环境入手。企业的外部环境包括机遇和风险，即外部的有利和不利条件。企业的内部条件即企业的优势和劣势。应该把内、外部环境的有利、不利条件具体化，列出若干项需要考虑判断的指标，采用一种比较固定的分析方法，在每一次投标前都围绕这些指标进行分析，以便客观地、科学地决策，同时应该不断地积累资料，总结经验以利于今后的决策。

项目投标决策时一般考虑以下几个方面的因素：

1. 投标人方面的因素

包括主观条件因素，即有无完成此项目的实力以及对本公司目前和今后的影响。

(1) 本公司的施工能力和特点。

(2) 本公司的设备和机械，特别是临近地区有无本公司或其他公司可供调用或借用的设备和机械。

(3) 有无从事过类似工程的经验和业绩。

(4) 是否有能力开出保函。

(5) 有无融资渠道，特别是项目开工时所需垫付资金的来源。

(6) 投标项目对本公司今后业务发展的影响。

2. 工程方面的因素

(1) 工程性质、规模、复杂程度以及自然条件（如水文、气象、地质等）。

(2) 工程现场工作条件，特别是道路交通、通信、电力和水源。

(3) 工程的材料供应条件。

(4) 工期、质量、环保和安全的要求。

3. 业主方面的因素

(1) 业主信誉，特别是项目资金来源是否可靠，工程款项支付能力是否有延期支付条款等。

(2) 是否要求承包商带资承包。

(3) 业主所在国政治、经济形势，货币币值稳定性。

(4) 机械、设备和人员进出该国有无困难，该国法律对外商的限制程度等。

在实际投标过程中，影响因素是很多的，投标人应该从战略角度全面地对各种因素进行权衡之后再进行决策。

(三) 项目投标决策的分析方法

决策理论有许多分析方法，下面介绍根据竞争性投标理论进行投标决策时比较适用的分析方法——专家评分比较法（Expert Scoring Method）。

一般可根据下列 10 项指标来判断是否应该参加投标：

(1) 管理的条件：指能否安排有足够经验的、水平相应的工程项目管理人员（包括工地项目经理和组织施工的工程师等）参加该工程。

(2) 工人的条件：指工人（包括当地劳务）的技术水平及所需的工种、人数能否满足该工程的要求。

(3) 设计人员条件：视该工程对设计及出图的要求而定。

(4) 机械设备条件：指该工程需要的施工机械设备的品种、公司现有的和可以租用、调用的数量能否满足要求。

(5) 工程项目条件：对该项目有关情况的熟悉程度，包含项目本身、业主和监理情况、当地市场情况、工期要求、交工条件等。

(6) 同类工程的经验：以往实施同类工程的经验。

(7) 业主的资金条件：过去的支付信誉，本项目的资金是否落实等。

(8) 合同条件：是否由承包商承担过多的风险以及质量要求是否苛刻等。

(9) 竞争对手的情况：包括竞争对手的数量、实力等。

(10) 今后的机会：对公司今后在该地区带来的影响和机会。

按照上述 10 条，用专家评分比较法分析决策的步骤如下：

第一步，按照 10 项指标各自对企业完成该招标项目的相对重要性，经由专家组讨论后分别确定权数。

第二步，用 10 项指标对项目进行权衡，按照模糊数学概念，将各标准划分为好、较好、一般、较差、差五个等级，各等级赋予定量数值，如可按 1.0、0.8、0.6、0.4、0.2 打分。例如企业自己的工人加上当地的劳动力条件足以完成本工程，便可打 1.0 分。又如竞争对手愈多、愈强则打分愈低。

第三步，将每项指标权数与等级分相乘，求出该指标得分。10 项指标之和即为此工程投标机会总分。

第四步，将总得分与过去其他投标情况进行比较或和公司事先确定的准备接受的最低分数相比较，来决定是否参加投标。

表 3-1 是用此方法评价投标机会的一个例子。该方法可以用于两种情况：

一是对某一个招标项目投标机会做出评价，即利用本公司过去的经验，确定一个 $\Sigma WC$ 值，例如在 0.60 以上即可投标，则表 3-1 的例子属于可投标的范畴。

但也不能单纯看 $\Sigma WC$ 值，还要分析一下权数大的几个指标，也就是要分析主要指标的等级。如果太低，说明该方面是很薄弱的环节，很可能会影响大局，如无有把握的补救措施，也不宜投标。

二是可以用于比较若干个同时正准备考虑投标的项目，看哪一个项目 $\Sigma WC$ 最高，即可考虑优先投标该项目。

用专家评分比较法对某项目投标机会评价举例　　　　　　　表 3-1

| 投标考虑的指标 | 权数 ($W$) | 等级（$C$） | | | | | WC |
|---|---|---|---|---|---|---|---|
| | | 好 1.0 | 较好 0.8 | 一般 0.6 | 较差 0.4 | 差 0.2 | |
| 1. 管理的条件 | 0.15 | | ✓ | | | | 0.12 |
| 2. 工人的条件 | 0.10 | ✓ | | | | | 0.10 |
| 3. 设计人员的条件 | 0.05 | ✓ | | | | | 0.05 |
| 4. 机械设备条件 | 0.10 | | | ✓ | | | 0.06 |
| 5. 工程项目条件 | 0.10 | | | | | | 0.09 |
| 6. 同类工程经验 | 0.05 | ✓ | | | | | 0.05 |
| 7. 业主资金条件 | 0.15 | | ✓ | | | | 0.12 |
| 8. 合同条件 | 0.10 | | | ✓ | | | 0.06 |
| 9. 竞争对手情况 | 0.10 | | | | ✓ | | 0.04 |
| 10. 今后机会 | 0.05 | | | | | ✓ | 0.01 |
| | | | | | | $\Sigma WC$ = | 0.70 |

注：✓表示等级的取值。

## 二、投标的组织

如果是一个公司单独投标，投标的组织是指对投标班子成员的要求和投标班子的组成。如果是几个公司联合投标，则还有一个联营体的组织形式问题。

1. 投标班子的组成和要求

当公司决策要参加某工程项目投标之后，第一位的、最主要的工作即是组成一个干练的投标班子。对参加投标的人员，特别是投标小组组长，要认真挑选，应该考虑尽量安排具有下列能力和素质的人员参与：

（1）熟悉了解有关外文招标文件，对招标文件中各类潜在的风险因素要有能力识别和分析，对投标、合同谈判和合同签约有丰富的经验。

（2）对该国有关经济合同方面的法律和法规有一定的了解。

（3）不仅需要有丰富的工程经验、熟悉施工的施工工程师，还要有具有设计经验的设计工程师参加。因为从设计或施工的角度，对招标文件的设计图纸提出改进方案或备选方案，以节省投资、加快工程进度、改善工程项目的使用功能是投标人中标的重要条件。

（4）最好还有熟悉物资采购的专家参加，因为一个工程的材料、设备开支往往占工程造价的一半以上。

（5）有精通工程报价的工料测量师、造价工程师或会计师参加。

（6）国际工程可能需要翻译，但参与投标的人员也应该有较高的外语水平，这样可以取长补短，避免由于翻译不懂技术和合同管理而出现失误。投标人员中还应有通晓项目所在国官方语言的翻译。例如，去中东地区就应有阿拉伯语翻译。

总之，投标班子最好由多方面的人才组成。

一个公司应该有一个按专业或承包市场地区分组的、稳定的投标班子，但应避免把投标人员和实施人员完全分开的作法。在实际操作时，最好是由准备担当投标项目的项目经理或者总工的人员参与投标，这样才能减少工程实施中的失误和损失，不断地总结经验，提高投标人员的水平和公司的总体投标水平。

### 2．联营体

联营体（Joint Venture，JV）是在国际工程承包和咨询时经常采用的一种组织形式，是针对一个工程项目的招标，由一个国家或几个国家的一些公司组成一个临时合伙式的组织去参与投标，并在中标后共同实施项目。这种联营体属于合同型联营体，如果投标不中标，则联营体即解散。在以后其他项目投标和实施需要时再自由组织，不受上一个联营体的约束和影响。

组建联营体的主要优点是可以优势互补，例如可以弥补技术力量的不足，有助于通过资格预审和在项目实施时取长补短；又可以增强融资能力，对大型项目而言，周转资金不足不但无法承担工程实施所需资金，甚至开出履约保函也有困难，参加联营体则可减轻每一个公司在这方面的负担。参加联营体的另一个优点就是可以分散风险；在投标报价时可以互相检查，合作提出备选方案；也有助于工程的顺利实施。当然联营体也有一些缺点，因为是临时性的合伙，彼此不易搞好协作，有时难以迅速决策。这就需要在签订联营体协议时，明确各方的职责、权利和义务，组成一个强有力的领导班子。

对我国公司而言，去国外承包大型项目时，为了借助外国大公司的品牌、经验、技术力量或资金优势，要尽可能地与他们组成联营体，而不要成为他们的分包商，因为作为联营体成员是以平等的伙伴身份参与项目，这样做公司的资历和经验均可得到世行、亚行等国际组织贷款项目资格预审时的承认，而分包是得不到直接承认的。与国外大公司组建联营体，除了借助他们的优势外，另一点重要的因素即是要学习他们的经验，不但是技术方面，更重要的是工程项目管理方面的经验，要选派一批外语好、公关能力强的工程师在各个部门及现场参与工作，最好担任职务。通过参加联营体，不但要做好项目，赢得利润，更主要的是要培养一批人才，了解市场，树立企业形象。

在国外参与承包项目也有时与当地公司结成联营体，可以利用当地公司的人力资源和其他有利条件。但在选择当地联营体伙伴时，一定要注意了解该公司的信誉和资源情况，包括资金、技术力量、设备力量、是否有足够的能力履行对项目的责任等。因为业主方一般均要求联营体中各成员承担自身的和连带的责任。

如果在国内与外国大公司组建联营体，或在国外与当地公司组建联营体，以参与世行或亚行贷款项目的投标时，除了上述注意事项外，还要研究如何符合世行、亚行贷款项目评标的优惠条件，以有利于中标。

在组建联营体时，订好联营体协议非常重要，有关签订联营体协议的详细内容请参考《国际工程合同管理》一书第六章第一节。

## 第二节 国际工程投标的技巧

国际工程承包市场是一个竞争日趋激烈的市场，一方面有许多有经验的、发达国家的大公司，他们既有自己传统的市场，又有开拓和占领新市场的能力；另一方面有大批发展中国家的公司投入这个市场。过去发达国家的工程公司主要竞争技术密集型工程，而今发展中国家的一部分公司也参与了技术密集型工程项目的竞争。另外，许多国家的地方保护壁垒加厚。在这种激烈竞争的形势下，除了组织一个强有力的投标班子，加强市场调研，做好各项准备工作之外，对于如何进行投标、投标中应注意哪些事项、投标的技巧和辅助中标手段等问题都应该进行认真的分析和研究。

### 一、工程项目投标中应该注意的事项

在前面投标的决策有关内容中提到了许多注意事项，这里主要指购买到招标文件之后，在准备投标和投标过程中应该注意的事项，这和投标决策时的思路是一致的。

1. 企业的基本条件

从投标企业本身条件、能力、近期和长远的目标出发来进行投标决策非常重要。

对一个企业的领导，首先要具有战略眼光，投标过程中既要看到近期利益，更要看到长远目标，承揽当前工程要为以后的市场开拓创造机会和条件。企业也可先进行分包或联合承包为今后打入某一市场创造条件。

对企业自身特点要注意扬长避短，发扬长处才能提高利润，创造效益。要考虑企业本身完成任务的能力。

当然，盈利是投标的目的，要对风险和问题有充分的估计，要力争保证盈

利。在绝大多数情况下，不能投"亏本标"，即不能在投标计算时不惜血本，为打入市场而不考虑利润，因为一个公司如果拿到较多的"亏本标"项目，意味着企业将承受巨大的甚至可能导致企业破产的风险。

2. 业主的条件和心理分析

首先要了解业主的资金来源是本国自筹、外国或国际组织贷款，还是兼而有之，或是要求投标人垫资。因为资金牵扯到支付条件，是现金支付（其中外币与本地币比例）、延期付款，还是实物支付等。对于业主资金来源可靠、支付条件好的项目可投低标。

还要进行业主心理分析，了解业主的主要着眼点：业主资金紧缺者一般考虑最低投标价中标；业主资金富裕者则多半要求技术先进，如机电产品要求名牌厂家，虽然标价高一些也不在乎；工程急需者，则投标时可以投标价稍高，但要在工期上尽量提前。总之要对业主情况进行全面细致的调查分析。

3. 质询问题时的策略

在投标有效期内，投标人找业主澄清问题时要注意质询的策略和技巧，注意礼貌，不要让业主为难，也不要让对手摸底。

(1) 对于招标文件中对投标人有利之处或含糊不清的条款，不要轻易提请澄清。

(2) 不要让竞争对手从己方提出的问题中窥探出我方的各种设想和施工方案。

(3) 对重要合同条款含糊不清、工程范围不清楚、招标文件和图纸相互矛盾、技术规范中明显不合理等，均可要求业主澄清解释，但不要提出修改合同条件或修改技术标准，以防引起业主方的不满和误会。

(4) 请业主或咨询工程师对问题所作的答复发出书面文件，并宣布这些文件与招标文件具有同样效力；或是由投标人整理一份谈话记录送交业主，由业主确认签字盖章后送回。

(5) 千万不能以口头答复为依据来修改投标报价。

4. 采用工程报价宏观审核指标的方法进行分析判断

投标价编好后，是否合理，有无可能中标，要根据本公司的经验，或聘请专家，采用某一两种宏观审核方法来校核，如果发现相差较远，则需重新全面检查，看是否有漏投或重投的部分，并及时纠正。

5. 编制工程进度表时的注意事项

投标文件的工程进度表，实质上是向业主明确竣工时间。在安排进度表时要特别注意的是以下几点：

(1) 工程准备工作。一般人员进场时间较易掌握，但对机械进场时间要看具体情况，如由邻近工地调入机械则比较容易，如由国外订购机械，则要充分估计机械进场时间可能产生的风险，订合同时要留一些余地，因为机械不能按时进场将会影响开工和施工进度。

(2) 要有一个合理的作业顺序。如对水利工程要特别注意施工导流和基础处理，要充分考虑雨季和洪水对施工的影响。

(3) 要估计到收尾工作的复杂性。工程进入尾期，场地窄、多工种交叉作业，有时不易机械化施工，机电设备的安装调试也需较多时间，所以在工期上要留有充分的余地。

(4) 工期中应包括竣工验收时间。

工作划分要粗细合适，避免出现各分部分项工程及工序安排逻辑关系混乱的情况。

工期问题是一个敏感的问题，缩短工期有利于中标，但工期过短，不能按时完工则要向业主缴纳误期损害赔偿费，所以要认真研究，留有余地。如无特殊要求，一般按招标文件要求的竣工时间完工即可。

### 6. 注意工程量表与工程量表前言中的说明

投标时，对招标文件工程量表和工程量表前言中各项目的含义要弄清楚，以避免在工程开始后每月结账时遇到麻烦，特别在国外承包工程时，更要注意工程量表中各个项目的外文含义，如有含糊不清处应尽早找业主澄清。

例如某挡水坝工程招标文件中的坝体混凝土心墙的直立模板，在工程量表中是这样写的"心墙直立平面模板包括垂直接缝处的模板"（Vertical plane formwork to corewall including formwork for vertical joints），这句话是指上、下游的直立模板和两端垂直接缝处的直立模板均为同一单价呢？还是说接缝处模板的单价已包含在上、下游的直立模板单价中而不再单独付款呢？在结算时承包商与监理工程师发生了争执，最后承包商以接缝处模板施工比上、下游模板施工更加困难，更费材料，说服了监理工程师，得到了监理工程师的谅解，并同意将接缝处模板按实际施工面积付款。

### 7. 分包商的选择

总承包商选择分包商一般有两个原因：一是将一部分不是本公司业务专长的工程部位分包出去，或是利用外国或当地专业分包商的专长，以达到既能保证工程质量和工期，又能降低造价的目的；二是分散风险，即将某些风险比较大的，施工困难的工程部位分包出去，以减少自己可能承担的风险。

选择分包商，可在投标过程中或中标以后。中标以后选择分包商有时要经监理工程师同意。下面主要介绍在投标过程中选择分包商的注意事项。

在投标过程中选择分包商有两种作法：一种是要求分包商就某一工程部位进行报价，双方就价格、实施要求等达成一致意见后，签订一个意向性协议书。总承包商承诺在中标后不找其他分包商承担这部分工程，分包商承诺如投标有效期不延长时不再抬价等。有时总承包商还要求分包商向总承包商提交一份投标保函，而分包商则要求总承包商在投标文件中向业主写明该分包商的名称，并许诺在与业主就该分包部位讨论价格变动时，应征得分包商的同意，这种方式对双方均有约束性，也符合"双赢"的理念；另一种即是总承包商找几个分包商询价后，投标时自己确定这部分工程的价格，中标后再最后确定由哪一家分包，签订分包协议。这样双方均不受约束，但也都承担着风险，如分包商很少时，或投标有效期延长时，总承包商可能要遇到分包商提高报价的风险，反之，如分包商很多，分包商可能要面临总承包商进一步压低价格的风险。所以一般对于大型的、技术复杂的工程，总承包商都愿意事先确定分包商。

还有另一种叫"指定分包商"，这是指在签订合同时或签订合同后由业主或工程师指定的分包商，这类分包商也要与总承包商签订分包合同，由总承包商统一管理和支付。如果总承包商有确切的理由，也可以拒绝接受某个"指定分包商"。

关于"指定分包商"还有两点需注意：一是对"指定分包商"的支付是由业主的暂定金额（Provisional Sums）中开支，因此承包商在投标时不应将这笔开支计入报价，否则将提高总的投标报价，影响中标；二是在施工过程中，如总承包商没有确切的理由而不向"指定分包商"支付时，业主方在查明情况后可直接支付，并将从总承包商处扣回。

**二、投标的技巧**

投标的技巧指在投标报价中采用什么手法，既使业主可以接受，而中标又能获得更多的利润。

1. 研究招标项目的整体特点

投标时，既要考虑自己公司的优势和劣势，也要分析招标项目的整体特点，按照工程的类别，施工条件等考虑报价策略。

（1）一般来说下列情况下报价可高一些：
1) 施工条件差（如场地狭窄、地处闹市）的工程；
2) 专业要求高的技术密集型工程，而本公司这方面有专长，声望也高时；
3) 总价低的小工程，以及自己不愿意做而被邀请投标时，不得不投标的工程；
4) 特殊的工程，如港口码头工程、地下开挖工程等；
5) 业主对于工期要求急的；
6) 投标对手少的；
7) 支付条件不理想的。

（2）下述情况下报价应低一些：
1) 施工条件好的工程及工作简单、工程量大而一般公司都可以做的工程，如大量的土方工程，一般房建工程等；
2) 本公司目前急于打入某一市场、某一地区，或虽已在某地区经营多年，但即将面临没有工程的情况（某些国家规定，在该国注册公司一年内没有经营项目时，就要撤销其营业执照），机械设备等无工地转移时；

3）附近有本公司的工程而本项目可利用该项工程的设备、劳务或有条件短期突击完成的；

4）投标对手多，竞争力强时；

5）非急需工程；

6）支付条件好，如现汇支付。

2. 不平衡报价法（Unbalanced Bids）

不平衡报价法也叫前重后轻法（Front loaded）。不平衡报价法是指一个工程项目的投标报价，在总价基本确定后，如何调整内部各个子项目的报价，以期既不提高投标报价总价，又不影响中标，在结算时还能得到更理想的经济效益。一般可以在以下几个方面考虑采用不平衡报价法：

(1) 能够早日结账收款的子项目（如开办费、基础工程、土方开挖、桩基，水利工程的施工导流项目、基坑开挖等）可以报得较高，以利资金周转，后期工程子项目（如清理工作、装修、油漆等）可适当降低。

(2) 经过工程量核算，预计今后工程量会增加的子项目，单价适当提高，这样在最终结算时可多赚钱，而将工程量完不成的子项目单价降低（但不能低于该子项目的直接成本），这样在工程结算时损失不大。

但是对上述 1、2 两点要统筹考虑，即对于工程量表中业主方提供的工程量有错误的早期实施的子项目（如基础开挖），如果经过核对分析不可能完成工程量表中的数量，则不能盲目抬高单价，要具体分析比较后再定。

(3) 设计图纸不明确，估计修改后工程量要增加的，可以提高单价，而工程内容说不清楚的，则可降低一些单价。

(4) 暂定项目（Optional Items）。暂定项目又叫任意项目或选择项目，对这类项目要具体分析，因这一类子项目要在开工后再由业主研究决定是否实施，由哪一家承包商实施。如果工程不分标，只由一家承包商施工，则其中肯定要做的暂定项目单价可高些，不一定做的则应低些。如果工程分标，该暂定项目也可能由其他承包商施工，则不宜报高价，以免抬高总报价。

(5) 在单价与子项包干混合式合同中，有某些子项目业主要求采用包干报价时，宜报高价。一则这类子项目多半有风险，二则这类子项目在完成后可全部按报价结账，即可以全部得到结算，而其余单价项目则可适当降低。

但不平衡报价一定要建立在对工程量仔细核对分析的基础上，特别是对于单价报得太低的子项目，如这类子项目实施过程中工程量增加很多，或在变更时遇到工程量大的子项，业主采用此单价时，则将对承包商造成重大损失。不平衡报价一定要控制在合理幅度内（一般可在 10% 左右），以免引起业主反对，甚至导致废标。如果不注意这一点，有时业主会挑选出报价过高的项目，要求投标人进行单价分析,而围绕单价分析中过高的内容压价,以致承包商得不偿失。

3. 计日工的报价

如果是单纯报计日工的报价,可以高一些,以便在日后业主用工或使用机械时可以多盈利。但如果采用"名义工程量"时,则需具体分析是否报高价,以免抬高总报价。总之,要分析业主在开工后可能使用的计日工数量确定报价方针。

4. 多方案报价法

对于一些招标文件,如果发现工程范围不很明确,条款不清楚或很不公正,或技术规范要求过于苛刻时,则要在充分估计投标风险的基础上,按多方案报价法处理。即是按原招标文件报一个价,然后再采用其他报价方案,如提出:"如某条款(如某规范规定)作某些变动,报价可降低多少……",报一个较低的价。这样可以降低总价,吸引业主;又如,可对某些部分工程提出按"成本补偿合同"方式处理,其余部分报一个总价。

5. 增加备选方案（Alternatives）

有时招标文件中规定,可以提一个备选方案,即是可以部分或全部修改原设计方案,提出投标人的方案。

投标人这时应组织一批有经验的设计和施工工程师,对原招标文件的设计和施工方案仔细研究,按照价值工程的理念,提出更合理的方案以吸引业主,促成自己的方案中标。这种新的备选方案必须有一定的优势,如可以降低总造价,或提前竣工,或使工程运用更合理,或具备几种优势。但要注意的是对原招标方案一定也要报价,以供业主比较,否则将招致投标作废。

如某沉沙池工程,按照业主招标文件的原方案施工,将推迟水库蓄水以及推迟向灌渠供水时间达半年之久,我方提出的新方案,虽然工程造价增加了,但可提前半年向灌渠送水,即提高了项目的使用功能,最后业主同意以我方方案为基础进行谈判,并签定了合同。

增加备选方案时,不要将方案写得太具体,要保留方案的技术关键,以防止业主将此方案交给其他承包商实施。同时要强调的是,备选方案一定要比较成熟,或过去有这方面的实践经验。因为投标期时间不长,如果仅为中标而匆忙提出一些没有把握的备选方案,可能会引起很多后患。

6. 突然降价法

报价是一件保密的工作,但是对手往往通过各种渠道、手段来刺探情况,因之在报价时可以采取迷惑对方的手法,即先按一般情况报价或表现出自己对该工程兴趣不大,到投标快截止时,再突然降价。如鲁布革水电站引水系统工程招标时,日本大成公司知道他的主要竞争对手是前田公司,因而在临近开标前把总报价突然降低 8.04%,取得最低价标,为以后中标打下基础。

采用这种方法时,一定要在准备投标报价的过程中考虑好降价的幅度,在临近投标截止日期前,根据情报信息分析判断,再做最后决策。

如果由于采用突然降价法而中标，因为开标只降总价，在签订合同后可采用不平衡报价的理念来调整工程量表内的各项单价或价格，以期取得更高的效益。

### 7. 先亏后盈法

有的承包商，为了打进某一地区，依靠国家、某财团或自身的雄厚资本实力，而采取一种不惜代价，只求中标的低价投标方案。应用这种手法的承包商必须有较好的资信条件，并且提出的施工方案也先进可行，同时要加强对公司情况的宣传，否则即使报价再低，业主也不一定选定。

其他承包商如果遇到这种情况，不一定和这类承包商硬拼，而力争第二、第三标，再依靠自己的信誉和经验争取中标。

### 8. 联合保标法

也叫围标，即在竞争对手众多的情况下，几家实力雄厚的承包商联合起来控制标价，一家出面争取中标，中标后再将其中部分项目转让给其他承包商分包，或轮流相互保标。在国际上这种作法很常见，但是一旦被业主发现，则有可能被取消投标资格。

### 9. 有二期工程的项目

对大型分期建设工程，如卫星城、灌溉工程等，在第一期工程投标时，可以将部分间接费分摊到第二期工程中去，少计利润以争取中标。这样在第二期工程招标时，凭借第一期工程的经验、临时设施，以及创立的信誉，比较容易拿到第二期工程。

但应注意分析第二期工程实现的可能性，如开发前景不明确，后续资金来源不可靠，实施第二期工程遥遥无期时，则不应这样考虑。

### 10. 关于材料和设备

材料、设备在工程造价中常常占一半以上，对报价影响很大，因而在报价阶段，对材料和设备（特别是大宗材料和大件设备）的报价要十分谨慎。

(1) 询价时最好直接找生产厂家或当地直接受委托的代理，也可在当地询价后，再向厂家询价，加以比较后再确定如何订货。

(2) 国际市场各国货币币值在不断变化，要注意选择货币贬值国家的机械设备。

(3) 建筑材料价格有时波动较大，因而在报价时不能只看眼前的建筑材料价格，而应调查、分析过去二三年内建材价格变化的趋势，决定采取几年平均单价或当时单价，以减少未来可能的价格波动引起的损失。

### 11. 如何填"单价分析表"

有的招标文件要求投标人对工程量大的项目报"单价分析表"。投标时可将单价分析表中的人工费及机械设备费报得较高，而材料费算得较低。这主要是为了在今后补充项目报价时可以参考选用已填报过的"单价分析表"中较高的人工费或机械设备费，而材料则往往随着市场价变化。如果工人主要采用当地工人，则可以市场价为主,这样在市场物价上涨时可以获得较高的收益。

### 三、辅助中标手段

承包商对工程项目进行投标时,主要应该在先进合理的技术方案和较低的投标价格上下功夫,以争取中标,但是还有如下一些手段对中标有辅助性的作用:

1. 许诺优惠条件。投标报价附带优惠条件是行之有效的一种手段。招标单位评标时,除了主要考虑报价和技术方案外,还要分析别的条件,如工期、支付条件等。所以在投标时主动提出提前竣工、低息贷款、赠给施工设备、免费转让新技术或某种技术专利、免费技术协作、代为培训人员等,均是吸引业主、利于中标的辅助手段。

2. 聘请当地代理人。当地代理人可起到担当投标人耳目、喉舌和顾问的作用。

3. 与当地公司联合投标。借助当地公司的力量也是争取中标的一种有效手段,有利于超越"地区保护主义",并可分享当地公司的优惠待遇。一般当地公司与官方及其他本国经济集团关系密切,与之联合可为中标疏通渠道。

4. 与发达国家联合投标。我国公司在国外承包工程有较好的信誉,劳动力也比较便宜。但是西方和日本公司的机、电等技术设备比较先进,融资渠道广、管理水平高,因而对一些技术密集型的大型工程,我们与西方或日本公司联合投标可以更容易赢得业主的信任而中标。

5. 外交活动。一些大型工程招标,往往政府官员也来"参战",要充分利用政府官员的地位、关系和影响,为本国公司中标而活动。凡重大项目招标无不伴随着外交活动。

6. 幕后活动。在有些资本主义国家以及某些第三世界国家行贿受贿方式多种多样,在某些国家、地区,招标投标已流于形式。如何对待这类问题,很值得有针对性的研究。

## 第三节 国际工程承包合同的谈判和签订

在完成了招标、投标、评标并确定中标者这些工作之后,就进入了合同的谈判、签订和执行阶段。

合同的谈判和签订是一个工程项目执行成败的基础。对业主一方,如果招标文件及其他合同文件拟定得不周密,会给合同执行阶段留下许多隐患,给有经验的承包商要求索赔以可乘之机。反过来,如果承包商在阅读招标文件时未能理解业主的全部要求,在投标和合同谈判签约时不力争修改或加入一些能保护自身合法权益的条款,则在合同实施过程中会遇到很多问题和困难。因而,弄清业主意图,力争在订立合同时保护自己是一个承包商顺利地实施合同并且有可能盈利的重要一环。

合同的实施是一个很长的过程，即使有了一个好的合同基础，如果在实施过程中不善于利用合同保护自己，同样会遇到对方的索赔等问题。因而对承包合同来说，谈判签订和执行这两个阶段，对双方都是非常重要的。

国际工程承包合同不仅仅指合同协议书，而是一整套文件，包括：合同协议书、中标函、投标书、合同条件、技术规范、图纸、工程量表及有关保函等。这些文件绝大部分包括在业主的招标文件中。本节中主要介绍合同的性质、承包合同的谈判和签订。招标文件以及合同的实施在《国际工程合同管理》一书中有详细介绍。

## 一、合同的性质

合同是一个契约，是法人和法人之间或法人和自然人之间或自然人与自然人之间，为实现某种目的而确定相互间权利义务关系的协议。合同一经成立，即具有法律意义。合同必须以法律为依据，当事人双方的权利受法律保护，任一方不履行合同或履行不当，都要承担法律责任。

合同的主体、客体和内容是合同的三大要素。主体，即签约双方当事人，也是合同的权利和义务的承担者，它包括法人和自然人。客体，即合同的标的，是签约当事人权利、义务所指向的对象。内容，即合同签约当事人之间的具体的权利和义务。

工程承包合同（以下简称承包合同）是合同的一种，是业主和准备为他承建工程项目的承包商之间所签订的合同，承包合同的订立在业主和承包商之间产生了确定的权利和义务关系。这种权利和义务都受法律保护，因而订立承包合同是一种法律行为，是双方或多方的法律行为。

国际承包工程一般是一种跨国的合同，即当事人分属两个或两个以上国家，当事人不仅受本国法律的监督和保护，还受工程所在国法律的监督和保护。为了解决合同执行过程中可能遇到的不能通过协商解决的矛盾和争议，双方还应约定仲裁地点、仲裁机构、仲裁规则以及所适用的法律。

一个工程承包合同必须符合以下的几个条件，该合同才具有法律约束力并可以实施，如果缺少其中任一条，则该合同不具有法律约束力，属无效合同。这些条件是：

1. 当事人必须具有缔结合同的能力。这里指的缔结合同的能力包括两种，一为权利能力，一为行为能力。具有这两类能力的主体包括两种，一为法人，一为自然人。

法人的权利能力包括两方面：即必须具有民事权利主体资格。除拥有独立的资产和按照法定程序建立以外，还必须在经营范围之内订立经营合同，如果合同内容超出该法人的经营范围，即属于越权行为。越权的合同是无效合同。

2. 合同必须是当事人的真实意思表示。真实意思表示是指行为人的意思表示应当真实地反映其内心的意思。合同是双方当事人的法律行为，必须建立在双方的意思表示真实、一致的基础上，合同才能成立。

3. 必须符合法律规定且不违反社会公共利益。如果该合同违反了工程所在国法律规定，或损害了社会公共利益，法院可禁止其履行，甚至可以认定其无效。

4. 合同的订立形式应符合法律的规定。合同必须以书面形式订立，方能成立。

工程承包合同的内容大部分是招标和投标文件的内容，再加上在合同谈判中，双方同意的对招标文件的某些修改和补充，这些内容一般均写入合同协议书备忘录（或附录）。

**二、合同的谈判**

（一）合同谈判的目的

开标以后，业主在评标过程中，往往选出二三家投标人来就工程的有关问题和价格问题进行谈判，然后选择决标。这一过程习惯上称为商务谈判。

1. 业主方参加谈判的目的是：

(1) 通过谈判，了解投标人报价的构成，进一步审核报价，有可能时压低报价。

(2) 进一步了解和审查投标人的施工规划和各项技术措施是否合理，以及负责项目实施的班子力量是否足够雄厚，是否能保证工程的质量和进度。

(3) 根据参加谈判的投标人的"备选方案"、建议和要求（也可吸收其他投标人的建议），对招标文件中原有的设计方案、图纸、技术规范进行某些修改后，估计可能对工程报价和工程质量产生的影响。

2. 投标人参加谈判的目的是：

(1) 争取中标，即通过谈判宣传自己的优势，包括施工方案的先进性，报价的合理性，所提"备选方案"的特点，许诺的优惠条件等，以争取中标。

(2) 争取合理的价格，既要准备应付业主的压价，又要准备当业主拟增加项目、修改设计或提高标准时适当增加报价。

(3) 争取改善合同条款，包括争取修改过于苛刻的和不合理的条款，澄清模糊的条款和增加有利于保护承包商利益的条款。

虽然双方的利益看起来是对立和矛盾的，但在为工程选择一家合格的承包商这点上又是统一的，参加竞争的投标人中谁能掌握业主心理，充分运用谈判技巧，谁的中标率就高，在合同实施过程中就能争取主动。

（二）谈判的过程

1. 谈判的阶段

在实际工作中，有的业主把全部谈判均放在决标之前进行，以利用投标人想中标的心情压价并取得对自己有利的条件；也有的业主将谈判分为决标前和决标后两个阶段进行。下面就后一种方式介绍谈判的主要内容。

(1) 决标前的谈判。业主在决标前与评标中初步选出的几家投标人谈判的主要内容包括两个方面：一是技术答辩；二是价格问题。

技术答辩由评标委员会主持，了解投标人如果中标后将如何组织施工，如何保证工期，对技术难度较大的部位采取什么措施等。虽然投标人在编制招标文件时对上述问题已有准备，但在开标后，当本公司进入前几标时，应该在这方面再进行认真细致的准备，必要时画出有关图解，以取得评标委员的好感，顺利通过技术答辩。

价格问题是一个十分重要的问题，业主利用他的有利地位，要求投标人降低报价，并就工程款额中外汇比率、付款期限、贷款利率（对有贷款的投标）以及延期付款条件等方面要求投标人做出让步。但如为世行贷款项目，则不允许压低标价。投标人在这一阶段一定要沉住气，对业主的要求进行逐条分析，在适当时机适当地、逐步地让步。因此，谈判有时会持续很长时间。

(2) 决标后的谈判。经过决标前的谈判，业主初步确定中标人并发出中标函，这时业主和中标人还要进行决标后的谈判，即将过去双方达成的协议具体化，并最后签署合同协议书，对价格及所有条款加以确认。

决标后，中标者地位有所改善，它可以利用这一点，积极地、有理有节地同业主进行决标后的谈判，争取协议条款公正合理。对关键性条款的谈判，既要彬彬有礼而又不做大的让步。对有些过分不合理的条款，一旦接受了会带来无法承担的损失，则宁可冒损失投标保证金的风险而拒绝业主的要求，或退出谈判，以迫使业主让步，因为谈判时合同并未签字，也未提交履约保证，中标者不受合同的约束。

业主和中标人在对价格和合同条款达成充分一致的基础上，签订合同协议书（在某些国家需要到法律机关认证）。至此，双方即建立了受法律保护的合作关系，招标投标工作即告成。

2. 谈判的准备工作

开始谈判之前，一定要做好各方面的谈判准备工作。对于国际工程承包合同而言，一般数额大、实施时间长，且合同涉及到技术、经济、管理、法律等广阔的领域。因此在开始谈判之前，必须细致地做好以下几方面的准备工作：

(1) 谈判的组织准备。谈判的组织准备包括谈判组的成员组成和谈判组长人选等。

1) 谈判组的组成。一般来说，谈判组成员的选择要考虑到下列几点：充分发挥每一个成员的作用，但要避免由于人员过多，意见纷杂，不易集中；组长便于在组内协调；要使每个成员的专业知识面组合在一起能够满足该项目谈判的要求；国际工程谈判时还要配备业务能力强，特别是外语写作能力强的翻译或工程技术人员。

根据上述几点考虑，一般谈判组成员以三至五人为宜，在谈判的各个阶段所需人员的知识结构不一样。如承包合同前期谈判时技术问题和经济问题较多，离不开工程师和经济师，后期谈判涉及合同条款以及准备合同和备忘录文稿，则需律师和合同专家参加。因此，根据谈判的需要，可调换成员。但一般谈判组也不宜少于三人，一人主谈，另两人观察情况，思考对策。

2) 谈判组长的人选。选择谈判组长最主要的条件是具有较强的业务能力和应变能力，既要有广阔的业务知识和工程经验，也要具有合同谈判经验，对于合同谈判中出现的问题能够及时作出判断，主动找出对策。根据这些要求，谈判组长不一定都要由职位高的人员担任，而可由 35~50 岁的人员担任。一般来说，这一年龄范围的人具有较丰富的工作经验、思路敏捷、体力充沛，连续谈判几个小时以至几天思维不会混乱。

(2) 谈判的方案准备和思路准备。谈判前要对谈判时自己一方想解决的问题和解决问题的方案作好准备，同时要确定对谈判组长的授权范围。如果去国外谈判，这一点就更加重要。要整理出谈判大纲，将希望解决的问题按轻重缓急排队，对于想要解决的主要问题和次要问题，要事先拟定欲达到的目标。

对谈判组成员要进行训练，一方面分析己方和对方的有利、不利条件，制定谈判策略等；另一方面要确定主谈人员，组内成员分工，明确注意事项（如由一人主谈，矛盾不能外露，防止对方摸底等）。

如果是有翻译参加则应当让翻译参加全部准备工作，了解谈判意图和方案，特别是有关技术问题和合同条款问题，以便做好准备。

(3) 谈判的资料准备。谈判前要准备好自己一方谈判使用的各种参考资料，准备提交给对方的文件资料以及计划向对方索取的各种文件资料清单；准备提供给对方的资料一定要经谈判组长审查，以防与谈判时的口径不一致，造成被动。

如果有可能，可以在谈判前向对方索取有关的文件和资料，以便分析准备。

(4) 谈判的议程安排。谈判的议程安排一般由业主一方提出，征求对方意见后再确定。根据拟讨论的问题来安排议程可以避免遗漏要谈判的主要问题。

议程要松紧适宜，既不能拖得太长，也不宜过于紧张。一般在谈判中后期安排一定的调节性活动，以便缓和气氛，进行必要的请示以修改合同文稿等。

(三) 谈判的技巧

1. 掌握谈判的进程

参加谈判的目的是想争取谈判得以成功，因而研究如何掌握谈判的进程就很重要。

不论何种谈判，大体上可分为五个阶段，即探测、报价、还价、拍板和签订合同。探测阶段指谈判一开始，双方窥探对方意图的阶段；报价阶段则泛指谈判一方或双方向对方提出自己的所有要求的阶段；还价阶段泛指双方为了自己的利益而争持的阶段；拍板阶段即是双方讨价还价之后，达成某种一致意见的阶段；合同签订阶段即将双方一致的意见用书面形式固定下来的阶段。

为了取得谈判的成功，如何在谈判的过程中运筹帷幄呢？下面分析一下在谈判的各个阶段中谈判人员应该采取的策略。

(1) 相互探测阶段。任何正式的谈判前，首先都是探测阶段，这一阶段又有开局如何发言、策略评估以澄清立场等多方面的内容。明确无误地阐明自己的立场，弄清对方的意图，灵活机动地调整自己的策略，是探测阶段必须解决的问题。

谈判人员在探测阶段的开局发言应简明扼要地阐述我方立场，切忌谈判开始时双方只是互相询问，互相猜测对方意图，只追求某一具体问题而不考虑谈判的总体效果。在发言内容上，双方应集中谈自己的想法，诸如我方的基本态度，对哪些问题比较关心，希望先讨论什么问题等。对于一方面的发言，对方要仔细听取，然后发表自己的见解，提出问题希望对方澄清，切忌一开始就打断对方发言，反驳争辩。

随着谈判的发展，就可以初步判断对方的诚意，如果闪烁其词，态度暧昧，那就表明对方没多大诚意。探测谈判之后的休息是分析对方意图，研究自己策略的重要时机。

(2) 讨价还价阶段。这个阶段是双方从各自的利益出发，相互交锋，激烈角逐的阶段。

一般先由一方亮明自己的立场，另一方也会阐明自己的观点，这时谈判人员应该保持清醒的头脑，在争论中保持心平气和的态度。这除了要求谈判人员的思想修养外，还要在谈判前充分准备，预计到谈判中可能发生的种种情况，制定好应付措施，做到心中有数，才能临阵不乱，镇定自若，遇到问题时有足够的心理承受能力，才能心平气和地据理力争。

这个阶段避免不礼貌的提问，以免引起争吵，导致谈判破裂，双方应努力求同存异，创造和谐气氛，逐步接近。

在这个阶段，双方主持谈判人员要善于控制谈判的进程。谈判过程往往瞬息万变，因而参与谈判的人员，特别是负责人应高屋建瓴，善于在关键时刻把握谈判方向，缓和谈判气氛。

例如可以回顾小结前一阶段的成果，适时地提及双方一致之处，以焕发双方的协调精神，或是暂时回避矛盾尖锐点，转而谈判另一个问题，或是在谈判低调时，暂停谈判以缓冲矛盾，或是在谈判顺利时一鼓作气促使成交等。

(3) 拍板和签订合同阶段。这个阶段是双方按照"双赢"的理念，探讨互惠互利的可行性方案阶段，也是双方在经过讨价还价，互相理解，相互让步之后，达成一致意见和签订合同的阶段。这一阶段不应拖得太长，最好双方在大的方向求得一致后,尽快起草合同或协议书。起草过程中,要从大处着眼,以求尽快完成合同的签订。

在国际工程承包项目中,一般业主的招标文件即是合同的草案,业主和承包商双方在正式签订合同前的谈判内容往往写成"谅解备忘录"(MOU)的形式,如第二章第一节所述。

2. 谈判的策略和技巧

合同谈判和一切谈判一样,都是一个双方为了各自利益说服对方的过程,而实质上又是一个双方互相逐步让步,最后达成协议的过程。因而在谈判中,要确定自己一方的谈判策略和技巧,以便最终实现谈判目标。

下面介绍一些常用的谈判策略和技巧。

(1) 谈判中打开僵局的策略。为了引导谈判顺利进行,必须善于在谈判中把握时机,打破僵局,一般可以采用以下方法:

1) 休会策略。这是谈判人员经常使用的基本策略,即当谈判遇到障碍时,可采用休会策略。这类障碍常表现为以下几种情况:

• 双方各抒己见,互不妥协,如果会谈继续进行,往往是徒劳无益,而休会可使双方冷静地分析形势,调整策略;

• 会谈的某一阶段接近尾声时,可以休会使各方有机会分析讨论既定成果,展望最后一阶段谈判的发展;

• 会谈中出现了未估计到的新情况,难以对付,可以休会,研究对策;

• 在一方对会议现状不满时,可以提出休会,以改善气氛。

2) 假设条件策略。在双方谈判不顺利时,可以采用假设条件,即主动提出假设我方让步条件,询问对方的反应,这样可以缓和气氛,增加解决问题的方案。

3) 私下个别接触策略。在谈判遇到棘手的问题时,可以放一放,而在私下接触中解决。私下个别接触包括一同去娱乐游玩或是去运动场、俱乐部,这要根据谈判对手的不同爱好而定。总之,私下接触可以缓和气氛,有助于消除隔阂,建立个人友谊,为下一步谈判解决问题创造条件。

4) 设立专门小组策略。当谈判错综复杂,遇到各类障碍时,可以不必一一都在谈判桌上解决,而是建议设立若干专门小组,由双方的专家或组员分组协商,提出建议。这种办法有助于提高效率,使问题圆满解决。

(2) 谈判中让步降价不同方式的比较。谈判中业主要求承包商(或承包商要求分包商)降价是一般规律,采取什么样的让步方式更好呢?据国外资料统计分析,有8种降价让步方式,假设卖方(在工程承包中买方指业主,卖方指总承包商;或是买方指总承包商,卖方指分包商;或是买方指购货方,卖方指供应商)准备在整个谈判过程中共降价80万元,共分4次降价,表3-2中所示的是8种可能的方式。

**8 种降价方式举例**　　　　　　　　　　　　　　　　　表 3-2

| 降价方式 | 预计降价总额（万元） | 每次降价数额（万元） | | | |
|---|---|---|---|---|---|
| | | A 第一次降价额 | B 第二次降价额 | C 第三次降价额 | D 第四次降价额 |
| 1 | 80 | 80 | 0 | 0 | 0 |
| 2 | 80 | 20 | 20 | 20 | 20 |
| 3 | 80 | 5 | 15 | 25 | 35 |
| 4 | 80 | 30 | 25 | 15 | 10 |
| 5 | 80 | 40 | 25 | 10 | 5 |
| 6 | 80 | 60 | 15 | 0 | 5 |
| 7 | 80 | 60 | 20 | -10 | 10 |
| 8 | 80 | 0 | 0 | 0 | 80 |

这 8 种方式，各有特点：

第一种方式一开始对业主具有极大的诱惑力，但是容易在中、后期造成僵局。一般工程承包一次降价可成交的很少，所以只能用于金额不大的小项目。

第二种方式的特点是卖方可以长期吸引买方。利用这种方式，卖方可以使买方持续与自己谈判。但是由于每次让步额相同，买方心理上总企图使卖方再次让步，这种心理不利于成交。

第三种方式的特点是一开始容易出现僵局，随后即可以使买方产生期望。但是由于一次比一次降价多，使买方认为谈判次数越多，得到的好处越多，这种心理也不利于成交。

第四种方式表明卖方有一定的诚意，也愿意让步，因而整个谈判过程中一直能够吸引对方，也不会致使谈判在中期出现僵持或破裂。

第五种方式表明卖方有较大诚意，谈判一开始就能吸引对方。

上述后两种方式，随着谈判的深入，卖方的降价幅度却越来越小，随即也就增加了谈判的复杂性和艰苦性。但也使买方感到即使再增加谈判次数，得到的好处也不会太多了。在国际承包、劳务合作和商业谈判中，这两种降价让步的方式运用较多。

第六种方式虽然在谈判开始阶段就能吸引对方，但是买方很快就会感到失望，越到谈判的后期破裂的风险就越大。

第七种方式和第六种方式基本相同。不同的是，第七种方式到第三次谈判时，卖方的立场显得更强硬，这一招或许可使买方早下决心拍板成交，但是卖方也要冒谈判破裂的风险，就在买方对成交或破裂作出选择时，卖方很快在第四次又给买方一点好处，这样可给买方挽回一点面子，也使买方感到满意。

第八种方式表明卖方在谈判初期和中期拒不降价的坚定立场，非到最后万不得已绝不让步。因而在初期和中期容易发生僵局，谈判破裂的风险较大，除非卖方有较强的优势,否则不要轻易运用这种方式。

上述8种降价方式,虽然在叙述上是作为卖方的让步方式,但是这些方式也同样适用于买方。一般来说,降价让步是双方谈判的结果。任何一方的降价都取决于谈判对方的态度、降价的额度、速度及其他条件。但买卖双方各自处理降价的总方式是不相同的。通常买方在开始时让步的数额都较小,且在长时间内让步缓慢,同时各次降价的数额差异也不会很大;而卖方在开始期间往往都能作较大的让步,在后来的长时间的谈判中再作缓慢的让步。

总之,第一、第二、第三、第八这4种降价方式,在实际谈判中是很少采用的。而大多数谈判都较常运用的是第四、第五、第六、第七这4种降价方式。

(3) 规定最后期限和"最后一分钟"策略。一般在谈判中期,提出谈判的最后期限,对方并不十分在意,但到了谈判后期,对方感到谈判即将结束,形成了一种无形的压力,觉得机不可失,时不再来,这时比较容易让步达成协议。

作为另一方,对这种"规定最后期限"的对策应冷静处理,分析达成协议对我方的综合影响后再作定夺。

在商业性谈判中,外国公司常用所谓"最后一分钟"策略。这种手法日本人最常用,即同意最后这一点(让步条件)就签字,否则不能成交,遇到这种情况,不要过早同意,防止上大当,必要时可说明不能接受对方条件的理由,并强调指出一旦接受了对方的条件,必定亏本,不能成交,只好作罢。能谈到这种程度一般都不会因为双方争执不下而导致谈判的失败,最后多用折衷办法解决。

(4) 提问和反提问策略。谈判中有时会遇到对手的一种进攻手法,即连续不断的提问,以企图摸我方的底,而对我方的提问则不回答或不表态,这说明对方是一个老练的对手,此时对于他的一系列问题既不能全部避而不答,更不能有问必答,把底牌亮给对方。一般可以采用简短回答方式。

如发现对方一味想从提问中套出他需要的东西,则可以以其人之道,还其人之身,实行反提问,从对方的回答中进一步考察对方的诚意。

(5) 声东击西策略。即我方在谈判期间内,在讨价还价阶段可以有意识地将会谈议题引导到对我方来讲并不重要的问题上去,这种策略的目的在于:

1) 在对我方不重要的问题上作出让步,造成对方心理上的满足;
2) 分散对方注意力,转移对方视线;
3) 把某一议题的讨论暂时搁置起来,以便抽出时间来分析资料,研究对策。

如果发现对方采取这种策略,则需针锋相对地研究对策。

(6) 先苦后甜策略。在谈判中,为了换取对方的让步,可以对预先考虑到可以让步的方面,一开始提出较为苛刻的条件作为会谈资本,然后逐步让利,有时甚至有较大的让步,使对方得到满足,在这个基础上换取对方较大的让步。

在运用这个策略时,可以确定谈判组由两人负责。先登场的扮演"白脸"。提交较为苛刻的条件,谈判中持强硬立场。在双方争执不下时换另一个人出面负责谈判,扮演"红脸"角色,作出让步,给对方以满足,同时争取对方的让步。

(7)疲劳战术。在谈判中,常常会遇到一种趾高气扬的对手,锋芒毕露,咄咄逼人。他们企图以此造成我方心理压力,迫使我方让步。

对付这类对手,有效的策略是采用疲劳战术,后发制人,即采用一轮又一轮的马拉松战术,采用拉锯战,不急于成交,避其锐气,以柔克刚,待对手筋疲力尽再反守为攻,争取对我方有利的结果。

(8)先成交后抬价。这是某些有经验的谈判者常采用的手法,即先作出某种许诺,或采取让对方能接受的合作行动。一旦对方接受并作出相应的行动而无退路时,此时再以种种理由抬价,迫使对方接受自己的更高要求。因此,我们在谈判中,不要轻易接受对方的许诺,要看到其许诺背后的真实意图,以防止被诱进其圈套而上当。

谈判的技巧和策略还可以列出许多,选列的这些都是为了帮助读者了解工程承包,物资采购等合同谈判的艰巨性。要在谈判中细心分析对手的策略,从而采取相应的对策。

(四)谈判的注意事项

1. 善于抓住谈判的实质性问题。任何一项谈判都要事先确定主要目的和主要内容。在整个项目的谈判过程中,要始终注意抓住主要的实质性问题来谈,不要为一些小事争论不休,而忘记大的问题,要防止对方转移视线,回避主要问题,或故意在无关紧要的问题上纠缠,到谈判快要结束时,再把主要问题提出来,形成与己不利的结局,草草收场,使谈判达不到预期的效果。

在有关国际工程承包谈判中,通常涉及的主要问题有工作范围、价格、技术规范要求、施工计划及工期、支付条件、验收和违约责任等,这些问题是此类合同具有的共性。此外,每一个合同还有其独特的关键性内容,如工程分包合同中的工序或工期的衔接问题等。不论是各类合同的共性内容还是某个合同的特殊性问题,这些都是谈判的实质性问题,在谈判中自始至终都应注意抓住这些问题。在实质性问题上,一般不应轻易让步,即使让步也应是有限度和条件的。

2. 谈判时要用"双赢"作为指导思想。即是说一个合约的最终签署对双方应该都是有利的。因而一方面要向对方宣传"双赢"思想,可以在谈判中列举自己的优势,为对方带来的好处;另一方面自己一方也要适当的让步,以争取达成协议。但是如果对方要已方让步到成本价以下,则是不可以答应的。

3. 创造信任感。真正决定谈判发展前途的是谈判各方人员之间的信任感。一项承包工程参加谈判的双方肩负有不同的使命,各方代表本单位,以至不同民族、国家的利益,因而必然都有提防心理,特别是在一开始更是如此。所以为了促使谈判成功,应该采用比较坦诚和守信的态度。

坦诚是指能够直言表达自己一方的基本态度,言词恳切,同时表露出自己一方希望,说明参加谈判的目的,打破对方的戒备心理。但是坦诚不等于没有戒备，谈判中会遇到不同类型的对手，如果对方一直闪烁其辞，引而不发，避实就虚，以至搞小动作，则说明对方没有诚意。这时候就应该多加小心，防止对方钻空子。

4. 谈判中要注意礼貌，不卑不亢，原则要坚持，态度要友好。如果对方无理或出言不逊时，则要严肃表态，但是不要用侮辱性语言。

5. 谈判时最好双方均做记录，最好不要录音，录音易使气氛紧张，而且录音资料并不能作为撰写正式合同的依据。

6. 谈判中先达成原则协议，然后起草正式文本，谁起草文本，谁掌握主动权，因此应当争取起草合同的备忘录或补充协议条款，一个公司应培养自己起草合同文件的专家。

7. 在工程承包合同谈判签约时，还应注意下面的一些问题：

(1) 谈判中业主一般均要压价，在总价降价达成协议之后，可按照"不平衡报价"的思想，降低部分预计可能完不成的项目的单价以降低总价，而不应平均降低所有项目的单价。

(2) 对外谈判时，内部矛盾不可在外国人面前暴露出来。谈判中要防止对方有人懂中文，当内部意见分歧时，不要在对方面前争论，可以建议休会，回去讨论。

(3) 在合同谈判时，应该将招标文件中所有的"暂定项目"（Optional Items）都确定下来，包括哪些项目需要执行，执行的期限、价格以及哪些项目不执行等，以免留下后患。

(4) 不能在合同文件上写上同意降低总价的某一百分比，否则将导致后患。如某公司在国外作承包工程时，曾在某一工程项目的"附录"（也作为合同的一部分）写上"基于我们的报价和友谊，我们同意将合同总价降低 3.6%，即合同总价为×××元"。这一条友好的表示反而导致了业主对于该工程有关的所有增加的或变更项目，均在谈判之后双方同意的价格中减扣 3.6%。

### 三、合同的签订

合同签订的过程，是当事人双方互相协商并最后就各方的权利、义务达成一致意见的过程。签约是双方意思自治的表现。

工程承包合同的准备工作时间很长，从准备招标文件、招标、投标、评标、直到合同谈判结束。在整个招标过程中，业主一方可能对招标内容作出某些修改，在投标和谈判过程中，承包商一方也可能提出某些问题要求修改，经过谈判达成一致意见后，将之写入合同协议书谅解备忘录（或叫附录），这份备忘录是合同文件的重要组成部分。备忘录写好并经双方同意后即可正式签署合同协议书。

合同协议书中应列出在合同中包括的所有文件。

合同协议书由业主和承包商的法人代表正式授权委托的全权代表签署后,合同文件正式生效。

一般国际工程承包项目均要求中标人在收到中标函后一定期间内(一般不超过28天)提交履约保证,否则,业主有权取消中标人的中标资格。

签订合同协议书并收到履约保证后,业主即应尽快将投标保证退还中标和未中标的投标人。

## 思 考 题

1. 什么叫投标决策?试论述其重要性。
2. 为什么要把投标前的准备工作分为两个阶段?这样做有什么好处?
3. 你会用"专家评分比较法"对投标机会进行评价吗?
4. 采用联营体(JV)形式投标和实施项目要注意些什么问题?
5. 投标时应注意哪些事项?
6. 什么叫"不平衡报价"?为什么采用不当时,反而会弄巧成拙?
7. 什么叫"备选方案"?提出备选方案时要注意什么问题?
8. 决标前的谈判和决标后的谈判有什么不同的侧重点?
9. 试论述谈判准备工作的重要性和谈判准备工作的主要内容。
10. 一般谈判可以分为几个阶段?各个阶段应注意什么事项?
11. 试论述谈判中不同降价方式的优缺点。
12. 试分别从业主和承包商的角度,总结出国际工程承包合同谈判及签约中应特别注意的问题。

# 第四章 投标报价

投标报价是国际工程承包过程中的一个决定性的环节,因为业主方在评标时,投标的施工规划方案合理,价格合宜是可能中标的主要指标。本章首先介绍了投标报价的七个步骤的工作内容和注意事项,然后详细介绍了国际工程投标报价各项费用的计算方法,结合一个案例介绍了如何进行单价分析。最后介绍了两个实际的国际工程项目的投标报价案例。

## 第一节 投标报价的步骤

承包商通过资格预审后,即有资格在业主出售招标文件时,购买全套招标文件,并根据工程项目的性质、工程量大小,组织一个经验丰富,强有力的投标报价班子,进行投标报价。投标报价是一项十分细致而又紧张辛苦的工作,它要求投标人员有高度的责任感,广阔的知识面,丰富的施工经验和投标经验。

国际工程承包招标可以采用多种合同形式,对不同的合同形式,计算报价方式是有差别的。具有代表性且比较常见的是单价合同形式,其投标报价主要分以下7个步骤:①现场考察;②研究招标文件;③复核工程量;④制定总体施工方案;⑤询价计算确定工、料、机单价;⑥计算确定间接费率;⑦做分项工程单价分析表确定工程量表各子项的单价;⑧填工程量表和编制投标书。

### 一、现场考察

现场考察是整个投标报价中的一项重要活动,对于制定施工方案和合理计算报价具有重要意义,因此,现场考察是实现正确报价的重要环节。业主方给出的报价时间往往比较紧,因此现场考察时应有针对性。如:工程所在地区的自然条件、施工条件、业主的情况、竞争对手的情况等等。

现场考察的一般程序和做法是:现场考察组应由报价人员、准备在中标后实施工程的项目经理和公司决策人员组成,根据对招标文件的研究和投标报价的需要,制定考察提纲。考察后应提供实事求是和包含比较准确可靠数据的考察报告,以供投标报价使用。

现场考察时应收集的资料和信息包括以下内容:
1. 自然地理条件
(1) 气象资料:年平均气温,年最高气温;风玫瑰图,最大风速,风压值;

年平均湿度，最高、最低湿度；室内计算温度、湿度。

（2）水文资料：流域面积、年降水量、河流流量等。对于港口工程，还应调查潮汐、风浪、台风等。

（3）地质情况：地质构造及特征；承载能力，地基是否是大孔土、膨胀土（需用钻孔或探坑等手段查明）；地震及其设防等级。

（4）上述问题对施工的影响。

2．施工材料

（1）地方材料的供应品种，如水泥、钢材、木材、砖、砂、石料及商品混凝土的生产和供应。

（2）装修材料的品种和供应，如瓷砖、水磨石、大理石、墙纸、木板材、油漆等喷涂材料、各类门窗材料、水电器材、空调等的产地和质量，各种材料、器材的价格、样本。

（3）第三者采购的渠道及当地物资采购代理情况。

（4）当地供应商的供货效率和诚信程度。

（5）实地参观访问当地材料的成品及半成品等的生产厂、加工厂及制作场地。

3．施工机具

（1）该国施工设备和机具的生产、购置和租赁；转口机具和设备、材料的供应及价格；有关设备、机具的维修和配件供应。

（2）当地的机具维修和加工能力。

4．交通运输

（1）空运、海运、河运和陆地运输情况。

（2）运输价格，包括主要运输工具购置和租赁价格。

5．商务问题

（1）项目所在国对承包商征税的有关规定。

（2）项目所在国近几年通货膨胀和汇率，货币贬值情况。

（3）进出口材料和设备的关税费率。

（4）银行保函费率，贷款利率，保险公司有关工程保险费率。

（5）项目所在国代理人的有关规定及费率。

（6）当地工人工资及附加费，当地工人工效以及同我国工人的工效比，招募当地工人手续。

（7）临建工程的标准和收费。

（8）当地及国际市场材料、机械设备价格近三年内的变动；运输费和税率的变动。

6．规划设计和施工现场

（1）工程的地形、地物、地貌：城市坐标，用地范围；工程周围的道路等。

(2) 市政管网与给排水设施：废水、污水处理方式；市政雨水排放设施；自来水管线的管径、压力、标高和位置；市政消防供水管道的管径、压力和位置。

(3) 当地供电方式、电压、供电方位、距离。

(4) 通信行业发达程度，包括电视和通信线路的铺设，移动电话、因特网的普及程度及费用。

(5) 政府有关部门对现场管理的一般要求，特殊要求及规定。

(6) 施工现场的三通一平（通水、通电、通路和场地平整）情况。

(7) 当地施工方法及注意事项。

(8) 当地建筑物的结构特征和习惯作法：建筑形式、色调、装饰、装修、细部处理、所在国的建筑风格。

(9) 重点参观了解当地有代表性的著名建筑物和现代化建筑，或和将投标项目同一类型的已建成的或在建的项目。

7. 业主和竞争对手情况

(1) 业主情况，主要是业主的资金支付能力，包括工程款支付有无延期等。

(2) 工程资金来源，是业主自有，还是国外机构贷款。

(3) 竞争对手情况，包括对手的实力和他们与业主的关系等。

8. 工程所在国的政治、经济情况，有关法律、法规及市场开拓前景

(1) 掌握该国的一般政治、经济情况，与邻国的关系，与我国的关系。

(2) 了解我国外交部、商务部对该国的评价，请我驻外使馆介绍有关情况。

(3) 了解该国关于外国承包公司注册设点的程序性规定，需要递交资料的详细内容。

(4) 搜集项目所在国相关法律法规、技术规范及相关制度和有关规定。

(5) 了解当地民俗和节假日以及政府的办事习惯和效率。

以上只是调查的一般要求，应针对工程具体情况而增删。考察后要写出简洁明了的考察报告，附有参考资料、结论和建议，使投标报价人员和公司领导一目了然，能够把握要领。一个高质量的考察报告，对研究投标报价策略和提高中标率有十分重要的意义。

**二、研究招标文件**

招标文件是业主拟定的工程采购的"蓝图"和合同草案，深入地理解和掌握招标文件的内容，不仅影响到能否成功地投标和中标，也是签订好合同和实施合同的关键。

承包商在派人对现场进行考察之前和整个投标报价期间，均应组织参加投标报价的人员认真细致地阅读招标文件，必要时还要把招标文件译成中文。在动手计算投标价格之前，首先要弄清楚招标文件的要求和报价内容：

(1) 承包商的投标范围，以避免在报价中发生任何遗漏。

(2) 各项技术要求，以便确定经济适用而又可能缩短工期的施工方案。

(3) 工程中需使用的特殊材料和设备，以便在计算报价之前调查了解价格，避免因盲目估价而失误。另外，应整理出招标文件中含糊不清的问题，有一些问题应及时书面提请业主或咨询工程师予以澄清。

为进一步制定施工方案、进度计划，计算投标价，投标人还应该从以下几个主要方面研究招标文件：

(一) 投标人须知与合同条件

投标人须知与合同条件是国际工程招标文件十分重要的组成部分，其目的在于使承包商明确中标后应享受的权利和所要承担的义务和责任，以便在报价时考虑这些因素。

1. 工期。包括对开工日期的规定、施工期限以及是否有分区段、分批竣工的要求。

2. 误期损害赔偿费的有关规定。这对施工计划安排和拖期的风险大小有影响。

3. 缺陷通知期的有关规定。这对何时可收回工程"尾款"、承包商的资金利息和保函费用计算有影响。

4. 保函的要求。保函包括投标保函、履约保函、预付款保函、临时进口施工机具税收保函以及维修保函等。保函数值的要求和有效期的规定，允许开具保函的银行有无限制。这直接影响投标人计算保函手续费和用于银行开保函所需占用的抵押资金。

5. 保险。是否指定了保险公司、保险种类（例如工程一切保险、第三方责任保险、施工设备保险、现场人员的人身事故和医疗保险等）和最低保险金额。这将影响保险费用的计算。

6. 付款条件。是否有预付款，如何扣还，材料设备到达现场并检验合格后是否可以获得部分材料设备预支款，以及付款方法、付款比例、保留金比例、保留金最高限额、退回保留金的时间和方法，拖延付款的利息支付等，每次期中支付证书有无最低金额限制，业主付款的时间限制等等，都是影响承包商计算流动资金及其利息费用的重要因素。

7. 调价公式的要求。如有调价公式条款，价格计算是否仍需考虑通货膨胀影响因素。

8. 计量标准的适用。一般国际工程项目都采用一些国际计量标准，但每个项目都往往会对标准进行适当修改。

9. 税收。是否免税或部分免税，可免何种税收，可否临时进口施工机具设备而不收海关税，可否用银行保函形式办理施工机具设备的临时免税进口。这些将严重影响施工设备的价格计算。

10. 货币。支付和结算货币的规定，外汇兑换和汇率的规定，向国外订购材料设备时需用外汇的申请和支付办法。

11. 劳务国籍的限制。这影响到劳务成本计算。

12. 战争和自然灾害等人力不可抗拒因素造成损害后的补偿办法和规定，暂时停工的处理办法和补救措施等。

13. 有无提前竣工的奖励。

14. 争议的解决办法、有关仲裁或诉讼的限制和规定。

以上各项有关要求，一般在"投标人须知"或"投标书附录"中做出说明和规定，在某些招标文件中，这些要求放在"合同条件"的第二部分（专用条件）中具体规定。

（二）技术规范

应注意研究招标文件中所附的施工技术规范，特别是注意研究该规范是参照或采用英国规范、美国规范或是其他国际技术规范，本公司对此技术规范的熟悉程度，有无特殊施工技术要求和有无特殊材料设备技术要求，有关选择代用材料、设备的规定，以便采用相应的定额计算有特殊要求的项目价格。

（三）报价要求

1. 应当注意合同种类是属于总价合同、单价合同、成本补偿合同、"交钥匙"合同还是单价与包干混合制合同。例如有的住房项目招标文件，对其中的房屋部分要求采用总价合同方式；而对室外工程部分，由于设计较为粗略，有些土石方和挡土墙等难以估算出准确的工程量项目，因而要求采用单价合同。对承包商来说，在总价合同中承担着工程量方面的风险，应该仔细根据图纸校核工程量，并对每一分项工程的单价做出详尽细致的分析和综合。

2. 应当仔细研究招标文件中的工程量表的编制体系和方法。例如是否将施工详图设计、勘察、临时工程、机具设备、进场道路、临时水电设施和人员设备调遣等列入工程量表。对于单价合同方式特别要认真研究工程量的分类方法，及每一分项工程的具体含义和内容。

工程量表前言也是投标人员应当认真阅读的部分，它规定了一些工程量计算的原则，如果在前言中有一些规定不同于一般的计量标准，则以前言中的规定为准。如果技术规范中包括计量标准，应以技术规范中的规定为准。还应研究永久性工程之外的项目有何报价要求。例如对旧建筑物和构筑物的拆除、监理工程师现场办公室和各项开支（包括他们使用的家具、车辆、水电、试验仪器、服务设施和杂务费用等）、模型、广告、工程照片和会议费用等，招标文件有何具体规定，应考虑如何将之列入到工程总价中去。弄清一切费用纳入工程总报价的方法，不得有任何遗漏或归类的错误。

3. 某些国际计量方法允许承包商将一些"与施工方法有关的费用"单独在工程量表中列出，承包商要综合考虑施工过程，将有必要列出的费用填写到相关栏目中。

4. 此外，承包商还应考虑对某些部位的工程或设备提供，是否必须由业主确定的"指定分包商"进行分包。文件规定总包商应为指定分包商提供何种条件，承担何种责任，以及文件是否规定对指定分包商的计价方法（按照 FIDIC "新红皮书"的规定，指定分包商的费用是由"暂定金额"中开支，也就是说，总承包商投标报价中不应包括指定分包商的费用）。

5. 凡是在图纸、规范和合同条件中列明的工作，均是要求承包商实施的，但是有的要求实施的工作（如提供安全标志，防护设施等）在工程量表中并未列出。这时投标人就应在投标时要求业主将之补充到工程量表中去。有些内容（例如保险费），如果工程量表中未列而又要求承包商作为"投保人"去投保时，也可将之列入间接费。

**（四）承包商风险**

认真研究招标文件中对承包商不利的，需其承担很大风险的各种规定和条款，例如有些合同中，业主有这样一个条款"承包商不得以任何理由索取合同价格以外的补偿"，那么承包商就得考虑适当加大风险费。

**三、复核工程量**

招标文件中通常均附有工程量表，投标人应根据图纸仔细核算工程量，当发现业主提供的工程量表中的工程量与核算的工程量相差较大时，投标人不能随意改动工程量，对于固定总价合同要特别引起重视，应致函或直接找业主澄清。如果投标前业主方不予更正，而且是对投标人不利的情况，投标人在投标时要附上书面声明："工程量表中某项工程量有错误，施工结算应按实际完成量计算"，并要求业主确认。有时招标文件中没有工程量表，需要投标人根据设计图纸按国际承包工程中的惯例自行计算并分项列出工程量表。

不论是复核工程量还是计算工程量，都要求尽可能准确，特别是对于单价高的子项，因为工程量大小直接影响投标价的高低。对于总价合同来说，工程量的漏算或错算有可能带来无法弥补的经济损失。目前一般采用的工程量划分方法和计算方法，项目划分很细，计算十分繁琐，对于这种情况，投标人可以按自己习惯采用的办法合并和归纳，以简化计算和复核。因此，投标人在核算工程量时，应当结合招标文件中的技术规范弄清工程量中每一细目的具体内容，才不致在计算单位工程量价格时搞错。如果招标的工程是一个大型项目，而投标时间又比较短，要在较短的时间内核算工程数量，将是十分困难的。这时，投标人至少也应核算那些工程量大和价格高的项目。

在核算完全部工程量表中的细目后，投标人可按大项分类汇总主要工程总量，以便对这个工程项目的施工规模有一个全面和清楚的概念，并用以研究采用合适的施工方法，选择经济适用的施工机具设备。以房建工程为例，工程项目主要工程量汇总的分类大致如下：

1. 建筑面积。国外没有计算建筑面积的规定，通常也不用建筑面积作为计价单位。因此，这一汇总只是为了我们内部进行分析比较，可以按照我国国内的规定计算。

2. 土方工程。包括总挖方量、填方量和余、缺土方量，如果可能的话，可分别列出石方、一般土方和软土或淤泥方量。还要特别注意的一点是在土方工程中，要弄清业主付款是按实方还是按虚方计量。

3. 钢筋混凝土工程。可分别汇总统计现浇素混凝土和钢筋混凝土以及预制钢筋混凝土构件数量并汇总钢筋、模板数量。

4. 砌筑工程。可按石砌体、空心砖砌体和黏土砖砌体统计汇总。

5. 钢结构工程。可按主体承重结构和零星非承重结构（如栏杆、扶手等）的吨位统计汇总。

6. 门窗工程。按钢门窗和铝门窗以件数或面积统计。

7. 木作工程。包括木结构、木屋面、木地面、木装饰等，可以面积统计。

8. 装修工程。包括各类地面、墙面、吊顶装饰，以面积统计。

9. 设备及安装工程。包括电梯、自动扶梯、各类工艺设备等，以台件和安装总吨位统计。

10. 管道安装工程。包括各类供排水、通风、空气调节及工业管道，以延长米计。

11. 电气安装工程。各类电缆、电线以延长米计，各类电器设备以台、件计。

12. 室外工程。包括围墙、地面砖铺砌、市政工程和绿化等。

### 四、制定总体施工规划

招标文件中要求投标人在报价的同时要附上其施工规划（Construction Planning）。施工规划内容一般包括施工技术方案、施工进度计划、施工机械设备和劳动力计划安排以及临建设施规划。制定施工规划的依据是工程内容、设计图纸、技术规范、工程量大小、人力和机械设备的资源、工作的先后顺序、现场施工条件以及开工、竣工日期。

投标时的施工规划将作为业主评价投标人是否采取合理和有效的技术措施，能否保证按工期、质量要求完成工程的一个重要依据。另外施工规划对投标人自己也是十分重要的，这是因为施工方案的优化和进度计划的合理安排与工程报价有着密切的关系，编制一个好的施工规划可以大大降低投标价，提高竞争力。

因此，制定施工规划的原则是在保证工程质量和工期的前提下，尽可能使工程成本降低和投标价格合理。在这个原则下，投标人要采用对比和综合分析的方法寻求最佳方案，避免孤立地、片面地看问题。应根据现场施工条件、工期要求、机械设备来源和劳动力的来源等，全面考虑采用何种施工方案。

(一) 工程进度计划

在投标阶段，编制的工程进度计划不是正式的工程施工计划，可以粗略一些，常用的计算机软件包括 PRIMAVERA 公司的 P3 和 MICROSOFT 的 PROJECT 等。编制进度计划时，一般考虑要满足以下要求：

1. 总工期符合招标文件的要求，如果合同要求分区段、分批竣工交付使用，应标明分区段交付的时间和分批交付的工程项目和数量。

2. 表示各项主要工程（例如土方工程、基础工程、混凝土结构工程、屋面工程、装修工程、水电安装工程等）的开始和结束时间。

3. 合理安排各主要工序，体现出相互衔接。

4. 有利于合理均衡安排劳动力，尽可能避免现场劳动力数量急剧起落，以提高工效和节省临时设施（如工人居住营地、临时性建筑等）。

5. 有利于充分有效地利用机械设备，减少机械设备占用周期。例如，尽可能将土方工程集中在一定时间内完成，以减少推土机、挖掘机、铲运机等大型机具设备占用周期。这样就可以降低机械设备使用费、或是考虑施工分包。

6. 制定的计划要便于编制资金流动计划，有利于降低流动资金占用量，节省贷款资金利息。

7. 制定的计划要便于将来发生变更时的调整，避免因为缺乏机动性而在发生变更时重新编写计划。

可以看出，进度计划安排是否合理，直接关系到工程成本和投标价格。

(二) 施工方案

弄清分项工程的内容和工程量，考虑制定工程进度计划的各项要求，即研究和拟定合理施工方法。但是也要注意投标时拟定的施工方案一定要合理和现实，不能只为争取中标而大幅度降低投标价，这样将造成在实施中很难实现甚至不能实现的局面，由此引起不得不加大成本或采取新的施工方案，往往会使施工陷于被动。因此，编制施工方案时要比较细致地研究技术规范要求，现场考察时，对施工条件要充分了解。制定施工方案要服从工期要求还要综合考虑到技术可能性、保证质量、保证安全、降低成本等方面的要求。

1. 根据分类汇总的工程量、工程进度计划中该类工程的施工周期、技术规范要求以及施工条件和其他情况，选择和确定每项工程的主要施工方法。例如土方工程，对于大面积开挖，根据地质水文情况，需降低地下水位才能施工，是采用井点降水，还是地下截水墙方案；又如在混凝土工程中，根据工程量大小是采用商品混凝土还是自建混凝土搅拌站；在混凝土构件安装工程中，根据施工条件，是采用移动式吊车方案还是固定式塔吊方案等。对各种不同施工方法应当从保证完成计划目标、保证工程质量和施工安全、节约设备费用、降低劳务成本等多方面综合比较，选定最适用的、经济的施工方案。

2. 根据上述各类工程的施工方法，选择相应的机具设备，并计算所需数量和使用周期；研究确定是采购新设备，调进现有设备，还是在当地租赁设备。

3．研究确定哪些工程由自己组织施工，哪些部分分包，提出寻求分包的条件设想，以便向分包商询价。

4．用概略指标估算直接参与生产的劳务数量，考虑其来源及进场时间安排。如果当地有限制外籍劳务的规定，则应提出当地劳务和外籍劳务的工种分配。另外，从所需直接劳务的数量，可参照自己的经验，估算所需间接劳务和管理人员的数量，并估算出生活用临时设施的数量和标准等。此处直接劳务是指在现场第一线工作的工人，比如钢筋工、混凝土工等（但不包括施工机械的司机），间接劳务是指后勤服务的工人，如炊事员、门卫等。

5．用概略指标估算主要的和大宗的建筑材料的需用量，考虑其来源和分批进场的时间安排，从而可以估算现场用于存储、加工的临时设施（例如仓库、露天堆放场、加工场地、车间或工棚等）。如果有些地方建筑材料（如砂石等）拟自行开采，则应了解当地是否征收矿区使用费，估计采砂、采石场的设备、人员，并计算出自行开采砂石的单位成本价格。如有些构件（如预制混凝土构件、钢构件等）拟在现场自制，应确定相应的设备、人员和场地面积，并计算自制构件的成本和价格。

6．根据现场设备、高峰人数和全部生产和生活方面的需要，估计现场用水、用电量，确定临时供电供水和排水设施。

7．考虑外部和内部材料供应的运输方式，估计运输和交通车辆的需求量和来源。

8．考虑其他临时工程的需要和建设方案。例如进场道路、停车场地等。

9．提出某些特殊条件下保证正常施工的措施。例如排除或降低地下水位以保证地面以下工程施工的措施；冬期、夏期和雨期施工措施等。

10．其他必须的临时设施安排。例如现场保卫设施，包括临时围墙或围篱，警卫设备、夜间照明等；现场临时通信联络设施等。

应当注意，上述施工方案中各种数字，都是按汇总工程量和概略定额指标估算的，在计算投标价过程中，需要按陆续计算得出的详细计算数字予以修改、补充和更正。

**五、计算单价**

在投标报价中，要按照招标文件工程量表（或叫报价单）中的格式填写报价价格，一般是按分项工程中每一个子项的内容填写单价和总价。业主付款，是按此单价乘以承包商完成的实际工程量进行支付，而不管其中有多少用于人工费，多少用于材料和工程设备费，多少用于承包商的施工机械以及间接费和利润。

按照国际工程的这种报价方式，我们可以分解每一个工程项目的单价，其组成为：

人工费：分项工程中每一个分项工程的用工量(以工日计)×工日基础单价；

材料费：分项工程中每一个分项工程的材料消耗量×材料单位基础价格；

施工机械设备费：分项工程中每一个分项工程的所需机械设备台班数×台班单价；

各种管理费和其他一切间接费用：分别摊入每一分项工程的单价中；

风险费和利润：根据承包商的实际情况，确定其风险费和计划利润，分别计入每个分项工程的单价中。

因此工程单价要从基本价格、确定定额和间接费、风险费和利润摊入系数三个方面入手。

1. 基本价格，即人工、材料、施工机具的价格

（1）人工单价。是指工人每个工作日的平均工资。如果该工程拟部分或全部使用中国工人，则根据工人是本公司技术工人或是招募的民工分别计算工资标准。如果是雇佣当地工人，只需按当地建筑工人的月工资，适当加入应由雇佣人支付的各类法定的津贴费、招募开支（分摊到每月）等，除以每月平均工作天数，即为工日基价。若当地有工资上涨的趋势，可适当乘以预计的上涨率。

（2）材料和工程设备的基价。前面谈到的材料和设备的询价，由于供货来源不同、付款条件及交货方式不一，供应商所报价格的表现形式可能也是多种多样的。但是，为了便于进行工程投标价的计算，应当全部换算为材料和工程设备到达施工现场的价格，作为计算投标价的基价，并将基价列表备用。至于一些施工过程中使用的零星材料，可以不必详列，而在进行工程单价计算时，根据经验加入一定百分比（例如1%~5%）即可。

（3）施工机具台班单价。施工机具设备费用以何种方式计入工程报价中，取决于招标文件的规定。有些招标文件规定，应当列出该工程的施工机具设备费总数，业主甚至可以在工程初期验证承包商的机具设备，在确定进入现场后，支付一定比例的该项费用。这类招标项目多数是一些使用大型施工机具设备，而且是机具设备费占的比重很大的项目（比如港口工程等）。大多数招标文件不单列施工机具设备费用栏目，这时，投标人应当将这笔费用分摊到各个分项工程单价中。至于分摊的方法，则由投标人自己确定。

人工、材料和施工设备机具费用的计算详见下节。

2. 工程定额的选用

即人工定额、材料消耗定额、施工机械台班定额的选用。在本公司有多年施工经验的市场上，承包商积累了很多资料，可以根据经验确定定额消耗。但对于新开辟的市场或者经验不足的项目，则需要参考其他定额资料。国外工程究竟怎样选用工程定额，是一个很难的问题。工程定额水平太低，报价肯定会提高，有可能使这一报价完全失去竞争力；定额水平太高，虽然报价可以降下来，但在实施过程中达不到这个定额要求时，可能导致亏损。如何选择比较合适的工程定

额，在报价计算时应当慎重考虑。

影响工程定额的因素很多，其中较主要的是：施工人员的技术水平和管理水平、机械化程度、施工技术条件、施工中各方面的协调和配合；材料和半成品的加工程度和装配性，自然条件对施工的影响等等。应仔细分析国外工程的具体特点，研究其影响工程定额的有利因素和不利因素。在没有现成的国外工程定额可供使用的情况下，也可以利用本公司国内的工程定额，并考虑国外工程各种有利和不利因素的影响而适当加以修正。

如果打算调高工程的定额，应考虑以下几方面的因素：

(1) 一般来说，从国内派往国外的施工人员都经过适当挑选，其技术水平和熟练程度应高于国内平均水平，身体条件也较好，因而劳动效率有可能高于国内工程。如果雇佣当地工人施工，因雇佣的人员素质差别甚大，则需进行具体分析。

(2) 国外工程施工的机械化程度一般都较高，特别是大中型工程，不可能大量使用劳工，应尽可能提高机械化程度，以提高劳动生产率。

(3) 国外工程使用的材料，可以要求供应商所供材料货物达到直接用于工程的状态，从而可以减少再加工和辅助劳动。例如砂石供应，可以要求砂石供应商按工程实际所需砂石规格供货到现场，从而可以减少现场筛选、冲洗等辅助工序。国外许多供应商为提高其货物的竞争力，销售服务较佳，他们往往可以完全按承包商的要求供货。例如保证零部件配套，甚至部分组装状态交货等等，这就有助于承包商提高现场的施工效率，甚至可以减少国内工程定额项目中的某些现场工作内容。

(4) 国外施工的组织管理比较严密，监理比较严格，杂事干扰较少，工时利用率相对较高，而国内工程定额一般都偏于保守，适当提高定额是完全可能的。

国外工程也有如下妨碍工效的因素：

(1) 我国工人初到国外时，对国外的技术标准、材料性能和施工要求不熟悉，一时难以适应。因此，一般都是开工初期的工效较低，待熟练后才能提高效率。

(2) 国外工程的监理制度极为严格，工序之间的质量检查频繁，有些项目甚至要求每道工序都须由监理工程师检查签字认可，才能进行下一道工序。如果管理协调不当，将严重影响工作效率。

(3) 自然条件和气候恶劣（例如中东的高温和潮湿等），也可能影响工效。

(4) 雇佣当地工人，由于语言不通，也可能影响工效。

根据我国公司在国外的实际施工经验，一般认为，国外的工程定额可以比国内高一些，但也要根据不同的工程内容进行具体分析。

3. 间接费

国际承包工程间接费一般约占整个报价的 20%～30%，对投标价格的高低影响很大，间接费的计算详见下节。

有了前面所述的人工、材料和机械设备的基础价格，选定了工程定额，就可计算出工程直接费。再计算出各项间接费，确定间接费与直接费比率，以及上级单位管理费、利润和风险费，就可以对工程量表中每个单个项目做出单价分析，从而得出每个分项工程的单价。

### 六、确定投标价格

前面计算出的工程单价，是包含人、材、机单价和除合同工程量表单列项目以外的上级单位管理费、间接费，利润、风险费等的工程分项单价，乘上工程量，再加上工程量表中单列的子项包干项目费用，即可得出工程总价。但是，这样汇总起来的工程总价还不能作为投标价格，因为按照上述方法算出的工程总价和根据经验预测的可能中标价格，或通过某些渠道掌握的竞争对手或业主的"标底"相比，往往有出入，有时还可能相差甚大。组成总价的各部分费用间的比例也有可能不尽合理。造成这种"价差"的原因常常是计算过程中可能发生的对某些费用预估的偏差、重复计算或漏算等。因此，必须对工程总价做出某些必要的调整。

调整投标总价应当建立在对工程的盈亏预测的基础上。盈亏预测应当用多种方法从多种角度进行。用类比方法，可以把工程的全部人工费、材料费、机械费、间接费分别汇总，计算出各种费用占总价的比例；或者计算每平方米、每延米造价，和以往类似工程相比，从中发现问题。用分析的方法，可以把工、料、机单价，分项工程基本单价和间接费互相对照，看是否有漏算或重复计算的项目，然后分析费用的各个组成部分，看哪些地方还可以通过采取某些措施降低成本、增加盈利。

考虑投标价的高低和盈亏时，应仔细研究利润这个关键因素。在研究报价、确定利润时，应当坚持"既能够中标、又有利可图"的原则，既考虑第一次投标成败可能产生的得失，同时又应着眼于长远发展目标，确定最后的投标报价。

### 七、编制投标文件

在做出投标决策、确定报价策略后，承包商应重新修正投标价格，按招标文件的要求正确填写，并在规定的投标日期和时间内报送投标文件。投标文件除提供有报价的工程量表以外，承包商还应按招标文件中要求的格式，附上投标函、填写必要的数据并签字。例如确认投标人完全愿意按招标文件中的规定承担工程施工、建成、移交和维修任务，并写明自己的总报价金额；确认投标人接受的开工日期和整个施工期限；确认在本投标被接受后，愿意提供履约保证等。

目前，国际工程项目投标的工程量表汇总表中有时会有一个调整项目允许投标人在最后降低或增加一定数额。如果没有这个项目，而承包商认为需要时，也可写一封详细的致函，对自己的投标报价作必要的说明，如降价的决定等，说明编完报价单后考虑到同业主长远合作的诚意，决定按报价单的汇总价格无条件地将总价降到多少金额（应用大写和数字两种写法），并愿意以这一降低后的价格签订合同。

如果招标文件允许提交备选方案，且承包商又制定了备选方案，可以说明备选方案的技术和价格优势，明确如果采用备选方案，可能降低或增加的总价格。还应包括比较重要的一点，即说明愿意在评标时，同业主进行进一步会谈讨论，使价格更为合理。

总之，这封投标书以外的致函应本着使业主、咨询工程师和评标委员会委员对这份投标书和承包商感兴趣、有信心的原则书写。

对于工程量表，一般要求在招标文件所附的工程量表原件上填写单价和总价，每页均有小计，并有最后的汇总价。工程量表的每一页数字均需认真校核，并在每页下面小签确认。

如果招标文件有要求，对原招标文件的合同条件、技术说明和图纸，须每页小签一并交回。每页的签字是表示投标人已阅读过，并认可了这些文件。

对于银行出具的投标保函，要按招标文件中所附的格式由承包商的业务银行开出。银行保函可用单独的信封密封，在投标致函内附一份复印件，并在复印件上注明"原件密封在专用信封内，与本投标文件一并递交。"

投标时还要注意以下问题：

（1）投标文件中的每一要求填写的空格都必须认真填写，不能空着不填，特别是"工程量表"，如果该子项不填，意味着该子项报价为"0"。

（2）填报文件应当反复校对，保证分项和汇总计算均无错误。

（3）递交的全部文件每页均需签字，如填写中有错误而不得不进行修改，应在修改处签字。

（4）最好是用打字方式填写投标文件，或者用钢笔书写。

（5）投标文件应当保持整洁，纸张统一，字迹清楚，装订美观大方。

（6）应当按规定对投标文件进行分装和密封，并按规定的日期和时间，在检查投标文件的完整性后一次递交。

总之，要避免产生由于工作上的疏漏或技术上的缺陷而导致投标书无效。

## 第二节　投标报价的各项费用计算

承包商在投标前研究了招标文件，对现场做了考察，从而进入实质的估算价格阶段，承包商根据自己的经验和习惯，采用一套算标的方法和程序，其基本内容包括计算人工、材料、机械的基本单价，选定适当的定额，计算分项工程直接费，再计算间接费，并确定比率系数，然后通过单价分析确定分项工程中各个分项的单价，填写工程量表，合计工程总报价。

下面首先用图 4-1 来表示国际工程报价项目的基本组成，再分项详细讨论。

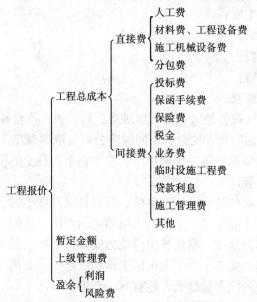

图 4-1　国际工程报价项目组成表

## 一、人工单价的计算

这是指国内派出工人和当地雇佣工人（包括项目所在国的外籍工人和当地工人）平均工资单价的计算。一般地说，在分别计算出这两类工人的工资单价后，再考虑工效和其他一些有关因素，就可以原则上确定在工程总用工量中这两类工人完成工日所占的比重。进而用加权平均的方法算出平均工资单价：

平均工资单价 = 国内派出工人工资单价 × 国内派出工人工日占总工日的百分比 + 当地雇佣工人工资单价 × 当地工人工日占总工日的百分比 　　　　　　　　　　　　　　　　　　　　　　　　(4-1)

需要进一步说明的是，往往有这种情况：当地雇佣工人的工效很低，而当地政府又规定承包商必须雇佣部分当地工人，这时，计算工资单价还应当把工效考虑进去。具体方法是将已经掌握的当地雇佣工人的工效同国内派出工人的工效作一比较，确定一个大致的工效比（通常为小于 1 的数字），并改用下式计算：

考虑工效的平均工资单价 = 国内派出工人工资单价 × 国内派出工人工日占总工日的百分比 + 当地雇佣工人工资单价 × 当地工人工日占总工日的百分比 / 工效比 　　　　(4-2)

国内派出工人工资单价和当地工人工资单价计算如下：

1. 国内派出工人工资单价 = 一个工人出国期间的费用 / 出国工作天数。

出国期间的费用应当包括从工人出国准备到回国休整结束后的全部费用。主要包括：

(1) 国外岗位工资；

(2) 派出工人的企业收取的管理费；

(3) 国内差旅费；

(4) 国际差旅费；

(5) 节假日补助费；

(6) 各种补贴（艰苦地区补贴，加班费，防暑费，伙食补贴等）；

(7) 人身意外保险费和税金：不同保险公司收取的费用不同。如业主没有规定投保公司时，应争取在国内办理保险。发生在个人身上的税收一般即个人所得税，按当地规定计算。

上述费用中，有些是一次性发生的，有些是逐月发生的。因此，需要预先估算出出国工作期限才能得出一个工人出国期间的费用。出国工作期限应当以投标时的工程进度计划为基础，据之排出劳动力安排计划表，再考虑每个月需要的劳动力的数量。显然，如果一个工人出国工作期限越长，上述一次性费用（如机票费）在工资单价中的比重就越低，越有利于竞争。

一个工人出国工作期限确定后，不难算出总费用。同时，扣除出国工作期间的节、假日（包括国内法定节日和当地主要节日）、病假和因天气影响的停工日，就可得出出国工作天数，如果考虑到节假日加班以及每天适当延长工作时间，则要将加班费计入，这样可以减少出国人数，节省机票住宿等费用。综合上述因素可以算出国内派出工人的工资单价。

目前，中国一些对外承包公司已经或正在开始对工人实行国外工资制，从而简化人工费的计算。

2. 当地雇佣工人工资单价。当地雇佣工人工资单价计算相对比较简单，计算时主要应包括下列费用：

(1) 日基本工资；

(2) 带薪法定假日、带薪休假日工资；

(3) 夜间施工或加班应增加的工资；

(4) 按规定应由雇主支付的税金、保险费；

(5) 招募费和解雇时须支付的解雇费；

(6) 上下班交通费。

经过上述计算，得出的国内派出工人工资单价和当地雇佣工人工资单价可能相差甚远，还应当进行综合考虑和调整。当国内派出工人工资单价低于当地雇佣工人工资单价时，固然是竞争的有利因素，但若采用比较低的工资单价，就会减少收益，从长远考虑更是不利，因为以后通过单价分析报价时不便提高人工费，故应向上调整。调整后的工资单价以低于当地工人工资单价5%~10%为宜。当国内派出工人工资单价高于当地工人时，则需要具体分析。假如在考虑了当地工人的工效、技术水平等因素后，国内派出工人工资单价仍有竞争力，就勿需调整；反之应向下调，调整的幅度可根据具体情况确定。但如果调整后国内派出工人的工资单价仍较高，就考虑不派或基本不派国内工人。

总之，国际承包工程的人工费有时占到总造价的 20%～25% 左右，大大高于国内工程的比率。确定一个合适的工资单价，对于以后做出有竞争能力的报价是十分重要的。

## 二、材料、工程设备单价的计算

国际承包工程中材料、设备的来源有三条渠道，即当地采购、国内采购和第三国采购。在实际工作中，采用哪一种采购方式要根据材料、设备的价格、质量、供货条件及当地有关规定等确定。国外采购物资的特点是供应商多，商业竞争性强，价格差别大。投标人应多方询价，货比三家，确定自己的材料设备单价。

在当地、国内和第三国采购这三种方式中，后两种方式的价格计算方法类似。现分别介绍如下：

1. 当地采购的材料、工程设备的单价计算。如果由当地材料商供货到现场，可直接用材料商的报价加上现场保管费作为材料或工程设备单价；如果自行采购，可用下列公式计算：

材料（或工程设备）单价 = 市场价 + 运杂费 + 运输保管损耗的费用　（4-3）

2. 国内和第三国采购材料、设备的单价，可用以下公式计算：

材料（或工程设备）单价 = 到岸价 + 海关税 + 港口费 + 运杂费 + 保管费
　　　　　　　　　　　　+ 运输保管损耗的费用 + 其他费用　（4-4）

上述各项费用如果细算，包括海运费、海运保险费、港口装卸、提货、清关、商检、进口许可证、关税、其他附加税、港口至工地的运输装卸、保险和临时仓储费、银行信用证手续费，以及材料、设备的采购费，样品费、试验费等。

目前从国内采购材料，也要从材料的货源、质量、价格、运输等方面与国外采购进行比较。如果由国内采购与由第三国采购在价格和质量上差不多，且运输到货日期有保证时，则可利用国际工程承包带动材料、设备出口，这样可以为国家增加外汇收入，推动国内建材、机电工业的发展。

## 三、施工机械台班单价计算

国外承包工程的施工机械除了由国内或邻近工程调遣和购买外，还可以从当地租赁。如果决定租赁机械，台班单价就可以根据事先调查的市场的租赁价格来确定。

自行调遣和购买机械的使用费用构成包括：

1. 基本折旧费。如果是新购设备，则应考虑拟在本工程中摊销的折旧率。对于大型施工机具，通常可按5年摊销完，如果本工程工期为两至三年，则可从直线折旧法，余值递减折旧法等多种折旧方法中选择一种计算。对于一般的中小型机具，或价值折旧较低而又易损的设备、二手设备以及在工程上使用台班较多的机具或车辆等，可以在本项目一次性折旧完。

$$基本折旧费 = （机械原值 - 余值）\times 折旧率 \tag{4-5}$$

如果是轮胎式施工机械，机械原值中应包括在施工期间可能损耗的轮胎数量及其价值。

需要进一步强调的是：基本折旧费中的"余值"（Salvage Value, Remaining Value）不可按国内的规定计算，而要根据当时当地的实际情况确定，甚至可以不考虑"余值"回收。此外，国际工程承包中机械的"折旧率"要比国内规定的大，一般考虑4~5年折完，大型工期长的工程一次折完。因此也就不再计算大修费用。

2. 安装拆卸费。对于需要拆卸安装的设备，例如混凝土搅拌站等，可根据施工方案，按可能发生的费用计算。至于设备在本工程完工后需拆卸运到其他工地所需的拆卸和运杂费用，一般计入下一个工程的机具设备费中，但也可列入本次工程中，由承包商根据情况决定。

3. 维修费。可参照国内的定额估算。工程实施期间的维修、配件、工具和辅助材料消耗等，可按定额中规定的比率计算。

4. 机械保险费。指施工机械设备保险费。

5. 燃料动力费。按当地的燃料和动力基价与消耗定额乘积计算。

6. 机上人工费。一般指司机按工日基价与操作人员数的乘积计算。

以上几种费用中，前四项可按实际采用的设备总数计算；后两项则按台班计算。

在实际计算中，有的投标人把机械费用分摊到每个分项工程单价中。这种算法对投标人有些不利，因为一般来说，大量使用机械的分项工程多在施工前期，若每个分项工程都有分摊，就会推迟收回机械使用费，较为合理的算法是先算出台班单价，然后根据分项工程使用机械的实际情况分摊机械使用费。台班单价的计算方法如下：

$$台班单价 = （基本折旧费 + 安装拆卸费 + 维修费 + 机械保险费）/总台班数 \\ + 机上人工费 + 燃料动力费 \tag{4-6}$$

总台班数，即折旧期限内该机械工作的总台班数，根据不同机械可按每年200~250台班计算。

### 四、分项工程的直接费

有了人工、材料、设备和机械台班的基本单价，根据施工技术方案，人工、施工机械的工效水平和材料消耗水平,可确定单位分项工程中工、料、机的消耗定额,即可计算出分项工程的直接费。

确定单位分项工程中工、料、机的消耗定额,要弄清楚业主划定的分项工程中的工作内容,并结合施工规划中选用的施工工艺、施工方法、施工机具来考虑,具体计算时,可以用国内相同或相似的分项消耗定额作基础,再根据本公司经验、项目施工队伍的水平和项目现场实际情况加以修正,切不可完全照搬国内定额。

计算分项工程的直接费,还需要注意以下几点:

(1) 要注意把业主在工程量表中未列出的工作内容及其单价考虑进去,不可漏算。有些招标文件的工程量表允许承包商列出工程量表中未包含的子项,但如果承包商不想增列该子项,则应将该项费用分摊到其他子项中。例如,招标文件工程量表中习惯上都不列脚手架工程(并非现场施工不需要)。投标人就应当把脚手架工程的全部工、料、机费用分摊到相关分项工程如砌筑、框架混凝土工程单价中去。

(2) 有的国外规范规定,只考虑建筑物边界垂直向上的土方体积,不考虑挖方时施工所需工作面增加的挖方。这在计算单价时要引起注意。

(3) 分项工程单价常受市场价格波动影响,并随不同的施工工艺而变化。因此,分项工程单价必须在每次报价时进行分析和调整,不能一成不变。

有了分项工程的直接费就可计算出整个工程的直接费用。

### 五、间接费

国际承包工程间接费的特点是费用项目多、费率变化大,整个投标价的高低在很大程度上取决于间接费的取费水平。在计算间接费之前,应注意研究招标文件中是否单列了有关费用,如拆迁费、临时道路费、调遣费和保险费等,如果列了就不要再计入间接费。间接费用的项目、费率的多少,也不可能有统一的模式。这里仅把一般工程中可能发生的主要的间接费用分述如下:

(一) 投标期间开支的费用

这项费用包括购买招标文件费、投标期间差旅费、投标文件编制费。把这笔费用单列出来,有利于积累投标费用方面的数据。

1. 购买招标文件费。包括购买招标文件正、副本及其附件的费用。

2. 投标期间差旅费。指派人到工程所在地进行现场勘察、投标、参加标前会、开标和在此之前的投标准备工作所开支的交通费、食宿费等。

3. 投标文件编制费。包括编制投标文件过程中发生的人工费、办公费(包括复印、通信、购买资料、办公用品等开支)。

4. 咨询费。包括聘请国内、外以及当地专家的咨询顾问费。

5. 礼品费等。

投标期开支的费用在作标价时大都已经发生，可据实计算。

（二）保函手续费

在国际工程承包市场上，为了约束承包商，一般业主都要求承包商出具保函，主要包括：投标保函、履约保函、预付款保函、维修保函。

1. 投标保函。投标保函随投标书同时提交，是由承包商向业务银行申请，银行出具保函，保证承包商在投标有效期内不撤标，并在中标后按招标文件规定签订合同。投标保函一般为投标总价的 0.1%～0.2%。投标保函有效期随着项目的规模和业主要求而不同。通常是 3 到 6 个月，一般在招标文件中写明。如果由于某些原因，在保函有效期满时仍未签订合同，业主可能要求承包商继续延长保函有效期。

2. 履约保函。承包商在中标后，应与业主签订合同，为了约束承包商按合同要求实施完成项目，业主一般要求承包商提供履约保函。提供履约保函后，就应及时返还投标保函。履约保函一般为工程合同总价的 10%～20%。履约保函通常随着工程变化每年进行调整，下一年的保函金额应扣除已完成工程的费用。

3. 预付款保函。指签订合同后，业主按合同向承包商提供预付款。业主为了保证资金的正确使用，通常要求承包商提供预付款保函。

4. 维修保函。在国际承包市场上，有的业主在项目实施结束后，为了保证承包商在维修期内继续履行合同维修义务，要求承包商提供维修保函，有时是承包商为了及早回收被扣的保留金，要求以维修保函作担保，收回余下的保留金。

银行每年以保函金额的 2‰～5‰收取手续费。不足一年按一年计。确定了投保银行后，按照业主要求的保函种类、金额和保函有效期以及银行的保函费率，就可算出保函手续费。

（三）保险费

承包工程中的保险项目一般有承包工程一切险、第三方责任险、人身意外险、运输险、施工机具险等。其中后三项保险的费用应计入工、料、机费用中，在此一并作一简要说明。

1. 承包工程一切险（Contractor's All Risks Insurance，CAR）。为了保证工程在建和维修期间，因自然灾害和意外事故对工程造成破坏而带来的损失能够得到补偿，一般招标文件中要求进行工程保险。有的招标文件中规定了必须找当地保险公司投保，因此，同当地保险公司谈判，获得一个比较合理的保险费率是很重要的。一般保险费率约为工程总造价的 0.2%～0.4%。

2. 第三方责任险（Third Party Liability Insurance）。在工程建设过程中可能对第三方造成财产和人身伤害，为了减少赔偿责任，一般的招标文件中都规定了第三方责任险及其投保额度。第三方责任险有时包含在一切险的保单中。

3. 人身意外险（Personal Accident Insurance）。由于国外宗教冲突、地区流行病、恐怖分子的渗透使得参与国际承包项目的人员都随时面临各种人身危险，所以有必要对出国工作人员投保人身保险。一般是在国内保险公司投保。保险费用是：

人身意外险 = 施工年平均人数 × 施工年限 × 投保金额 × 费率

投保金额和费率一般由承包商和保险公司商定。

4. 运输险（Transportation Insurance）。在材料和设备运输过程中，为了减少运输风险造成的损失，需要办理运输保险。包括主要险，附加险和特殊附加险等，可以要求供应商在报价中包含这些费用。

5. 施工机具险（Construction Equipment Insurance）。因为施工机械是承包商自有的财产，对施工机械的保险属于承包商自选的范畴。如果设备价值很高，就可以考虑投保。如果施工条件恶劣，易于造成车辆损害，就最好给予投保。施工机械的保险费率按设备价值的0.4%左右计算。

上述介绍的五类保险中，1、2、3是必须进行投保的，4一般由供应商办理，5视具体情况而定。

在某些情况下，如若干个独立的承包商受雇于同一个工程，或涉及到分阶段移交工程，则可由业主负责工程一切险和第三方责任险，并在招标文件中向投标人说明有关情况和细节。承包商可以根据他的需要办理其他附加保险，并将有关费用计入间接费中。

以上所述均为工程施工承包的有关保险，如果是设计—施工总承包或EPC/交钥匙总承包，对咨询设计人员还要进行职业责任保险（Professional Liability Insurance）。该险种承保咨询设计等人员由于职业疏忽引起的法律赔偿责任。

（四）税金

不同的国家对外国承包企业课税的项目和税率有很大差别，常见的课税项目有：①合同税、②利润所得税、③营业税、④买卖税、⑤产业税、⑥地方政府开征的特种税、⑦社会福利税、⑧社会安全税、⑨养路和车辆牌照税等。其中以利润所得税、营业税的税率较高，有的国家分别达到30%和10%以上。

还有一些税种，如关税、转口税等，可直接列入相关材料、设备和施工机械价格中。

有些国家对某些国有重点项目或特殊项目，对承包商实行免征部分或全部税金，这些必须在订合同时明确说明并经有关部门认可。

（五）业务费

这部分费用包括监理工程师费、代理人佣金、法律顾问费等。

1. 监理工程师费。监理工程师是受业主聘用的，聘用费用应由业主直接支付，此处所说的监理工程师费用指承包商为监理工程师创造现场工作、生活条件而开支的费用，主要包括办公、居住用房（包括室内的全部设施和用具）、交通车辆等的费用。

有的招标文件对监理工程师的具体开支项目有规定，并明确列入工程量表，投标人可据实计算（包括管理费和利润），并在标价汇总表里把这笔费用计入。此时，就不能把这笔费用再计入间接费的业务费。

2. 代理费。作为承包商，特别是在外国开展业务，往往需要在当地寻找一家代理，主要是为承包商投标、中标提供信息和有关资料。在项目实施阶段协助承包商解决与当地政府、业主、海关等部门相关的问题。

3. 法律顾问费。承包商往往需要雇用懂得当地法律、对承包工程业务又比较了解的当地律师担任自己的法律顾问，以指导进行涉及当地法律签订合同和索赔的工作。承包商一般为法律顾问支付固定月工资，当受理重大法律事务时，还需增加一定数量的酬金。

（六）临时设施费

临时设施包括全部生产、生活、办公设施、施工区内的道路、交通标志、安全标志、围墙及水、电、通信设施等。具体项目及数量应在做施工规划时提出。同国内施工临时设施相比，仓库、住房面积可适当减少，雇佣当地工人可以不考虑住房。但国外临时设施的标准要高一些，计费时应注意。承包国外一般建筑工程，临时设施费约占到直接费的2%～8%，对于大型或特殊项目，最好按施工组织设计的要求——列项计算。

临建设施的费用因项目和场地要求不同而会有较大变化，每个项目要根据项目本身需求确定临时设施费。考虑这些费用时应考虑以下因素：

（1）办公、住宿、娱乐等使用的房屋是采用活动房屋还是砌块结构。

（2）水电管线如何布置才能便于维护、检修并降低消耗。

（3）人员配备上尽量使一个人能担任多方面的工作，以减少派出人员，节约宿舍面积。

（4）要做好施工道路的规划，避免反复拆修。并尽量减少与正常交通流的冲突。

有的招标文件在"与施工方法有关的费用"一栏中允许承包商列出临时设施费用，这可以使摊入到其他项目的临时设施费用由原来的隐性费用变为明示的费用（如能将这部分费用采用"子项包干"更好），这样可以确保不因工程量变化而使这部分费用变得不确定。

（七）贷款利息

承包商支付贷款利息有两种情况。一是承包商本身资金不足，要用银行贷款组织施工；另一种情况是业主一时缺乏资金，要求承包商先垫付部分或全部工程款，在工程完工后的若干年内（一般为三五年）由业主逐步还清。由承包商垫付的工程款，业主也应付给承包商一定的利息，但往往都低于承包商从银行贷款的利息。因此，在报价时就要把这个利息差额考虑进去。在垫付部分或全部工程款时，承包商还应要求业主方开具支付保函。

（八）施工管理费

这部分费用包括的项目多、费用额度也较大，一般要占到总价的8%～10%以上。项目包括：

1. 管理人员和后勤人员工资。可参考已算出的人工工资单价确定。这部分人员的数量应控制在生产工人的8%左右。

2. 办公费。包括复印、打字、通信设备、文具纸张、电报电话、水电等费用。

3. 计算机管理费。如要求采用计算机及某种指定软件管理项目时，发生的有关费用。

4. 差旅交通费。指出差、从生产现场到驻地发生的交通等费用。

5. 医疗费。包括全部人员在施工期内的医药费。

6. 劳动保护费。购置大型劳保用品以及安全网等发生的费用。个人劳保用品可计入此项，也可计入人工费。

7. 生活用品购置费。生活用品指全部人员所需的卧具、餐具、炊具、家具等。

8. 固定资产使用费。这里的固定资产指办公、生活用车、电视机、空调机等。

9. 公关交际费。从投标开始到完工都会发生这笔费用，可根据当地在这方面的特殊情况，以总价的1%左右计入。

（九）其他

主要指未包含在以上各项的费用，比如实验费等。

## 六、分包费

分包费对业主单位是不需要单列的，但对承包商来说，在投标报价时，有的将分包商的报价直接列入直接费中，也就是说考虑间接费时包含对分包的管理费（如图4-1所示）。另一种方式是将分包费和直接费、间接费平行，单列一项，这样承包商估算的直接费和间接费就仅仅是自己施工部分的工程总成本，在估算分包费时还需要另外适当加入对分包商的管理费。总之，工程报价的总成本中应包括分包费用。

国际上惯用的承包与分包方式有三种：一种是由业主直接将工程划分为若干部分，由业主将这些部分分别发包给若干个承包商。这时工地往往有一家主要的承包商负责向其他承包商提供必要的工作条件（如供水、供电、修筑主要施工道路等）以及协调施工进度等，这家主要的承包商根据招标文件的规定，可向业主收取一定的管理费，或是向其他承包商收取管理费及所用物料费。严格地说，在这种情况下，除这家主要的承包商之外，另外几家也是承包商，不是分包商，但主要的承包商在向其他几家收费时可按照向分包商收费一样考虑。

另一种是由一家承包商总包整个工程，其他分包商不与业主发生合同关系，只由总承包商向业主负责。这时总承包商在投标报价时就存在一个向分包商询价的问题。总承包商在拿到招标文件之后，首先应该研究工程的哪些部分由自己承担组织施工，哪些部分由于自己力量不足、或不是自己公司的专长、或由于价格问题而计划分包出去。然后将准备分包的招标文件（包括工程范围、有关图纸、规范资料以及分包合同条件等）准备好，选定若干个分包商，请他们按照规定的日期和要求投标报价，最后比较他们的报价和其他条件（特别是技术水平和资信），选定分包商，并确定报价时的分包费用。

第三种即所谓"指定的分包商"，这是指在签订合同时即指定的，或开工后由业主或工程师指定的分包商。他们将负责某一部分工程的实施，或提供材料、设备或其他货物，或进行某些服务工作等。根据 FIDIC "新红皮书"的规定，指定分包商的费用在"暂定金额"中支付（先支付给承包商，再由承包商支付给指定分包商）。因此总承包商在投标报价时，不要将指定分包商工作的费用计入自己的投标报价中。

分包费用包含预计要支付给分包商的费用以及分包管理费。分包商使用承包商的有关设施时均应另行支付费用，如使用承包商的临时工程（如混凝土拌合楼）、生活设施（如食堂、保健站）、办公设施、实验室、仓库、水、电和其他动力等。

### 七、上级单位管理费、利润和风险

上级单位管理费（Overhead）。是指上级管理部门或公司总部对现场施工项目部收取的管理费，但不包括工地现场的施工管理费。视工程大小，一般为工程报价的 3%～5%。

利润（Profit）和风险费（Risk）。利润在业主来说就是允许的利润，对投标人而言则是计算利润（Calculated profit）。风险费对承包商来说是个未定数，如果预计的风险没有全部发生，则可能预计的风险费有剩余，和计划利润加在一起就是盈余（Margin）；如果风险费估计不足，则只有由计算利润来贴补，盈余自然就减少甚至成为负值。如果亏损很厉害就不可能向公司总部交管理费以致要总部承担亏损了。据对部分投标资料统计，风险费约为工程总成本的 4%～8%。投标时，应根据该工程规模及工程所在国实际情况，由有经验的专家和投标人共同对可能的风险因素进行逐项分析后确定一个比较合理的百分数。

国外有的将上级单位管理费、利润和风险费三项合在一起称为"Mark-up"，这个词的含义是成本加成，或毛利，指工程总成本之外增加的一笔费用，也有译成"标高金"的。

国际工程承包市场上的利润随市场需求变化很大，在 20 世纪 70 年代到 80 年代初期，利润率可达 10%～15%，甚至更多。但 80 年代中后期以后，国际工程承包市场竞争日益激烈，利润率下降。为了提高竞争能力，本着"微利，保本"的原则，一般利润率可考虑在 5%~8%左右。

### 八、暂定金额

暂定金额（Provisional Sums），有时也叫待定金额或备用金。这是业主在招标文件中明确规定了数额的一笔金额，实际上是业主在筹集资金时考虑的一笔备用金。每个承包商在投标报价时均应将此暂定金额数计入工程总报价，因而在签订合同后，合同金额包含暂定金额，但承包商无权做主使用此金额。暂定金额可用于规定的开支（如计日工、指定分包商等）或其他意外开支，但均需按照工程师的指令，也就是说只有工程师才有权决定这笔款项在何种情况下全部或部分动用，也可以完全不动用。

在有些招标文件的工程量表里，可能列出一笔固定金额的紧急费用（General Contingency Allowance）。其意义相当于一笔业主方的不可预见费。用于不可预见的工程费用。

### 九、确定工程单价

有了各个分项工程的直接费，然后相加汇总即得出整个工程项目的直接费。前面也已计算出了整个工程项目的间接费总额，从而可以确定该项目间接费与直接费的比率。间接费和直接费比率确定后，再进行单价分析，把间接管理费按分项工程摊入。当然这只是平均摊入法。在实际投标报价中，一般要根据投标情况确定如何摊入，如早期摊入、递减摊入、递增摊入、平均摊入等。最后就可确定每个分项工程单价，填入工程量表，再计算出每个分部工程价格和整个工程项目的总价。

## 第三节 单 价 分 析

单价是决定投标价的重要因素，与投标的成败休戚相关。在投标前对每个价值高的或工程量大的分项工程进行单价分析是十分必要的。

### 一、单价分析方法

单价分析（Breakdown of Prices）也可称为单价分解，就是对工程量表上所列分项工程的单价进行分析、计算和确定，或者说是研究如何计算不同分项工程的直接费和分摊其间接费、利润和风险费等之后得出每个分项工程的单价。

有的招标文件要求投标人对部分分项工程要递交单价分析表，而一般的招标文件不要求报单价分析。但是投标人自己在投标时，除去对于很有经验的、有把握的分项工程以外，必须对工程量大的，对工程成本影响很大的，没有经验的和特殊的分项工程进行单价分析，以使投标报价建立在一个可靠的基础上。一旦中标，单价分析表也是项目实施过程中成本核算和控制的重要基础资料。

(一) 单价分析的步骤和方法

单价分析一般列表进行，这里先对每个分部工程（如一座楼的基础工程，一个水闸的闸墩、挡土墙等）中的分项工程费用计算作一说明。

1. 直接费 $A$，包括：

(1) 人工费 $a_1$。有时分为普工、技术工和工长三项，有时也可不分。根据人工定额即可求出完成此分项工程所需总的工时数，乘以每工时的单价即可得到人工费总计，每工时人工费单价的详细分项计算如前所述。

(2) 材料费 $a_2$。根据技术规范和施工要求，可以确定所需材料品种及材料消耗定额，再根据每一种材料的单价即可求出每种材料的总价及全部材料的总价。

(3) 工程设备费 $a_3$。根据招标文件中对有关工程设备的套数、规格等要求，同时要计入运输、安装、调试以及备件等费用。

(4) 施工机械费 $a_4$。列出所需的各种施工机械，并参照本公司的施工机械使用定额即可求出总的机械台时数，再分别乘以机械台时单价，即可得到每种施工机械的总价和全部施工机械的总价。

$$直接费 A = a_1 + a_2 + a_3 + a_4 \tag{4-7}$$

与工程设备有关的项目，如每台电梯（包含采购、安装、调试）的单价分析，直接费中包括 $a_3$。而绝大多数与工程设备无关的分项工程，如每立方米土方开挖单价，每立方米混凝土浇筑单价，则不含 $a_3$。

2. 间接费 $B$。间接费的详细计算应该按照前一节列举的一个工程项目全部间接管理费的总和 $\Sigma B$，与该工程项目所有分项工程的直接费总和 $\Sigma A$ 相比，先得出间接费比率系数 $b$。

$$b = \Sigma B / \Sigma A$$

如果是一个十分有经验的公司，也可以根据本公司过去在某一国家或地区承包工程的经验，直接确定一个间接费比率系数 $b$。然后用 $b$ 乘以直接费来求出每个分项工程的间接费 $B$。

$$B = A \times b \tag{4-8}$$

3. 每个分项工程的总成本 $W$。可按下式计算：

$$W = A + B \tag{4-9}$$

4. 利润、风险费和上级管理费之和 $M$

设利润、风险费以及上级管理费三者之和是工程总成本 $W$ 的一个百分数 $m$，则：

$$M = W \times m \tag{4-10}$$

$m$ 的变化范围很大。利润和风险是根据公司本身的管理水平、承包市场战略、地区政治经济形式、竞争对手、工程难易程度等许多因素来确定的,利润、风险费再加上上级管理费三者之和,大体上可在工程总成本的 10%~18% 间考虑。外国公司这个比率往往更高。

5. 每个分项工程的单价 $U$

$$U = (W + M)/该分项工程的工程量 \quad (4-11)$$

按照上述计算方法的单价分析案例见表 4-1。

本章后附投标报价案例中利润、风险费及上级管理费是按照工程总报价的百分比计算的,百分比要比 $m$ 适当降低。上述两种算法都可以,依据公司及投标人的习惯而定。

(二) 关于确定间接费的比率系数 $b$ 的讨论

根据前面介绍可知,分项工程总成本为

$$W = A + B = (1 + b)A \quad (4-12)$$

比率系数 $b$ 是一个很重要的数值,应该在充分调查和掌握工程本身情况及其所在国的经济、法律、物价、税收、银行、海关、港口、运输、水电、保险、气候以及本公司的人员素质、施工组织能力等情况的基础上,进行认真地分析研究才能确定。对于情况生疏的地区或国家,特别是对大中型工程,要慎重计算后确定,切忌盲目套用他人资料或选用过时的数据。

对于国外工程,比率系数 $b$ 没有任何固定数据,由承包商自己根据该项目实际情况确定。国内外间接费组成内容不尽相同,切忌盲目套用国内系数。在国外工程的间接费中,投标费、保函手续费、税金、工程师设施费、公关活动费、贷款利息等比例较大,要区别情况,据实核算。

## 二、单价分析案例

**挡土墙混凝土浇筑单价分析表** 表 4-1

| 分项工程 | 挡土墙混凝土浇筑 | | | 总工程量 21860m³ | | |
|---|---|---|---|---|---|---|
| 费用说明 | | 单位 | 数量 | 单价($D$) | 合价($D$) | 定额 |
| 人工 | 综合 | 工时 | 120230.00 | 1.50 | 180345 | 5.5 工时/m³ |
| 材料 | 水泥 | t | 6798.46 | 42.00 | 285535 | 0.311t/m³ |
| | 砂 | m³ | 13553.20 | 10.00 | 135532 | 0.62m³/m³ |
| | 碎石 | m³ | 16613.60 | 11.00 | 182750 | 0.76m³/m³ |
| | 水 | m³ | 3410.16 | 0.01 | 34 | 0.156m³/m³ |
| 机械装置 | 混凝土搅拌站 | h | 364.33 | 30.22 | 11010 | 60m³/h |
| | 混凝土运输车 | h | 910.83 | 15.20 | 13845 | 24m³/h |
| | 混凝土泵车 | h | 728.67 | 40.00 | 29147 | 30m³/h |
| | 其他设备费 | | | | 15325 | |

续表

| 分项工程 挡土墙混凝土浇筑 | | | 总工程量 21860m³ | | |
|---|---|---|---|---|---|
| 费用说明 | 单 位 | 数 量 | 单价（D） | 合价（D） | 定 额 |
| 直接费 A | | | | 853523 | |
| 间接费 $B = A \times 25\%$ | | | | 213381 | |
| 工程总成本 $W = A + B$ | | | | 1066904 | |
| 上级管理费、风险费及利润 $M = W \times 12\%$ | | | | 128028 | |
| 总报价 $T = W + M$ | | | | 1194932 | |
| 挡土墙混凝土浇筑单价 $U = 1194932/21860 = 54.63 D/m^3$ | | | | | |

注：式中 $D$ 为某国货币单位，定额中 $m^3$ 代表每立方米混凝土，h 代表小时。

# 附件一 投标报价计算案例一

本案例主要介绍投标报价的步骤和方法，文中计算数字，没有借鉴和引用价值。

## 一、工程简介

××年 CHBE 公司在 A 国首都近郊承包修建两个容积为 750 万加仑的钢筋混凝土蓄水池，包括阀室、计量台、2km 长的铸铁管线以及水池库区内的市政工程、围墙工程等。钢筋均为环氧树脂涂层，水池底板、顶板和外墙的施工缝和伸缩缝防水采用橡胶止水带、止水帽及密封膏。工期 20 个月。

## 二、投标文件概要

政府投资，国际公开招标，采用 FIDIC《土木工程施工合同条件》（1987 年第 4 版）和英国 BS 技术规范。现场监理为英国咨询工程师。

## 三、现场调查

该国政治稳定，其经济主要依靠石油工业，比较富裕，硬通货币，可自由兑换；气候干燥，沙漠地带，地下水位高；海洋性气候，空气中含硫和氯，混凝土易腐蚀。

## 四、复核施工规划

对照图纸复核招标文件工程量表中的工程量，基本无出入。

## 五、制定施工规划

1. 主要是钢筋混凝土工程量，共 3.5 万 m³ 混凝土量，且钢筋带涂层。钢筋混凝土底板尺寸5m×5m×1m，共计704块，水池尺寸长110m，宽82m。因此平面底板的吊装是个关键问题，为了降低报价，采用了凹字型倒退安装方案，只租赁一段时间的50t汽车吊车就可解决，避免了长期租用或购买大型塔吊而可能花费的比较昂贵的费用。

2．水池周边钢筋混凝土底板下部有三根斜桩、三根直桩，桩均为钢筋混凝土灌注桩，考虑地质比较硬，桩数不多，调国内打桩队伍不经济，决定分包给当地公司。

3．鉴于地下水位较高，水池基础开挖的降水也分包给当地公司。

4．由于该国商品混凝土业比较发达，且价格较低，采用购买混凝土方式，可省去建立搅拌站和雇佣一部分管理及操作人员的费用。

5．考虑市场上各种施工机械设备都能买到或租到，工期较短，大型施工设备基本采用当地租赁方式。

6．市场上外籍劳工比较充裕，且适应当地情况，能吃苦，技术熟练程度比较高，价格低，基本考虑在当地雇佣工人。

### 六、计算工、料、机单价

1．人工单价。全部采用当地外籍劳工，当地一般熟练工月工资为250美元，施工机械司机工资为350美元（计入施工机械台班费）。考虑到施工期间（20个月）工资上升系数10%以及招募费、保险费、各类规定的附加费和津贴、劳动保护等，增加一个15%的系数，故工日基价为：

一般熟练工　　　　$250 \times 1.25 \div 25 = 12.5$ 美元/工日

按照施工进度计划和劳务用工计算出用工总数，折成熟练工154560工日。

2．材料单价。根据考察，钢筋、防水材料、铸铁管需要进口，其他建材都可从当地市场采购。不论什么来源，统一转换折算为施工现场价格，并分项列出各种材料单价表。

3．施工机械台班单价。项目大部分设备，如反铲、装载机、25t汽车吊、叉车、切割机、弯曲机等是从本公司国外其他工地转过来的二手设备，考虑到都是用过多年的设备，决定一次摊销机械设备的台班费，计算公式为：

台班单价 =（基本折旧费 + 安装拆卸费 + 维修费 + 机械保险费）/总台班数 + 机上人工费 + 燃料动力费

台班费中各项参数取值，各公司均有自己的定额和取值数，本例中：

● 基本折旧费 =（二手机械设备值 – 余值）× 折旧率

由于考虑一次摊销完，余值为零，则折旧率100%，因此，基本折旧费 = 二手机械设备值

● 安装拆卸费按从本公司其他工地调遣过来所需要花费的实际费用计算，如装卸费、运输费等。

- 维修费 = 二手机械设备值 × 年维修金比率 × 工期/12

年维修金比率 10%

- 机械保险费 = 二手机械设备值 × 机械投保比例 × 年保险费率 × 保险期限（按年计）

机械投保比例取 50%

年保险费率为 1%

- 机上人工费 = 定员 × 月劳务费 ÷ 每月工作班数 = 定员 × 350 × 1.25 ÷ 每月工作班数

本项目每天工作一班，应除以 25.5

- 燃料动力费 = 设备额定功率 × 每台班工作小时数 × 燃料额定值 × 油耗利用系数 × 燃料油单价

油耗利用系数 0.5

总台班数：一年 12 个月每月按 25.5 天计，每天工作 1 班，机械利用率为 80%，则有：

12 × 25.5 × 1 × 0.8 = 244.8 天，按 250 台班/每年计。

本项目工期 20 个月，总台班数为 250 × 20 ÷ 12 = 416.7 台班

有些短期使用的大型吊车、推土机等当地租赁设备，台班费应适当增加管理费（如 5%）。

### 七、计算分项工程直接费

算出了人工、材料、设备单价后，根据当地施工经验，参照国内相关定额调高 30%（30% 是个经验数，具体项目还要按照本公司及本项目施工队伍管理水平、技术水平具体分析），然后按招标文件中工程量表，分子项计算，汇总得出自己施工项目直接费。

### 八、分包价格计算

根据当地情况和经验，部分专业施工项目分包给当地承包公司比较合适。本案例中有以下项目分包，价格是用实际分包商报价乘上管理费系数 1.1。

1. 打桩工程——钢筋混凝土灌注桩；
2. 仓库装修；
3. 无线电工程；
4. 临时道路；
5. 市政工程。

### 九、计算间接费

根据当地情况和间接费内容分项——计算。

1. 投标开支费用，包括：购买招标文件费，实际开支 1200 美元；投标差旅费，投标时国内派出 10 人次共 3 个星期在当地考察做标，按每人开支 1000 美元，1000×10 人 = 10000 美元；投标文件编制费，实际计算开支 2000 美元。合计 13200 美元。

2. 保函手续费。招标文件规定，投标保函为投标报价的 2%；履约保函为合同价的 10%（两年）；维修保函为合同价的 5%（一年）；招标文件规定没有预付款。

A 国为自由海关，临时进口设备，关税保函只交少量手续费 2000 美元，初步估算合同总值为 1800 万美元，银行开保函的手续费按 0.35% 计。保函手续费总值为 $18000000 \times (2\% + 10\% + 5\%) \times 0.35\% + 2000 = 12710$ 美元

3. 保险费。招标文件要求承包商要投保工程一切险，要求第三方责任保险的投保金额为 100 万美元，当地保险费率为 0.24%。

$$(18000000 + 1000000) \times 0.24\% = 45600 \text{ 美元}$$

4. 税金。根据当地税收要求合同税金

$$18000000 \times 3.3\% = 594000 \text{ 美元}$$

5. 经营业务费，包括以下内容：

(1) 代理佣金，按合同中的代理合同条款规定，支付合同总价的 1.5%，应支付 $18000000 \times 1.5\% = 270000$ 美元

(2) 业主和咨询工程师费用：

现场人员 4 名，平均每人每月需开支 3000 美元（包括加班费、办公费、水电、汽油等）。

$$3000 \times 4 \times 20 = 240000 \text{ 美元}$$

(3) 法律顾问费。本公司当地办事处常年雇佣一名律师，每月支付 800 美元，考虑到诉讼不会太多，出庭另按标准付费。由于办事处有三个项目，每个项目按 1/3 分摊

$$800 \times 1/3 \times 20 = 5333 \text{ 美元}$$

预计出庭费 5000 美元，合计支付法律顾问费 10333 美元

6. 临时设施费。临时设施包括住房、办公室、食堂、会议室等，共需 20 栋活动房屋，平均每栋 2000 美元，折旧 50%，使用费为 1000 美元

$$1000 \times 20 = 20000 \text{ 美元}$$

仓库、车间等 1 万 $m^2$，按每平方米 5 美元计算共计 5 万美元。

7. 贷款利息。周转资金向总部借贷 250 万美元，年利率 12%，贷款期限 20 个月，贷款利息为：

$$2500000 \times 12\% \div 12 \times 20 = 500000 \text{ 美元}$$

## 十、施工管理费

1. 管理人员和后勤人员共 26 人。每人按 20 个月计算——国内工资为每人每月 26.137 美元

- 国内工资

$$26.137 \times 26 \times 20 = 13591 \text{ 美元}$$

- 置装费，每人 117 美元

$$117 \times 26 = 3042 \text{ 美元}$$

- 往返机票，每人 1726 美元

$$1726 \times 26 = 44876 \text{ 美元}$$

- 国外固定工资（公司采用国外工资制，分 A、B、C……共六个级别）

A 级 1 人　　$250 \times 1 = 250$ 美元/月
B 级 3 人　　$235 \times 3 = 705$ 美元/月
C 级 10 人　　$225 \times 10 = 2250$ 美元/月
D 级 9 人　　$205 \times 9 = 1845$ 美元/月
E 级 1 人　　$200 \times 1 = 200$ 美元/月
F 级 2 人　　$130 \times 2 = 260$ 美元/月
合计 26 人

$$5510 \times 20 = 110200 \text{ 美元}$$

- 国外加班费，平均每人每月 40 美元

$$40 \times 26 \times 20 = 20800 \text{ 美元}$$

- 现场津贴，每人每天 2 美元

$$2 \times 25.5 \times 26 \times 20 = 26520 \text{ 美元}$$

- 奖金，每人每月平均 50 美元

$$50 \times 26 \times 20 = 26000 \text{ 美元}$$

- 人员其他费用。

集体签证费，包括劳动局、移民局申请费用，每人 38 美元

$$38 \times 26 = 988 \text{ 美元}$$

入境手续费，包括体检、劳动合同、劳工卡、居住证等，每人 72 美元

$$72 \times 26 = 1872 \text{ 美元}$$

离境手续费，包括有关手续费每人 27.4 美元

$$27.4 \times 26 = 712 \text{ 美元}$$

出国前办理护照费用，每人 4 美元

$$4 \times 26 = 104 \text{ 美元}$$

管理人员和后勤人员费用共计：248705 美元

2. 办公费，包括各种办公用品、日常用文具、信封、纸张等，共计 8240 美

元。

3. 通信水电费，包括通信费：23240美元；水电费：17786美元。
4. 差旅交通费，共计130000美元。
5. 医疗费，每人按110美元计
$$110 \times 26 = 2860 \text{ 美元}$$
6. 劳动保护，包括：
高温补贴，每人每月14.7美元
$$14.7 \times 26 \times 20 = 7644 \text{ 美元}$$
劳动工作服、鞋，每人按30美元计
$$30 \times 26 = 780 \text{ 美元}$$
7. 生活用品购置费，包括炊具、卧具、冰箱、卫生间用品等共计20320美元。
8. 固定资产使用费，统一折旧取50%，维修费率为20%。
(1) 车辆5部，每部原值10000美元，使用费
$$5 \times 10000 \times 0.7 = 35000 \text{ 美元}$$
(2) 生活和管理设施，包括复印机、计算机、空调、办公桌椅、电视、录像机等共计30900美元。
9. 交际费，取合同总价的2%
$$18000000 \times 2\% = 360000 \text{ 美元}$$
合计：施工管理费为885475美元。
综合以上，计算出直接费 $A$ = 自营直接费 + 分包费 = 13015270.9美元。
间接费 $B$ = 2641318美元。
得出间接费率 $b = B/A = 2641318/13015270 = 20.29\%$。

**十一、上级管理费**，按公司规定上缴4%，即**688204美元**。

**十二、盈余**

盈余是考虑风险费（不可预见费）和预计利润。
由于公司的发展经营策略是要力争拿下此项目。其原因是利用邻近项目已完成的工程剩余下来的机械设备和管理人员，以及考虑继续占领该市场。并考虑到由于市场竞争非常激烈，施工风险又不是很大，因此决定此费率只取5%（一般应取7%～15%）。

**十三、单价分析**

对招标文件工程量表中每一个子项逐项做单价分析表，算出每一分项工程的价格，然后进行单价分析研究，主要是从采用的定额是否合理；每个分项工程算

出的单价是否符合当地情况，是否具有竞争力进行分析研究。

### 十四、汇总投标价

将上述所有单价分析表中的价格汇总，即可得出首轮的总投标价。用这个总价再复算各项间接费的待摊费用。特别是对那些与总价关系较大的待摊费用要进行复算。例如：保险费率、佣金、税收、贷款利息以及不可预见费和预计利润等等。送投标书前再根据各方面得到的具体情况，对待摊比例进行调整。

### 十五、投标价分析

为使公司的决策者拍板确定最终投标价格，报价小组要整理出供领导决策使用的工程投标价构成表（见附表4-2）。

向公司领导决策者汇报时，还要对材料取费、机械设备取费、竞争对手情况进行分析，以便把投标价最后确认下来。

附表：

工程投标价构成表　　　　　　　　　　　　　表 4-2

| 工程投标价构成内容 | 金额（美元） | 比重（%） |
|---|---|---|
| 一、人工费 | 1932000 | 11.23 |
| 二、材料费 | 8774705 | 51.00 |
| 三、施工机械费 | 799475 | 4.65 |
| 其中：自有机械费 | 666268 | |
| 　　　当地租赁费 | 133207 | |
| 四、分包费 | 1509090.9 | 8.77 |
| 其中：打桩工程 | 330136 | |
| 　　　仓库装修 | 59726 | |
| 　　　无线电工程 | 61917 | |
| 　　　临时道路 | 4274 | |
| 　　　市政工程 | 1053037.9 | |
| 五、直接费小计 | 13015270.9 | |
| 六、间接费合计 | 2641318 | 15.35 |
| 其中：投标开支费用 | 13200 | |
| 　　　保函手续费 | 12710 | |
| 　　　保险费 | 45600 | |
| 　　　税金 | 594000 | |
| 　　　经营业务费 | 520333 | |
| 　　　临时设施 | 70000 | |

续表

| 工程投标价构成内容 | 金额（美元） | 比重（%） |
|---|---|---|
| 贷款利息 | 500000 | |
| 施工管理 | 885475 | |
| 七、上级管理费及代理费 | 688204 | 4.00 |
| 八、风险和利润 | 860255 | 5.00 |
| 九、工程总报价 | 17205048 | 100.00 |

# 附件二  投标报价计算案例二

本案例主要介绍投标报价步骤和方法，文中数字无引用价值。

## 一、工程简介

2003年，C公司在A国近郊承建一个苜蓿叶状立交桥，主桥为钢梁混凝土混合结构，跨长41m，四个环道半径95m，钻孔灌注桩128根，拉锚墙1250$m^2$，桥台为墩式桥台，宽2.3m。混凝土工程量为4556$m^3$，钢筋632t，路面74086$m^2$，土方挖方413560$m^3$，填方316720$m^3$。除此之外还有一些配套服务设施，比如水电管线，天然气管线保护等。工期16个月。

## 二、招标文件概要

政府投资，国际公开招标，英国咨询工程师，FIDIC《土木工程施工合同条件》(1977年版)，英国BS技术规范（1969年版）。CESMM3计量规范。

## 三、现场调查

该国政治稳定，其经济主要依靠石油工业，比较富裕，硬通货币，可自由兑换；气候干燥，沙漠地带，地下水位不高；海洋性气候，空气中含有硫和氯，混凝土易腐蚀。

## 四、复核工程量

对照图纸复核招标文件工程量中的工程量，基本无出入。

## 五、制定施工方案

1. 主要是土石方，路面，钢筋混凝土，桩基，钢梁工程，这些工作占总合同额的60%。因此，安排好这些工作是十分重要的。

2. 土石方使用设备较多，宜租赁当地设备。

3. 考虑到路面施工设备需要量大，暂无后续工程，并且当地的路面施工队伍机械化水平高，因此，考虑分包路面工程给当地公司。

4. 由于当地商品混凝土比较发达，并且价格较低，采用购买混凝土方式可以省去建造搅拌站和雇佣一部分管理和操作人员的费用。

5. 桩基需要的设备造价昂贵，如购买，需要大笔资金，并且当地分包水平比较高，价格适中，考虑分包给当地公司。

6. 考虑到钢梁工程需要配套加工设备和场地，因此，考虑分包给当地有实力的公司。

7. 拉锚墙的预制和安装由自己承担，有关公司给予技术支持。

8. 因为存在与当地劳务语言沟通问题并且当地劳务效率很低，因此考虑全部从国内派遣劳务和技术人员。

### 六、计算工、料、机单价

1. 人工单价。全部采用国内劳工，一个月工资 250 美元，考虑到招募费、保险费、各类规定的附加费和津贴、劳动保护等，增加一个 15% 的系数，故工日基价为

一般熟练工人：$250 \times 1.15 \div 25 = 11.5$ 美元/工日

按照施工进度计划，计算用工数，折算为 26578 工日。

由于当地的驾驶执照限制很严，所以聘用当地司机。月工资 600 美元。

2. 材料单价。根据招标文件和市场情况，伸缩缝、桥安全围栏、支座需要从国外进口，其他材料都可以从当地市场采购。不论什么来源，统一换算为施工现场价格，并分项列出材料单价表。

3. 施工机械台班单价。项目使用的 2 辆吊车，一辆装载机，钢筋弯曲机，钢筋切割机，叉车都是从本公司其他项目上退下来的设备，决定一次摊销折旧，并按此计算台班费。另外项目部还打算租赁一些土石方设备，例如挖掘机，装载机，推土机等。

对于自有设备，台班计算公式为：

台班单价 =（折旧费 + 安装拆卸费 + 维修费 + 保险费）/总台班数 + 机上人工费 + 燃料动力费

台班费中：

$$折旧费 = （机械设备原值 - 余值） \times 折旧率$$

- 由于考虑一次摊销完，余值为零，则折旧率取 100%，因此

$$折旧费 = 机械设备原值$$

- 安装拆卸费按实际从公司其他工地调遣过来所需要的费用计算，如装卸费，运输费等。

- 维修费 = 机械设备值 × 年维修基金率 × 工期/12

- 机械设备保险费 = 机械设备原值 × 设备投保比例 × 年保险费率 × 保险期限（按 1 年半保险）
- 机上人工费 = 定员 × 月劳务费 × 工期 = 定员 × 600 × 工期
- 燃料动力费 = 设备额定功率 × 燃料额定值 × 油耗利用系数 × 燃料价格 × 台班小时数

台班费中各项参数取值，各公司有自己的做法，本例中：
- 机械设备余值取 0。
- 年维修基金率为 10%。
- 年工作台班数：一年 12 个月，每月按 25 天计算，每天工作 1 班，机械利用率为 80%，则有：$12 \times 25 \times 1 \times 0.8 = 240$ 台班/每年
- 机械设备比例取 50%。
- 年保险费率为 1%。
- 油耗利用系数为 0.5。

对于租赁设备，台班费由租金、燃料费、机上人工费组成。

## 七、计算分项工程直接费

算出了人工、材料、设备单价后，根据当地施工经验，参照本公司的施工定额，按招标文件中工程量表，分项目进行计算，汇总得出自己施工项目的直接费。

## 八、分包价格计算

根据当地情况和经验，部分专业施工项目分包给当地承包公司比较适合。本例中有以下分包，价格是实际分包商报价乘以系数 1.1。

1. 打桩工程——灌注桩；
2. 钢梁制造与安装；
3. 路面结构层。

## 九、计算间接费

根据当地情况和间接费内容分项一一计算。

1. 投标开支费用

包括：购买招标文件费用，实际开支 4500 美元；投标差旅费，投标期间 3 人到现场考察 15 人次，勘验分包商等，按每人次 200 美元计算，共 $15 \times 200 = 3000$ 美元；投标书编制费（含传真、电话等办公费），实际计算开支 2460 美元。合计 9960 美元。

2. 保函手续费

因为在合同中对履约保函给出了单项要求报价。这里不列入间接费。

3. 税金

根据当地税收要求合同税金：7400000×1% = 74000 美元。

4. 经营业务费

包括以下内容：

1) 代理佣金，按合同签订的代理合同条款支付合同总价的 1.5%，应支付 7400000×1.5% = 111000 美元。

2) 法律顾问费，本公司当地办事处常年雇佣一名律师，每月支付 2400 美元，考虑打官司不会太多，出庭再按标准付费。由于办事处有 4 个项目，每个项目按 1/4 分摊，为：2400/4×16 = 9600 美元。

出庭费 5000 美元，合计支付法律顾问费 14600 美元。

5. 临时设施费

临时设施费包括活动板房，办公室，食堂，会议室，仓库，实验室等，澡堂，厕所等，共需 26 栋，平均每栋 3450 美元，折旧 50%，使用费为 3450×50%×26 = 44850 美元。

场地建设费 34630 美元。

6. 贷款利息

周转资金向总部借贷 100 万美元，年利率 5.8%，贷款 12 个月，则贷款利息为：

$$1000000 \times 5.8\% \times 1 = 58000 \text{ 美元}$$

## 十、施工管理费

1. 管理人员和后勤人员工资，共 16 人。每人按 16 个月计算。

一级 1 人　1600×1 = 1600 美元/月

二级 2 人　1400×2 = 2800 美元/月

三级 5 人　1200×5 = 6000 美元/月

四级 2 人　1000×2 = 2000 美元/月

五级 6 人　800×6 = 4800 美元/月

合计 16 人

$$17200 \times 16 = 275200 \text{ 美元}$$

考虑到加班费，现场津贴等补助合计为 290×16×16 = 74240 美元

2. 人员其他费用

集体签证费，包括劳动局、移民局申请费，每人 120 美元

$$16 \times 120 = 1920 \text{ 美元}$$

入境手续费，包括体检、劳工卡、医疗卡、居住证等每人 240 美元

$$240 \times 16 = 3840 \text{ 美元}$$

离境手续，包括签证注销等，每人 45 美元

$$16 \times 45 = 720 \text{ 美元}$$

出国护照费用，每人 20 美元

$$16 \times 20 = 320 \text{ 美元}$$

3. 办公费。包括各种办公用具、纸张等，共计 13250 美元。
4. 通信水电费。包括通讯费：21450 美元；水电费：13150 美元。
5. 差旅交通费，共计 122400 美元
6. 医疗费，每人按 320 美元算，则 $320 \times 16 = 5120$ 美元
7. 劳动保护，包括：

高温补贴，每人每月 50 美元：$50 \times 16 \times 16 = 12800$ 美元

劳动保护工作服，鞋。每人按 80 美元算：$80 \times 16 = 1280$ 美元

8. 生活用品购置费，包括炊具、家具、冰箱、卫生间用品等共计 40640 美元。
9. 固定资产使用费，统一折旧 50%，维修费率为 20%。

（1）车辆 5 部，其中两部原值为 7 万美元，3 部原值为 49000 美元。则使用费为 $119000 \times 0.7 = 83300$ 美元。

（2）生活办公设施，包括复印机、计算机、空调、办公桌椅、绘图仪、电视、音响、录像机等共计 31430 美元。

10. 交际费，按当地经验估算 21000 美元。

综上，施工管理费为：$B = 722060$ 美元

综合以上，计算出直接费 $A = $ 自营直接费 + 分包费 $= 5518633$

得出间接费率 $b = B/A = 722060/5518633 = 13.1\%$。

十一、上级管理费，按公司规定上交 5%。

十二、盈余

盈余是考虑风险费和预计利润。

由于公司的发展策略是要力争拿下此项目。其原因是开拓新的市场，因此决定此费率为 5%。

十三、单价分析

对招标文件工程量表中每一个单项逐项作单价分析，算出每一个单项的价格，然后进行单价分析研究，主要是从采用的定额是否合理，每个单项工程算出的单价是否符合当地情况，是否具有竞争力等进行研究。

十四、汇总投标价

将上述所有单位估价表中的价格汇总，即可得到初步的总标价。用这个总标

价再复算各项间接费的待摊费用。特别是对那些与总价关系较大的待摊费用要进行复算。例如保险、佣金、贷款利息、税收以及不可预见费和预计利润等。送交投标书前再根据各方面的消息对总价进行调整。

### 十五、标价分析

为使公司的决策者拍板确定最终投标价格，报价小组要整理出供领导决策使用的工程投标价构成表（见附表4-3）。

向领导汇报时，还要对材料取费、机械设备取费、竞争对手情况进行分析，以便把投标价格确定下来。

附表

**工程投标价构成表** 表4-3

| 工程投标价构成内容 | 金额（美元） | 比重（%） |
|---|---|---|
| 一、人工费 | 305647 | 4.06 |
| 二、材料费 | 2135240 | 28.39 |
| 三、施工机械费 | 1425596 | 18.96 |
| 其中：自有机械 | 534342 | |
| 租赁机械 | 891254 | |
| 四、分包费 | 1652150 | 21.97 |
| 其中：路面工程 | 754862 | |
| 打桩 | 332417 | |
| 钢梁制作安装 | 564871 | |
| 五、直接费小计 | 5518633 | |
| 六、一般费用合计 | 181020 | 2.41 |
| 其中：履约保函 | 61960 | |
| 一切险 | 60715 | |
| 第三方责任险 | 26345 | |
| 咨询费用 | 32000 | |
| 七、间接费合计 | 1069100 | 14.21 |
| 其中：投标开支 | 9960 | |
| 税金 | 74000 | |
| 经营业务费 | 125600 | |
| 临时设施费 | 79480 | |
| 贷款利息 | 58000 | |
| 施工管理费 | 722060 | |
| 八、上级管理费 | 376042 | 5.00 |
| 九、盈余（风险和利润） | 376042 | 5.00 |
| 十、工程总报价 | 7520837 | 100.00 |

# 思 考 题

1. 试论述投标报价各个步骤中的重点注意事项。
2. 制定施工规划包括什么内容？与投标报价有什么密切关系？
3. 试列表说明投标报价包括哪些费用。
4. 招募当地劳务与由国内派出工人费用有什么不一样？什么条件下应主要招募当地劳务？
5. 联系第 7 章中有关内容论述应该如何确定风险费。
6. 在什么条件下要求进行单价分析。
7. 论述单价分析的步骤和方法。
8. 某万吨级码头进行沉箱安装（预制沉箱每个重约 400t），采用陆上现场预制，500t 起重船吊到 1000t 方驳上。由方驳水运至安装地点安装（水上运输距离 1km 之内），人工费 24 元/工日，型钢 5100 元/t，钢丝绳 5600 元/t，板枋材 1500 元/m³，棕绳 8 元/kg，船用柴油 4000 元/t，船用淡水 10 元/t，船员工资单价为 40 元/人，潜水组 600 元/组日，请计算该分项工程一个沉箱安装的直接费。根据以上条件完成下表：

**码头沉箱安装单价分析表**

| 序 号 | 项 目 | 单 位 | 数 量 | 单价（元） | 合价（元） |
|---|---|---|---|---|---|
| 1 | 人工 | 工日 | 14.00 | | |
| 2 | 型钢 | kg | 200.00 | | |
| 3 | 板枋材 | m³ | 0.02 | | |
| 4 | 钢丝绳 | kg | 120.00 | | |
| 5 | 棕绳 | kg | 20.00 | | |
| 6 | 1000t 方驳 | 艘班 | 0.17 | | |
| 7 | 721kW 拖轮 | 艘班 | 0.50 | | |
| 8 | 500t 起重船 | 艘班 | 1.00 | | |
| 9 | 潜水组 | 组日 | 1.00 | | |
| 10 | 其他船机 | % | 0.31 | | |
| | 直接费合计 | | | | |

**1000t 方驳艘班费计算表**

| | 费用项目 | 单 位 | 数 量 | 单价（元） | 合价（元） |
|---|---|---|---|---|---|
| 第一类费用 | 基本折旧费 | 元 | 410.30 | | |
| | 检修费 | 元 | | | |
| | 小修费 | 元 | 194.35 | | |
| | 航修费 | 元 | 103.73 | | |
| | 辅助材料费 | 元 | 41.46 | | |
| | 管理费 | 元 | 48.74 | | |
| | 小计 | 元 | 798.58 | | |

续表

| 费用项目 | | 单位 | 数量 | 单价（元） | 合价（元） |
|---|---|---|---|---|---|
| 第二类费用 | 定员 | 人 | 6.00 | | |
| | 柴油 | kg | 27.00 | | |
| | 淡水 | t | 1.80 | | |
| | 小计 | 元 | | | |
| | 使用艘班费 | 元 | | | |

## 721kW 拖轮艘班费计算

| 费用项目 | | 单位 | 数量 | 单价（元） | 合价（元） |
|---|---|---|---|---|---|
| 第一类费用 | 基本折旧费 | 元 | 1064.67 | | |
| | 检修费 | 元 | 156.89 | | |
| | 小修费 | 元 | 403.46 | | |
| | 航修费 | 元 | 268.83 | | |
| | 辅助材料费 | 元 | 107.59 | | |
| | 管理费 | 元 | 130.09 | | |
| | 小计 | 元 | 2131.53 | | |
| 第二类费用 | 定员 | 人 | 13.00 | | |
| | 柴油 | kg | 744.00 | | |
| | 淡水 | t | 3.90 | | |
| | 小计 | 元 | | | |
| | 使用艘班费 | 元 | | | |

## 500t 起重船艘班费计算表

| 费用项目 | | 单位 | 数量 | 单价（元） | 合价（元） |
|---|---|---|---|---|---|
| 第一类费用 | 基本折旧费 | 元 | 10010.58 | | |
| | 检修费 | 元 | 1475.24 | | |
| | 小修费 | 元 | 4741.85 | | |
| | 航修费 | 元 | 2950.49 | | |
| | 辅助材料费 | 元 | 1180.19 | | |
| | 管理费 | 元 | 1323.29 | | |
| | 小计 | 元 | 21681.64 | | |
| 第二类费用 | 定员 | 人 | 13.00 | | |
| | 柴油 | kg | 889.00 | | |
| | 淡水 | t | 3.90 | | |
| | 小计 | 元 | | | |
| | 使用艘班费 | 元 | | | |

# 第五章  国际工程项目施工阶段的管理（一）

本章首先介绍了国际工程施工阶段项目参与各方的职责、常见的几种施工项目管理形式，同时也介绍了施工管理的一般程序和国际工程施工管理的特点；然后介绍承包商项目经理部组织形式和人力资源管理；其次较详细地讨论了承包商各种计划管理体系的制定和控制过程；最后比较系统地介绍了承包商的项目资金管理。

## 第一节  国际工程项目施工管理概述

### 一、施工阶段各方职责

在收到业主发出的中标函并签订承包合同后，一项国际工程项目就正式进入它的施工阶段。施工阶段是把业主的需求、工程师的设计通过承包商的组织和实施加以实物化的过程，其重要性在整个项目建设周期中是不言而喻的。由于施工阶段涉及的组织、单位众多，投入资源量大，时间长，从而对项目施工阶段的管理也就提出了更高的要求。

在国际上，施工管理（Construction Management）与项目管理（Project Management）的概念不同，施工管理仅指工程项目施工阶段的管理，而项目管理则涵盖自项目立项、可行性研究、设计、实施到最后交付使用、营运及维护整个项目生命周期的管理，往往是从业主的角度来定义的。且项目管理不仅指工程项目管理，还包括所有可以归类为"项目"的管理。

在传统的项目采购模式中，设计和施工是分离的，设计由设计咨询机构进行，通过招标，承包商取得项目的施工承包权。此时，承包商所称的"项目管理"也即与施工管理同义。业主方对项目的管理也称"项目管理"，但是管理的侧重点和内容有很大的不同，尤其是在项目实施阶段，业主方的项目管理职能仅局限于监控项目的进度、质量，并及时支付工程进度款。因此，本书中除专门提及外，施工管理均指承包商的施工管理。

一项国际工程的成功实施是与项目参与各方的协调合作分不开的。通常来讲，这个以业主、工程师、承包商为主体构成的临时性施工组织中的各成员之间主要是以合同关系来维系的。合同条款是有关各方的行为准则，它规定了参与各方在项目实施过程中的职责、权利和义务。因此，施工阶段参与各方的职责会随项目采购模式及所采用合同条件的不同而有所变化。这里,就以国际上较多采用的传统项目采购模式及 FIDIC 施工合同条件为例,说明项目各方在施工阶段的责任、权利和义务。

(一) 业主方的项目管理

如第一章中所述,业主作为项目的采购方和最终拥有人,是项目重大问题的决策者。他不仅在工程前期决定工程的规模和建设内容,选定设计咨询方、施工承包商,还要在施工阶段监管项目各参与方履行合同规定的义务,使工程项目在保证施工质量、不超出预算成本的条件下按期完工。

在施工阶段,业主方的管理工作(以下用业主项目管理)可以由自己组织一个项目管理队伍进行,也可以委托一家专门的咨询公司代表业主管理项目的实施,这样业主就可以从项目日常管理工作中解脱出来。实际上,国际工程中普遍采用的传统采购模式就是一种委托管理的方式。但即使采取委托管理的方法,业主也都会安排专门的人员负责项目的协调和管理。

建筑业自身的特点决定了这是一个充满激烈竞争的行业,对于国际工程承包来说,尤其如此,这也形成了国际工程承包的"买方市场"。对于业主来讲,买方市场为其在选择承包商时提供了较大回旋余地,并在与承包商的讨价还价中占据优势,而成本、质量和工期构成的三要素也就成为衡量承包商是否满足业主要求的主要参数。因此,无论采取何种管理方式,业主在施工阶段对项目的管理内容及要求大致是相同的,主要是对项目的进度、质量和投资等预期目标进行控制。

1. 业主项目管理的基本内容

(1) 成本控制

严格控制成本,是实现项目预期目标的业主方的头等大事。在施工阶段,影响项目成本的主要因素包括工期、质量标准、工程变更、承包商索赔及其他风险因素。虽然大的框架在招标文件、施工合同中已经确定,但施工过程中总会发生各种意外事件,导致成本的增加。

防止出现项目成本超出预算的方法,最重要的是加大工程设计的审核力度,尽量减少隐含于设计中的不确定因素,以及在项目预算中加大不可预见费(在 FIDIC 合同条件中叫"暂定金额"(Provisional Sums))的比例外,在施工阶段业主应尽量减少发布新增或改变工程的变更令,因为大多数情况下,变更令都意味着改变施工计划,增加工程款支付。当然,也不排除有时通过承包商的进一步优化设计达到不降低甚至增加使用功能,同时降低成本的可能性。另外,通过及时有效的监控和合同管理,尽量减少承包商索赔的发生,工程师应在工程项目实施过程中尽可能地充当调解人的角色,化解矛盾,必要时,可以通过业主方的索赔达到制衡的效果。最后,要充分利用咨询工程师的专业技能和项目管理经验,实现成本控制的目标。

(2) 工期和质量控制

工期是项目成功与否的关键因素，工期拖后不仅可能造成成本增加，而且影响项目投入使用的预期收益。控制工期的重要手段是落实施工进度计划。业主应严密注视并经常检查实际的工程进度，对出现的问题要及时督促咨询工程师及承包商采取措施，限期解决。

施工质量的好坏直接影响到项目建成后的使用寿命和维护成本，因此也至关重要。对于施工质量，业主项目经理或业主代表应经常对质量进行监督检查，明确咨询工程师在其中的责任和义务，严格要求承包商按照合同文件中的有关施工技术规范、材料及工程设备的质量标准进行施工，并随时纠正出现的施工质量问题。

此外，对于施工安全、环境保护等方面亦应经常检查监督，防止人身、质量事故发生以及施工对周围环境的干扰和破坏。

(3) 合同管理

业主一方面要抓好与承包商之间的施工合同的实施，根据合同规定的双方的职责、权利和义务公平合理地及时地处理施工中出现的问题，使工程正常进行；另一方面要同时抓好与咨询公司之间的委托管理和工程监理合同的正常履行。通常，咨询公司或其选派的项目经理是以业主代表的身份对项目实施管理。根据国际惯例，咨询工程师在项目实施过程中的职能是相对独立的，经常担当业主和承包商之间协调人的角色。但是，由于咨询工程师与承包商之间的监督和被监督，管理和被管理的关系，双方之间也难免会发生意见分歧，甚至矛盾纠纷，此时业主应该及时介入，并公平合理地处理这些分歧。业主如果认为项目管理的工作已委托咨询工程师办理，可以"撒手不管"是不对的；但管得过细，干预工程师的工作也是不适宜的，业主应掌握好这个尺度。

业主履行合同的另一重要内容是按合同规定及时向咨询工程师及承包商支付工程进度款，有意拖延支付或刁难承包商是不可取的，它将实质上影响到工程的正常进行并有损于业主的声誉。

(4) 外部环境

承包商在工程所在国施工，如果得不到业主的支持，将很难开展工作，这将直接导致工程的失败。因此，业主应按合同规定的义务，在入境签证、招工及劳动许可、进出口物资设备清关、提供施工场地、银行及保险、无线通讯频道、爆破材料购运等方面给予支持协助，为承包商提供正常施工必要的外部环境。

2. 业主项目管理的理念和方法

业主对项目的管理属于宏观方面的管理，因此，只要项目的工期、质量和投资均在目标计划之内，且各方均能恪守合同，业主应尽量少干预咨询工程师和承包商的工作。业主通常采用的项目管理方法包括：

(1) 加强项目参与各方协调

在施工过程中，业主代表、咨询工程师、承包商、指定分包商或分包商（均含供应商）之间以及项目参与各方与其他利益相关组织之间都可能会出现摩擦或分歧。业主代表有责任及时协调各方之间的关系，采取措施，把各种纠纷解决于初始阶段，而不要任其尖锐化和扩大后才去解决。

(2) 严格遵守合同，公正办事

业主本身应认真恪守合同，不能因为"买方市场"造成的地位优势，只行使合同给予的权力、享受合同赋予的权利，而不认真履行合同规定的义务。实际上，越来越多的研究已经证明传统模式下业主与承包商的对立关系是造成很多项目失败或效率低下的原因，基于此，近年来在国际上提出在合同实施过程中，应采用伙伴关系（Partnering）的理念。

本着合作的态度，业主如果能尽力为承包商提供施工所必需的良好外部条件，按期支付工程款，签发有关证明文件，不无故干扰承包商正常的施工计划，带头建立一种和谐友好的工作秩序，这将为项目的顺利实施提供有力的保障。业主是项目的主导者，整体把握项目的建设节奏和方向，如果业主本身不能以身作则，违反合同，蓄意刁难，势必造成项目参与各方关系紧张，矛盾对立，影响工程正常进行，导致项目控制目标不能如期实现，最终业主自身的利益也受到危害，造成双亏（Lose-Lose）的局面。

(3) 建立并保持各方的信息交流

业主代表应同项目参与各方保持密切联系，随时掌握工程进度、支付、质量及人员等方面的实际情况，及时沟通各方信息，从而实现对项目实施的全面了解，便于监督和指导。为此，业主应建立各种必要的会议制度和报告制度，并要求各方建立完备的资料档案系统。业主方应尽可能地建立项目信息平台，授权各参与方通过局域网访问、查询、共享有关信息和资料。

(4) 及时解决合同纠纷

施工过程中发生合同纠纷是正常的，并不可怕。可怕的是掉以轻心，任其发展，或是不在合同规定的基础上寻求解决办法，而是独断专行，违反合同，最终导致双方敌对情绪愈演愈烈，最后不得不寻求国际仲裁或诉诸法院解决，造成两败俱伤的局面。业主是工程项目的主人，是合同有关各方居主导地位的一方，在出现争执或纠纷时，如果业主能及时公平地介入处理，问题是不难解决的。对于承包商提出的索赔，业主亦不能一概否决，对于其中合理的部分应予以补偿。实际上一味地压制承包商，拒绝一切索赔和拖延支付只能导致工程进展不顺利或质量不达标，最终还是危害业主自身的长远利益。

3. 业主的主要权利

在工程的实施阶段，业主的主要权利包括：

(1) 决定与本工程有关的各单位工程的合同授标权；必要时，有权指定分包商，进行某专业分部或分项工程的实施；

(2) 根据施工现场条件及工程师的建议，有权增减或取消合同内的工作项目，改变工程量及质量标准；

(3) 要求承包商提供各种合同担保、保函或去办理保险；

(4) 对工程项目的施工进度和质量，有权进行全面的监督和检查；

(5) 对于已建成的区段或部分工程，有权选择提前投入使用；

(6) 对承包商拖期造成工程项目无法按期使用时，有权提取"误期损害赔偿费"；

(7) 对承包商明显违反合同的行为，有权提出警告，以至发出暂停施工指令；

(8) 对无力实施项目的承包商或指定分包商，有权终止其施工合同；

(9) 对承包商提出的延长工期或经济索赔要求，有权进行评审和决定。

**4. 业主的主要义务**

一般情况下，施工阶段业主的主要义务包括：

(1) 任命具有工程项目管理能力和一定技术水平、公正、有职业道德的咨询工程师管理工程项目的日常运作；

(2) 向承包商提供施工现场的水文气象及地表以下的情况数据，并组织承包商踏勘现场；

(3) 按合同规定，及时向承包商提供有关设计图纸和指示；

(4) 向承包商提供施工场地和通往施工现场的道路；

(5) 提供施工场地的测量图，以及与其他工程有关的资料，并向有关部门交涉保证施工地区的社会安全；

(6) 必要时，出具有关证明，协助承包商办理如材料设备进出口清关等与其他政府部门交涉时的有关手续；

(7) 统一协调各承包商的工作，定期召开施工协调等会议；

(8) 依据合同规定，按时向承包商支付工程进度款；

(9) 如果业主指定的分包商干扰或阻碍了承包商的正常施工，业主应承担责任并补偿损失；

(10) 对合同中规定的"业主风险"所造成的损失，给承包商进行经济补偿或延长工期。

**(二) 咨询工程师**

在国际工程承包的合同文件中，通常将代表业主对工程项目的施工进行监督管理的合同法人统称为"工程师"(The Engineer)。实际上，工程师在不同国家、不同合同范本、不同项目中，有时称"咨询工程师"(Consultant，或 Consulting Engineer)，有时称"项目经理"(Project Manager)（这里指业主方委派的代他管理项目的负责人），有时称"监理工程师"(Supervisor 或 Supervision Engineer)，有时在房建项目上称"建筑师"(The Architect)。

咨询工程师是为工程项目提供技术服务和管理服务的合同法人，一般为设计咨询公司、项目管理公司或由相关公司组成的联营体。在国际工程中后者形式较为常见，多以欧美设计咨询公司与当地设计咨询公司的联营体形式出现。为了完成项目实施阶段的技术和管理服务，咨询工程师通常向施工现场派遣授权的"工程师代表"（The Engineer's Representative），或"驻地工程师"（The Resident Engineer），具体履行工程师的合同职责。

业主通过国际招标或议标方式选择咨询工程师（可参照 FIDIC 编写的《咨询工程师选择指南》FIDIC Guidelines for the Selection of Consultants, 1st Edition, 2003），并参照 FIDIC 白皮书（FIDIC Client/Consultant Model Services Agreement, 3rd Edition, 1998），或世界银行发布的"选择和聘请咨询顾问指南"以及"咨询服务标准合同格式"与咨询工程师签订"咨询服务合同"（Contract for Consultants' Services），因此业主和咨询工程师之间是委托人与被委托人的合同关系。咨询服务合同界定了咨询工程师的责、权、利，并明确其与业主的关系，经济责任，咨询收费及合同的解除等。

在国际工程承包实践中，工程师的工作性质处于比较特殊的合同地位。一方面，他与业主之间是委托与被委托的合同关系，受业主委托直接监督、检查和管理项目的实施。另一方面，工程师的地位和作用随项目采购模式及采用合同的不同而有所不同；即使在国际上较通用的 FIDIC 施工合同条件中，其地位也似乎在悄然发生变化。如在 FIDIC 红皮书第 3 版（1977）中，工程师被明确标明为独立的一方；而在第 4 版（1987）中，独立（Independent）一词已经不见踪迹，但仍有专门条款规定工程师应行为无偏（Impartial）；而到了 FIDIC99 年新版，工程师被明确规定为"业主的人员"（Employer's Personnel），只是在 3.5 款中提到工程师在做出决定时要公平（Fair）。因此，可以看出"工程师"这一特殊角色越来越向业主靠拢，并逐渐失去独立性。然而，"公平公正"（Fairness and Impartiality），即工程师应努力依据法律、工程合同和客观证据来处理争议仍是咨询工程师的职业道德。在工程实践中，由于咨询工程师和业主之间的雇佣委托关系，所以在与业主、承包商形成的三角关系中工程师自然更靠近业主一侧，甚至在利益受制于业主的情况下，他都很难做到公正。还有，咨询工程师通常也是项目的设计者，在身兼设计者和监理者双重身份的情况下，由于他要对其设计中出现的重大问题承担责任，所以在涉及项目的设计问题时咨询工程师会出于自身利益的考虑，尽可能将设计风险，尤其是施工图纸的风险转嫁给承包商。

1. 施工阶段咨询工程师的任务和工作特点

运用项目管理技术，实行"TQCC"四大目标管理控制，以确保工程项目总目标的实现是咨询工程师在施工阶段的主要任务和实现手段。

T——工期控制（Time Control）：运用运筹学、网络计划、项目管理软件等一系列科学工具，监控承包商的施工进度，保证工程在计划工期内竣工并投入使用；

Q—质量控制（Quality Control）：通过审核图纸、监督技术规范的实施、检验工程材料、工程设备是否符合技术标准等手段，实施质量控制，确保工程符合合同规定的质量标准；

C—成本控制（Cost Control）：通过核实已完工程量、审核设计修改、严格控制变更及承包商的索赔等加以控制，使工程费用不超出合同价格（包含中标的合同价加上批准的变更、调价等）；

C—合同管理（Contract Management）：合同管理是进行工期、质量及成本控制的有效手段。咨询工程师管理项目的依据就是业主与承包商所签订的合同，合同中包含对工期、质量和成本控制的具体规定，没有有效的合同管理，上述三大目标控制是无法实现的。

在施工阶段，人们习惯于把进行工程管理的咨询工程师简称为"工程师"（The Engineer），但是其职责与国内所称的"监理工程师"有很大的不同，"工程师"受业主委托，全方位地管理项目的实施，而国内"监理工程师"的职责多局限于工程项目的质量监督，为避免概念上的混淆，以下均称"工程师"。

如前所述，工程师在项目上的地位是特殊的，也是十分重要的，有很高的权威性，其特殊地位的法律依据来自两个合同条件，一是与业主签订的咨询服务合同，二是业主与承包商签订的工程承包合同。工程师工作的特殊性表现在以下方面：

(1) 监理工作的公平性

工程承包合同签约的双方是业主和承包商，工程师非该合同的任何一方。在施工过程中，业主与承包商发生合同争议与纠纷，通常可通过工程师对合同条款的公正解释和公平调解，使争端得到解决。如果工程师的工作明显处事不公，偏袒一方，不但违背其作为工程师的职业道德，使其名誉受损，甚至会影响将来的业务开展。

(2) 具有特别的授权

工程师通常不是来自于业主内部，而是通过招标或议标的方式选择专业的咨询机构。FIDIC 红皮书 99 新版中明确规定工程师为业主方的人员，因此工程师接受业主的委托，直接管理项目的实施。

(3) 监督并管理承包合同的实施

通常项目的招标文件（即工程承包合同文本的草案）都是工程师所在的同一家咨询机构编制的，所以工程师对合同条款的理解非常透彻。再加上工程师一般都有专业技术的背景，这些都为工程师使用合同监督管理项目的实施，协调各方关系提供强有力的保障。

2. 咨询工程师的具体职责和权力

在国外传统承包模式中，业主一般继续委托项目的设计咨询公司进行施工阶段的监督管理，此时咨询工程师的具体职责包括：

(1) 对承包商的施工进度和施工质量进行监督检查,保证工程质量,并督促承包商按施工进度计划实施;

(2) 按合同规定的时间,向承包商提供设计图纸,并对图纸的正确性负责;

(3) 管理承包合同的实施,解释合同条款,处理合同争议;

(4) 对承包商提出的期中结算账单等付款单据,进行审核签署,业主据此支付工程进度款;

(5) 向承包商发布工程变更令,确定工程变更引起的价格调整或工期延长;

(6) 检查承包商提供的建筑材料和工程设备是否符合技术标准要求;

(7) 向承包商发放工程接收证书、最终竣工证书等证明文件;

(8) 向业主按时递交项目进度报告书;

(9) 审核承包商提出的索赔报告,提出解决的意见,报送业主审定处理;

(10) 汇集施工过程中的重大事项记录及施工记录,建立函件来往档案,形成工程项目实施的全套档案资料;

(11) 协调同一项目上各承包商、指定分包商的工作进度;

(12) 监督承包商的施工安全及是否符合环保要求。

工程师的主要权力包括:

(1) 向承包商发布各项指令,承包商必须执行这些指令,由此引起的附加开支,承包商有权提出补偿要求;

(2) 在业主规定的权限内,有权决定额外付款,以补偿承包商完成的额外工程;

(3) 授权驻地工程师或其他有资格人员管理项目的实施,解释合同条款的含义,处理合同纠纷;

(4) 同意工程项目的分包及分包商的选定;

(5) 同意对承包商的现场项目经理(即承包商的代表)的任命;

(6) 有权对承包商提供的不合格材料和设备及不符合质量要求的工序或工程部分拒收;

(7) 监督检查承包商的施工进度和施工质量,要求承包商的工作要使业主和工程师满意;

(8) 有权签发工程变更令,并确定工程量表中无适用单价项目的单价;

(9) 在业主规定的权限内,有权确定承包商索赔的合理性及索赔金额;

(10) 有权审定承包商工程进度款结算账单,并转报业主付款;

(11) 有权签发临时竣工证书;

(12) 可以调解业主与承包商之间的分歧。

3. 施工阶段的监理工作应注意的问题

(1) 工程师丰富的合同管理经验、熟练的专业技术和准确的判断力是做好业主方项目管理的基础从前面的论述可以看出，工程师在项目实施阶段的地位相当特殊，而且在项目管理方面，尤其是在合同管理方面，拥有很大的权力，因此其能力和素质是否胜任是决定项目成败的关键因素。工程师必须拥有丰富的项目管理经验和较强的某一个方面的专业技术知识，并且有准确的判断能力和工程师应有的职业操守，才能对项目出现的各种问题做出准确、科学的分析判断，提出公平、有效的解决方案，使业主和承包商都可接受。另外，工程师在处理双方分歧时，一定要认真听取各方意见，兼听则明，偏听则暗。当然，工程师更不可滥用合同赋予的决定问题的权力，如果承包商确实不满意工程师的决定，并能证明其决定是错误的，承包商仍有权提交仲裁或诉诸法院处理。

(2) 处理好与业主、承包商的关系

工程师处理各种关系的基础是按合同办事，保持工作的相对独立性和公正性，以及在坚持原则下的较大灵活性。

1) 正确处理与业主的关系

如前所述，业主与工程师之间不是领导与从属关系，而是委托与被委托的关系，这种关系是通过咨询服务合同来确定的。工程师接受业主委托对项目实施进行管理，并以自己的名义进行，但仍必须对委托人——业主负责。业主不得随意干涉工程师的工作，而工程师也必须讲求诚信，不得与承包商有任何经济联系，更不允许串通承包商侵犯业主利益。

因此，工程师处理好与业主关系的基础是要尊重业主的要求，维护业主的正当利益。但这不等同于无原则地听命于业主，片面维护业主利益。工程师不能与任何一方发生不正当的经济利益关系，工作中应认真负责，不能疏忽大意或玩忽职守，对承包商的要求要宽严适度，只有这样，才能取得业主、承包商的尊重、信任和支持。

2) 正确处理与承包商的关系

工程师与承包商的关系是受业主委托对承包商的施工进行管理。尽管工程师一般都有丰富的工程管理经验和专业技术知识，但是一个人的经验和知识都有其局限性，不可能门门精通，何况承包商中不乏经验丰富、专业技能很强的人。因此，工程师应尊重承包商的职权和经验，不能凭自己的知识和经验干预甚至否决承包商的施工设计和方案，因为这是承包商分内之事，也是他的专长。只有具备丰富实践经验的工程师，才能在处理与承包商关系时做到既不迁就又不苛求；既坚持按合同条款办事，又充分考虑处理具体问题时的灵活性。

(三) 承包商

在传统项目采购模式中，承包商（Contractor）通过竞争性招标获得项目，并与业主签订承包合同，是工程项目的施工单位，也是实施合同的基本力量，负责项目施工以及缺陷通知期（Defects Notification Period，DNP，FIDIC 87 年第 4 版为缺陷责任期（Defects Liability Period，DLP））届满之前的全部修补工作。

承包商项目管理水平的高低是决定国际工程承包项目盈亏的关键环节之一。尽管合同价格对项目利润的影响至关重要，但毕竟价格的高低不取决于承包商的主观愿望，也不完全取决于承包商投标报价水平的高低，而更多地取决于市场的平均价格水平和竞争激烈程度。不少国际工程实践表明：某些工程的合同价格偏低，有时甚至是"无利润投标"的价格，但由于工程实施阶段经营管理得当，成本控制严格，项目不仅按期或提前竣工，而且还能获得一定的利润；相反，某些工程合同价格被认为是较高的，但由于忽视了工程的经营管理，或者项目管理人员的组织管理水平不高，结果反而亏了本。国际工程承包市场的"买方市场"性质也决定了这是一个充满激烈竞争的行业，尤其是在我国承包商营业收入中占很大比重的技术含量不高的市场及分包市场中，承包商通过残酷竞标取得的项目本身价格就低，这就对承包商的经营管理水平提出了更高的要求。

承包商施工管理所涉及的内容很广，也很繁杂，如合同管理、计划管理、成本控制、质量管理、人员管理、物资采购和管理、资金和财务管理、分包商管理、信息文档管理、项目文化管理、危机处理机制、施工索赔等。国内工程项目管理中有一些方法可用于国际承包工程，但是国际工程的施工管理也有很多特殊的地方，本章及下一章将集中论述承包商施工管理中的主要内容。由于合同管理在本套教材中另有专著介绍，本书中不作详述。分包商管理和索赔管理可分别参考本书第七章和第八章的内容。

1. 承包商的主要职责

在国际工程承包中，承包商肩负着施工重任，也承担着主要的施工风险。另一方面，在"买方市场"环境下，承包商又受到合同文件的严密甚至苛刻的约束，所以他只能在认真履行合同的同时，通过精明的经营管理，来赢得经济效益。任何疏忽或失误，都可能给承包商带来亏损或导致整个项目的失败。

根据一般合同条件，承包商的主要职责可归纳为：

(1) 按合同文件和技术规范的要求，提供必需的设备、材料和劳动力，按时保质地完成工程项目的施工；

(2) 按合同规定，完成部分设计工作，绘制施工详图，经工程师审核批准后按图施工；

(3) 在施工过程中，严格按照技术规范的要求进行施工，保证工程的质量；

(4) 采取必要措施，保证施工安全和符合环保要求；

(5) 按照合同规定的内容向保险公司投保工程一切险、第三方责任险以及承包商设备保险、人员保险等；

(6) 按合同规定，向业主提供施工履约保函及预付款保函等；

(7) 执行业主或工程师提出的任何指令，包括工程变更令；

(8) 对工程师提出的任何施工缺陷，根据技术规范的要求予以修补或改建；

(9) 遵守工程所在国的法律法规，尊重当地人民的社会风俗和生活习惯；

(10) 保证工程按期竣工，并负责做好缺陷通知期内的修补工作，直至最终验收合格并移交。

2．承包商的主要权利

(1) 有权按合同规定的时限取得工程进度款；

(2) 由于非承包商责任或合同规定的其他原因造成的工期拖延或费用增加时，有权获得工期延长或经济补偿；

(3) 有权要求业主提供施工场地和进场道路；

(4) 在业主违约或拒付工程进度款的情况下，有权暂时停工，甚至终止合同；

(5) 在办理与工程相关的行政手续时，如劳务许可、物资进出口许可等，有权要求业主提供必要的协助。

综上所述，业主、工程师、承包商三方构成了国际工程项目施工阶段的主体，除此之外，项目实施过程中还有一系列的参与方和利益相关方，如专业分包商、材料供应商、工程设备制造商、施工机械设备供应商、运输商、各种代理（如清关代理等）及专业咨询机构（如律师行、会计师行等）、银行、保险公司、工会组织、其他相关政府部门。这些组织或机构大都通过相应的合同或协议书为项目提供各种产品或服务，围绕着项目实施构成紧密联系的整体系统。从工程项目施工合同的整体来看，这些合同关系的参与方分别与业主或承包商建立直接的合同关系，形成了以业主为核心的群组和以承包商为核心的群组，而这两大群组又以工程承包合同为纽带形成对立统一的合同双方，共同协作完成项目的实施。各方关系如图5-1所示。

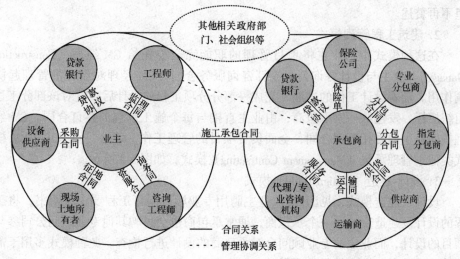

图 5-1 国际工程承包项目参与各方关系示意图

## 二、工程项目施工阶段的形式、特点及一般程序

（一）国际工程项目常见的管理模式

在国际工程承包实践中，业主、工程师、承包商及其他参与方的责、权、利并非一成不变的，它们随着业主方在确定项目策略阶段选用的项目采购方式及使用合同文本的不同而有所不同，因此所采用的施工管理形式也各有不同。国际工程实施阶段的管理形式，随着工程承包业的发展、工程技术的革新、工程管理学科的不断完善和创新，也在不断地改进中。在传统的项目管理模式的基础上，已经发展出不少新的管理模式，如：建筑工程管理（Construction Management，CM）模式、项目管理（Project Management）模式、设计－建造（Design－Build）模式、BOT模式、伙伴关系（Partnering）模式等。有关各种项目管理模式的详细介绍可参考本套教材的《国际工程合同管理》一书，这里仅简单介绍和讨论各种管理模式在项目施工阶段的组织形式和特点。

1. 传统的管理组织形式

目前传统的项目管理模式仍是国际上最通用的一种模式。作为项目的主要参与方，业主、工程师及承包商构成的三角关系是该模式的主要特色，如图5–1所示。业主在各参与方中居主导地位，承包商按照与业主之间的施工合同进行工程的实施。在业主和工程师之间有咨询服务合同，据此，工程师受业主委托具体管理项目的实施。在工程师和承包商之间，虽然没有直接的合同关系，但在施工合同中工程师被授予监督管理项目实施的职责和权力，因此，工程师与承包商之间也存在紧密的合同管理与协调关系。前面已经对这种模式做了详细的说明，这里不再赘述。

2. 建筑工程管理模式

在这种模式中，业主将项目管理的职能完全委托给CM经理（Construction Manager）。业主与设计咨询公司签订咨询服务合同，CM经理对设计的管理起协调作用。随着设计工作的进展，完成一部分分项工程的设计后，就对该部分工程组织招标，发包给一家承包商，由业主直接与每个施工承包商签订合同。CM经理按照业主的委托管理合同，全面负责项目的管理工作，就这一点来说，CM模式类似于管理承包（Management Contracting）模式，如图5-2所示。

3. 设计-建造（Design-Build）模式

设计及建造模式，见图5-3。业主聘用专业顾问制订工程要求说明书，将工程的设计及建造交给同一个承包商，通常承包商也会另聘其他专业顾问公司参与项目的设计，而业主的专业顾问会对承建商的设计进行检查。此种模式多用于需要特殊设计和工期比较紧的项目。

4. BOT模式

BOT（Build－Operate－Transfer）即建造－运营－移交模式。在该模式中，项

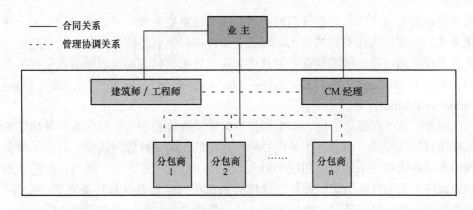

图 5-2　CM 模式

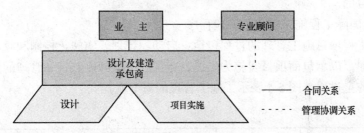

图 5-3　设计及建造模式

目公司负责项目的建造、运营，并在特许期满后将工程移交给项目的最终业主，一般为政府部门。因此项目公司在整个运作体系中居核心地位。项目采用何种管理方式建设完全由项目公司决定，可以采用传统模式，先委托一家公司设计，再将工程的建造发包给一家或几家承包商；或找一家设计—建造承包商总承包，项目公司自己组织人员或委托专业咨询公司管理项目的实施。

5．伙伴关系（Partnering）模式

建设项目管理中的伙伴关系管理模式是指项目的各个参与方，通过签订伙伴关系协议做出承诺和组建工作团队，在兼顾各方利益的条件下，明确团队的共同目标，建立完善的协调和沟通机制，实现风险的合理分担和矛盾的友好解决的一种新型模式。

作为一种管理策略，伙伴关系较早应用于私人工程中，在公共项目中的应用则起源于 20 世纪 80 年代的美国。典型案例为美国陆军工程师兵团在阿拉巴马州建设的大坝项目以及亚利桑那州的公路项目。伙伴关系的应用初衷在于减少争端和索赔，从而降低施工总成本。90 年代在美国承包商总会等组织的推广下，伙伴关系在美国公共项目领域得到广泛应用。同期伙伴关系获得了美国学术界的关注，许多学者调查比较了其成效，确认伙伴关系在降低项目成本和缩短项目工期方面有显著效果。

90 年代初期，伙伴关系在澳大利亚和英国建筑业也得到广泛的使用。伙伴

关系已经成为这些国家政府部门推动产业改革的重要手段。建筑业采用了非合同化方式，来实现伙伴关系的引入。即在竞争性招标签订传统的工程合同之后，合同各方在实施过程中试图建立一种伙伴关系。后来英国逐步发展出引入伙伴关系的合同，比如 NEC（New Engineering Contract）的 X12 版和 PPC2000（Project Partnering Contract）等。

因此，从严格意义上讲，至少到目前为止，伙伴关系并不能作为一种独立的工程项目管理模式，而是基于共同目标和互相信任的一种管理流程。目前工程实践中多是将伙伴关系的概念和原则引入到其他项目管理模式中，通过一些建立和加强伙伴关系的具体措施，如订立伙伴关系章程，定期召开伙伴关系讨论会等，使项目在合作友好的环境中得以实施，从而最终达到减少争端和索赔，降低施工总成本的目的。

（二）国际工程施工管理的一般程序

国际工程项目施工管理的过程包括：启动、计划、实施、控制和收尾等五大过程。其间，以承包商项目实施为主线，业主和工程师以监督和管理的角色参与项目实施的全过程。图 5-4 表示了施工管理的整个流程。

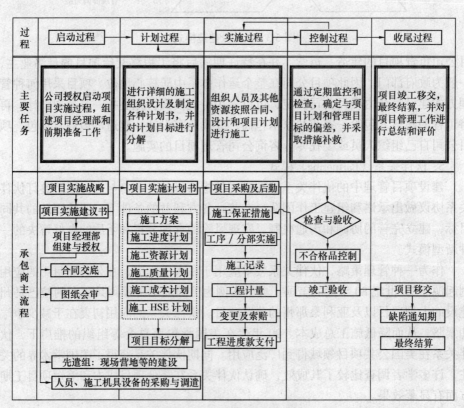

图 5-4 承包商施工管理流程图

### 三、国际工程施工管理的特点

如第一章所论述的，国际工程与一般的国内工程有很大的不同。下面列举的是国际工程施工过程的特点，只有深谙这些特点，才能有针对性地适时适地地采取措施，以适应国际工程施工的需要，并应对可能出现的风险。

1. 外部环境的复杂性、多变性和不可预测性

由于工程是在国外（这里不包括国内涉外工程这一类别的国际工程），工程地所在国的政治法律环境、经济环境、社会文化环境及技术环境对承包商来讲都是陌生的，这种对上述各种环境的不熟悉和不了解使得看似很简单的事情可能变得很复杂。而基于对整个社会系统的熟悉所做出的合理预测和判断在一个陌生的国家和地区也会变得很困难。而且，中国的承包商所能获得的项目大都来自发展中国家，不少国家政治不稳定，经济也比较落后，法制不健全，这些都是造成环境多变的因素。

2. 商务活动和合同管理的重要性

如果把一项国际工程看作是一个开放的系统，则可以说这个系统是在一个相对陌生的大环境下运行的，而商务活动正是保证这个系统和外界环境之间良好运作的润滑剂，积极、主动、有效的商务活动还是创造项目营业收入的关键因素。合同管理是项目管理的核心，对于国际工程尤其如此。国内承包商承揽国际工程，往往工程质量和进度都能令业主满意，但却赚不到钱，甚至亏损严重，除了因竞争激烈，投标价低的原因外，一个重要的原因就在于对合同的理解不深，合同管理水平低。工程合同字字值千金，外国人常说，"合同是圣经"是很有道理的。

3. 工程师的重要地位

工程师接受业主的委托全面负责管理项目的实施，如果把合同看作是管理项目实施的"根本大法"，那么工程师就是监督这部大法执行的"执法者"。他不仅有诠释合同条款的权力，而且具体检查和监管每一条款的实施，其职责和权力范围远远超出国内监理工程师的职权。所以在搞国际工程时，一定要搞好同工程师的关系，特别是要尊重其提出的合理建议和工程指令，不能一味斗争，处理好与工程师的关系将会十分有利于工程的进展和工程款的回收。

4. 国际化的工程采购

与国内工程相比，国际工程中所使用的建筑材料、工程设备、施工机械等更多的来自国际采购。尽管现代信息技术的高速发展为高效的国际采购创造了条件，但是国际采购中所涉及的询价、订货、运输、支付、进出口手续以至索赔等一系列程序相对复杂得多。因此，熟悉国际贸易并有丰富国际物资采购经验的人才是国际工程实施中不可缺少的。

5. 组织机构的灵活性和应变能力

一个国际工程的项目组织更具灵活性，与国内工程相比更易发生变动。由于

各种内在原因,如节约成本,和外部原因,如来自业主方的要求等,很少有项目从开工到竣工完全是由同一批人员完成。工程不同的阶段对人员的专业和数量的要求不同,因此一个好的项目组织应该是灵活的,有弹性的。另外,由于国际工程的复杂性和多变性,项目组织需要有更强的应变能力。

6. 高素质的人才需求

如第一章所提到的,国际工程的复杂性决定了对项目管理人员素质的要求是:复合型、外向型和开拓型的高水平人才。很多国内的优秀项目经理在实施国际工程时都铩羽而归,主要是因为他们用管理国内工程的思路和方法来管理国际工程往往是行不通的。一个优秀的国际工程项目经理不仅要有丰富的施工经验,还要熟悉国际工程管理的知识体系和国际惯例,懂合同,重商务,通英文。只有项目管理人员的素质提高了,国际工程的实施过程才能顺利进行,并取得成功。

7. 标准规范的国际化及当地化

国际工程的设计与施工一般均采用国际认可的英国规范、美国标准或使用所在国的有关规范和标准。由于标准规范的不同,仅熟悉我国标准规范的国内承包商在实施国际工程时,尤其是含设计或部分设计的工程,都会觉得很不适应。因此,从事国际工程承包的企业不仅要保存有国际常用的各种标准和规范,还应有懂得按这些标准规范进行设计和施工的人才。

8. 属地化的管理

在国际工程的实施过程中,通常出于节约成本的考虑或受当地法律所限,承包商会使用当地分包商和当地劳工进行工程施工。但由于语言不通,宗教信仰不同,风俗习惯的差异,如何管理好当地的分包和劳工队伍常常成为承包商的一大难题。实际上,因项目管理人员与当地劳工的矛盾导致项目进展不顺利的例子在国际工程中屡见不鲜。

9. 项目管理的规范化

项目管理的规范化是指更多地采用一些已经成为国际标准或惯例的项目管理的体系、方法、技术,如国际认可的 ISO9000 质量管理体系,CPM 网络技术、P3 项目管理软件等。规范化的管理将使工作流程更加顺畅,各方交流更加便利,使外籍和当地员工能够更快地适应工作要求,人员调动给项目带来的影响最小。总之,项目管理规范化可以使管理效率显著提高。

## 第二节 项目经理部的组织及项目人力资源管理

**一、项目经理部的组织**

勿庸置疑,工程项目是以承包工程为主业的企业的利润源泉,通过一个个项目的实施，工程承包企业得以正常运转，内部资源得以有效利用，并通过利润的积累使企业得以发展壮大。因此，工程项目的管理效率直接决定着这些企业的生存和发展。如果说工程项目是建筑企业向业主提供的产品，那么项目经理部就是这些产品的生产单元。企业的战略部署及发展大计最终要靠站在生产最前沿的项目经理部得以体现。所以，合理地设置项目管理组织机构（简称项目经理部）不仅是工程项目管理成功的前提和保证，也是最终决定企业绩效好坏乃至成败的关键因素。

项目经理部的组织构架实际上在项目的投标阶段就已经初步成型了，但它的真正启动应该是在收到业主下达的中标函后。项目经理部的组建是项目中标后的首要工作，尤其是应尽快确定主要的项目管理人员，以便充分利用收到中标函到正式开工之间的时间（也称"项目动员期"，一般为1~3个月）进行项目的准备工作。

（一）项目经理部的职能

1. 工程项目管理的组织保证

项目经理在启动项目管理之前，首先要做好组织准备，即组建一个能完成项目管理任务、令项目经理指挥灵便、运转自如、高效率的项目经理部，其根本目的就是为了提供进行项目施工管理的组织保证。项目经理部是企业在项目上的管理层，同时对项目作业层负有管理和服务的双重职能。一个好的项目经理部，可以有效地完成项目管理目标，有效地应对外界环境的变化和突发事件的发生，有效地为项目经理部成员提供各种保障，满足其不同的需求，形成组织力，产生集体思想和团队精神，甚至有特色的项目文化，从而成功地完成项目管理任务。

2. 充分授权

越来越多的组织理论倾向于组织内应充分授权（Empowerment）。对于国际工程的项目经理部，因为远离总部，面对的是复杂多变的外部环境和施工现场，充分授权尤为重要。项目经理在这个团队要树立自己的威信，不仅通过书面授权，更要通过自己的领导能力和人格魅力来感召项目经理部其他成员。

3. 建立岗位责任制

岗位责任制是项目经理部的核心问题。一个项目经理部能否有效运转，取决于是否有健全的岗位责任制。所受权限与承担的责任是成正比的，项目经理部的每个成员都应肩负一定的责任，这里是指每个成员所负责的管理活动和生产活动的具体内容。

4. 建立信息沟通体系

信息沟通是组织力形成的重要因素。信息产生的根源存在于组织活动之中，下级以报告或其他形式向上级传递信息；上级向下级发布指示，传递领导层的意图和要求等信息；同级不同部门之间互相协作而横向传递信息。越是高层领导，越需要信息，越需要深入下层获得信息。任何人离开信息的输入，都不可能进行有效地决策,领导更是如此。项目经理部是项目经理的办事机构,要为项目经理决策提供信息依据。项目管理人员在做任何决策时,不能仅凭过去的施工经验,更应结合现场搜集的各方面信息。

(二) 项目经理部设置原则、程序和组织形式

1. 设置原则

(1) 目的性原则

项目经理部设置的根本目的是为了组织项目的实施,实现工程项目管理的总目标。对一项国际工程来讲,企业对项目经理部下达的项目管理目标根据企业战略可能会有所不同,但通常都会将目标设定为确保项目按期保质安全完工条件下的利润最大化。

(2) 精干高效原则

项目经理部的人员设置,以能实现项目管理的工作任务为原则,尽量简化组织机构,做到精干高效。人员配置要力求一专多能,同时着眼于使用与学习锻炼相结合,以提高项目管理人员的素质。

(3) 管理跨度和分层统一原则

管理跨度也称管理幅度,是指一个主管人员直接管理的下属人员数量。跨度大,管理人员的接触关系增多,处理人与人之间关系的数量随之增大。工作接触关系(C)与跨度(N)的关系可以用邱格纳斯公式来表达:

$$C = N(2^{N-1} + N - 1) \tag{5-1}$$

可以看到,工作接触关系 $C$ 随跨度 $N$ 成几何级数增长。跨度太大时,管理者很难高效处理下属人与人之间的关系。当然,随着管理者自身的知识、经验、能力的不同,不同的管理者应有不同的管理跨度。但是,当跨度减少时,相同人数的组织就可能需要更多的管理层次,而层次的增多,会导致信息传递的效率降低,从而使管理效率降低。根据管理学家的研究,比较合适的管理跨度为6~7人。随着信息技术的快速发展,管理跨度有明显增大的趋势,而组织的扁平化已成为很多企业改革的方向。在设置项目经理部时,应充分考虑跨度和分层对立统一的关系,尽量使部门设置和人员配置合理化,以便于项目经理部的高效运作。

(4) 业务系统化管理原则

由于施工项目是一个开放的系统,由众多子系统组成,各子系统之间,子系统内部各专业之间,不同组织、工种、工序之间,都存在大量的结合部。为防止产生职能分工、权限划分和信息沟通上相互矛盾或重叠,在设置项目经理部时应以业务系统化原则为指导,充分考虑层间关系、跨度与分层关系、部门划分、授权范围、人员配备及信息沟通等因素,使各部门之间、人员之间分工合理、责任明确、协作和谐。

(5) 灵活性与流动性原则

单件性、阶段性、流动性及露天作业是施工项目的主要特点,因为项目规模、工期、质量要求和地点的变化,项目组织机构的部门设置和人员配置也会相应变化。也就是说,要按灵活性和流动性的原则建立项目经理部,不能一成不变。由于国际工程的复杂性和多变性,项目经理部的设置需要有更强的灵活性,以突出项目部的应变能力。

(6) 施工能力和商务能力平衡的原则

在国际工程项目管理中,一个很重要的原则就是要加强工程项目的商务管理能力,包括合同管理、对外沟通和协调、公共关系管理等,不能只强调施工管理的能力。要两手抓,两手都要硬。这就要求在设置项目经理部和配置人员时,注意两种能力的平衡。

2. 设置程序

根据以上原则,从项目实施的总目标出发,因目标设工作,因工作设机构定编制,按编制设岗位定人员,以职责定制度授权力。项目经理部的设置程序如图5-5所示。

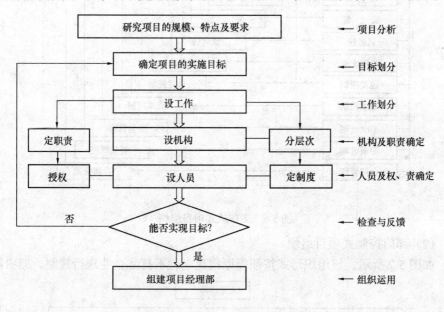

图5-5 项目经理部设置程序图

3. 组织形式

组织形式也称组织机构的类型,是指一个组织以何种结构方式去处理层次、跨度、部门设置和上下级关系。通常,施工项目组织的形式不仅与企业的组织形式紧密相关,同时也与项目的规模、复杂程度等有很大的关系。常用的组织形式包括以下几种:

(1) 工作队式项目组织

如图5-6所示,项目经理部(虚线内)由从各部门抽调的专业人员组成,独立完成施工任务，相当于一个实体。尽管项目结束后，项目经理部成员仍回原部门工作，但是在项目实施期间，他们与原部门脱离领导与被领导的关系。工作队式项目组织的优点在于项目经理权力集中，受职能部门的干扰少；各专业人员现场集中办公，工作效率高；减少了项目与职能部门的结合部，易于协调关系。其缺点包括：人员来自不同部门，专业背景不同，磨合时间长；易产生各类人员忙闲不均，导致人员浪费，特别是稀缺专业人才，难以调剂使用；容易导致同一部门人员分散，难以进行有效的培训、指导和考评，影响员工积极性的发挥。因此，这种项目组织较适用于大型、工期要求紧迫、需要多工种多部门密切配合的项目。但同时有多个项目拟依此形式组织，而在人才紧缺时，或对管理效率要求很高时，不宜采用此种形式。

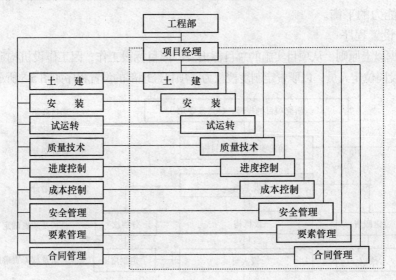

图 5-6 工作队式项目组织

（2）部门控制式项目组织

如图 5-7 所示，该组织形式按职能原则建立，不打乱企业现行建制，把项目

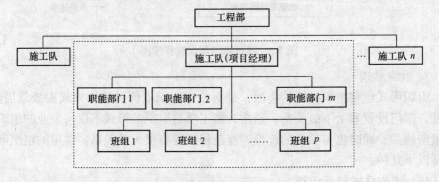

图 5-7 部门控制式项目组织

委托给企业某专业部门或施工队实施。部门控制式项目组织的优点是：关系简单，人事关系容易协调；项目启动时间短；职责明确，职能专一。缺点是：不适应大型项目管理需要；不利于精简结构。因此，该形式只适用于小型的、专业性较强的项目。

(3) 矩阵式项目组织

矩阵式项目组织如图 5-8 所示。在这种组织形式中，项目组织机构与所有相

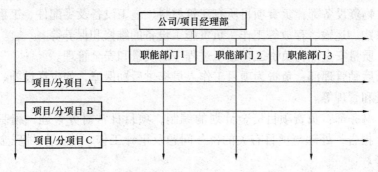

图 5-8　矩阵式项目组织

关职能部门都有结合部，职能部门与生产单元形成交叉矩阵。职能部门是永久性的，而项目组织是临时性的。矩阵中每个成员或部门接受原部门负责人和项目经理的双重领导，一般来讲，部门的控制力大于项目的控制力。矩阵式项目组织的优点包括：兼部门控制式和工作队式两种组织形式的优点，求得企业长期例行性管理和项目一次性管理的统一；通过职能部门的协调，以尽可能少的人力，实现多个项目管理的高效率；发挥了纵向的专业优势，利于人才的培养和知识的积累。缺点包括：项目凝聚力会有一定削弱；在同时管理多个项目时，项目管理人员有可能会顾此失彼；由于双重领导，可能导致项目成员得到的指令不一致，需要加强沟通和协调。总之，矩阵式组织形式可以充分利用企业有限资源以达到同时承担多个项目的实施，但是对企业管理水平、项目管理水平、管理人员的素质、业务流程、信息沟通渠道等均有较高要求。对于大型、复杂的施工项目，项目总经理部与分项目经理部之间也可以采用这种形式。

(三) 项目经理部的部门设置和主要人员构成

1. 部门设置

项目经理部的规模一般应该根据企业的组织体系和管理水平以及项目的性质和规模来确定。而项目经理部的部门设置也应考虑上述因素。

以一个大型国际土建工程为例，典型的项目经理部应设置以下部门：

(1) 商务合同管理部：负责施工合同的管理工作及对外商务工作，负责施工索赔，及与其他相关各方，如分包商、供应商、代理等的合同管理工作，组织合同谈判、关系协调会等。

(2) 工程技术部：负责项目的施工组织设计和进度计划的编制，负责现场施工管理及施工技术的改进等。

(3) 工程设计部：对于承包商需承担部分工程设计，或施工图设计量大的项目可考虑单独设立设计部，专门负责与工程相关的设计工作。

(4) 工程测试计量部：负责施工过程中所有的计量、测量和试验等工作，在无需单独设立时可并入工程技术部。

(5) 物资设备部：负责项目所有建筑材料、施工设备及零配件、工程设备的询价、采购、运输、存放等工作，负责施工设备的维修和保养等。

(6) 质量安全部：负责工程施工过程中的质量和安全管理。

(7) 后勤管理部：负责为项目工作人员提供后勤保障，如生活设施、娱乐设施的建设和管理等。

(8) 财务部：负责项目资金计划的编制，项目日常财务管理，编制各种财务报表、报告，处理与项目有关的税务问题及审计工作，建立项目现金流的预警系统等。

(9) 办公室：负责现场办公室的日常管理，项目部的人员管理及人员接待等工作。

2. 主要人员构成及其职责和素质要求

(1) 项目经理

国际工程承包的实践证明，一个项目能否成功实施，与承包商驻工地总代表——项目经理的工作能力关系极大；而要充分发挥项目经理的能力，公司总部要向项目经理充分授权。国外有学者研究认为：对项目经理的授权度越高，项目成本及工期超出计划的可能性越小。实际上，公司不同，对项目经理的职责和权力的具体规定也会不同。甚至，同一公司也会因为项目的性质和规模大小的不同而有所差异。比如，有的公司会对项目经理部实行"内部承包制（Insider Buy-out）"。在这种情况下，项目经理一般会参与内部项目预算的编制，并同公司商定承包价格及其他事宜。一旦签订承包合同，项目经理就会拥有非常独立的决策权。而有的公司则会对项目经理的权力，如财权、用人权等做出种种限制，以达到制衡的目的。但普遍认为，作为对项目的实施进行控制的第一负责人，项目经理在施工管理中的作用和地位是极其重要的。一般情况下，项目经理的主要职能包括：预测、计划、组织、控制、激励动员、协调及沟通等。对一个施工项目的管理主要包括施工设计、施工过程管理、人力资源管理、财务管理等方面的内容。通过行使这些职能，完成上述项目施工阶段的管理工作，使得项目成功实施。

这里评价项目成功实施的判断标准包括：

1) 按期竣工；
2) 最终项目成本在预算之内；

3）达到预期的项目质量；
4）未遗留索赔和争端问题；
5）承包商同建筑师和工程师保持了满意的工作关系；
6）承包商同分包商及供应商有满意的工作关系；
7）承包商同业主的关系良好。

根据上述判断标准，作为工程项目施工组织的总负责人，项目经理的主要职责及素质要求如下：

1）项目经理应具备的素质

作为一名国际工程承包施工的项目经理，要具备一些基本的素质，才能胜任这项工作。这些素质主要包括：

①对内有组织领导才能。有感召力，能使项目部成员团结一致、齐心协力为项目的成功实施而努力工作。

②对外灵活处理各种关系。能与业主、工程师协同工作，坚持原则，又不乏灵活性。了解涉外礼仪，善于同与项目相关的主管部门、代理人等沟通，建立良好的外部环境。同时，主动向领导请示汇报，以获得公司总部和上级部门的支持。

③熟悉国际工程的特点和实施流程，通晓国际工程项目通常采用的合同条件。

④熟悉工程所在国的情况。包括熟悉有关法律、法令，了解有关税收、海关、交通、签证等方面的规定，了解当地的社会风俗习惯，熟悉金融、劳工、建材及设备配件、工程分包等市场的情况，这样才能有效地进行决策。

⑤有丰富的专业技术知识。项目经理最好是所承包工程专业领域的技术专家，至少应该熟悉专业基础知识，并有一定的国外实际施工经验。

⑥能用外语同业主和工程师直接交流。如果存在语言障碍，项目经理很难有效地同业主和工程师及其他当地部门进行沟通和交流。尽管可以聘用翻译，但沟通的效率和效果将大打折扣。实际上，国际工程承包实践中，因为语言问题，工程师要求承包商更换项目经理的例子时有发生。

2）项目经理的主要职责

项目经理的主要职责，也是项目经理部的主要任务，包括以下五个方面的工作：
①施工进度的管理；
②控制工程成本；
③注意质量和安全；
④严格执行合同；
⑤抓紧结算和索赔。

(2) 施工/现场经理

现场管理一般被认为是劳动负荷大、工作时间长、协调难度高的一项艰苦工作。施工经理最重要的工作就是按照既定计划和目标对现场的日常活动进行管理控制，以确保实现工期、质量和成本三大目标。施工经理在项目经理的领导下开展工作，参与项目各种计划的制定，并具体负责安排计划的实施和监控。一个合格的施工经理应该是施工技术专家，有丰富的施工组织经验，良好的组织管理能力和协调沟通能力。

(3) 商务/合同经理

商务/合同经理在国际工程项目中的重要作用是显而易见的，尤其是在项目经理的商务和合同管理能力较弱时。商务经理负责具体的合同管理工作，协助项目经理进行对外沟通和协调，主管工程进度款的结算等。如果把现场施工看作是成本中心，那么商务管理则是项目的利润中心。一名合格的商务经理应该通晓合同条款，熟悉各种商务运作流程，有很强的沟通协调能力，并且熟练掌握英语。

除上述主要人员外，项目经理部还需各类专业工程师、物资采购人员、设备主管及维修工程师、财务人员、办公室及后勤人员等。在此不作详述。

(四) 项目经理部同公司总部的关系

在国际工程承包中，尽管项目经理部一般都享有充分授权相对独立地进行项目的实施，但是如果离开公司总部的支持，项目是无法顺利完成的。简而言之，项目经理部同公司总部的关系主要表现在以下三个方面：

1. 在行政管理上，两者是上下级行政关系，是服务与服从、监督与执行的关系。承包企业生产要素的调控体系应服务于项目层面生产要素的优化配置，同时项目上生产要素的动态管理要服从企业的宏观调控。

2. 在经济往来上，根据企业与项目经理签订的项目管理目标责任书严格据实结算，建立可信而合理的经济责任关系。

3. 在业务管理上，项目经理部作为企业项目的管理层，接受公司总部职能部门的业务指导和服务。与公司总部主要的业务管理关系包括：

(1) 向总部按时递交各种计划统计报表和施工进度报告；
(2) 国内采购的物资材料需总部的协助办理出口报关和运输；
(3) 管理和技术人员、施工设备等主要项目生产要素需总部统一协调安排；
(4) 项目的流动资金一般需要从总部调配；
(5) 项目质量、安全、形象等工作均需接受总部相关部门的指导和监管；
(6) 在项目遇到重大技术难题或危机事件时，需要总部组织专家会诊，予以指导解决；
(7) 在财务收支和成本核算方面接受总部的指导和监督，配合总部进行项目完工审计。

## 二、项目人力资源管理

人力资源管理同后面讲到的物资及设备管理可以一起统称为项目资源管理 (Resource Management)。人工、材料及机械设备（简称工料机）是所有建筑项目中涉及的最重要的三种资源,也是构成项目直接成本的基本组成部分。尽管人工费一般在工程项目成本中的比重并不算太高,但是人力资源作为所有投入资源中唯一的主观能动要素,其配置是否合理,管理是否到位,激励机制是否有效,直接关系到项目的成功与失败。

人力资源管理不能简单等同于过去经常使用的"人事管理"或"劳务管理"。人力资源管理(HRM,Human Resource Management)是指一个组织对人力资源的获取、维护、激励、运用与发展的全部管理过程与活动。人力资源视员工为组织的资产,因此需要为员工发展各种人力资源规划与招募考选、薪资福利、教育训练、职业生涯发展等服务功能,而非如传统的"人事管理"仅局限于人事行政的业务。对于一个项目来讲,人力资源包括项目上从事智力劳动和体力劳动的所有人员,而评定人力资源的因素有两个:质量和数量。一个项目涉及人力资源的职能可以概括为两个:项目人力资源计划和项目人力资源管理。

(一)人力资源计划

人力资源计划是指根据实施项目的需要,确定需投入项目上的人力资源的素质(种类)及相应数量,并通过对企业内部人力资源现状的分析,确定所需人力资源的获得渠道。因此,一个好的人力资源计划可以通过优化配置,达到充分发挥人力资源的能力,并降低人力成本的效果。进行人力资源计划的主要程序包括(参考图5-9):

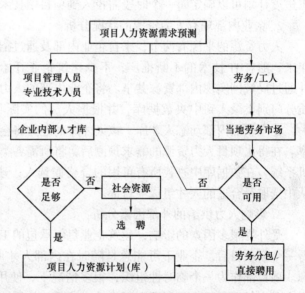

图 5-9 项目人力资源计划制定程序

- 项目人力资源需求预测
- 企业内部现有人力资源的状况分析
- 影响人力供给的外部因素分析
- 编制人力资源计划

1. 项目人力资源需求预测

项目需投入何种人力资源及投入数量多少要根据项目的类别、规模、复杂程度等而定。通常,项目上的人力资源包括以下四类:项目管理人员(Managerial Personnel)、专业技术人员(Professional)、行政人员(Administrative Personnel)及劳工(Labour)。项目管理人员包括项目经理、商务经理、现场经理及总工程师等项目管理层人员，一般由公司内部派出，其数量的多少与上述项目参数关系不大，而且在整个项目实施过程中比较稳定。专业技术人员包括各种专业工程师，如土木工程师、结构工程师、岩土工程师等，及其他高级技术人员；行政人员则包括办公室文员、后勤工作人员等，他们不直接参与项目实施，但是为其他人员提供支持和服务；劳工又分为技术劳务和非技术劳务，他们是一线生产工人，直接参与项目施工的每一个环节。通常情况下，劳工是投入到项目数量最多的人力资源。

投入专业技术人员的种类取决于项目中涉及工程专业的种类，而数量则由工程的规模大小确定。例如一个桥梁项目可能需要基础、水工、结构、路面等不同专业的工程师，而一个大型桥梁项目则需每一专业配备多名工程师。投入到项目上的技术劳务也需根据项目中涉及的工种确定，而劳工的数量则要充分考虑可利用劳工资源的作业效率和工程量的大小来确定。根据工作分解结构（WBS）和施工进度计划可以确定每一个时段需投入到项目中技术人员和劳务的种类和数量。

2. 企业内部现有人力资源的状况分析

人力资源的来源有两个，来自企业内部及通过招聘来自于人力资源市场。近年来，随着IT技术的不断推广，不少建筑企业开始尝试建立企业内部资源库，并通过局域网实现内部资源共享。将企业内部的人力资源按照专业资格及职业资质分门别类录入到中央数据库，并根据人员的实际状态对该数据库进行实时维护，建立企业内部动态人才库。该人才库的建立将会大大提高人力资源的管理效率。在得出项目人力资源的需求预测后，将所需各类人才的基本要求输入到计算机系统，在数据库中查找所有可用的合格候选人，建立项目自身的备用人才库，从中选取最合适的人才组成项目部。

3. 影响人力供给的外部因素分析

受外界很多因素的影响，建筑企业每年承包的工程数量会有较大波动。在取得一个新项目后，企业不可能总是随时在内部人才库中获得所有需要的人力资源。项目部作为一个临时性组织，很多情况下，使用社会资源会更经济。因此，当企业内部无合适的可利用资源或针对该项目使用社会资源更为经济时，项目应考虑从企业外部招聘有关人员。外部招聘的渠道很多，例如人才市场、高校，也可以通过猎头公司或直接同合适的目标人才联系。除了考虑国内人力资源市场外，还要充分重视项目地所在国的人力资源状况。实际上，在国际工程中，很少有项目会使用本国劳工，尤其是非技术工人，基本上都在当地聘用，而且不少国家和地区对外来劳务有严格的限制。管理到位的承包商已经越来越注重使用当地的人力资源，当然，这也要视项目所在地的人力资源市场发育是否健全。在不少落后国家和地区，有时很难找到某一类别的技术人员或劳务，这时，就必须考虑从本国或周边国家引进。

4. 编制人力资源计划

在确定了项目投入什么样人力资源，投入多少数量，以及这些人力资源的来源渠道后，就可着手编制项目的人力资源计划。这一计划应该作为项目资源计划的一部分，是在项目进度计划的基础上，将投入的人力资源按项目进度分配到项目的各个工序。

(二) 人力资源管理

1. 招聘及选择

一般来讲，国际工程项目的主要管理人员由公司或集团成员内部选派，其中一个主要原因就是我国职业经理人市场很不发达，尤其是从事工程建设的职业经理人市场。随着该市场的逐步发展和成熟，外部交易成本的降低，相信会有越来越多的项目管理人员通过社会招聘的方式选择。

目前中国的对外承包商已经从最开始的单纯劳务输出，到带劳务输出的工程承包，再到现在愈来愈多的无劳务输出的工程承包，已经慢慢地从劳务密集型向技术、管理密集型转化。在这种情况下，当地人员在项目实施中比重和贡献会越来越大。因此，做好当地员工的管理已经成为项目成功实施不可忽视的因素。这里首先涉及到的是员工的招聘和选择过程，包括以下主要步骤：

(1) 分析项目劳动力的需求（如工作描述、资质要求、选择标准等）；
(2) 吸引申请人或应聘者（如劳动力市场、招聘广告等）；
(3) 评测候选人（如申请表格、简历、短名单等）；
(4) 选择合适的候选人（面试、心理/品格/技能测试等）；
(5) 签订雇用合同并培训上岗。

在正式招聘之前应熟悉当地有关劳工雇佣的法律规定，避免招聘程序及雇佣合同条款违反有关法律法规，以及将来不必要的劳动纠纷。雇佣合同是管理雇主和劳工之间关系的法律性文件，因此要认真编写，避免使用模糊的词语和条款。

在国际工程承包实践中，劳务分包是另外一种常用的雇佣当地劳工的方式。在这种方式中，承包商根据劳动力需求计划，选择一家当地有信誉的劳务代理或分包商，由其供应项目所需的各种劳动力。承包商只与劳务代理或分包商签订合同，而与作业人员不存在单独的合同关系。这种方式尽管使劳工的管理方便很多，但不利于承包商灵活地采用绩效考评和激励机制提高劳工的作业效率。

2. 绩效及薪酬管理和激励机制

绩效与薪酬管理的概念是随着人力资源管理的推广和深入而出现的。它不同于传统意义上的工资和福利管理。它不仅涵盖对员工激励的外部因素，包括薪金、提升、表扬等，也包括内在的激励因素，如：工作满意度、责任感等。绩效与薪酬管理为管理员工绩效提供了一个整体解决方案。在设计项目薪酬管理体系的时候，首先了解企业所在行业的整体环境，其次考虑企业的经营战略。实际上，我国的对外承包企业大都是国有企业，项目经理部在薪酬体系的设计上更多地受制于企业的内部规定。

管理科学对于薪酬管理和激励机制的研究经历了从泰勒的"科学管理"学派到梅约尔的"人事关系"学派，随后到麦克哥雷格的"X与Y理论"，再到马斯洛的"需求层次"学说。目前，普遍认为对员工的绩效管理及激励机制最相关的是"期望理论"。期望理论最早是由美国心理学家佛隆在1964年首先提出来的。佛隆认为，人总是渴求满足一定的需要并设法达到一定的目标。这个目标在尚未实现时，表现为一种期望，这时目标反过来对个人的动机又是一种激发的力量，而这个激发力量 $M = \Sigma V \times E$。$V$ 表示目标价值（效价），是指达到目标对于满足他个人需要的价值。$E$ 是期望值，指能够达到目标的概率。这个公式说明：假如一个人把某种目标的价值看得很大，估计能实现的概率也很高，那么这个目标激发动机的力量越强烈。综合以上各种理论，可以得到员工绩效激励的理论模型如图5-10。

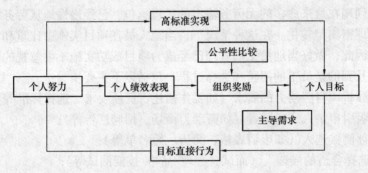

图5-10 员工绩效激励模型

根据这一理论，在能力和工作角色认知一致的情况下，员工通过努力达到目标绩效，并因得到相应奖励，以及实现个人目标而感到满意，最终达到员工激励的目的。

施工作业层与项目管理层在能力与角色认知以及个人期望上有很大的差异，因此在设计绩效管理、考评、薪酬、激励体系时也应不同。譬如，国际工程中外派作业人员的目标期望一般都比较明确，也比较一致，就是希望能获得较高的工资收入；而项目管理人员（包括专业技术人员）参与项目的目的和期望差异较大，可能包括多增加收入，丰富工作经历，实现自身价值，开阔眼界，增长见识，或者只是简单为了换换工作环境等。由于各自期望的不同，单纯靠物质报酬激励的方法可能不会十分有效。在这种情况下，可以首先通过谈心交流等方式了解不同人员的需求和期望，有区分地设定激励和约束方式，给予他们充分实现个人价值的发展空间，最好是采用物质奖励和精神鼓励相结合的办法。

当地员工的薪酬设计在充分考虑当地劳动力市场行情的前提下，应告知当地行业组织及工会，并采纳其合理建议和条件，另外也应考虑当地工程承包市场中竞争对手的薪资水平。建立合理的分级系统，不同技术工种之间，或同一工种，但技能水平不同的员工之间，薪资水平应有所差异。简而言之，在设定薪资水平时应考虑以下主要因素：

(1) 当地的生活成本；
(2) 与外部的劳动力市场环境相适应；
(3) 将薪资水平与劳动生产率和工作绩效联系起来；
(4) 项目的支付能力；
(5) 一般不低于同行竞争对手的薪资水平；
(6) 对提高和改进技术和能力的员工实施奖励；
(7) 员工集体或工会组织讨价还价的能力。

薪酬的结构是在分级系统的基础上建立的。通常作业人员和非作业人员（包括管理、技术和行政人员）的薪酬结构有很大的不同。对作业人员来说，薪酬结构相对比较简单，一般综合考虑上述因素后设定基本月薪（或周薪），然后再加上不同的补贴，如特殊工况补贴、作业工具补贴、加班费等。另外，应该在计时工资的基础上，引入计件工资制，按工作量或产出决定薪资的浮动水平或奖金。而对于非作业人员来说，薪酬应包括月薪（或年薪），并考虑到每年生活成本的增加、各种福利的补贴、与绩效有关的奖金等。所谓绩效，更多的时候是指工作的产出或结果，衡量绩效水平的高低应与开始设置的工作目标比较。根据期望理论，应该在目标—绩效—奖励之间建立明确联系，只有这样，薪酬才能真正起到激励的作用。

3. 专业及技能培训

提高施工作业效率的技术途径主要有两个，一个是提高施工管理人员的管理水平，再一个就是提高作业人员的生产技能，而实现这两种途径的重要方式之一就是培训。培训工作应该贯穿项目的始终。尤其是在项目初始阶段，尽管都是经过内部筛选或外部招聘，但投入到项目的施工管理人员及作业人员的技能水平还是参差不齐的。因此有必要在开始阶段强化培训力度，对于项目施工管理人员的培训可以由项目内部施工管理经验丰富的工程师进行，也可以另聘。还可以组织到其他施工管理做得好的类似项目上参观学习，通过"标杆管理"（Benchmarking），即仿效其他项目的成功的实例，提高项目的管理水平。

作业人员的培训，除在正式上岗之前进行的有关作业流程、各种制度，如质量要求、安全生产等的培训外，技能的培训多以传统的"师傅带学徒"的方式进行。应该把培训—技能提升—作业效率提高—考评体系纳入到员工绩效—薪酬—激励体制中，形成良性的循环体系。

4. 劳动力的优化配置和动态管理

劳动力优化配置的目的是保证生产计划或施工项目进度计划的实现，使人力资源得到充分利用，降低工程成本。劳动力配置的依据是项目施工进度计划和劳动力的生产率水平。劳动力优化配置时应注意的问题包括：

(1) 在劳动力需求计划的基础上进一步具体化，防止漏配。必要时，根据实际情况对劳动力计划进行调整；

(2) 配置时应贯彻节约的原则；

(3) 配置劳动力时，根据技能和生产率水平，合理设置目标，让工人有超额完成的可能，以便通过激励机制激发其劳动热情；

(4) 尽量使作业层正在使用的劳动力和劳动团队保持稳定，防止频繁调动；

(5) 为保证作业需要，工种组合、技术工人与普通工人、由国内外派的技工与当地劳工比例应适当、配套。在配置当地劳工时，应采取措施，尽量避免"利益小团体"现象的出现，尤其是在有罢工传统的国家；

(6) 尽量使劳动力均衡配置，劳动力资源强度适当。

劳动力的动态管理指的是根据生产任务和施工条件的变化对劳动力进行跟踪平衡、协调，以解决劳务失衡、劳务与生产要求脱节的动态过程。其目的是实现劳动力动态的优化组合。劳动力动态管理的原则包括：

(1) 动态管理以进度计划与劳务合同为依据；

(2) 动态管理应始终以劳动力市场为依托，允许劳动力在市场内充分地合理流动；

(3) 动态管理应以动态平衡和日常调度为手段；

(4) 动态管理应以达到劳动力优化组合和充分调动作业人员的积极性为目的。

项目经理部劳动力动态管理应以在施工进度计划基础上编制的劳动力配置计划为准绳，根据现场施工的实际情况，进行不断地劳动力平衡、调整，解决施工要求与劳动力数量、工种、技术能力、相互配合中存在的矛盾。并通过预测，不断修正劳动力配置计划，进而做出增减员、招聘培训等合理的决定。

## 第三节 承包商的项目计划与控制

项目计划（Project Planning）是进行施工项目管理和控制的依据，是指导施工建设的纲领性文件。一套完整的项目计划涵盖内容甚广，包括了从项目进度计划、资源（人力、资金、材料、设备等）使用计划、质量计划、成本计划及健康、安全及环境保护（HSE）计划等。项目计划的编制是项目经理部成立后最重要的工作之一，由项目经理组织不同专业有经验的技术和管理人员共同进行。一般来讲，在正式开工前，各种详细的项目计划应基本完成，而且其中主要的部分（如进度计划等），按合同要求应在规定时间内（如 FIDIC 新红皮书规定：在承包商收到开工通知后 28 天内）提交工程师审批。

项目计划编制完成后，进入实施阶段。按照各种项目计划进行工程项目的实施是保证实现工程总目标的关键，因此，在实施阶段项目计划的管理和控制是重中之重。计划管理的过程可以概括为 P、D、C、A 四个环节，简称为 PDCA 循环。其中:"P"(Plan)代表计划编制;"D"(Do)代表计划的实施;"C"(Check)代表计划的检查或控制;"A"(Act)代表采取措施。上述PDCA周期以螺旋轨迹循环往复,不断上升,从而保证工程项目的各种计划得以顺利实施。

计划的控制可采用系统控制的原理,即通过不断的循环过程实现对系统的控制,如图5-11所示。

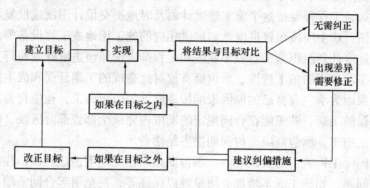

图5-11 控制原理

## 一、施工组织设计与施工方案

国内工程项目施工管理中普遍采用的"施工组织设计"一词,通常是指以工程项目为对象进行编制,用以指导拟建工程施工过程中各项活动的技术、经济、组织、协调和控制的综合性文件。施工方案的概念则狭窄得多,是指工程的施工采用何种方法、技术和工艺,一般包含在施工组织设计的框架中。而在国外的施工管理中很少会使用"施工组织设计"一词,从上面的定义可以看出施工组织设计的涵义之广应该覆盖了从工作结构分解(WBS)到具体施工方案、方法的确定再到各种项目计划编制的整个过程。

施工组织设计从类别上来分,有施工组织总设计、单位工程施工组织设计和分项(或分部)工程施工作业设计(或称分项工程施工工艺或施工方案设计)。一般的施工组织设计应包括以下内容:工程概况及施工特点(包括结构情况、地质情况、水文气象情况、主要工程量、施工条件、技术要求、工期要求等)、施工方案选择、施工进度计划、施工准备工作计划、劳动力、材料、构件、施工机械和机具等需求量计划、施工平面图、保证质量、安全施工、降低成本和冬雨季施工的技术组织措施以及各项技术经济指标等。

## 二、施工进度计划及管理体系

施工进度的合理安排,对保证工程项目的工期、质量和成本都有直接的影响,是全面实现承包经营"三要素"的关键环节。而且施工进度计划是整个项目计划中的核心文件,其他的计划都是在进度计划的基础上制定的。因此,承包商在中标后,应在投标书施工进度计划的基础上,进一步核实施工组织计划,编制详细的可行的施工进度计划,以保证关键路线上的子项目施工进度符合投标书的要求。在国际工程承包中,合同一般规定承包商在接到中标函一定期间内,应向业主和工程师报送详细的施工进度计划,取得工程师的审核批准,作为以后管理施工进度的依据。取得工程师批准的施工进度计划同其他合同文件一样具有合同效力,譬如,工程师要按这个施工进度计划及时地提交设计图纸或批复承包商递交的施工图,业主应按照该进度计划提供相应的施工用地或工程设备等,而承包商则需按进度计划组织施工。假如业主和工程师未按照该进度计划履行其合同义务,影响了承包商的施工进度,承包商有权对此造成的工期延误和成本损失提出索赔。如果因为承包商自己的原因未能按进度计划组织施工,他应自费加速施工以挽回延误的工期,若未能在合同规定的期限内完成全部或部分区段(依合同规定而定)的施工,承包商应支付误期损害赔偿费。

根据国际工程施工的实践经验,承包商如果在工期上造成延误,往往会导致一系列的问题,如施工成本增加、质量难以保证等,甚至引起合同争端,造成严重的后果。业主一般都非常重视工程进度,关心项目是否能按期竣工、投产或投入使用,这直接关系到业主的经济效益以及公众形象和声誉等。如果承包商能在施工进度上令业主和工程师满意,将会为整个工程项目的实施创造非常有利的条件。因此,自项目开工之日起,合同双方都应重视施工的进度问题,尤其是承包商更应把它作为头等大事来抓。

(一) 施工进度的经济性解释

1. 进度、质量和成本三要素之间的关系

工程承包施工的经验证明,质量、工期和成本三要素是互相影响的。一般来讲,在工期和成本之间,施工进度越快,完成的工程量越多,则单位工程量的成本越低;但突击性的加速施工,往往会大幅增加施工成本。在成本和质量之间,质量要求越高,则投入成本越大。在工期和质量之间,通常工期越紧,越多地采用突击性快速施工,则工程

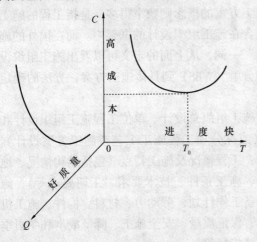

图 5-12 工期、质量、成本关系示意图

质量会越差。这种相互影响的关系如图 5-12 所示。

2. 最优工期分析

理论上讲,任何一个项目的施工应该存在一个适当的工期,在保证工程质量的前提下,使得工程的施工成本最低,这一工期 $T_0$ 可称为最优工期,如图 5-12

所示。任何一项作业（Activity）的完成都需要时间和资源的投入。如果把这一作业所需要的最短时间称为"速成时间"，在速成时间内完成该项作业的费用称为"速成成本"，那么这个速成成本一般是相当高的。通过降低每项作业的费用，可以减少工程项目的总成本，而每项作业的成本在客观上总有一个最低限度，低于该限度，该作业项目不可能完成。这个最低限度的费用称为"正常成本"，与此对应的施工时间称为"正常施工时间"。通常，如果要将工期缩短到正常时间之内，则需要增加资源投入，以减少各项作业的持续时间，因此在速成时间和正常时间这个区间内，项目成本和工期之间成反比关系。但是，如果工期高于正常施工时间，主要由于占用资源的时间延长，管理费用上升，结果反而导致项目成本再次上升。如图5-13所示。如果施工进度计划中每一项作业都以正常成本和正常时间实施，那么整个工程的造价最低。

实际上，一个项目的正常成本和正常工期对于具有不同资源、能力和生产效率的承包商来讲是有很大不同的，而且，即使是相同的承包商，采用不同的施工方案将会得到不同的正常成本和工期。这实际上也是承包商竞争力不同的体现。而对于业主来讲，考虑最优工期时，除了考虑正常成本，还要考虑项目投产后所产生的效

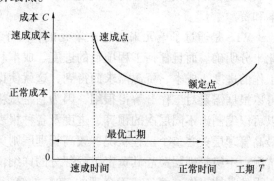

图5-13　工期—成本关系示意图

益，如果项目早日投产所产生的效益大于压缩工期所增加的成本，那么增加资源投入，压缩工期也是值得的。因此，许多边界条件的不确定致使最优工期和正常成本的确定是非常困难的。但是，通过优化的施工组织设计，合理安排工序和资源的投入，还是可以达到降低施工成本并缩短施工工期的目的的。

在国际工程实践中，尽管咨询工程师在进行工程设计时通常都会通过经济性分析确定比较合理的项目工期，但是通常由于业主追求建设项目早完工，以便于早投产、早还贷，所以招标文件中规定的项目工期是相对比较紧的。因此，承包商只有通过进一步合理安排每个作业项目的工期和施工顺序，提高作业效率，才能提高项目的经济效益。

(二) 编制施工进度计划

在确定项目的施工方案后，将工程项目施工过程层层分解为可以量度的工作或活动，是编制施工进度计划的首要工作，如按国标 GB/T 19001—2000 规定可依次划分为工程项目—单位工程—分部工程—分项工程。国外通常把这一过程称为工作分解结构 (Work Breakdown Structure, WBS)。WBS 不仅是编制和管理工

项目进度计划的基础，也是进行成本、质量管理和控制的基础，它将进度计划、成本管理、项目范围控制以及会计记账、审计等工作连接为一个整体系统，为进行有效的项目管理提供了一个操作平台。

根据美国项目管理学会的定义，WBS 是面向可交付成果的对项目元素的分组，它定义并组织整个项目范围，WBS 中没有的工作一定不在项目范围之内。在明确工作范围的基础上，对项目按一定的程序层层分解，随着层次的下降，项目可交付成果的描述也就越详细，这样就形成一个树状结构。WBS 最低层次的可交付成果称为工作包（Work Package），一个 WBS 工作包就表示一个明确且符合逻辑的可测量工作单元，并可分派给某一个人或小组去完成，为完成每一单元所进行的工作可以称为"活动"。分解后的每一单元都有相应的工作时间和成本以及所需的资源数量，通过层层汇总可以得到整个工程所需的时间、成本和资源数量。

WBS 是通过子单元来表达主单元的，对于每一工作，其编码是唯一的，因此十分明确。而且任何工程项目的进度、成本和资源需求都可通过计算其下一层工作的进度、成本、资源需求而得到，这就使得每一项工作都是可测量的。WBS 可以根据需要对工作分解得很细，因为它是从粗到细，分层划分的树状结构，所以可以编制出不同层次的预算、进度及各种报表，以满足不同管理层的需要。如最高管理层关心整个工程状况；较高管理层则关心工程的主要里程碑和成本控制情况；中级管理层关心其负责工程部分的详细情况；工地的工长则要关心每一天所干的具体工作。而且基于合理的 WBS 的统一编码系统便于计算机管理，提高项目管理的效率。

把所有的活动、工序根据施工方案有机地组合起来，形成整个项目的施工进度计划，并不是一件很容易的事。一般情况下，一项普通的国际工程承包项目可能由成百上千道工序组成，因此制定一个周密而合理的施工进度计划需要多名施工管理经验丰富的工程技术人员一起工作，并且使用科学的方法和工具才能完成。施工进度计划的编制有多种形式。传统的横道图（Bar Chart），又称甘特图（Gantt Chart），简单醒目，易于编制，至今仍广泛使用。自 20 世纪 60 年代以来，随着网络技术的发展，关键路线法（Critical Path Method，CPM）、计划评审技术（Programme Evaluation and Review Technique，PERT）等得到极大的推广和使用。在很多国际工程项目的招标文件中明确要求采用 CPM 或 PERT 制定施工进度计划。这里仅对这些方法作一简单介绍，详细内容请参考本套教材的《工程项目管理》一书。

1. 横道图/甘特图

横道图/甘特图是一种比较简单直观的施工进度计划，它平行排列各道工序，用横道线表示出每一道工序的起始和终止的时间，使人一目了然，很容易掌握每一道工序的进度计划和实际情况。如果每一道工序都能按计划时间完成，则整个工程的工期就可以得到保证。

但是由于横道图没有显示各道工序之间的逻辑关系，特别是不能显示影响工程竣工的关键部位，在工序的数目大量增加时，会给施工管理人员跟踪和安排施工流程带来很大的不方便。因此，横道图多用于小型且工艺相对简单的工程项目。

2. 关键路线法

关键路线法是当前利用网络技术制定和管理施工进度计划时最普遍采用的方法。尤其是在国际工程中，工程师一般会明确要求按关键路线法制定施工进度计划，并按照进度计划中的关键路线，在承包商认为部分工程或工序的施工受到干扰或影响而提出工期索赔时，决定是否批准承包商的工期延期。关键路线法的优点主要在于：

首先，它能清楚地表明整个施工过程中的关键路线，关键路线上任何工序的延误，都将会导致整个工程的延误。这就要求施工管理人员更加周密小心地安排关键路线上工序的施工。

其次，关键路线法直观地表示出每道工序间的逻辑关系，并可通过计算工序的时间参数确定工序的自由浮动时间，为施工管理人员合理配置资源和灵活安排施工创造了条件。

再次，关键路线法可以利用先进的 IT 技术实现网络图的设计、计算、调整和优化，从而把施工管理技术提高到一个新水平。实际上，很多项目管理软件，如 Microsoft Project，P3 等都采用了关键路线法的网络技术。

关键路线法又有单代号和双代号网络图之分，目前工程实践中较常用的是双代号网络图。使用关键路线法制定施工进度计划的步骤简单介绍如下：

（1）工作分解结构（划分作业项目）；

（2）确定施工顺序，并绘制作业逻辑关系明细表；

（3）计算每一项作业（工序）所需的时间；

（4）绘制网络计划图；

（5）通过计算时间参数，得出关键路线；

（6）根据合同工期进行调整，并进一步优化关键路线图。

关键路线法是制定和管理施工进度计划的科学有效的工具，在当前的国际工程承包中广泛使用，施工管理人员应熟练掌握这一技术，并在工程实践中加以运用。

3. 计划评审技术

计划评审技术也是一项常用的制定和控制施工进度计划的网络技术。它的基本原理和做法与关键路线法的单代号网络图非常相近。

与单代号网络图一样，计划评审技术使用节点表示一项工作或工序，并对该工作的持续时间做出悲观和乐观估计，通过公式计算出该工序的工作时间预期，并最终预测在某个目标日期完成工程项目的概率。由于每一道工序都需要进行概率估计，这一技术需要大量的统计分析和计算，所以一般用于特别复杂、庞大及项目不确定性因素很多的工程项目。

（三）施工进度计划控制

在工程项目承包实践中，没有哪一个项目的实施自始至终完全是按照初始制定的施工进度计划进行的，施工进度计划也不可能是一成不变的。这是由于工程项目施工的特点所决定的，对于国际工程项目来说更是如此。简单地说，影响工程施工进度的因素主要包括：

1. 人为因素。如项目经理或施工管理人员的组织能力不强、经验不足；项目部各部门和员工之间缺少沟通和协调；项目经理部忽视或不善于与业主和工程师及外部相关利益团体沟通等；

2. 制度因素。如项目管理制度落后，内部职责不清，分配机制不公，激励机制僵化等；

3. 资源因素。人、财、物等资源的配置不足或供应不及时也是影响施工进度的关键因素；

4. 环境因素。工程项目的施工对环境的依赖性很大，恶劣的环境甚至会导致项目管理的失败，地质、气候、地方干扰等都是对项目施工进度影响至关重要的环境因素；

5. 技术因素。如施工组织设计不合理、设计变更、使用尚未成熟的新材料或新技术、不熟悉技术规范和标准等。

如前所述，项目进度计划的管理和控制是不断地通过 PDCA 循环和目标—实施—反馈—纠偏的控制循环实现的。具体来讲进度计划的控制程序包括以下四个步骤：

1. 跟踪检查施工实际进度。

2. 整理统计检查数据。

3. 对比实际进度与计划进度。

将收集的资料整理和统计成具有与计划进度可比性的数据后，可采用横道图比较法、S 形（香蕉）曲线比较法、前锋线比较法或列表比较法等将实际进度与计划进度进行比较，得出实际进度与计划进度相一致、超前、拖后三种情况。

4. 施工项目进度检查结果的处理。

除了关键线路上的工序受到影响而导致整个施工进度计划必须做出调整外，还经常会出现这样的情况：出于非关键路线上的某项工作遭受意外干扰，致使其完成时间大大拖后，从而使这一工作变成控制整个项目工期的关键工序，改变了初始的关键路线。因此，施工管理人员要充分利用 PDCA 循环这一个动态的管理过程，及时跟踪每一道工序的实施进度，及时反馈到项目经理部。在出现上述的偏差情况后，项目经理部应积极果断地采取措施，如组织措施、技术措施、合同措施、经济措施和信息管理措施等，加快延误的关键工序的施工，使工程项目的施工回到计划的轨道上来。

实施进度计划要尽量减少事后的调整和补救，应侧重预见或预警性的控制和现场协调，变事后补救为事前控制。另外，承包商不能随意改变项目的施工进度计划。当出现严重的意外事件而导致实际进度与计划产生重大偏离时，或实际上工程已无可能再按原进度计划实施时，承包商需对施工进度计划做出修订，并报工程师审核批准，为将来可能发生的工期索赔提供合同依据。

**三、施工质量计划及管理体系**

在国际工程承包中，工程质量的优劣不仅关系到工程建成后的使用和千万人的生命安全，也直接影响承包商的商业信誉和将来的业务开展。质量优良的工程是承包商的"实物样本"，可以为承包商在承揽新项目时增添不小的砝码。可以说，没有质量就没有进度和效益，更没有企业的未来。

业主可以采取以下措施对工程项目质量加以控制。首先在招标阶段，选择资信条件好的承包商；其次限制合同转让与分包；再次就是严格要求按技术规范施工、严格进行材料和设备检验，并要求承包商对质量缺陷进行补救等。

**（一）质量计划**

随着 ISO 国际质量认证体系在世界范围内得到广泛认可，已经有越来越多的国际工程招标对承包商的 ISO 质量认证资质做出明确要求。作为质量体系文件重要组成部分的质量计划是针对某项产品、项目或合同，规定专门的质量措施、资源和活动顺序的文件。工程项目质量计划主要规定了工程项目应达到的质量目标，有关质量管理人员的职责，所采用的质量控制程序，必要的检验和试验，审核文件以及为达到质量目标所采取的其他措施等。工程项目质量计划是由项目负责人（一般是项目经理）主持，负责质量、设计、工艺和采购等方面的有关人员参与制定，由公司授权的工程技术负责人审批后生效。工程项目质量计划是施工质量管理的前提和基础，是控制施工质量的关键和保证。

工程项目质量计划编制的内容简介如下：

1. 概述。主要是描述工程的概况，包括工程名称、业主、咨询工程师、工程地点、工程规模、结构形式、工程特点、工期、自然和地质条件、水文气象条件等，同时阐述质量计划编制的依据和质量计划适用范围。

2. 质量目标。明确项目质量目标，又可分为产品质量目标和服务质量目标，其中产品质量目标包括工程物资质量、分部分项工程质量、单位工程质量以及整个项目质量；服务质量目标包括项目的施工工期、施工费用、施工安全及环境保护、新技术推广等。质量目标要进行分解，落实到个人。

3. 职责和权限。列出项目部组织机构及各岗位人员职责与权限，并提出内部沟通方式。

4. 过程的识别。质量管理检查流程、主要的特殊检验过程等。

5. 质量保证措施。包括：工程质量责任书的签订；文件和资料的控制；顾客提供产品的控制；产品标识和可追溯性；过程控制；检验和试验；检验、试验和测量设备的控制；不合格品的控制；纠正和预防措施；搬运、贮存、防护和交付的控制等。

(二) 质量管理体系

国外工程施工中的质量管理通常由项目经理或其指定的施工副经理或总工程师主管，其主要内容就是贯彻质量计划的实施，保证工程项目的施工质量。按照质量管理体系的要求，承包商需要在工程实施过程中采用全面质量管理（Total Quality Management，TQM）。全面质量管理是指进行施工全过程的管理，全体施工人员关心质量的全员管理，施工企业的所有部门认真进行的全企业质量管理。

在国际工程承包合同中一般都对工程质量管理提出明确要求，可以概括为以下内容：

1. 严格按照施工技术规范的要求进行工程项目的施工；

2. 承包商需指定专门负责监督施工质量的代表，并取得工程师的批准，如果该代表不称职，工程师有权要求撤换；

3. 对建筑材料和工程设备必须进行检查或试验，务求达到合同规定的标准；

4. 严格按照规定的施工工艺和顺序进行施工，如不合格，工程师有权要求返工；

5. 在施工过程中随时进行监督检查，或抽样检验，如不合格，应随时纠正修复；

6. 在缺陷通知期，负责对质量缺陷进行修复。

为了保证工程质量，在工程项目的施工管理过程中，要建立一系列的制度，各司其职，各负其责。经验证明，如果没有一个制度化、标准化的质量保证系统，工程质量计划往往流于形式，施工质量控制也就成为空谈。图 5-14 是一个比较完整的工程项目质量管理系统，而质量管理系统依赖 PDCA 循环过程得以正常运行。

### 四、施工成本计划及管理体系

成本是项目实施过程中各种耗费的总和，它是一项综合指标，它涉及到项目管理中的每一个环节，与工程项目的范围、采购、进度、质量、风险等要素的管理息息相关。通常情况下，项目成本一般可分为直接成本和间接成本，这一点国内和国外的规定基本一致，只是细目的划分和归类稍有不同。根据不同的标准，可以对成本进行不同的划分，如：根据成本随产量的变化情况划分为固定成本和变动成本；按经济性质可分为工资及附加费、外购材料及动力费、设备折旧费和其他费用；按工程项目的特点和管理要求划分为预算成本、标准成本和实际成本

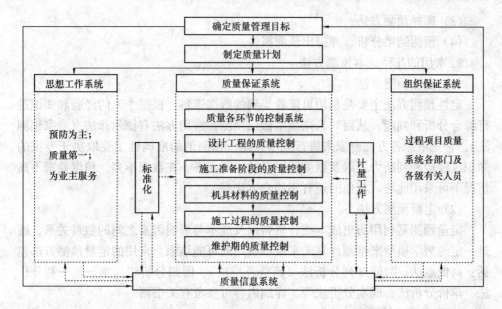

图 5-14 工程项目质量管理系统

等。国际承包工程的成本项目主要包括：材料费、人员（含管理和作业）费、施工机械使用费、物资储运费、临时设施费、设计费、其他直接费和经营管理费等。有关成本划分和归类的详细内容可参阅第四章。

承包商进行工程承包活动的根本目的是为了向业主按期提供合格工程的同时获得经济效益，而进行有效的成本管理和控制是取得经济效益最根本和直接的手段。通常，承包商进行成本管理的程序如图 5-15 所示：

（一）成本预测

成本预测就是根据有关成本资料，采用科学的方法和手段，对一定时期内成本变动的趋势做出判断，从而确定成本目标。成本预测是编制成本计划、确定目标成本的依据和前提。

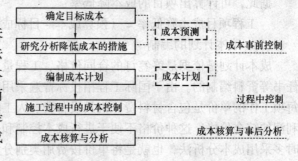

图 5-15 成本管理程序

1. 成本预测的程序

（1）环境调查，包括市场需求量、成本水平及技术发展情况的调查。目的是了解工程项目的外界环境对项目成本的影响；

（2）收集资料，包括以下各种资料：①企业本部下达的有关成本指标；②历史上同类项目的成本资料；③项目所在地成本水平；④工程项目中与成本有关的其他预测资料，如计划、材料、机械台班等；

(3) 选择预测方法;

(4) 预测结果分析,并提出预测报告。

2. 常用的几种成本预测方法

(1) 定性预测方法

定性预测方法主要是利用可能收集到的数据资料,根据个人的经验和知识进行综合分析和判断,从而对未来成本做出预测。常用方法有德尔菲法(专家预测法),它是依靠各方面专家来进行成本预测。预测值的准确性主要取决于专家的知识、经验和判断力,以及预测组织者的组织水平。在数据不多,精度要求不高情况下可采用此法。其他的还有座谈会方法等。

(2) 定量预测方法

定量预测是利用历史成本统计资料以及成本与影响因素之间的数量关系,通过一定的数学模型来推测计算未来成本费用的可能结果。常用的定量预测方法包括:高低点法、时间序列分析法(趋势外推法)、回归分析法、本—量—利分析法、单价分析法、成本分析法等。详细内容可参考有关书籍。

3. 目标成本的确定

通常承包商根据投标报价的情况确定工程项目的预算成本,并将其作为考核项目经理部财务绩效的依据。

$$工程项目预算成本 = 合同价 - 总部管理费 - 盈余 \qquad (5-2)$$

项目经理部在公司预算成本的基础上,对项目成本做进一步的分析和预测,并通过分析和研究降低成本的措施和途径,得出工程项目的目标成本,也称标准成本。

据此,可计算出项目的成本降低率:

$$工程项目成本降低率 = (预算成本 - 目标成本)/预算成本 \times 100\% \qquad (5-3)$$

(二) 成本计划的编制

成本计划是依据最终签订的合同价格、工程量表以及企业总部下达的目标责任书等资料编制的。由于国际工程招投标普遍采用工程量表的报价方式,清单中每项工作的单价是包含材料费、机具设备费、人工费及各种管理费、税金和预期利润的综合价格,这种价格不便于进行成本控制和分析。因此,在制定成本计划时多采用成本分析法,也就是将单价按费用类别分解,并分类汇总,按成本大项分别制定成本控制计划,如材料成本控制计划、设备成本控制计划、施工机具成本控制计划、劳务成本控制计划、临时工程成本控制计划、管理费用成本控制计划等。成本计划的编制程序如图 5-16 所示。

(三) 成本控制

1. 主要工程成本项目的控制

(1) 人工费的控制

人工费是工程项目成本中非常重要的组成部分,也是很难控制的部分。人工

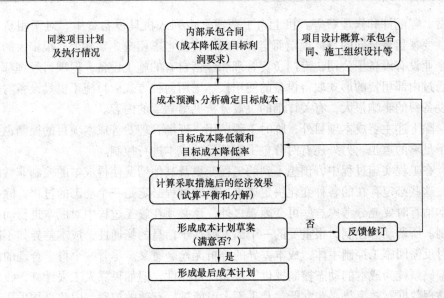

图 5-16 项目成本计划编制程序图

费的超支不外乎以下几个原因,即:人工工时数超出预算;假定的人工费率有所变动;工人实际生产率有偏差,因此人工费的控制也应从这几方面入手。在这几个因素中,生产率的控制最为重要,劳动生产率提高了,投入的人工相应减少,人工费率不变的情况下,人工费会降低。提高生产率的主要措施包括:提高管理人员的组织管理水平,优化施工组织设计,提高作业人员的技能和工作积极性。

(2) 材料设备费的控制

通常来讲,材料设备费在工程项目成本中占的比例最大,可达到整个工程成本的40%~60%,甚至更多。对于材料设备费的控制首先应从人和制度的因素出发,通过加强和完善项目物资采购制度,将成本控制的责任落实到相关责任人。其次,要对材料设备费进行全过程的成本控制,从制定材料设备需求计划到询价、采购、运输、仓储、使用,每个环节都应严格监控,确保材料及时到货而且不浪费、不丢失。

为确保及时有效的将设备、材料运至现场,应制订一项实际可行的采购计划,并利用供应链/物流管理的先进技术,以最快的速度将需要的材料设备采购并运至需要的地点,并在满足工程施工的条件下尽量减少现场的材料库存。

(3) 施工机具设备费的控制

对于施工机具设备费的控制,承包商首先应合理地选配和利用机械设备,提高机械使用率和机械效率。另外,还要科学慎重地选择机械设备的来源。施工机具设备的来源有两个,自有或自购和租赁。对于自有或自购的施工设备,主要有两类费用,一是因占用设备而发生的费用支出,主要包括折旧费、安装拆卸费、机具保险费以及大修费等;另一类是设备投入运转而发生的费用支出,如燃料动力费、零配件和修理费等。机上人工费通常也列入机具设备费中。对于租赁设备，要视租赁合同的具体规定而定，一般可直接考虑租金。实际上，很多大的施工企业设有设备子公司，专门负责管理和经营自有的施工设备，但项目经理部也要通过内部租赁的形式取得设备的使用权。采用何种方式取得施工机具设备对施工设备费的影响很大，有关详细的决策分析见第六章的内容。

除上述主要成本项目外，临时工程费用、现场管理费等成本项目的控制也要给予足够的重视。另外还有对分包工程项目的成本进行控制。

在工程实施过程中，预想不到的工程变更及其他情况使得成本的控制非常困难，这些必定存在的各种变化决定成本控制的过程必定是一个动态的过程，除在成本估算时要充分考虑这些可变因素之外，还必须在施工过程中对成本进行动态控制。所谓动态控制，很重要的一个因素就在于信息的畅通性，成本差异如不能及时反馈回施工控制主体，成本差异的分析无丝毫意义。尽管一个科学合理的成本编码系统为成本的动态控制提供了极大的可能性，但如果靠人工去计算、收集并整理数据，效率势必非常低，几乎不太可能进行有效的控制，因此必须采用计算机管理。通过建立公司内部的数据库及使用项目管理软件，成本估算、成本数据收集及分析都可在计算机上实现，工作效率的极大提高也使得成本的动态控制得以实现。

2．几种主要的成本控制方法

(1) 事前成本控制——价值工程

价值工程又称价值分析，是以功能分析为核心，以提高价值为目的，要求以最低的寿命周期成本实现产品的必要功能。

价值、功能和成本三者之间呈下列关系：

$$价值（V）= 功能（F）/成本（C）$$

(2) 联系费用的横道图法

横道图法是安排施工进度计划和组织流水作业施工的一种常用方法。长期以来，它只是被用来为制定进度计划服务，事实上横道图法完全可以用于对进度与费用进行控制。其做法为在一般的横道图中补充有关进度的实际情况、费用的计划情况和费用的实际开支情况等栏目，并在图中作相应的进度完成情况与费用实际开支情况横线，从而有利于发现差异、进行对比和估计未来成本的变动趋势。

(3) 成本计划评审法（PERT）

所谓"成本计划评审法"是在网络进度图上标出各作业计划成本和工期。在计划开始执行后将实际的时间和费用（主要是直接费用）累积计算，并定期将实际时间、实际成本与计划相对比，发现偏差，及时采取措施加以纠正。

(4) 成本分析表法

成本分析表包括成本日报表、周报表、月报表、分析表和成本预测报告等。这种方法是目前在进行工程成本控制时经常采用的方法，它要求准确、及时和简单明了，各种报表的填制可以每日、每周或每月一次，依实际需要而定。常见的成本分析表有：成本日报表、成本周报表、月成本分析表以及最终成本预测报告。

(5) 成本单项费用分析表法

为了分析出现成本差异的原因，工程项目成本还必须按费用发生的成本项目、归属对象进行进一步的分析，成本单项费用分析表分为人工费、材料费、机械设备使用费、工班人工费成本考核和工班材料费考核等，此表有助于进一步分清成本节约或超出的责任，找到根源，以便于深入分析和采取相应的措施。

(四) 成本核算与分析

工程成本核算就是记录、汇总和计算工程项目费用的支出，核算承包工程项目的实际成本。成本分析就是利用有关资料对承包工程成本的形成情况、变动原因进行评价和剖析。成本核算和分析构成了工程项目成本的信息反馈系统，是进行成本管理的基础。

成本核算应根据正确的原始资料，严格遵守工程所在国关于开支范围和费用划分的规定，按期进行核算。通常情况下，国际工程承包项目应每年向所在国税务部门递交项目财务报表，由其审计项目的收支情况，一般也称"外审"，以区别于公司内部组织的审计。

成本分析要以成本计划的执行情况为依据，对照成本计划和各项消耗定额，检查技术组织措施的执行情况，分析成本增加或降低的主、客观原因，量差和价差因素，节约和超支情况，从而提出进一步降低成本的措施。

(五) 挣值管理在成本控制和进度控制方面的应用

1. 挣值的基本概念

根据美国项目管理协会的 PMBOK 第二版，挣值管理（Earned Value Management, EVM），也称赢得值管理，是综合了范围、进度计划和资源，测量项目绩效的一种方法。它通过计划工作量、实际挣得价值与实际花费成本之间的比较，决定成本和进度绩效是否符合成本基准计划和进度计划。挣值不仅用于成本管理问题，所有的价值包括计划的和实际的，都可以用货币值来表示。这样项目绩效就可以用货币值加以量化，并得到客观的测评。挣值管理是对项目进行有效管理和控制的重要工具。它的基本概念建立在对项目实施过程中某一时间点的状态参数进行评估，得出与计划的偏差，通过分析，查找原因，加以控制的过程。在介绍挣值管理系统之前，先了解一下挣值管理中常用的术语：

(1) 计划值（PV-Planned Value）是指在某一时间点根据进度计划应完成的工作价值，也称为计划工作预算成本（BCWS-Budgeted Cost of Work Scheduled）；

(2) 挣值（EV-Earned Value）是指在此时间点已完成工作的预算价值，也称为完成工作预算成本（BCWP-Budgeted Cost of Work Performed）；

(3) 实际成本（AC-Actual Cost）是指在此时间点已完成工作花费的实际成

本，也称完成工作实际成本（ACWP-Actual Cost of Work Performed）；

（4）完工预算（BAC-Budget at Completion）是指完成项目的全部预算，在项目开始时已确定一般不再变化，除非项目实施过程中改变成本基准计划；

（5）完工估算（EAC-Estimate at Completion）是指为完成全部工作将需要的成本估算，它随着工程的进展可能不断变化；

（6）完工尚需估算（ETC-Estimate to Complete）是指在此时间点估算完成全部工作还需要的成本；

在进行挣值分析时一般使用 S 成本曲线，如图 5-17 所示。

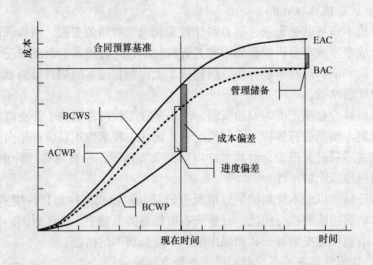

图 5-17 绩效测量基准

图中计划工作预算成本（BCWS）曲线是根据 WBS、项目进度计划及成本基准计划得出，即将每一工作包的预算成本按照其计划开始和完成时间累积起来；

完成工作实际成本（ACWP）曲线是根据已完工程量，利用各种票据、工人工作时间表，设备作业纪录等现场资料，计算已完工程部分发生的实际成本；

完成工作预算成本（BCWP）曲线根据已完工程量和预算成本计算得出：

$$挣值 = 已完工程百分比 \times 项目预算成本$$

2．建立挣值管理系统的步骤

挣值理论是基于项目产品的价值随各单元工作不断完成而增加的基本观点，因此该理论是测评项目真实进度的工具。通过将成本、进度及技术效果整合在一起，挣值理论提供了一种客观地测量实际完成工作的标准方法。它既可以描述进度，也可以描述成本的状况，而且还可测定偏差并确定发展趋势，进而采取有效措施减少不想要的偏差。如果不能客观实际地了解项目的状况，进行有效的控制也就无从谈起。对一个项目而言，建立挣值管理系统需要以下几个步骤：

（1）确定工作范围。工作范围应在项目生命周期的早期阶段固定下来，并尽量避免不必要的变更；

(2) 建立工作分解结构；

(3) 编制项目进度总计划。进度总计划表明了完成项目所需要的时间。WBS中的所有工作或工作包都应出现在进度计划中，同时应表明各工作之间的逻辑关系；

(4) 将预算成本分配到每一工作包。如何分配预算成本取决于项目执行组织采用何种财务管理系统。一般来说，构成项目成本的三个基本元素为人工费、材料费和设备费。人工费的估算通常先设计组织分解结构（Organizational Breakdown Structure -OBS），同WBS类似，OBS可以显示完成项目所需的人力资源，其最底层为项目中的每个人。将WBS和OBS交叉可以得出一个矩阵，每一个交点即为投入到每一个工作包的人工数量，乘以人工单价即可得出人工成本。根据WBS，确定项目的材料清单，使用供应商的报价可以算出每一工作包的材料费。同样，根据项目的实施方案，确定设备资源计划，并根据设备折旧率、设备工效、设备操作的人工费、燃料动力消耗率以及设备维修保养计划计算自有设备使用成本，利用租费计算租赁设备使用成本，然后分摊到每一个工作包。

(5) 建立测量实际完成工作量的方法

在决定使用何种规则测量完成工程量之前需要考虑许多因素，如合同类型、支付条件以及是否某些工作包的价值很高而某些则很低等。但无论如何完成工程量测量方法和计算规则必须是经济且易于操作的。一般来说，测量应该包括：

1) 实际完成的工作数量（如果该项工作可以计算数量）。如预制构件的个数、安装的门窗个数等。

2) 完成百分比。如果一项工作难以以数量计，则可以评估完成的百分比。

3) 有的工作是难以量化的，如项目计划人员和后勤人员的工作，它们基本上是时间的函数，所以可以用过去的时间与允许的计划时间对比。

4) 利用里程碑测定。用节点工作的完成定义工程完成的百分比，如基础工程完成＝15%，所有材料运至现场＝5%等。

5) 工程量的计量。其与项目的实际支付进度紧密联系。

6) 两点计量法。预先规定好需要计量的两个点，如：当工作包的所需材料到达现场计量50%，工作包完成时计量50%。

7) 单点计量法。如果项目是由大量的价值相对很小的工作包组成，则可以在工作包完成后一次计量。

(6) 建立绩效测评基准

在完成上述工作之后，我们可以估算出每一时间段（通常为周或月）计划花费的金额。以时间为基准坐标，可以建立表格形式或"S"曲线形式的绩效测量基准。该基准是进行挣值管理的基础。

3. 挣值管理系统的应用

偏差分析和趋势预测是进行项目管理的两个重要工具，而挣值管理是实现这两种控制方法的技术手段。以"S"曲线基准计划（图 5-11）为例，利用图中所示不同曲线之间的关系可以对项目目前的成本和进度状态进行各种分析。

(1) 偏差分析（Variance Analysis）

偏差是指计划值与实际值之间的差异，又分为进度偏差和成本偏差，进度偏差为挣值与计划工作预算成本之间的差异，成本偏差则是挣值与完成工作实际成本之间的差异。计算如下：

进度偏差（Schedule Variance，SV）= BCWP – BCWS；这里如果结果为正则表示进度超前，如果结果为负则表示进度滞后。进度偏差程度 SV% = SV / BCWS × 100%。

成本偏差（Cost Variance，CV）= BCWP – ACWP；这里如果结果为正则表示成本节支，如果结果为负则表示成本超支。成本偏差程度 CV% = CV / BCWP × 100%。

(2) 趋势预测（Trend Projection）

趋势预测可以通过计算成本效果指数（Cost Performance Index，CPI）和进度效果指数（Schedule Performance Index，SPI）对项目的成本和进度进行预测。

成本效果指数是挣值与完成工作实际成本之间的比值，CPI = BCWP / ACWP，如果 CPI 大于 1，表示成本节支；CPI 小于 1，表示成本超支，反映了绩效不能令人满意，例如 CPI 为 0.85 表示花费了 1 美元却只完成了 0.85 美元的工作。进度效果指数是挣值与计划工作预算成本之间的比值，SPI = BCWP / BCWS，如果 SPI 大于 1，表示进度超前；SPI 小于 1，表示进度滞后，例如 SPI = 0.85 表示计划应完成 1 美元的工作，而实际只完成 0.85 美元的工作。

完工估算（Estimate At Completion，EAC）是指在某一时间点对工程所需最终成本的更新估算，它可以根据完工预算、挣值及已完工部分成本效果指数进行计算：

$$EAC = ACWP + (BAC - BCWP) / CPI$$

一般来说，在工程完成 85% 以后，绩效指数几乎不能进一步改善了。事实上，达到该时间点后，工作绩效几乎不可能超过截至该时间点的平均工作绩效。为保证在完工估算内完成工作，有必要明确在剩余工程中必须达到的绩效指数，用未完工程绩效指数（TCPI – To Complete Performance Index）来表示剩余工作预算与成本之间的比值。

$$TCPI = (BAC - BCWP) / (EAC - ACWP)$$

TCPI 小于 1，表示维持原有的绩效指数是不可能在预算内完成工作的。

## 五、施工健康、安全与环境保护计划及管理体系

健康、安全与环保管理体系（Health, Safety and Environment，简称 HSE），由壳牌

(SHELL)公司首先提出，之后很快得到世界上一些知名的大公司的响应，并逐渐成为国际石油工业为减轻和消除石油天然气行业生产中可能产生的健康、安全、环境方面的风险，保护人身安全和生态环境制定的一套系统的管理办法。后来被国外的施工企业普遍接受并逐步推广应用到工程项目建设中，而且成为企业文化的一个有机组成部分。HSE讲究"以人为本"，认为企业的行为应无害于人类，无损于健康，不破坏环境；讲究对事故的预防，认为一切事故都是可以预防的，并大力提倡可持续性发展战略。HSE管理目前在我国仍多用于一些能源、冶金及建设这些传统上被认为是对环境损害较大的行业，而对于走出国门、走向国际工程承包市场的建筑企业来说，积极地推进HSE管理体制势在必行。

HSE是指健康、安全、环境的一体化管理，是高度整合的综合管理系统，三者之间有着不可分割的密切联系。在传统工程项目施工管理中，由于安全生产事关人员的生死安危，所以容易引起项目经理部及公司总部的高度关注，而职工的健康和环境保护问题却容易被轻视和忽略。

国际工程项目的特点也决定了HSE管理必须得到高度重视。比如，国际工程实施过程通常集中了许多国家的工作人员，这些人生活习惯不同，工作作风各异，价值观念也会不同。在这样一个群体中，工伤事故或职工健康、环保问题都可能引发矛盾。尤其是国际工程项目的咨询工程师多来自西方国家，他们大都对HSE问题极为关注，承包商轻视或忽略HSE的管理会给项目的实施带来麻烦。而且，工程技术人员背井离乡出国工作，意外的工伤事故或疾病不仅对本人，也将给其家人带来极大的痛苦。国际工程实施中的伤亡事故除带来不小的经济损失外，还会使项目人员的心理长时间蒙上一层阴影。另外，国际工程中承包商多雇用大批当地劳务进行施工，雇主和劳动力之间的关系往往是一个很敏感的问题。如果雇主不能慎重对待当地工人的安全和健康问题，很容易引发劳资纠纷，甚至引起罢工等严重后果。

健康和安全问题在国际工程施工中的重要性，也体现在国际通用的FIDIC合同条件中有不少相关规定，例如：

(1) 承包商应自费采取适当的预防措施保证其职员与工人的安全；在营地住宅区和工地配备医务人员、急救设备、备用品及适当的救护服务，采取适当的措施预防传染病，并提供必要的福利和卫生条件；

(2) 承包商应指派专职人员负责处理安全与人身事故问题，并采取预防措施以防止发生事故；

(3) 当发生传染性疾病时，承包商应遵照并执行所在国的规定和指令，处理并消灭传染性疾病对工人健康的危害；

(4) 承包商应根据当地条件，向工人提供足够的、价格合理的合适食品，以及足够的生活用水。

(一) HSE管理的目标和地位

HSE管理的目标就是：无事故，零伤亡，无损于环境。项目的HSE承诺是由项目经理代表公司向业主提出的保证，是项目组工作的宗旨，项目组的每个成员包括各承包商、供应商都应为实现项目经理提出的承诺而积极努力。在项目组织机构中，HSE经理的地位仅次于项目经理而高于其他一切部门，HSE经理被授权可直接向项目经理汇报工作，不必通过各级部门逐级汇报。如项目中出现不利HSE管理的严重问题，可要求项目经理立即停工。在HSE、进度、成本和质量等工作中，HSE管理始终具有压倒一切的优先权。

建立和实施HSE管理体系可以使企业减少成本，减少各类事故的发生，提高企业健康、安全与环境管理水平，树立良好的企业形象，促进我国建筑企业进入国际市场，促进企业经济效益、社会效益和环境效益有机的结合。

（二）编制HSE管理计划

工程项目HSE管理计划是在公司HSE管理体系的基础上结合项目的具体要求和特点编订的。公司的HSE管理体系一般应包括图5-18所示的各种文件。

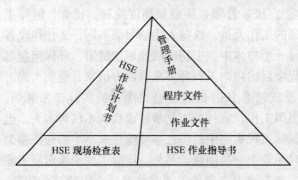

图5-18 HSE管理体系的组成文件

施工项目中首先应建立项目HSE组织机构，明确各岗位的HSE管理职责。项目经理是本工程的HSE管理第一责任人，专职HSE管理人员是开展HSE工作的核心力量，各施工班组长是HSE管理职责落实的重点。项目施工前针对施工项目的特点，组织有经验的施工人员和HSE管理人员对本工程的风险进行识别，落实风险措施，编制本工程HSE作业计划书、HSE现场检查表。项目IISE作业计划书具有指导性和现场可操作性，HSE现场检查表可根据施工进度分专业进行编制，也可编制全面的包含各专业性质的现场检查表，以便于全面检查。

工程项目HSE管理计划的主要内容包括：编制依据，适用范围，引用标准，工程项目基本情况，工程项目领导责任人承诺，工程项目工艺、工序、流程，工程项目组织机构，岗位、设置及职责、资源和文件控制，工程项目危险辨识及风险度评价，工程项目施工过程中的控制措施及控制关键点，工程项目施工过程中的对分包商及供应商的管理，工程项目施工过程中的运行与控制，工程项目施工过程中的变更与应急，工程项目施工过程中的检查与监督，工程项目施工过程中所发生的事件及事故管理，工程项目竣工后的业绩评定等。

（三）HSE管理程序

工程项目HSE管理程序如图5-19所示。

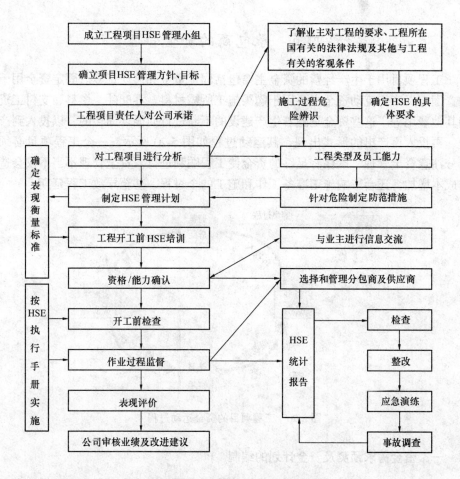

图 5-19 工程项目 HSE 管理程序

(四)改进施工 HSE 管理的措施和途径

1. 组织保证措施。建立专门的现场 HSE 组织机构,例如以项目经理为首的总包和分包联合的 HSE 管理委员会以及项目经理亲自领导下的工程项目 HSE 管理小组等。

2. 物质保证措施。要安排充足的资金用于 HSE 管理,以便购置安全器械和设备,建立现场急救设施,配置足够数量的劳保用品及消防器具等。

3. 制度保证措施。建立安全生产规章制度、安全生产奖惩制度及职工健康保证计划等。积极组织各种活动开展和推广 HSE 管理,如安全会议,记录和报告,监控,承包商检查,职工行为结果管理,分包商行为结果管理,不足和补救行动计划,执行情况审查,审计和评估,激励等。

4. 技术保证措施。严格审查施工技术方案,确保其安全。采用风险评价和管理技术,对施工过程中的风险进行识别、分析和评估,以采取必要的预防措施。

## 第四节 承包商的资金管理

工程项目用于生产经营的资金主要包括固定资金和流动资金。固定资金用于购置固定资产,流动资金主要用于购买施工所需材料、零配件、燃料、支付工资和其他费用等。这些资金是随着生产建设的不断进行而循环周转的,以投入到产出、再投入再产出的形式出现,其运动过程如图 5-20 所示。一个工程项目必须十分注意资金管理,确保有足够的资金使工程顺利进行。资金管理不当不仅会造成成本增加,还会影响施工准备工作和施工的全过程,甚至导致工程延期。

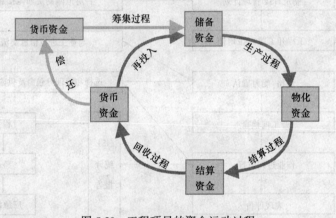

图 5-20 工程项目的资金运动过程

### 一、资金需求预测及资金计划的编制

国际工程承包项目的资金需求额主要依据合同额来确定。通常,根据施工经验可以将工程项目的资金需求额粗略估计为合同额的 25%～30% 减去工程预付款所得到的金额,而且资金的需求量在施工前期或中期比较大。但是,因工程性质和规模的不同,资金的需求量会有较大差异。准确的资金需求预测应基于工程项目进度计划和成本计划,通过预测得出项目的资金回收曲线和资金支出曲线,两条曲线之间最大差异值则为项目可能需要的最大资金需求。基于资金回收计划和投入(支出)计划,可以清楚地知道什么时间需要多少资金。通常资金计划的编制以月为时间单位,可以采用表格或曲线的形式。下面就简单介绍资金流动计划的编制方法。

(一)资金支出计划

编制资金支出计划主要是根据工程进度计划、工程成本预算以及施工组织设计中关于设备、材料和劳力的投入时间要求来分项计算。投入资金的分类可粗可细,大致可划分为以下方面:

1. 前期费用：包括保函手续费、保险费、以及签订合同后立即支付的各项管理费、佣金、代理费和开办费等；

2. 临时设施费：包括修建生活营地、各类仓库、维修车间、水电设施、道路设施及各项生产设施（如混凝土搅拌站、加工厂、预制厂等）等的费用；

3. 人员费用：人员调遣费及工资、福利、补贴等；

4. 施工机具设备费：自有机具设备的调遣费、使用费以及新购和租赁设备的费用、零配件费用；

5. 材料费：按分批进料的进度估算费用，并考虑材料付款条件安排用款时间；

6. 工程设备及安装费：按设备订货价款、交货进度、支付条件及安装进度安排支付资金和支付时间；

7. 其他费用：包括各种日常管理费用和未预料费用及贷款利息（资金成本）。

将以上费用按工程实施进度列表，汇总得出每月的总费用支出，画出资金支出曲线，如图 5-21 所示。

(二) 资金收入计划

编制资金回收计划，主要是根据工程进度计划，结合合同价格及合同中的支付条款进行计算，时间单位与资金投入计划保持一致。资金收入款项主要包括：

1. 工程预付款：按合同规定列入，应考虑预付款支付时间和支付方式（一次或多次），以及何时开始返还预付款及其返还方式。

2. 材料设备预付款：许多国际工程承包合同都有材料设备预付款的规定，如材料到达现场并检验合格后可支付材料款的一定比例（一般为 60%~80%）；工程设备可按开出信用证、装船、到港、运抵工地和安装等进度支付。安排资金回收计划时应考虑合同关于材料设备预付款的比例和时间规定。

3. 期中工程进度款：按工程进度计划计算逐月完成的工程量及相应的工程款，还应按比例扣除预付款、扣除保留金，按工程量扣除相应部分的材料预付款，这里还要充分考虑工程师和业主审批账单的时间和业主实际付款的迟滞因素。

4. 最终结算付款：按合同规定，考虑工程竣工的验收结算时间及付款的迟滞因素。

5. 保留金的退还：按合同规定的保留金退还时间将保留金列入收款计划。通常保留金为合同额的 5%，在工程师签发竣工证书后返还其中的 40%~50%，而余下的要到缺陷通知期满退还。承包商为尽早收回保留金，一般可以在工程竣工时再向业主提供相应金额的保留金保函，提前要求业主返还另一部分保留金。

将上面所有项按时间汇总得到工程项目的资金回收计划。

(三) 资金流动计划 (Cash Flow)

将资金支出计划和回收计划综合在一起，即可得到资金的流动计划，并可绘出资金支出曲线和资金回收曲线，如图 5-21 所示。或称现金流量曲线，因多呈"S"型，也称 S-曲线。

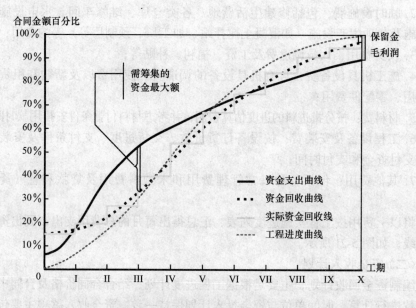

图 5-21　资金流动曲线（S-Curve）

图中，假设工程预付款为合同额的 15%，预付款的扣除从第一次中期账单支付开始，每次为月支付工程款的 20%。由于工程正式开工之前已经发生费用支出，如调遣费、营地建设费以及代理、佣金等的支付，所以资金支付曲线一般不是从零开始，而且工程前期资金投入都比较大。通过比较支出和回收曲线，可以得出每一时间点资金的需求量，从而为合理的筹集和使用资金提供可靠的依据。

**二、资金来源和筹资渠道的选择**

（一）资金来源

国际工程承包项目的资金来源主要有以下几种：

1. 自有资金

承包商的自有资金包括现金和其他速动资产，以及可以在近期内收回的各种应收款等。除企业存于银行的现金外，某些存于银行用作透支贷款、保函或信用证的担保的冻结资金，如能争取早日解冻，也属于现金一类。速动资产可包括各种应收的银行票据、股票和债券以及其他可迅速出售的存货等。至于各种应收款，可包括已完合同的应收工程款、近期可完工的在建工程付款等。此外，公司自有的施工机具设备，凡可用于该工程的，均可将拟摊入本工程的折旧费算作自有资金。

通常，承包企业的流动资金都是相对短缺的，尤其是有多个工程项目同时实施时。因此承包企业良好的财务管理系统和很强的资金运作能力是保证工程项目资金投入的基础和关键。关于国际工程承包企业财务管理的内容参考有关专著，如《国际公司理财》。

2. 业主的工程付款

充分合理地利用来自业主的工程付款可以很大程度地减少投入工程项目的流动资金，并减缓因资金周转困难而产生的压力。合理运用业主的工程付款的手段主要包括：

（1）工程预付款

通常工程预付款为合同价格的 10%~20%，不计利息，在承包商签订承包合同并提交履约保函、预付款保函和相应的预付款申请表后 56 天内支付。预付款的币种及其比例与承包合同中规定相同。工程预付款将在承包商的中期付款中按合同规定的比例，以同样的货币比例逐月扣除。因此，为能尽快拿到工程预付款，承包商应尽早办理有关保函，并按合同和工程师的要求准备有关申请资料。

（2）材料及工程设备预付款

通常根据合同规定，承包商凭已供货到现场，并检验合格的工程材料发票和工程设备发票，就可得到一定比例（约 60%~80%）的付款，尽管这些材料和设备尚未使用或安装。

（3）加速工程进度款的支付

尽管工程进度款的支付快慢主要不取决于承包商，但承包商通过尽早提交月报表，指定专人负责跟踪账单签认的全过程，还是可以尽早获得工程进度款的支付，如业主不按合同规定日期支付（FIDIC"新红皮书"规定在提交月报表后 56 天即应支付），承包商可及时提交索赔报告。

（4）争取将初期准备工作单列项目

千方百计增加工程前期收入对于缓和资金矛盾是十分重要的。因此在合同签订前的谈判阶段，承包商应力争说服业主将属于初期支出的独立费用，按单独的子项列入工程量表中。例如，地形地质的补充勘探费、施工详图设计费、场地准备费、营地设施费等，如果能将其列为单独子项，则可在初期得到这些项目的支付，这对减轻初期资金的压力很有好处。

（5）投标报价时尽量考虑早收款的原则

在投标报价阶段，可将"应摊销费用"如各种间接费等，多摊入可以早收款的项目中去，特别是早收款的包干价，如施工动员费、营地建设费等，使这些项目的价格提高，有利于早收款。也可以把一些后期收款项目的价格降低，将降低部分的价格转移到早收款的项目中去，亦即所谓的"不平衡报价法"（Front-Loaded Tendering）。但是在不平衡报价时应该注意不能过于明显，否则会导致废标。而且，对工程量的预测应该相当准确，对于那些即使是在后期收款，但在施工过程中工程量可能大幅增加的项目不能采用，否则会导致该单项的严重亏损。

（6）尽早向业主进行合理的索赔

在出现意外事件导致项目受损或费用增加，且根据合同规定，承包商有权利获得相应赔偿时，承包商应在事件发生后，尽快递交索赔报告，并积极跟踪处理过程，以期尽早收到索赔款，缓解项目的资金压力。

3．其他融资渠道

（1）银行贷款

银行贷款是承包商取得周转资金的主要方式。国际工程承包属于资金密集型的行业，任何一项工程都需要大量资金的集中投入，所以完全依靠自有资金承揽工程项目是很难做大做强的。利用信贷资金经营，实质上就是"借钱赚钱"。当然，所有银行贷款都是要支付利息的，也就是资金成本，只有在承包工程的利润高于贷款所出现的资金成本时，依靠银行贷款承揽工程才是有利可图的。

要取得银行的支持，如贷款或开具保函等，承包商必须有良好的经营业绩和商业信誉。银行对承包商的资信审查主要包括：

1）承包商的实有资本。通过审查承包商的资产负债表和损益表，了解承包商的固定资产、速动资产、流动负债以及资产负债率、速动比率等财务表现指标。

2）承包商的商业信誉。了解承包商的工程业绩资料，特别是工程质量，是否按期完工，有无与业主发生仲裁或诉讼等。了解承包商在还贷款及商业经营方面的诚信度。

3）承包商的能力和工程经验。调查承包商是否有能力和足够的经验完成该项目的施工。如果承包商在该类项目上无任何经验，则银行有足够的理由怀疑承包商是否可以成功实施项目。

4）拟承包工程项目的情况。了解拟承包项目业主的信誉和资金来源，工程的复杂程度和风险因素。检查承包商的投标价是否过低，能否有足够的利润偿还贷款和利息。

5）承包商的在建工程情况。了解承包商在建的工程数量和合同额及工程进展情况。如果在建工程过多，规模过大，严重超出承包商的承受能力，银行有理由相信承包商将因贪多求大而导致失败。

在国际承包工程中，除贷款融资外，承包商还有很多业务需要同银行打交道，因此选择一家高效率、业务齐全、服务好的银行机构也是非常重要的。承包商在选择伙伴银行时应考虑以下一些因素：

1）有良好的商业信誉，雄厚的资金，受当地政府和公众信任。

2）为业主所接受，并且与中国的银行之间有业务往来或是相互接受。

3）有良好的服务质量和办事效率。

4）收费合理，无论是存贷利息、佣金或手续费等，均能给予优惠待遇。

5）业务品种齐全，可办理国际结算业务，同时应在项目现场附近有分支机构，以便于资金使用、调动和转移。

承包工程多、营业额高，且有较好资信的承包公司往往是众多银行争夺的主顾。在这种情况下，承包商应利用银行之间的竞争选择一家或几家银行建立较长期的合作伙伴关系，有利于今后安排不同的信贷和办理其他业务。

承包商利用银行贷款的几种主要方式包括：

1) 短期透支贷款

所谓短期透支贷款（Short Term Over-Draft），是指先从银行以透支方式借出一定数量的资金，用以支付购买材料和设备等工程用款，一旦收到每月的工程付款，立即归还银行。这种方式特别适用于按月结算工程进度款的项目。由于这种贷款随借随还，银行只按承包商账户的赤字余额逐日计息，尽管贷款利率较高，但实际的赤字金额时大时小，且计息时间短，因此花费的利息并不多。只要业主的付款确实可靠、准时，承包商善于经营，贷款额度不高，透支贷款的方式还是方便适用的。特别是，如果工程所在国的货币是软通货，而且支付货币为当地货币，利用当地银行透支贷款当地货币，可以一定程度上减轻货币贬值风险。

在实施国际工程遇到流动资金不足时，我国承包商可以向中国银行或适当的金融机构申请开具以当地银行为受益人的透支担保保函，保函规定最高透支额及担保有效期，这样就可以从当地银行获得短期透支贷款。有些承包商长期在当地开展业务，信誉良好，且与银行建立了长期业务合作关系，可能无需担保保函即可获得此类贷款。

在贷款时间长，贷款金额很大时，采用透支贷款就不经济，而且也不太现实。这时，承包商应寻求其他贷款方式，如中短期抵押贷款等。

2) 抵押贷款

根据抵押物的不同，抵押贷款（Mortgage Loan）可以分为存款抵押贷款、设备抵押贷款，或利用业主开出的尚未支付的工程账单做抵押，亦或利用业主开出的银行付款保函作抵押，向银行进行中短期贷款。

有些国家的当地银行不接受透支保函，但在确信承包商资信可靠，工程支付有保证时，可能会提供存款抵押信贷。在项目支付货币为软通货且按进度付款的条件下，采用这种方式是比较有利的。承包商可以用少部分硬通货，如美元、欧元等，或工程设备作抵押，从当地银行获得更多数额的当地货币贷款。抵押款和借款的比例称为抵押存款限额，限额越低，以相同金额的存款可以获得更高金额的借款。只有资信、实力都很好的公司，才能争取到银行特别优惠，给予较低的抵押存款限额，如 10%~15%。采用存款抵押信贷的办法，一方面可以少存多借，获得大大超过自有资金的流动资金信贷；另一方面，还可以保持自己的硬通货及其利息收入，而避免当地货币贬值的风险。

FIDIC "新红皮书"规定，工程进度款应在工程师收到期中支付证书后 56 天内支付。如业主到期未能支付，尽管承包商可以获得超期时段的利息，但会对承包商的流动资金造成周转困难。这时，承包商可以将工程师签认的支付证书作抵押，向银行进行短期借贷，但利率通常高于正常贷款利率。当业主因特殊原因要求延期支付工程进度款时，承包商因垫付资金较多，可以要求业主从一家可被接受的银行开出付款保函作为支付工程款的保证，承包商利用这份保函作抵押，从自己的伙伴银行获得项目专用贷款。业主的付款保函须以贷款银行为受益人。

3) 通过公司总部贷款

由于承包商在工程所在国进行工程承包多为临时性商业行为，即使有较长时间的经营（比如在某个国家或地区有办事处或分公司），但由于固定资产相对偏低，一般比较难取得当地银行的信贷。这种情况下，通过公司总部向国内的合作银行贷款相对容易很多，尤其是国有大型承包企业。这种方式要注意防范汇兑损失的风险。

(2) 利用材料设备出口国的出口信贷

许多发达国家为了鼓励本国的材料和设备出口，都设有出口信贷资金和相关政策。这种信贷资金是通过该国的银行办理，通常由材料和设备的出口商通过银行向本国的中央银行或政策银行或指定的政府部门申请。

出口信贷分为两种，卖方信贷和买方信贷。所谓卖方信贷，是由材料设备的制造厂商或出口商从该国的银行取得出口信贷，并将利息计入到材料和设备的总报价中，与承包商签订延期付款的销售协议；也可以双方商定由承包商除支付材料和设备的分期付款外，另支付卖方信贷利息。所谓买方信贷，是由卖方的银行通过买方的担保银行向买方（即承包商）进行贷款，这笔贷款仅用于向卖方支付材料和设备款，利息由买方直接通过其银行支付。这两种信贷往往都要求买方开出银行保函，因此买方除支付利息外，还要支付银行的保函手续费和保函抵押金。

我国也鼓励机电设备的出口。一方面凭正式增值税发票享受出口退税待遇，另一方面可以向有关部门申请出口机电产品的优惠贷款，并在符合政府有关规定的情况下，申请出口信贷。

(3) 银团联合贷款

许多大型工程需要投入大量资金，尤其是越来越多的 BT 或 BOT 项目，更需要承包商有很强的融资能力和带资承包能力。通过与银行或银团签订战略合作伙伴关系，承包商可以在传统的工程承包模式的基础上前伸后延，为业主提供可行性研究、项目融资、设计与建设以及有关项目运营等多方面的服务，拓展市场空间。

利用银团贷款时，选择一家有丰富经验且与承包商有过密切合作历史的银行作为首席银行，通过它，承包商不仅可以得到很多良好的建议，还可以同其他银行建立关系。如果首席银行是一家国际性的大银行，就更能增强其他银行的信心，吸引更多的银行参加银团联合贷款。

(4) 同有经济实力的外国公司组成联营体合作承包

如果承包商确实筹款困难，那么可以寻找一家或几家有经济实力的公司组成联合体一起承包工程。通过合作承包，联营体成员可以发挥各自的优势，并可分散或转移资金压力。

除以上几种筹集资金的渠道外，还可以考虑发行债券（Debentures），或者发行上市股票筹集长期资金；如果该承包企业本身就是一家上市公司，则可以用发行债券和扩股增资的办法为新项目筹集资金。但是这种渠道需要承包商经营业绩良好，并且需要大量准备工作，周期长，投入大，然而一旦成功，资金的使用成本相对较低。除了这些正规渠道外，在金额较小，资金占用时间较短时，也可以考虑通过公司总部向关系好的其他公司拆借，或项目经理部直接向其他项目部拆借。

(二) 筹资渠道的选择

1. 影响筹资渠道选择的诸因素

(1) 工程项目的规模。许多银行对小规模的项目不感兴趣，因此这种小项目只好利用自有资金，或通过其他方式筹资。

(2) 付款条件。工程承包合同中的付款条件往往是贷款方考虑的重要问题，承包商用以偿还贷款的工程款回收的可靠程度，直接影响贷款方对贷款担保的要求及其他贷款条件。

(3) 资金占用时间。资金占用时间涉及贷款方的风险，同时影响承包商的资金成本。

(4) 货币和汇率变动趋势。银行在防范汇率风险方面往往比承包商要精明得多，因此，在涉及不同币种的借贷时，银行一般会把汇率浮动风险转移给承包商。通常，在软通货地区或外汇管制严格的国家，当地银行对贷出硬通货的限制会比较严。

(5) 利率的高低与走势。银行一般也会将利率浮动的风险转移给承包商。

2. 确定筹资渠道应注意的问题

(1) 除非是回收资金快而且利润丰厚的工程项目，考虑到机会成本的存在，通常承包企业不愿意将大量自有资金投入到工程项目上。所以，在进行工程项目实施时，放到第一位的问题是如何在不投入或少投入自有资金的情况下完成项目的建设。

(2) 工程款支付货币为软通货时，应尽量借贷同一种货币，以避免汇率的变动损失。

(3) 在购买进口材料设备时，如果需要以硬通货支付，且当地无严格的外汇管制，仍应以软通货贷款，立即换汇后购买所需物资。将来收到工程款后，用软通货归还贷款，这样做也是为了避免汇率变动损失。如果材料设备供应商可以提供比当地贷款利率低的出口信贷，则可以接受，并立即向银行商定购买远期外汇货币的期权，用于偿还出口信贷，以避免汇率变动造成的损失。

(4) 工程付款属于软通货，且工程所在国外汇管制严格，在必须使用硬通货购买进口的材料设备时，可以争取由业主向其中央银行申请按国家牌价换汇支付，以避免汇兑损失，尤其是在建工程属于该国重点工程时，更容易得到支持。

(5) 对于大型工程，如果业主经常较长时间地延期付款，承包商应避免自己作为借款人向银行或银团借款，此时，应要求业主出具还款保函，承包商以此保函做抵押进行贷款。

(三) 贷款条件及借贷手续

由于工程项目对中短期的资金需求最大，在各种筹资渠道中，银行贷款因为其操作相对规范简单、可靠而被放在首选位置。为争取获得最优惠的贷款条件，承包商应充分准备，与多家银行接触，从中筛选出最有竞争力的银行。在贷款条件方面主要商讨的内容包括：

(1) 借款人。承包商通常有两种处理方式：一种是以总公司为借款人，这样银行的审批会相对容易，但是总公司要承担还款的责任；另一种是以总公司在当地注册的子公司为借款人，这样银行只能追索该子公司。但是由于子公司注册资本可能很小，固定资产的数目不大，银行通常不会向分公司借贷大额款项的，除非总公司为该项贷款提供担保。

(2) 贷款用途。向银行贷款时，承包商需要讲清贷款的用途，例如不限定用途的自由贷款（Free Loan）；或限定用于某一特定项目上的定期贷款（Term Loan）。因用途不同，银行的监督和管理方式也有所不同，它还可能影响到利率的高低和银行要求的担保条件。

(3) 贷款币种和金额。银行要求归还贷款及利息时也必须使用同一货币。

(4) 贷款期限。是指从贷款支取日到还清全部贷款及其利息的总期限，其中包括用款期、宽限期和偿还期。从开始提取第一笔贷款到全部提取完贷款之日为用款期；宽限期是指借贷双方商定的只还息不还本的时间；而从开始还本到最后偿还全部本息的时间段为贷款的还款期。

(5) 利率。利率有固定利率和浮动利率之分。短期的贷款往往使用固定利率，而中长期贷款银行通常要求采用浮动利率，以减轻银行来自资金利率变化的风险。最常见的利率浮动方法是按某一国家或地区银行同业拆借利息为参照，根据不同客户和不同国别项目加上一定的附加利息。例如国际上经常用到的伦敦银行同业拆借利率（LIBOR）加一定的附加利息。

(6) 付息方式。可按月或季或半年付息一次。

(7) 还本方式。可按时间偿还本金及利息，并可选择等分法或不同的本金百分比偿还本息。

(8) 担保条件。这是银行为保证贷款安全回收最重要的条件，可以作为还款担保的有：承包商国内银行出具的担保保函、可被接受的抵押品、可转让的有价证券、工程业主出具的付款保证或银行保函等。

(9) 各种手续费用。除利息外，银行还会收取各种手续费，如：管理费、法律费用、代理费、杂费、承诺费等，这些手续费的记取办法并无固定的比例或公式计算,应同银行充分协商以取得更优惠的条件。

(10) 提款方式。规定提款凭证的签字和审批手续。

(11) 提前还款的规定。银行一般允许借款人在资金充裕时提前偿还贷款,但有的银行会收取一定金额的违约费。

(12) 银行监督检查的权力。银行有权得到承包商的财务报表、有权检查贷款用途、工程进展、工程收款等情况。银行在发现借款人严重违约时,有权终止贷款。双方的权利和义务应在签订贷款协议前充分协商,并写入贷款协议,以免日后发生争议。

(13) 其他重要条款和问题。如意外情况下发生的费用和补偿;违约责任和补救措施;使用法律;贷款协议生效条件等。

在明确上述贷款条件后,即可正式办理借款手续,这些手续主要包括:准备有关文件,如公司情况介绍、财务状况、项目的合同副本、资金流量计划、贷款的使用计划和还款计划、贷款人的授权书、担保函件等;办理各方审批手续;签订正式贷款协议。

### 三、项目资金的管理

如图 5-20 所示,资金筹集后就进入项目资金的周转过程,资金首先转化为项目的储备资金,然后通过项目实施物化为实体工程,再通过已完工程量的审核转化为结算资金,账单支付后重新回到货币资金的状态。项目资金的管理就是从这些环节入手,高效率、低风险地使用项目资金,在保证工程顺利实施的前提下,提高项目的整体经济效益。

(一) 资金投入方式的选择

资金的投入方式是指从各种渠道筹集的货币资金以何种方式转化为项目的储备资金,这里主要涉及到工程所在国的币值是否稳定、硬通货是否流通,以及外汇管制情况和工程付款的币种和比例等。如果工程所在国的币值稳定,硬通货可流通,外汇也无严格管制,货币转化问题就比较简单。因筹集到的资金一般是硬通货,所以可直接存入当地银行以备使用。如果工程付款也是硬通货,则可直接用于归还贷款;如果工程付款为软通货,由于其币值稳定,且可随时转化为硬通货,一般不会有太大风险。然而,实际情况往往要比上述情况复杂得多。在币值不稳定的软通货地区承包工程,承包商应积极采取措施防范汇率变化所带来的重大损失,应注意以下问题:

1. 如果招标文件规定工程款可以部分由硬通货支付,承包商应在投标文件中尽量调高硬通货的支付比例,或在合同谈判阶段力争增加硬通货的支付比例。尽量避免全部使用软通货支付工程款。

2. 如果工程用款和工程收款大部分是当地币,最好以借贷当地币为主,储备资金也以当地币为主为宜。借贷的硬通货作为储备资金仅用于购买进口的材料设备,以及支付那些必须以硬通货付款的费用。

3. 如果借贷和自有资金全是硬通货,而工程付款又都是软通货,这时可以从下面的两种主要投入方式选择:

(1) 直接投入:将筹集的硬通货转换为当地货币存入银行以备投入,待收回当地货币的工程进度款后,再购买硬通货偿还贷款和自有的硬通货资金;

(2) 间接投入:将借贷的硬通货存入当地银行做抵押,并向该银行借贷等值的当地货币作为储备资金投入生产;待收回工程付款后,立即归还银行的当地货币贷款,以释放抵押,而后将释放的硬通货归还硬通货贷款和自有的硬通货资金。

至于采用哪种方式应综合考虑当地银行的贷款利率和对当地货币的贬值预期。在贷款利率较低,且预测当地货币将大幅贬值,一般可考虑采用间接投入的方式。当然,这一决定还有赖于准确的测算。

4. 如果是按工程进度付款且付款及时的项目,如前所述,可尽量争取利用当地货币透支信贷。

5. 无论采取何种方式借贷资金,都应妥善安排用款进度计划,以便合理安排银行的借贷计划,做到既能节省利息支出,又避免缴纳违约费或承诺费。

(二) 节约流动资金

工程项目的生产过程是承包商资金运动最主要的过程。在这个过程中,承包商将储备资金转化为材料、设备、雇用劳务和分包商等投入到生产过程,而产品则为完工的工程。一则因为许多前期投入的费用是分摊到整个施工过程,二则因为工程收款一般都滞后于实际进度(预付款除外),所以致使工程的前期乃至中期,承包商的支出都大大超过收入,这就需要承包商垫付周转资金。

但是有经验的承包商还是可以通过采取各种措施,提高资金的利用率和周转速度,将流动资金压缩到最低限度。图 5-22 比较形象地说明压缩流动资金的基本原理。

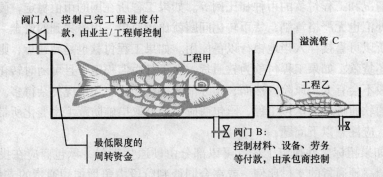

图 5-22 压缩周转资金的基本原理示意图

图中,大池内鱼表示工程甲,阀门 A 表示由业主和工程师控制已完工程款的支付;阀门 B 表示由承包商控制材料、设备、劳务和管理费等各项工程成本的支付。要想使池中的鱼不致因喝不到水窒息而死,就必须保证池中有最低限量的水,如图所示。这个最低限度的周转资金主要由工程预付款、材料设备预付款和承包商的垫付资金组成。在工程实施过程中,承包商应当靠拧小阀门 B,并促使业主开大阀门 A,以使池中的水增加,即所谓"开源节流"。但在拧小阀门 B 时,不能以材料设备和劳务等资源的供应速度减缓进而影响工程进度为代价,否则,会因为工程进度的减慢而最终导致业主拧紧阀门 A。聪明的承包商还在大池池侧开通一条溢流管 C,这样甲池多余的水可以流入乙池养活一条小一点的鱼——工程乙。当然,在无合适工程的情况下,承包商也可以将"溢流"的资金用于提前偿还借款等用途。如果承包商经营管理得好,一笔周转资金可以同时用于两项甚至多项工程,会大大提高资金的利用率。

国际工程实施过程中,节约流动资金的具体做法主要包括:

1. 延付或分期支付材料、设备费等工程费用

采购材料设备时,可以通过多选择几家有能力的供应商,引入竞争机制,迫使供应商能给予比较优惠的支付条件,如适当支付少量预付款,余款在取得业主材料预付款后支付。

2. 零收整付材料款

这种延付材料款的方式特别适用于当地材料的采购。如砂、石、土、砖、水泥等材料,可以在供货合同中规定:在支付一定预付款后,由供应商每天或按订单供货到现场,在工程师确认了供货的数量和质量后,由承包商开出收条,待累积到一定金额或数量或按一定周期凭收条一并结算,并付款。

3. 有选择地租赁设备

对于使用周期较短且价格昂贵的机具设备,承包商应当采用租赁方式取得设备的使用权,而不必投入大量资金购置该类设备。这样对避免占用过多周转资金量和占用时间过长都有裨益。

4. 材料的一次订货、分批供应和多次付款

对于预期价格上涨的大宗材料,可以采用一次订货,要求供应商按工程进度分批供应和多次支付的方式。这样,既可以防止因材料价格上涨产生的风险,而且还可以通过大宗采购降低材料单价;另外通过分批供货,承包商还可以降低库存、减少工地仓库面积、节约临时工程费用;通过多次付款来减轻周转资金的压力。

5. 对供应商采用保留金的方法

对于采购后移交给业主的设备,除可采用信用证付款外,还可要求扣取一定比例的保留金,在业主验收并试运行后、或维修期满再退回,这样一则可以减少因设备质量问题产生的风险,二则对缓解资金压力也有一定好处。

6. 分期支付保函手续费和保险费

对于工期较长的项目,承包商可以要求银行或保险公司按季度或半年收取一次手续费,而非在开具保函时一次性支付。对于预付款保函,随着预付款逐步扣

还,应相应地调低保函金额,以降低手续费。

7. 向分包商转移资金压力

随着工程责任和利益的转移,承包商应该将分包工程的资金筹集相应地转移给分包商。

8. 尽量延迟或分期支付各种佣金、代理费和管理费等工程间接费用。

9. 争取将初期准备工程单列项目,以便由业主处早日得到这笔资金。

(三) 及时结算和回收资金

工程结算包括期中进度款结算和最终结算。只有抓紧工程结算和资金的迅速回收,才能加快资金周转,提高资金利用效率。

1. 工程进度款结算及支付

(1) 已完工程量的签认

现场工程管理人员除了监管项目的施工外,另外一项重要工作就是随时随地要求工程师检查验收已完的工程项目,而不能累积到临近结算日再追着工程师签认。对于预制构件或加工半产品不构成工程量表一个子项的,应积极说服工程师在完成预制或加工后即刻验收并支付该子项一定比例的款项。对于运到现场的材料和设备,材料设备管理人员应立即通知工程师检查验收并确认数量,以作为申请材料设备预付款的支持文件。总之,及时迅速地签认已完成的工作是及时快速结算的基础。

(2) 工程进度款结算账单的准备

通常工程进度款按月结算,月结算单由承包商项目经理部的商务工作人员具体负责编制,但是需要工程技术人员的配合。首先应与工程师商定月结算日,即已完工程量的统计截止日;然后由工程技术人员将截止结算日的本月完成并经工程师签认的工程量上报至商务合同部,由商务工作人员负责汇总,并按照有关合同条款和经工程师同意的结算单格式编制月结算单。月结算单一般是在工程量表的基础上,加入各种汇总表格、工程量签认单、材料设备采购发票等各种支持证明文件,以及承包商的工程款支付申请信(Forwarding Letter)等组成。合同中通常还会规定,只有在月结算款大于某一金额或合同价的某一比例时方可申报结算单,否则将累积到下个月,直至符合最低支付标准时才可申请支付。月工程进度款结算单主要包括以下应收款项:

1) 自上次结算日至本月结算日完成的工程金额;
2) 额外工程金额(包括计日工,变更项目工程款等);
3) 工程预付款;
4) 材料设备预付款;
5) 合同调价款;
6) 有权收取的其他费用,如索赔款项等。

及以下应扣除款项:

1) 扣减工程预付款；
2) 扣减材料设备预付款；
3) 扣减保留金，至达到合同额的 5% 为止；
4) 扣除有关税收，如增值税、所得税等；
5) 其他应扣除款项。
(3) 月结算单的递交、审批和支付

要注意合同中的规定，是由哪一级人员签收才算是对月结算单的正式确认。如 FIDIC"新红皮书"就规定："工程师"收到承包商的月报表后 56 天（这里是指工程师正式签收承包商的月报表之日算起），业主方即应支付工程款，这一点很重要。但实际上，从月结算单递交到最终支付往往要经过诸多环节，其中任何一个环节有异议或拖延，都将导致工程进度款不能顺利支付。

因此，对于这一关键工作，应注意以下问题：

1) 建立与业主及工程师人员的良好关系，加强与他们的沟通。对于已完的工程，应及时请驻地工程师和业主代表签认；对于其中一些可能引起支付争议的项目，应该在平时就努力解决。如果在月结算日仍未就争议支付项目达成一致，承包商不应强行将该项目包括在结算单中，否则只会引起业主、工程师的反感，导致反复修改，造成整个结算单的延误；

2) 指定专门人员跟踪结算单的审批过程，遇到问题，及时解决；

3) 对于业主未按合同规定时间付款时，应及时致函业主，除索付利息外，还可提出索赔（因工程款延误导致无法正常采购工程材料、设备等而影响进度和工期）；在业主故意拖延付款时，甚至可采取暂停施工的措施。

2. 最终付款结算

(1) 竣工报表

在工程师颁发整个工程的移交证书后一定时间内（FIDIC 合同条件规定为 84 天），承包商应按工程师同意的格式递交工程竣工报表（Statement of Completion）。竣工报表应包括：对过去已完工程量及付款进行复核、清理；过去悬而未决问题的解决；预付款扣还的清理结算，并索回保函退银行注销；索赔款项的支付等。竣工报表的审批支付过程同进度款支付。

(2) 保留金的退还

合同通常规定，在颁发工程移交证书时，业主应将所扣保留金的 40%～50% 退还给承包商；而另一部分在缺陷通知期满后退还。实际上，在国际工程实践中，常有业主长期赖账不退还保留金的情况发生，为此，比较好的办法是在竣工验收时，承包商向业主提供同等金额的保留金保函，以退还另一部分保留金。

(3) 最终报表

在发出履约证书之后的 56 天内，承包商向工程师递交一份最终报表（Final Statement）。除了对缺陷通知期内完成的原未完工程项目和新增工程项目的支付外，往往还包括已达成一致的索赔款的支付。但是有争议的索赔问题也可能妨碍项目的最终结算，所以承包商应对"遗留问题"及早展开公关活动，寻求解决，以争取业主尽早颁发最终支付证书（Final Payment Certificate）。

## 思 考 题

1. 试论述国际工程施工管理与国内工程施工管理的不同。
2. 试论述工程师在国际工程施工管理中的职责和权力。
3. 某公司在南亚某国中标一个 2500 万美元的路桥工程，主要工程内容包括两座 350m 长的混凝土结构桥梁，10km 长的沥青混凝土路面高等级公路和 15 个混凝土结构箱涵。项目采用合同为 FIDIC "新红皮书"，咨询工程师为英国公司和当地公司的联营体。试讨论项目经理部组织结构的形式。
4. 试利用员工绩效激励模型讨论对国际工程施工管理人员的激励措施。
5. 项目进度计划的编制方法有哪些？如何理解项目进度计划的重要性？
6. 构成国际工程项目成本的主要项目有哪些？利用固定成本和可变成本的概念讨论工程项目的收支平衡点。
7. 如何准确地确定一个国际承包工程的流动（周转）资金？承包商周转资金的来源有哪些？
8. 试论述国际承包工程中如何合理进行项目资金的管理。

# 第六章  国际工程项目施工阶段的管理（二）

本章首先简单介绍了国际工程项目物资及施工设备管理的特点，并重点探讨了物资采购和管理的程序和方法，以及施工机具设备的管理；其次介绍了工程项目施工过程中的信息和文档管理，以及如何进行有效的沟通和交流；再其次对项目文化的内涵和特点，以及在国际工程项目中如何建设项目文化进行了讨论；最后简单介绍了危机的概念和特点，危机管理程序和方法，以及国际工程项目危机的处理机制。

## 第一节  国际工程项目物资采购与管理

**一、国际工程物资及施工设备管理的特点**

作为工程项目实施过程中需投入的人、财、物三大资源之一，物资和施工机具设备在任何一项国际承包工程项目中都占有极大的比重。不仅如此，工程项目物资设备管理的涉及面很广，而且由于变化因素多，风险比较大，管理不当会对工程的进度、质量和经济效益产生极为不利的影响。广义的物资概念涵盖了项目实施过程中所需要的所有物化对象，如工程材料、工程设备、预制构件、施工机具设备及其零配件以及生活办公用各种物资等。与国内工程相比较，国际工程中的物资及施工设备管理有许多不同之处，其主要特点包括：

1. 技术要求差异大，材料质量要求严格

在国际工程的招标文件中，对适用于项目的材料和设备都有详细的要求。因国别不同、项目性质及咨询公司的设计概念、依据不同，项目设备和材料所采用的标准也各有差异。单就国际工程中常用的标准、规范就有英国标准、德国标准、美国标准、日本标准等，尽管这些标准对材料、设备的规定比较相似，但或多或少还是有差异的。挑剔的咨询工程师可能会因为某一种材料的化学成分或物理性能与合同采用的标准稍有差异而拒绝使用，这就要求项目物资采购人员和工程技术人员应该有广泛的技术知识，对合同中规定适用的规范和标准有相当程度的了解，清楚技术规范对材料、设备的详细要求。

另外，工程师受业主委托管理工程项目的实施，对工程质量的要求非常严格，而严把工程质量的第一道关就是确保材料的质量符合规范。因为在材料质量的问题上得到工程师的通融是极其困难的。

## 2. 程序复杂

国际工程的物资供应程序和手续复杂，涉及面广。以进口物资为例，主要程序包括：物资采购计划，选择货源，询价、比价，收集样品或样本及材质证书或检测报告，报送工程师认可，还盘、议价和订货，申办进口许可证，开具银行支付信用证或办理其他支付方式，货物运输、港口接货和商检，清关，银行付款或索赔，路运和仓储，现场物资管理和使用等。如果是免税项目，在清关程序中可能要办理税收银行保函或缴付押金，材料使用完毕后要核报并收回银行保函或押金；如果是施工机具设备的临时进口，则要办理临时进口税收的银行保函或缴纳押金，工程结束设备运离出境后收回保函和押金。

上述各种程序和手续不仅需要项目业主和工程师的支持和协助，还涉及众多的政府部门，如商业部门、税务部门、海关、各种私人商业机构以及其他有关组织和团体，如供应商、运输商、代理商、保险公司、银行、材料检测机构、律师事务所等。这其中有的环节需要承包商做充分的市场调查、比对分析、筛选决策，有的环节需要申报、审批，需要承包商做大量的公关工作。关卡重叠、手续繁琐，稍有失误，就可能延误供货，造成损失。

## 3. 物资采购的国际化和当地化

国际工程中物资供应的来源渠道主要有两个：国际采购（含承包商国内采购）和当地采购，这也决定了货源的相对广泛性。一般来讲，同类产品可以由许多国家的不同供应商或代销商提供，而质量和价格的差别很大，因此，承包商物资采购人员应该在充分了解国际及当地市场行情的条件下，引入竞争机制，择优选定供应商。对于某些大宗材料或价格昂贵的设备可以采用招标的方式进行采购。为保证从广泛的货源中采购到质优价廉且符合合同技术标准的材料和设备，物资采购人员不仅应熟悉货源渠道，还要善于谈判，精通国际商务，懂得利用各种竞争手段。

## 4. 价格浮动

国际采购的物资价格不仅与型号、规格和质量有关，还随订货数量、交货方式、付款条件及服务要求等内容的不同而变化；同时，还受国际市场需求、汇率变化等影响，甚至运输方式及其费用、税收和保险等也都不固定。因此，价格变动大也是国际物资采购的主要特点。但是，物资采购价格的高低又是决定承包项目盈亏的关键，所以承包商应密切关注国际经济和金融形势以及物资供应市场的变化趋势，并结合工程进度合理安排各种材料供应的数量和时间，进而决定物资采购的方式和时机，尽量减少市场价格浮动对工程效益的负面影响。

## 5. 潜在风险因素多

除价格浮动产生的风险外，国际物资采购还会遇到因供应商、运输商、代理服务商资信不稳而产生的风险。他们中间有的资本雄厚、重信誉，遵守商业道德，但也不乏皮包商和唯利是图者，用拖、赖、诈、骗的手段对付客户。所以，在下正式订单或签订采购合同前，承包商物资采购人员要对材料、设备供应商进行充分的资金、信誉调查，善于识破奸商的欺诈手段，并且注意购货合同的严谨性，防止出现漏洞，同时加入各种制约条款。

## 二、国际工程的物资采购和管理

### （一）物资供应计划的编制

工程项目的物资供应涉及到货品种类、数量、需要的时间和供应进度、价格、资金准备、仓储管理、现场使用和资金回收等诸多内容，没有一个合理并切实可行的计划安排是绝对不行的。物资供应计划的编制大体包括以下主要步骤：

1. 确定工程项目物资的范围与种类

一般建筑工程所需材料设备的费用约占工程合同总价的60%以上，大致可划分为以下种类：

（1）工程用料。指构成永久工程部分的各种建材，如水泥、各类钢材、砂、石等；

（2）临时工程用料。包括建设营地、临时水电设施、临时道路工程、以及临时生产加工设施的用料；

（3）施工用料。包括一切周转使用的模板、脚手架、工具、安全防护网等，以及消耗性的用料，如炸药、焊条、电石、氧气、铁丝等；

（4）工程施工设备及配件。包括各类土方机械、打桩机械、混凝土搅拌设备、起重机械及各种零配件；

（5）构成永久工程部分的机电设备；

（6）其他辅助生活、办公设施和试验设备等。包括承包商自用以及按照合同向业主或工程师提供的生活及办公设施、器具和试验测量仪器等。

在明确工程项目所需投入的物资种类后，还应当进一步划分哪些由业主提供，哪些由承包商自己采购供应，哪些由各分包商自行解决。在属于承包商供应的物资中，应初步确定哪些由国内或其他工地调运，哪些在当地租赁，哪些需要采购。这样，可以大致清楚工程物资供应部门的负责范围。

2. 物资需求计划

在确定了需要什么种类的物资以后，物资需求计划要解决的是所需物资的数量和需要供货的时间两个问题。

（1）确定各种物资的需求量

1）物资需求量的计算依据是图纸、技术规范和工程量表，主要由工程技术部门计算和汇总。虽然可能在投标阶段已经进行了计算和统计，但由于比较粗略，所以开工前后必须重新核算，务必做到尽量准确和详尽，避免出现遗漏，尤其是当地市场没有，必须从国外进口的物资，否则会严重影响工程进度。

2）工程材料的用量计算，主要考虑工程的正常需要量（理论计算值）、正常损耗（边脚余料等）和非正常损耗（包括运输和装卸的浪费和损失、施工中的返工浪费等）。工程用料的计算与消耗定额的关系很大，要恰当考虑材料的消耗定额。如果考虑过松，会导致材料采购过量，占用大量资金，仓储面积增加，工程结束时多余材料处理困难等问题；而定额考虑过紧，则会带来材料供应短缺而影响施工进度，而且临时小批量采购会提高成本。实际上，由于材料的品种规格众多，以及可能发生的工程变更等，做到材料需求量计算绝对准确是很困难的，通常的做法是在消耗定额的基础上适当考虑一定的备用量。

3) 合理考虑施工用料的周转。许多施工用料可以多次周转使用，如模板。要根据工程特点和当地习惯，综合考虑需要的周转材料数量、周转次数以及周转材料的成本，最终确定需要哪些材质的周转材料及其数量。

4) 施工机具设备需求量要根据确定的施工方案和施工组织设计进行计算。至于施工机具设备的来源，是调遣自有设备、还是购买或租赁，需要综合考虑技术可行性和成本经济性，然后选择最佳的施工机具设备供应方案，可参考第3节的内容。

(2) 制定物资的需求计划

根据施工组织设计和工程进度计划确定材料设备的需要时间。首先将材料设备分配到进度计划中的每道工序上，然后以时间为单位，将各道工序所需的材料、设备按种类汇总即可得到各种物资随进度的需求计划。

3. 物资供应计划

在需求计划的基础上，充分考虑物资的询价、比价、报批及认可、采购、运输等花费的时间，对于进口材料设备还包括办理进口许可及清关等手续的时间，编制切实可行的物资供应计划，通常包括各类物资的供应进度总表和月供应进度表等。以后随着工程进度及设计变更情况，及时编制补充供应计划表，并对计划用量和供应计划进度进行修改。

(二) 国际工程材料设备的报批

1. 国际工程的材料审查认可制度

为确保工程用料的质量，国际工程承包合同通常都有材料设备的事先审查认可条款，如 FIDIC 合同条件就赋予工程师对工程中使用的材料和设备等进行检查的权力，而在技术规范中也对材料设备的品质等级以及审查认可的程序给出具体规定，包括：

(1) 承包商提供的材料和设备必须符合合同规定的品级和标准。

(2) 要求承包商在采购材料和设备并将其用于工程之前，应提交相关厂商的检验报告和样品，供工程师审查和检验。

(3) 提交样品的费用以及合同中规定或指明的检验费用都由承包商承担。另外，如果工程师认为有必要进行合同中未作规定的额外试验，而试验结果表明材料、设备及其操作工艺是合格的，该部分试验费用承包商可以得到补偿，如不合格，承包商自己承担。

(4) 工程师有权在工程实施过程中对实际使用的材料设备进行抽检,并可随时指示承包商将不符合合同规定的材料和设备从现场运走,用合格的材料和设备替代,而由此发生的一切费用均由承包商负担。

(5) 工程师应当对承包商提交的样品或材质报告及时进行检验和审查,并将结果尽快通知承包商。

从以上规定中可以看出,工程师控制材料、设备质量的重要一环就是通过对样品的检测以杜绝不合格品的入场。只有对于少数确实无法提供样品的材料和设备,工程师可要求提交厂商提供的由认可检测机构出具的材质或设备性能检测报告,并据此决定是否认可。一般来讲,承包商都希望能采用价格低廉的材料,有时甚至会购买一些低档材料、设备样品去"闯关",结果会造成反复送审而拖延时间,影响工程进度,也势必会引起工程师的反感并采取更严厉的审查制度。因此,承包商在选择样品时,首先应该考虑的是其质量是否符合合同规定,其次才是选择价格比较便宜的。如果工程师拒绝认可符合合同规定质量要求的材料和设备,承包商可据理力争,并申明对于超过合同技术规范要求的材料、设备,业主应支付补偿费用。

另外,在样品选择时,除考虑产品质量和价格外,还应注意货源的可靠性。有的供应商虽然能提供合格的样品,但在订货数量较大时,他却无法大量供货,结果会造成供货不足而影响工程进度。

由于工程师有权在工程实施过程中对使用的材料设备进行抽检,承包商在大批订货时应注意监督检查供应商实际交货的质量,防止以劣充优的作弊行为。

2. 材料设备的审查报验程序

首先,应根据合同和技术规范的要求,与工程师共同拟定一份送审物资材料品种表,列明哪些必须提交样品并送检;哪些只需提供认可的材质检测报告或性能报告,并说明其质量保证(主要为设备类)。

其次,承包商应根据物资供应计划按先后顺序将所需材料设备送审,并据此及时地向供应商索取样品、样本、技术说明书、材质检测报告等。对于重要物资,应尽量提前送审,以免因各种意外事件导致不能按时取得认可,而影响施工。同时,在送审样品或样本的附函中,应说明材料的使用时间,要求工程师尽快批复,并保存好信函,以备将来可能的索赔之用。

(三) 物资的采购

国际工程的物资采购根据货物的来源不同可以分为当地物资采购和国际物资采购(含承包商国内物资采购)。当地的物资采购多为砂、石、砖等地材,以及柴油、汽油等燃料和日常生活办公物资等,根据当地材料市场的发育程度,也可能包括水泥、钢材、零配件及其他小型施工机具等。对一般的建筑工程来讲,通常当地采购的物资要占非常大的比例,但由于其采购过程相对简单,而且和国内工程的物资采购过程类似,因此本书重点针对国际物资的采购,逐一说明国际物资采购所涉及的采购程序、国际贸易价格术语、询价、购货合同、物资的运输、保险与清关以及采购过程中的风险管理等主要问题。

1．采购程序

国际物资的一般采购程序如图6-1所示。

2．国际物资采购过程中常用的贸易术语及成交价格

(1) 常用的国际贸易价格术语

根据国际商会制定的《国际贸易术语解释通则（2000）》（"INCOTERMS 2000"），在国际贸易中，一个通则中的术语不仅可以表明买卖双方的责任、费用和风险，而且还表明了货物价格构成，如术语"C.I.F, xxx Port"就表示在买方指定的装运港交货，并由卖方支付运输和保险费，而其对应的货物价格则可表示为"CIF xxx 港口交货价"。常用的作为贸易计价的价格术语包括：

1) EXW（Ex Works）：工厂交货（…指定地点）
2) FCA（Free Carrier）：货交承运人（…指定地点）
3) FAS（Free Alongside Ship）：船边交货（…指定装运港）
4) FOB（Free on Board）：船上交货（…指定装运港）
5) CFR/C&F（Cost and Freight）：成本加运费（…指定目的港）
6) CIF（Cost, Insurance and Freight）：成本、保险费加运费（…指定目的港）
7) CPT（Carriage Paid to）：运费付至（…指定目的地）
8) CIP（Carriage and Insurance Paid to）：运费及保险费付至（…指定目的地）
9) DAF（Delivered at Frontier）：边境交货（…至指定地点）
10) DES（Delivered Ex Ship）：目的港船上交货（…指定目的港）
11) DEQ（Delivered Ex Quay）：目的港码头交货（…指定目的港）
12) DDU（Delivered Duty Unpaid）：未完税交货（…指定目的地）
13) DDP（Delivered Duty Paid）：完税后交货（…指定目的地）

有关国际贸易的书籍对上述贸易术语的内涵都有详细解释，在此不作赘述。

(2) 国际物资采购常用的成交价格方式

在国际工程承包中，承包商在进行物资采购时，最常用的几种成交价格方式如下：

1) 当卖方属于当地的厂商或经销商时，可采用"工厂/仓库交货"（EXW）方式；如果承包商不具备运输车辆或自己组织运输不经济时，也可采用"运费付至（工地）"（CPT）的交货方式。

2) 在进行国际物资采购时，通常可采用"船上交货（指定装运港）"（FOB）方式，也称"离岸价"，由于这种方式需由买方自行办理租船运输和海运保险等事宜，通常承包商可能更多会采用"成本加运费（指定目的港）"（CFR）或者采用"成本、保险费加运费（指定目的港）"（CIF）方式。在上述几种常用的成交价格方式中，还有一些常见的带附加条件的变异方式，如：船上交货加理舱

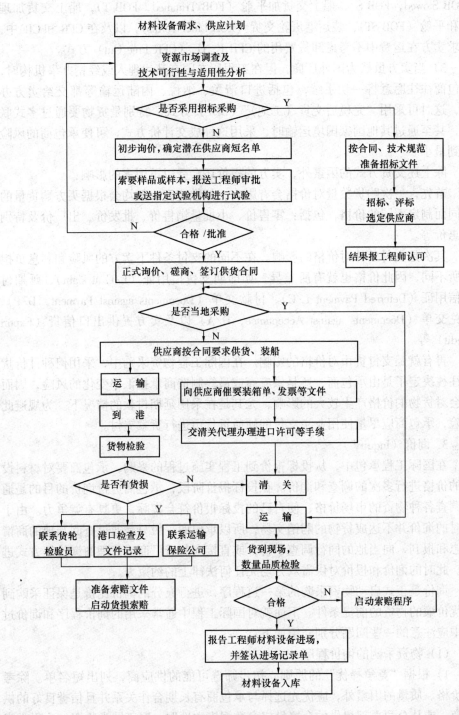

图 6-1 物资采购及管理程序

(FOB Stowed，FOB S)、船上交货加平舱（FOB Trimmed，FOB T)、船上交货加平舱和平舱（FOB ST)、装运港班轮交货（FOB Liner Terms)，以及在CFR和CIF中，要求卖方在运费中不考虑卸货费用的CFR F.O.（CFR Free Out）方式。

3）当卖方虽然为国外厂商，但在工程所在国有其代理人或经销办事机构时，承包商往往愿意将一切手续，包括进口清关、纳税、内陆运输等都交给卖方办理，这时可采用"完税后交货（工地）"（DDP）方式。特别是货物要通过多式联运，甚至通过其他国家国境运输时，采用这种成交计价方式，可使承包商的风险降到最小。

除上述交货方式的因素外，卖方的报价还会受以下因素的影响：

首先，一次购货数量对价格会有影响。如供应商一般均会根据买方购货量的不同而制定不同的价格，包括：零售价、小批量销售价、批发价、出厂价及特别优惠价等。

其次是支付条件对价格的影响。在不同的支付条件下卖方的风险和利息负担有所不同，因此价格也就有所差异，如即期支付信用证（L/C at sight）、延期付款信用证（Deferred Payment L/C）、付款交单（Documents against Payment，D/P）、承兑交单（Documents against Acceptance，D/A）以及卖方提供出口信贷（Export Credit）等。

再有就是支付货币对价格的影响。在国际工程物资采购中，采用何种计价货币往往决定了是由承包商，还是供应商或最终制造商承担汇率变化的风险，因而也会对货物的价格产生较大的影响，尤其是在采用延期付款的情况下。为规避此风险，承包商应尽量使用业主支付的硬通货货币进行货款支付。

3. 询价（Inquiry）

在国际工程承包中，从投标报价到工程实施过程的采购，承包商要对材料设备的价格进行多次的调查和询价。在投标报价阶段，承包商进行询价的目的是通过调查各种物资的市场价格，使自己的投标报价符合实际，更具有竞争力。由于此时的询价并不达成货物的购销交易，所以承包商一般只是通过查阅当地的商情杂志和报刊，向当地的同行调查了解，或直接向制造厂商或代理商询价等方式进行。此时的询价和报价对供需双方均无任何法律上的约束力。

询价是正式启动物资采购的第一道程序，进行充分的询价比价是保证采购到质优价廉的物资的前提条件。下面就对国际工程中通常采用的询价程序和询价过程中应注意的一些问题分别介绍如下：

（1）物资采购的询价程序

1）根据"竞争择优"的原则，初步筛选可能的供应商，列出短名单。除考虑价格、质量的因素外，应优先选择与承包商有长期合作关系并且信誉良好的供应商，或从公司总部提供的合格供应商数据库中选取。对于同类物资，为引入竞争机制，保证物资的供应，同时又避免供应商太多而造成混乱，可选择3到5家有实际供货能力的厂商或经销商询价。

2) 向潜在的供应商询盘（Enquiry of Offer）。这是对供货厂商销售货物交易价格和交易条件的询问。为使供货厂商了解所需物资的情况，应告知所需物资的品名、规格、数量和技术性能要求等。这种询盘可以要求对方做一般报价，也可以做正式的发盘或发实盘。

3) 卖方的发盘（Selling Offer）。通常是应买方的要求而做出的销售货物的交易条件。发盘有多种：如"虚盘"，即所给出的为一般性报价，例如价格注明为"参考价"（Reference Price）或"指示性价格"（Price Indication）等，对卖方并无法律上的约束力，只能视为要约邀请；"实盘"（Firm Offer），这种发盘内容完整、语言明确，通常包括货物的品名、品质、数量、包装、价格、交货和支付等主要交易条件，可视为正式的要约。卖方为保护自己的权益，通常还会在发盘中注明该项发盘的有效期，在此有效期内买方一旦接受，即构成合同成立的法律责任，卖方不得反悔或更改其重要条件。

4) 还盘（Counter Offer）、拒绝（Rejection）或接受（Acceptance）。承包商对于发盘条件不完全同意而提出变更的表示，即是还盘。如果供应商对于还盘的某些更改不同意，可以再还盘，有时一项购销交易需经过多次还盘和再还盘的过程才能最终达成。如果买方不同意发盘的主要条件，可以直接予以"拒绝"，一旦拒绝，发盘的效力也就宣告终止。如果承包商完全同意供应商发盘的内容和交易条件，则可予以"接受"，即视为承诺。构成法律上有效的"承诺"，应当具备：①应当是原询盘人做出的决定；②"接受"应当以一定的行为表示，如以书面的形式通知对方；③这项通知应当在发盘规定的有效期内送达发盘人；④"接受"的内容必须与发盘完全相符。

(2) 询价过程中应注意的问题

1) 充分做好询价的准备工作

作为物资采购实施阶段的询价，已不同于一般意义上的市场行情的调查，而是签订购销合同的一项具体步骤。因此，在正式询价之前，首先应对要采购物资的范围、数量、时间要求、尤其是技术规格要求进一步核实，以免出现错购导致损失。其次，应对供应商进行必要和适当的调查，选择有实力、讲信誉的供应商进行询价。同时，还应对成交条件有自己的设想，设定可接受的价格空间和条件范围，以便在收到供应商的发盘后迅速做出反应。

2) 选择恰当的询价方法

除前面所介绍的最常用的"询盘—发盘—还盘"的询价方式外，还可以采用以下的方式：

①由承包商做出"买方发盘"（Buying Offer），也称"递盘"（Bid），要求供应商还盘。这种方式适用于买方已经向多家供应商谈判过购货意向，对市场行情有准确把握，然后抛出自己的交易条件向几家供应商"递盘"，规定还盘和接受

的有效期,迫使愿意成交的供应商做出抉择。

②采购招标。这种方式适用于大宗材料以及重要的或昂贵的大型设备的采购。承包商根据项目的要求详细列出采购物资的品名、规格、数量、技术性能要求,以及承包商自己选择的交货方式、交货时间、支付货币和支付条件,以及品种保证、检验、罚则、索赔和争议解决等作为招标文件,邀请有资格的制造厂商或供应商参加投标,也可以采用公开招标方式,通过竞争择优签订供货合同。

③直接约见或访问有供货能力的供应商询价并协商供货合同。这种方式多用于应急的当地物资的采购。

3) 注意询价技巧

①在预测某种物资价格会上涨时,应将工程中该种物资的需要量汇总作为询价中的拟购数量,这样即可以避免物价上涨而产生的成本增加,也可以因订货数量大而获得优惠报价。并可通过还盘或协商提出分批交货和分批支付货款的办法结算货款,以避免由于一次支付全部货款而占用资金。

②承包商在向多家供应商询价时,应当注意保密,以避免供应商相互串通,哄抬价格。

③多采用询价—发盘—还盘的方式询价,这样承包商可以处于还盘的主导位置,同时也要注意反复的讨价还价可能会拖延采购过程而影响工程进度。因此,应灵活地使用各种不同的询价方式。

④对于有实力的外国供应商,如果他们在当地有办事机构或代理商,不妨采用"目的港码头交货(关税已付)"(DEQ-Duty Paid)或"完税后交货(指定目的地)"(DDP-named place of destination)交货方式,尤其是在承包商不熟悉当地港口、海关、税务等手续且急需供货时,这样可以省时、省事和节省费用。

⑤承包商应根据对项目管理职责的分工,由公司总部、地区办事处和项目经理部发挥各自优势对不同的物资进行询价。随着信息技术的高速发展,建立在公司一级的采购平台已成为发展趋势,通过对所有承揽项目的物资统一采购协调,可以大大降低采购成本,并保证项目的高效率运作。

4. 购货合同

尽管在国际贸易中,某些国家和地区承认口头形式合同的有效性,但是为保险起见,国际工程中的物资购货合同应当采取书面形式。常见书面形式的货物买卖合同又有不同的表现形式,如:合同(Contract)、确认书/信(Confirmation)、协议书(Agreement)、备忘录(Memorandum)、订单(Order)等。

(1) 购货合同的基本内容

通常,一项比较完整的货物购销合同应包含以下内容:

1) 货物的品名、规格和质量要求(Name of Commodity and Specification)。

2) 货物的数量、单价和总价(Quantity Unit Price and Amount)。对于价格,除写明货币和数额外,特别要注明何种交货状态。

3）包装要求（Packing）。

4）装运条款（Shipment）。写明装运港、目的港、装运期限及是否允许中途转船或多次分批装船等。

5）保险（Insurance）。对于保险属于卖方责任的购货合同（如 CIF/CIP 交货条件），最好规定保险的险种和投保金额；而属于买方保险者（如 CFR/CPT），则应要求卖方及时通知买方投保所需的各种数据和资料。

6）检验条款（Inspection）。应当规定货物在装运前的检验要求，以及到达目的地的检验要求，并明确两种检验出现差异的处理方法。

7）支付条款（Payment）。应说明支付货款的方式，如果采用分期支付，应规定分期办法和每期支付的条件。

8）违约罚则（Penalty）。

9）索赔条款（Claim）。规定出现损失时的索赔办法，包括索赔依据、索赔期时限、索赔偿付办法和时间等。

10）关于不可抗力的免责条款（Force Majeure）。

11）争议解决条款（Settlement of Dispute）。对于合同争议，首先考虑的解决办法是协商，然后才是仲裁等手段。应规定仲裁地点、仲裁机构及适用的仲裁规则。

12）其他条款。如可规定适用于本合同的法律、合同的生效时间等。

(2) 购货合同的签订与实施

根据物资供应计划和样品审查认可情况，以及询价的结果，审慎并及时签订购货合同是承包商物资采购的重要环节，一般应该是商务合同部门同物资采购部门协同进行。由于物资采购环节的重要性，项目经理部应该对物资采购人员建立严格审批下的充分授权制度，根据物资种类、批量大小、金额多少及物资的重要性进行分别授权，这样既可发挥采购人员的主动性，又能保证尽可能减少失误。

另外，应该根据物资的不同特点采用多种方式签订合同。对于大宗材料应该同时选择几家供应商签订合同，以免一家供应商在出现违约或不可抗力事件时无法供货而使工程受损；支付方式也可以灵活地选择分次供货，定期结算等不同方法。对于零星物资也应当给予足够重视，实践中因零星的少量物资短缺而造成关键工序停工的例子不在少数。解决这个问题最根本的途径是制定完整详细的物资供应计划，对于当地采购的零星物资，应与当地批发零售市场及邻近的工地同行建立广泛和良好的关系；而对于需国外定购的零星物资，应提早采购。

同时，密切注意合同的履行情况，及时做出调整和补充订货。在国际工程实施过程中，由于物资采购数量品种繁多，因意外事件造成某些购货合同的延误、变更，甚至中止或违约终止的情况常有发生。这时，承包商应快速做出反应，对物资的采购进行相应调整，保证材料设备的供应。

在执行购货合同时，承包商也应积极履行自己的义务和责任，如为进口物资办理进口许可证、办理外汇支付的信用证等。否则由此造成的延误和损失将是自己的责任。

5．物资的运输、保险与清关

(1) 运输

物资运输也是物资供应过程中的关键环节，将采购的物资快速经济安全地运至工程现场是物资运输工作的基本任务。

物资运输的主要方式包括海运、陆运、内陆水运及空运等。对于国外进口的大宗物资，一般均采用海运的方式，如果工程所在国为内陆国家，则需要通过其他沿海国家转运。当地采购物资的运输采用公路运输的方式居多，如果有铁路或水路的运输方式可供选择，则需经过调查研究，认真分析比较，综合考虑运输安全、时间和成本等各种因素，选择最适当的运输方式。

为保证物资能得到及时无误的运输，承包商应向运输商或物资供应商（如果运输由其负责）提供准确的信息，如工程项目的名称、发货标记（唛头）、到达港口、收货人全称、地址及联系方式、收货通知人的信息以及各种发货单证等。

(2) 保险

物资在运往施工现场的过程中，常常因自然灾害或意外事故遭受损失，而各种运输保险的目的就是为了尽量减轻或消除承包商在物资运输过程中遭受的意外损失。货运保险业务按运输方式的不同，可分为海上运输保险、陆上运输保险、航空运输保险及邮包运输保险等。在国际工程承包中，经常涉及到的是海上运输保险。以下就此保险做一简要介绍。

海上运输保险的险别主要有三种：平安险（Free From Particular Average，F. P. A.）、水渍险（With Particular Average，W. P. A）、一切险（All Risks，A. R）。

1) 平安险

平安险的责任范围主要包括：被保险货物在海上，包括陆上运输过程中，由于恶劣气候、雷电、海啸、地震、洪水等自然灾害造成整批货物的全部损失（实际全损或推定全损）；由于运输工具（包括船舶、火车、汽车）搁浅、触礁、沉没、互撞、与流冰或其他物体碰撞以及失火、爆炸等意外事故所造成的货物全部损失或部分损失；共同海损的牺牲，分摊以及救助费用等，在装卸或转运时一件或数件货物落海造成的全损或部分损失等。

2) 水渍险

水渍险的责任范围大于平安险。除平安险涵盖的责任范围外，水渍险还包括由于恶劣气候、雷电、海啸、地震、洪水等自然灾害造成的货物的部分损失。

3) 一切险

一切险的责任范围最为广泛，它除了承保平安险和水渍险的各项责任外，还承保货物在运输途中由于外来原因所造成的全部或部分损失，即不论损失程度如何，均负赔偿责任。

当然，因险别不同，被保险的货物不同，以及发运的目的地不同等，保险费率也有很大差异。承包商应根据实际情况，具体分析潜在的风险因素，最终确定投保的险别。

(3) 进口物资的清关

在国际工程承包中，由于大批物资是进口到工程所在国的，所以清关（Customs Clearance）成为一项很重要的工作。由于各国对海关控制严格，清关手续极其繁琐，承包商必须聘请当地清关代理人（Clearance Agent）。实际上，很多国家明文规定外国承包商在海关办理物资进出口清关业务，必须聘请当地注册、持有营业护照的清关代理。清关代理人承办客户所承包工程的物资及设备进出口、转关、延期、再评估、报废等一系列涉及海关及港务等方面的手续，甚至可以为承包商提供物资的运输及其他信息和服务。一个好的清关代理不仅可以保证进口物资的清关效率，而且还可以大大节约清关环节所发生的成本和费用。清关代理人的选择应注意以下问题：

1) 一定要选择有丰富清关经验、组织机构较健全、资金较雄厚、信誉良好、通关能力强的代理运输公司作为清关代理。

2) 有很强的沟通能力和紧急事件处理能力，与相关政府部门有很好的联系。

3) 佣金合理，运费价格合理。

4) 与清关代理签订正式的服务协议或合同，其中应明确规定清关代理费用、清关时间以及违约罚则等重要内容。如没把握，可先试用几个月或几批货，根据业务能力及其诚信程度，决定是否签署正式合同。为激励清关代理能帮助承包商节约一些不必要的清关费用或充分利用工程所在国的关税法等有关规定进行合理避税，承包商可以在代理合同中加入有关奖励或分成的条款。

5) 每一次清关完结后，清关代理必须将全套的清关文件，如申请单、报关单、进口许可证、发票、保险单、提单等，移交给承包商保存，以供物资再出关时或财务核算时使用。

6) 通常国际工程中进口物资种类多、批次多，而且清关过程中各种税目、费用繁多，数额大，为便于成本控制，应对清关费用设立单独账目，及时结清有关费用。

7) 为防止清关代理利用承包商对该国有关法律法规及海关业务的不熟悉，故意刁难、提高收费或收取额外费用等，承包商的商务工作人员应努力学习关税法等有关法律法规，并通过直接参与清关的每一道程序，熟悉清关业务。在进口物资批次多、数量大时，应指定清关专职人员办理进口许可证等清关文件，监督、考核清关代理的工作，并建立清关文件档案。

进口物资清关的主要程序包括：

1) 办理进口许可证

进口许可证是办理清关手续的必备文件，进口批件又是申请进口许可证必须的手续。申请进口批件时，首先由承包商致函业主，同时要附上需进口物资的清单，业主确认后向负责进口批件的主管部门发出支持信，承包商或委托清关代理将信函和物资清单送交审批主管部门审核，盖章批准后即说明准予承包商进口该批物资。然后，承包商或其代理凭进口批件、装运单或提单、发票及工程承包合同到负责审批进口许可证的主管部门办理进口许可证。通常，为节省每批物资办理进口批件的时间，承包商可在工程开工时，即通过业主向进口批件的主管部门申请进口物资总清单（Master List），该总清单获批准后，承包商在进口该主清单上的物资时可直接凭总清单办理进口许可证。

根据物资是否再出境，进口许可证又可分为永久进口和临时进口许可。

● 永久进口的物资是指在工程竣工后，或已消耗在工程上，或产权属于业主，或无须再运出境的物资，如工程材料、工程设备、要消耗掉的施工机具零配件以及承包商希望永久进口的施工机具等。永久进口的物资均需按规定缴纳关税及其他税费［Customs, Duties and Value Added Tax（VAT），CDVAT］；临时进口的物资主要是指需要再出口的承包商的施工机具设备、车辆、活动房屋等。

● 临时进口物资通常无需缴纳关税，或进口时向海关提交相应的关税保函，再出口时返还保函。临时进口许可证都有时间限制，通常根据项目的工期和维修期来确定，如在海关的限制时间（如一年）内未用完，需要继续留用，则应提前到海关办理延期手续。否则将会受到海关罚款。工程完工，临时进口的物资必须出境，除非是承包商又获得新的项目并将该批设备用于新项目上，但必须按时办理延期手续。

2）除进口许可证外，装运单或提单及发票也是办理清关手续的必备文件，为及时取得上述文件，应要求供应商装船后立即将提单和发票速递承包商，以备办理进口许可证和清关之用。同时，应该准备相应的资金以支付关税及其他税费、手续费等。

3）清关

货物到港后，立即启动清关程序。为避免发生在码头上的各项费用，可申请将货物从船上直接卸到承包商或清关代理组织的运输设备上。如果货物不能按时清关出港，货物滞港时间超过规定限期，承包商将不得不缴纳滞港费，而且很可能还影响工程的实施进度。好的清关代理这时会起到很大的作用，因为极其繁琐的清关手续和文件中难保会有疏漏，好的清关代理可以应对清关工作中出现的各种难题，并顺利完成清关，将物资安全经济地运到现场。

在工地急需某类物资时，清关代理人可利用他的关系，将这类物资在未办完清关手续的情况下提前放行。这时一定要注意补办完清关手续，以免日后受罚。

6．国际工程物资采购过程中的风险管理

(1) 风险的种类

所谓物资采购风险，是指在物资采购过程中，导致所采购的物资设备不能按合同或规范要求及时、齐全、质量良好、经济地运抵施工现场，从而对整个项目的实施在时间上和成本上造成很大影响。在国际工程项目物资采购中常常会遇到以下方面的风险。

1）货物数量、品质风险。指所采购的物资在数量和质量上与合同或规范要求不一致，从而导致所采购物资数量不够（特别要注意设备的配件是否齐全）或其品质不能用于项目施工中，给整个项目实施造成严重的影响。

2）交货时间风险。指所采购的物资不能按照采购合同要求的时间按时交货，从而导致工程施工不能顺利进行，严重滞后于合同计划工期。

3）运输风险。指影响物资从交货到运抵施工现场过程的货物运输安全和运输时间的风险。

4）资金风险。指物资采购过程中物资采购资金不落实或使用不安全，以及资金运作过程中因汇率变化而导致的风险。

5）采购价格风险。指由于国际市场材料价格及其波动、赋税、汇率变化对项目物资采购价格所产生的影响，从而影响项目成本控制，增加项目支出，影响项目实施的效益。

(2) 采购过程中的风险防范措施及途径

1）加强供应商资质审查。

2）选择合适的询价、采购方式。

3）合同条款控制，通过严格审定合同条款，降低潜在风险。

4）采用合适的支付方式降低资金占用，规避汇率风险。

5）利用履约保函控制物资采购中的违约风险。

6）合理选择保险，控制运输风险。

7）通过向物资供应商、运输公司、保险公司提出索赔，消除物资采购过程中因违约或意外而产生的损失。

8）严格业务程序，提高物资采购人员的素质。

(四) 物资的现场管理

(1) 物资的仓库管理

1）物资验收。物资运达后，按照装箱单验收货物，检查有无损坏，品质型号是否相符；如果合同规定可以申请材料设备预付款，材料到场后，应通知工程师派代表对材料或设备进行联合验收。

2）物资入库。入库应首先填写入库单，表明物资的目录编号、名称、规格、数量、单价及金额等，并录入电脑。应建立分类仓库，分别保管不同性质和类别的材料。对于不合格的材料设备应另行存放，不能按正式入库处理。

3）物资发放。同入库一样，坚持物资的出库登记制度。物资领料单应符合当月物资需用计划，超出需用计划的部分，应有主管工程师的批准。建立物料使用的信息反馈制度，这项制度有利于按定额配料和减少浪费，提高材料的使用率，降低废弃率，从而降低工程成本。

4) 编制并按时更新物料月度或季度库存状况表，主要反映四个要素：上期库存，本期收入，本期消耗及本期结存，对物料的使用情况进行动态跟踪和管理。

5) 可根据物资对项目的重要性、数量及价值将物资分为 A、B、C 三类：

- A 类物资是对项目成败起关键作用，价值比重较大（占项目物资总值 70%~80% 左右）的战略物资，如钢筋、水泥、砂石等，此类物资品种不多，但价值、数量大，是物资采购和库存管理的重中之重；

- B 类物资是项目所使用的瓶颈物资和需要集中采购的物资，这些物资虽然没有 A 类物资重要和价值大，但由于也是项目不可或缺的物资，且由于供应渠道不易取得，也是需要项目物资部门特别关注并提前订货的物资；

- C 类物资是项目所使用的一些价值比较小，品种名目繁多的消耗性物资，比如工具、五金等，如项目所在地市场供应状况良好，无需过多库存。

总之，承包商库存管理的目的就是在满足工程施工需求前提下的库存最小化。鉴于国际承包工程项目的复杂性和特有的时间进度要求，物资品种繁多，承包商的物资管理部门既要利用一切条件，加强采购管理，压低库存，减少积压，以节约成本，盘活资金，又要根据项目所在国的特殊性和工程特点，综合考虑项目质量、进度和经济效益等多项指标，运用科学方法，维持一定量的最优库存，以保证项目物资的正常供应，实现工程项目物资库存的粗放式管理向集约型管理的过渡。

(2) 物资的回收和善后处理

1) 由于设计或工程变更，或者订货不当等原因造成材料积压在工程施工现场时有发生，对这些物资材料的及时处理是十分必要的。处理方法包括将这些物资适时出售或转移用于其他工程项目；同原供应商协商退货或折价退货；或与其他承包商调剂更换其他符合本工程需要的物资。

2) 回收工地废弃材料和外包装材料，对一项大型工程项目可能会是一笔可观的收入，应予以重视。

3) 对于免税项目中使用的材料，应及时办理材料消耗报表，经工程师和业主有关部门审查认可后，作为提交给税务部门申请退回免税银行保函的支持文件。

4) 属于临时进口的机具设备，在工程竣工后应运出境外，并索回临时进口设备的关税保函；或补缴进口关税并经有关部门批准后在当地出售或用于其他非免税工程。

(五) 国际工程项目中的供应链管理

传统的工程建造模式下，业主、咨询工程师、承包商和物料供应商之间的关系被看作是临时或短期的合同关系，往往竞争多于合作。由于处于整个生产建造链条中的各成员组织的经营目标是分散的，互相为能在利益划分时占有较大份额而进行博弈，这最终导致了工程总体建造成本的大幅度攀升或建造质量的下降。

譬如，承包商为能在多家供应商中选择最佳的供应商，往往在选择供应商和分包商的过程中引入竞争机制，承包商通常不会透露完全的信息以防供应商增加要价筹码，而供应商为达成协议也往往虚夸自己的供货效率、生产能力和产品性能，这种利用信息不对称的机会主义行为势必增加交易成本，同时产生交易风险。即使成交后，运作中的不确定性也使得物资供应日常管理的难度大大增加。另外，在传统的采购模式下，有效控制质量和交货期主要是采用事后把关的办法，采购一方难以参与供应商的生产组织过程和有关质量控制活动，相互的工作是不透明的，主要依靠各种标准如国际标准、国家标准或行业标准等进行检查、验收，增大了需方采购部门对采购物资质量控制的难度。

鉴于传统的物资采购模式的弊端，不少学者主张在工程项目管理过程中引入供应链管理的概念。供应链管理（Supply Chain Management）是指围绕核心企业，通过对信息流、物流、资金流的控制，将产品生产和流通中涉及的材料供应商、生产商、分销商、零售商以及最终消费者连成一体的功能网链结构模式，如图6-2所示。供应链管理的主要目的在于提高用户服务水平和降低总的交易成本，达到两者之间的平衡，并围绕核心企业的网链结构，建立供需方长期的合作伙伴关系。

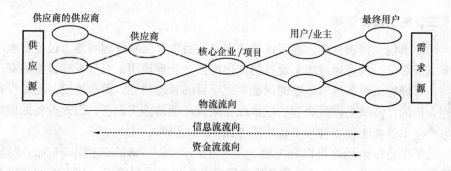

图 6-2　供应链网链结构简图

对于一项国际工程项目来讲，承包商的供应链管理就是充分利用信息网络寻找互补的外部优势，通过对信息流、物流、资金流的控制，从采购原材料开始到运输、仓储、现场使用、竣工交付直至售后服务将物资供应商、工程分包商、劳务分包商、设备租赁企业连成一个整体的功能网链结构模式。链中的各参与者之间是一种面向特定项目的伙伴关系。通过建立这种关系，相对下游的组织可以大幅度降低采购成本，提高工程质量，缩短工期；而相对上游的组织可以有稳定的市场需求，有利于以销定产，降低生产成本。同时，供应链管理还可以改善供需方的交流，降低双方的市场风险，降低投机成分并减少交易成本。

工程项目中的供应链管理涉及到了物流、信息流和资金流以及由业主、咨询工程师、承包商、物料供应商组成的网络。物流既包括物料供应商所提供的原材料、工程设备、安装设备等物资，也包括由建造承包商所承建的工程项目，以及在后期检测、维护等过程中形成的有形物质流动。信息流包括原材料、设备等的供应状态，工程进度，工程质量，工程师做出的各种指令，业主的意见，工程造价的变动等各种信息（包括书面和非书面形式）的传递与交流。资金流主要是资金由业主以工程付款的形式转至承包商，再通过货款支付的方式流向各级供应商的过程。

工程项目中实施供应链管理的驱动力是为了缩短物料供应的提前期，减少施工现场库存，进行准时生产（Just-in-Time，JIT），最终使供应链物流的总成本最小化。对承包商来讲，实施供应链管理的基础是与供应商之间建立信息、利益共享的伙伴关系。当然，在工程项目中推行供应链管理并非一朝一夕的事情。实际上，供应链在建筑业中的应用目前仍停留在学术研究的阶段，承包商在这方面的实践则是言大于行。但是作为一种先进的管理方法，供应链管理在制造业中已经得到了很好的推广，并且效果显著；而且，国外一些优秀的建筑企业通过推行供应链管理也取得了很好的成效。因此，有理由相信承包商通过有效地整合内部职能和流程，将企业内部供应链与外部供应链集成在一起，逐步将供应链管理的方法应用于所有的工程项目，会极大地提高项目的管理效率和经济效益。

**三、施工设备管理**

国际承包工程项目中，施工设备管理是项目生产要素管理和施工过程管理的重要组成部分。只有通过施工设备的优化配置、合理使用，充分发挥设备的资产效益，降低施工设备成本，才能保证实现项目的管理目标。简单地说，施工设备管理人员的任务就是以最合理的成本配置最大产能的施工设备，因此设备的成本和生产效率是施工设备管理工作中应考虑的两大因素。

施工设备根据用途可以分为两大类：生产设备（Productive Equipment）与辅助设备（Support Equipment）。前者是指那些直接用于项目施工，其工作的产出是可以得到支付的最终产品，以道路工程为例，典型的施工生产设备包括挖土机、装载机、推土机、压路机、沥青摊铺机、自卸卡车等；而辅助设备则是为施工生产服务的，如运送人员和材料，但不直接参与生产过程的设备，如：交通工具、升降机、照明设备、脚手架等。但是同一种设备因作业内容不同，既可能成为生产设备，也可能是作为辅助设备。

工程项目施工设备的管理主要包括以下内容：

（一）施工设备使用计划

1. 施工设备的选型

随着技术的发展日新月异，施工机械设备更新换代的周期也大大缩短。为完成工程项目的实施，可供选择的设备种类、型号也越来越多。因此，如何选择适合承包工程使用的高效、耐用、多能、价廉的施工设备是设备管理首先要解决的问题。

(1) 施工设备选型的原则

1) 选用的施工设备必须与施工现场、施工对象、施工方法相适应，力求高效，保证耐用。

2) 在施工条件允许的情况下，要尽量选用大型、快速、多能、高效的设备。

3) 要注重经济效益。要综合考虑施工设备的全寿命周期成本，即不仅要考虑设备的购置成本，还要考虑设备的使用寿命、使用效率、维修保养成本、作业消耗成本等。在单机选用时，根据注重经济效益的原则，应全面衡量该设备的生产性、经济性、可靠性、节能性、维修性、耐用性、灵活性、环保性及成套性等因素。

4) 所选用的施工机械要求整机性能优良，工序之间不仅品种配套，生产率也要配套，能进行一条龙作业，提高整个生产线的总体生产水平。

5) 选用施工设备要充分考虑工程所在国的实际情况，如零配件市场的供应情况、设备操作工、机修工的技术水平、以及当地通常采用的施工工艺方法和水平等。

6) 先国内、后国外的原则。如果同种类型的国产设备质量性能均符合要求且价格合理，可优先选择国产设备，一方面可以降低工程成本，另一方面可用工程带动国产设备出口。但一定要考虑进口关税和国产机械的备用零部件配套问题。

(2) 施工设备选型的依据

施工设备的选型首先要了解合同技术规范对施工方案和施工设备的要求。其次，参照工程项目的作业范围、工程量大小，根据承包商拟定的施工方案和施工的具体要求进行选择。还应了解项目工期，施工总进度，月施工强度及施工组织措施等。

施工设备的选型应该由不同专业（如房建、路桥、水工等）施工经验丰富的工程技术人员进行。首先根据工程项目的具体要求和施工方案，列出所有可用的施工设备清单，包括设备的各项性能参数、作业效率等。然后根据上面所给出的原则进行综合比选，选出满足施工要求，且相互配套的几组施工设备，以备经济性比选。最后，通过综合分析设备在项目周期内的使用成本，选择综合效率高的一组配套设备。

2. 施工设备使用计划的编制

根据设备选型的结果，按照工程项目的施工组织设计和进度计划，编制项目的施工设备使用计划，主要包括以下内容：

(1) 所需设备的规格、型号和数量；

(2) 所需设备进场、施工作业、出场的时间计划；

(3) 施工设备的来源计划（包括自有设备调遣、新购、租赁等）；

(4) 施工设备操作人员、机修人员的招聘或调遣计划；

(5) 施工设备的维修保养计划；

(6) 施工设备零配件采购计划等。

(二) 自有设备的管理

在国际承包工程中，自有设备是施工设备的主要来源，它又可以进一步划分为两种情况：企业原有施工设备调用和项目新购设备。在企业自有设备充足的情况下，尽量使用原有设备，避免投入巨额资金单纯为一个项目购买大量新设备。自有设备的管理主要包括设备调遣和采购管理、设备成本管理、设备资产管理以及设备机务和安全管理等方面。

1. 设备调遣和采购管理

在国际承包工程中，承包商自有设备的调遣是施工动员期的主要工作之一，也是最耗时费力的任务。首先，项目经理部根据施工组织设计和设备使用计划，通过企业内部设备数据库仔细核实自有设备的状态，编订自有设备的调遣清单。由于各种施工设备往往分布在不同的工程现场或营地，所以接下来的工作应该是在公司总部的协助下，将需调遣的自有设备向一处调集，并进行一定的维护和保养，同时，购置必要的零配件。然后，核查调遣设备的数量、种类，防止有遗漏，编制设备清单，办理出口许可。将所有设备转运至装运港装船，并将装箱单等文件速递到现场经理部，以便办理当地的进口手续。设备的运输、保险、清关等事宜与进口物资的办理程序相同，不作赘述。

通常国际工程中有很多设备都需要新购，而设备购置资金的投入相对集中于项目开工的前期准备阶段，结果会造成前期资金过于紧张而影响工程的顺利进行。为避免出现这种情况，可以采取多种措施加以缓解，如根据实际需要合理安排采购进度和进场日期，避免一次性大量购置新设备；视工程的具体情况，可以通过采购二手设备节约设备成本；租赁施工设备等。

调遣本公司的现有设备需要注意三个问题：一是工程项目所在国与设备所在地点（中国国内或另一项目所在国）的距离，如果太远，则要与新购设备作经济比较；二是运输设备所需时间，能否满足工程进度需要，要在时间上留有充分的余地；三是维修和零配件供应问题。

而新购设备又有一个工程项目完工后的"出路"问题。总之两种方式要进行认真地分析比较。

设备的采购程序与前面详细论述的物资的采购程序相同，也不作多述。

2. 设备成本管理

(1) 自有设备的成本构成

无论是原有设备还是新购设备，在工程项目实施过程中所发生的成本可以归结为两大类：固定成本和可变成本。前者不随设备使用台班的多少而变化，只与承包商占用设备的时间有关，主要包括设备折旧费、保险费、购买设备的资金成本（利息）等。变动成本则与设备的使用台班直接相关，使用得越多，则发生的成本越高，主要包括运行成本，如：柴油/汽油等燃料动力费、机上人工费、机油润滑油等费用、轮胎等备件费等。

1) 施工设备的折旧费（Depreciation Cost）

施工设备作为项目的固定资产，在生产运行过程中由于损耗而转移到工程中去的那部分价值，即为施工设备的固定资产折旧。在国际承包工程中，计提施工机械折旧费的方法很多，如直线折旧法、年数总和递减折旧法、净值折旧法、固定单位折旧率法、递减单位折旧率法、时间和用途折旧法等。由于固定资产折旧方法的选用直接影响到项目成本的计算，也影响到项目的收益和国家的税收，因此，对固定资产折旧方法的选用，国家历来都有比较严格的规定。在我国基本建设程序中，施工机械使用寿命一般由国家财政部门统一规定。如普通土方施工机械的使用年限一般为5年，而一些重型设备和专用起吊设备的使用年限可长达15年。国际承包工程项目中固定资产折旧方法的选择，一方面要参考国家和企业的有关规定，也要参考工程所在国的相关规定，另一方面，还要充分考虑国际工程的具体特点和情况。下面简要介绍几个主要的计提折旧的方法。

①直线折旧法

直线折旧法就是将固定资产的折旧平均地分摊到使用期限的各期。计算公式如下：

$$DC = \frac{P - L}{N} \tag{6-1}$$

式中　$DC$——单位时间（与$N$的时间单位同）的折旧费；
　　　$P$——设备购置价，也称设备原值；
　　　$L$——设备使用寿命结束后的残值；
　　　$N$——使用期限。

由于这种方法比较简单直观，所以被采用的较多。但有些情况下却不宜采用，如大型土建工程中新购设备在开始的一两年内，由于施工强度高，设备的减值速度快，按理应多计提折旧。与此相反，可能在工程实施过程中的某段时间，设备的利用率很低，若照样按直线折旧法提取也不合理，这都会造成工程成本的不真实。

②年数总和递减折旧法

根据这种方法，在设备的使用期限内，每年提取的折旧费随使用年数的增加而逐年递减。

计算公式为：

$$DC = \frac{2(P - L)(N + 1 - M)}{N(N + 1)} \tag{6-2}$$

式中　$M$——年次（例如：若计算第3年的折旧费，则$M = 3$）；
　　　其余符号含义同上。

③净值折旧法

净值折旧法也称余额递减法,是先确定施工设备的年折旧率,然后用设备每年年初的净值乘以折旧率,计算出当年的折旧费。折旧率 $D$ 的计算公式如下:

$$D = 1 - \left(\frac{L}{P}\right)^{\frac{1}{N}} \tag{6-3}$$

这样,第 $M$ 年的设备折旧费即为:

$$DC_M = (P - DC_{M-1})D \tag{6-4}$$

式中符号含义同上。

除上述列出的折旧计算方法外,承包商还可以根据施工设备额定使用台班与实际使用的台班数计算折旧,或将设备购置费在一个工程项目中一次全部折旧完等。在此不一一细述。

在计提折旧费时,还应注意以下几个问题:

①合理划分计提折旧的设备范围

根据设备价值、用途、寿命等的不同,将施工设备划分为一次性折旧、一般折旧和个别折旧等类型。对于专用设备、购置价低的易损设备、有效使用寿命小于项目工期的设备、二手设备、用于非生产性的固定资产(如生活用交通车辆、办公用品等),均应一次性折旧;一般通用设备,如土石方机械、混凝土设备、木料钢筋加工设备等,应作为一般性折旧;而运输车辆、船机设备、寿命较长的起重设备等,应根据具体情况作个别折旧处理。

②预测设备有效使用寿命和残值的合理值

设备的有效使用寿命,首先应参考设备制造厂商提供的资料,然后根据承包商自己的经验和有关统计资料,进行综合分析预测。同样,设备残值的估测是否合理也会影响到折旧费的计算。

如果有效使用寿命估计过短,设备残值定得过低,将会造成工程设备费增加,导致工程成本加大,利润减少;如果有效使用寿命预测过长,残值定得过高,则会影响设备更新,导致能耗高,生产效率下降。因此,要求在预测设备寿命和残值时应尽量与实际情况相符。

③对于施工设备的轮胎和易损件,由于消耗快,不应与主机采用同样的折旧方式,而应作为消耗材料及零配件作一次性折旧处理。

④折旧方式要符合当地法律的规定。

2) 施工设备的购置费利息、保险费及设备税(Interest, Insurance and Tax, IIT)

该部分费用是否发生视具体情况而定。在发生时,它们均属于施工设备的固定成本。其计算方法都是以设备的年平均价值乘以各自的费率,设备年平均价值(Average Annual Value, AAV)可以按下面公式计算:

$$AAV = \frac{P(N+1) + L(N-1)}{2N} \tag{6-5}$$

式中 $P$、$L$、$N$ 的含义同折旧计算公式。

3) 设备作业成本 (Operating Cost)

设备作业成本主要包括燃料、机油、润滑油的费用 (Fuel, Oil and Gas, FOG)、轮胎更换费用及维修费，有时也包括必备的操作人工费。它们构成了施工设备的变动成本。

4) 管理费和利润摊销等。

(2) 自有设备的成本管理

设备成本管理的工作应贯穿于国际承包工程实施的全过程，从项目考察开始，到编制施工组织设计、机械设备的采购、设备保养使用，直至设备退场处理。设备成本管理在各阶段的工作重点简述如下：

1) 项目考察时，应详细了解当地与设备有关的法律、法令、环保法规；当地施工设备供应、租赁、零配件和维修市场的情况和价格；各种油料、施工机械司机的供应情况和价格；设备进口手续和可能发生的一切费用、费率和收费方法；与设备有关的税收规定和税率。这些都是制定合理经济的设备供应计划的前提条件。

2) 编制设备使用计划时，要根据施工进度和质量要求合理选择施工设备的种类、合理匹配不同施工设备的数量，在综合考虑设备需要进场时间和采购调遣成本后，恰当安排每台设备的采购和调遣时间。

3) 进行设备采购时，要通过向多家供应商询价比价、讨价还价，审慎签订采购合同，控制采购成本。

4) 施工组织人员要根据不同设备的台班费，正确调度和使用设备，提高设备的使用效率，降低机械设备的施工总成本。日常施工中，设备管理人员应详细记录每台设备的使用情况，按周、旬、月进行统计，计算出实际发生的机械费用，与设备成本计划进行比较，发现偏差，找出出现偏差的原因，采取有效的改进措施。

5) 在国际工程竣工之前，尽早拟定设备退场计划，避免工程后期出现大量设备闲置。在工程施工期间，如遇到长时间暂停施工，如雨季或其他特殊原因，可向公司总部申请报停施工设备，以暂时停止或减少计提折旧费。

3. 设备资产管理

施工设备作为承包商固定资产的主要组成部分，对其是否能有效管理直接影响到工程项目的经济效益。设备资产管理必须抓住设备进场、工程实施、退场等几个关键环节。控制设备资产的流动，保证设备资产不灭失，甚至可通过合理运营，产生额外受益。

设备进场后，设备管理人员应及时将设备有关资料归档，如合同、进口许可、海运提单、商检证明、保险单据、发票、原产地证明、发货单和装船单、机械设备使用说明书、维修手册、零配件手册等。建立机械设备台账是设备资产管理的一项重要工作，可以使有关人员及时准确地掌握设备的基本状态和使用情况,大型施工机械和重要设备应建立设备履历书,详细记录该设备从购置、使用、检修、维护保养及工程结束退场的全部情况。

在整个施工过程中,正确计提设备资产折旧费也是设备资产管理的重要内容。另外,并非所有施工设备在整个施工过程中都处于满负荷运转状态,可利用有些设备的闲暇时间,将设备出租或承揽一些工期短的小型工程,为项目创造额外收益。

设备退场前,设备管理部门应对设备进行审核,做到账目清楚、设备状态明了,为制定切实可行的退场计划打好基础。如果在当地没有后续的其他项目,施工设备的处理有两种途径:一是再出口,调回国内或其他有需要的国家和地区,此时,要在临时进口许可有效期终止前办理海关及海运等出境手续;二是要求当地税务机关,对设备进行重新评估,补缴设备的进口关税,将设备由临时进口转为永久进口,或自行存放等待承接新的项目,或租赁,或在当地出售。至于采用何种方式处理要退场的设备,应根据设备的状态、余值、当地的有关法律规定,以及办理出境和海运的费用等很多因素综合考虑,选择最佳方案。

4. 设备机务和安全管理

施工阶段设备管理工作的重点是抓好使用、保养和维修等环节,使各种施工设备保持良好状态,保证工程项目的顺利进行。国际工程施工时,一般都会雇用大量当地的操作工人和机修工人,它们的技术水平参差不齐,再加上语言障碍,很大程度上增加了设备的管理难度。因此,项目设备管理人员应该根据各工程的实际情况,制定切实可行、严格完善的设备管理制度,包括设备操作使用管理制度、设备维修保养制度、零配件采购、使用管理制度、操作及机修人员管理制度等,并切实贯彻执行。另外,一定要选派有资质和丰富经验的设备管理人员、设备维修技术人员和设备安全监督人员参与项目全过程的实施。当地的操作工和机修工在上岗前一定要进行系统的制度、技能和作业安全培训。

(二) 租赁设备的管理

合理利用工程所在国的设备租赁市场,不仅可以解决因购置大量设备而造成的大量资金占压,还可以有效降低工程成本,保证施工进度,提高项目的经济效益。在以下情况下,应首先考虑租用当地施工设备:①属于特殊施工设备,在其他项目上基本不使用;②在项目上使用时间很短;③价格极其昂贵,购买会占用巨额资金;④为项目赶工,自有设备不足时;⑤当地设备租赁市场供过于求,有大量此类闲置设备,通过经济分析,租赁设备更为经济时。

对于租赁设备的管理,应注意以下几个方面:

1. 租赁合同尽可能严谨、细致,对合同双方责任和义务的规定要明确,以免将来因遗漏或条款含义模糊而导致争议;

2. 设备进场后,要加强对租用设备的核算,对每台设备建立核算卡,对租费、燃油动力费、需租方承担的维修费等进行登记并逐一核算,掌握设备完成单

位产量所需的动力、配件消耗及运杂费用的开支情况,做到心中有数。并可根据统计数据对机械设备进行比较和调整,减少费用开支;

3. 工程项目的设备租费一般可采用按租用的月或天数计算租费,或按实际完成的实物工程量或台班进行计算。对于租用时间较长的常用施工设备,通常采用按月租计费,便于管理。而对于短期租赁或仅为完成某项工作而租赁的设备,可采用按天数结算租金;

4. 指定专门人员记录设备的使用数据,尤其是按工作台班数和实际完成工作量结算租费时,则需租赁双方现场代表共同签字确认,以便据此结算;

5. 加强对时间价值观念的认识。设备进场前要提前做好准备,使其进场就能用,以最短的时间让设备发挥最大的使用效能。

## 第二节 国际工程项目信息与文档管理

**一、施工信息管理概述**

(一) 工程项目中的信息

信息是客观存在的一切事物通过物质载体所发出的消息、情报、指令、数据和信号中所包含的一切可传递和交换的内容。具体地说,项目信息是指项目运行和管理过程中直接和间接形成的各种数据、表格、图纸、文字、音像资料等。任何一个工程项目中都充斥着大量的信息,主要包括:①项目基本情况方面的信息,如项目手册、各种合同、设计文件和计划文件等;②现场实际工程信息,如关于工期、成本、质量和安全等方面的信息。它主要包含在日报、月报、重大事件报告、材料、设备、劳动力使用报告、质量和安全报告等各种报告中,还包括各种分析、计划与实际对比、趋势预测等信息;③各种指令和决策方面的信息;④其他信息,主要是与项目紧密相关的外部信息,如市场情况、气候、汇率波动、政治形势等。

1. 工程项目信息的特点和表现形式

由于工程项目的一次性、特殊性以及有特定生命周期等特点,工程项目信息往往会表现出信息量大、传递障碍多、较物流滞后等特点。

项目信息的表现形式主要有书面文字形式、口头形式以及各种通信工具和声音、图像等媒介方式等。

2. 工程项目信息的流动方式

工程项目实施过程中产生的大量信息,随着工程项目中的工作流、资金流、物流等流动过程按一定规律产生、转化、变动和被使用,并在相关部门之间流动传播,形成项目的信息流。信息流是项目的神经系统,只有信息流动顺畅、信息交换效率高,项目的实施过程才可能顺利高效。项目信息的流动方式主要包括:

(1) 自上而下的信息流动。主要是从项目经理或更高管理层流向项目管理部门及成员的信息，主要包括各类管理目标、指令、指导文件及管理规则等。

(2) 自下而上的信息流动。从项目实施操作层、执行层向上级流动的信息，如项目实施过程中有关进度、费用、质量、安全、消耗、效率、人员、风险等情况的上报。

(3) 横向信息的流动。指同一管理层或作业层之间相互提供项目信息，这些信息的高效交流决定着项目各工作环节的协调性。

(4) 以某一管理或咨询部门为集散中心的信息发送。主要是通过某一管理或咨询部门，如数据中心，对项目信息进行汇总、分析、加工、再传播等，为项目决策或形成标准流程或规范提供依据。

(5) 项目组织（经理部）与项目其他参与方及外部环境之间的信息交换。如与业主、工程师及其他利益相关者之间信息的流动。

(二) 工程项目信息管理的概念及其重要意义

工程项目信息管理是指在工程项目实施过程中对项目信息收集、整理、处理、储存、传递与应用等过程进行的管理。信息管理的目的是通过有组织的信息流通，使决策者和实施者能及时、准确地获得相应的信息。

信息管理在工程项目施工管理中的意义主要表现在：

1. 信息管理是施工项目管理的关键过程之一，是项目管理知识体系的重要组成部分。

2. 信息管理事关项目管理的质量和生命。如果没有信息管理支持，施工项目管理基本上是无法进行的。

3. 信息是"沟通管理"的媒介和基本手段。

4. 现代施工项目管理必须以信息管理为支柱。离开全面的、高平台的、站在当代科学和技术发展前沿的信息管理，现代工程项目管理不仅是低水平的，而且很难持续发展和有效应用。

(三) 工程项目信息管理的原则和要求

1. 工程项目信息管理的原则

工程项目信息管理的基本原则是：通过对项目建设过程中所产生的所有信息的合理分类、编码和有效地管理，促进信息流的顺畅流动，客观地记录和反映项目建设的整个历史过程，并为决策提供依据，保证项目的顺利实施。

(1) 及时、准确和全面地提供信息，以支持科学决策；规范编码信息，以简化信息的表达、存储。

(2) 用定量的方法分析数据和定性的方法归纳知识，以便进行预测、控制、方案优化等。

(3) 适用不同管理层的不同要求。高层领导制定战略决策，需要战略信息；中层领导是在已定战略下进行策略性决策，需要策略信息；操作人员是处理执行中的问题,需要具体操作信息。自上而下而言,信息应逐级细化;自下而上而言,信息应逐级浓缩。

(4) 尽可能提高信息的利用率和效益。

2. 工程项目信息管理的基本要求

工程项目信息管理的基本要求可以归纳为:

(1) 适应施工项目管理的需要,为预测和正确决策提供依据,提高管理水平。

(2) 项目经理部应建立项目信息管理系统,优化信息结构,实现项目管理信息化。

(3) 项目经理部应及时收集信息,并将信息准确、完整地传递给使用单位、部门和人员。

(4) 项目经理部应配备经有资质的培训单位培训的信息管理人员,作为信息管理的专职人员。大型项目的项目经理部,应设置信息管理职能部门或信息中心。

(5) 项目经理部负责收集、整理、管理本项目范围内的信息,含汇总、整理各分包人的全部信息。

## 二、国际工程项目信息文档管理

(一) 国际工程项目信息的分类

施工项目信息的内容,是指施工项目管理所需要的信息,也包括在施工项目管理中产生的信息。

1. 公共信息。包括法律、法规和部门规章信息、市场信息、自然条件信息。

2. 工程概况信息。指设计完成的项目产品的工程名称、工程编号、基础、结构、装饰装修、设备安装、建筑造型特点,以及建筑面积、造价、建设单位、设计单位、施工单位、监理单位等基本项目信息。

3. 施工记录信息。包括施工日志、质量检查记录、材料设备进场记录、用工记录等。

4. 施工技术资料信息。包括主要原材料、成品、半成品、构配件、设备出厂质量证明和试(检)验报告,施工试验记录,预检记录,隐蔽工程验收记录,基础、结构验收记录,设备安装工程记录,施工项目管理规划,技术交底资料,工程质量检验评定资料,竣工验收资料,设计变更,洽商记录,竣工图等。

5. 计划统计信息。包括施工进度计划、资源计划、WBS 作业包、WBS 作业界面、资金需要量计划信息、施工分析资料、工程统计资料、材料消耗记录、各种台账目等。

6. 目标控制信息。包括进度控制信息、质量控制信息、费用控制信息、安全控制信息等。

7. 现场管理和工程协调信息。包括施工平面图、现场管理信息、内部关系协调信息、外部关系协调信息等。

8．商务信息。包括投标信息、合同和合同管理信息、结算信息、索赔信息、竣工验收信息、回访保修信息等。

为了有效地进行信息管理，使信息能够合理分类、及时补充和调整、方便调用，应利用 WBS 方法、系统图方法和编目技术，对全部信息内容进行分类、分解、编码，形成文档和信息目录结构图。

(二) 文档管理

如前所述，工程项目信息有不同的表现形式，而其中以书面形式存在的信息，构成了项目的文档，是项目信息管理的重中之重。项目文档的重要作用在于：

(1) 建立工程项目的历史档案，今后遇到相似工程时可以参考；

(2) 如果项目实施中间出现管理人员的更替，继任者可以通过查阅项目文档了解项目的过去，并很容易地接手工作；

(3) 不管项目竣工多长时间，都有资料可查，避免只靠人的记忆而导致信息的丢失；

(4) 减少在工程实施过程之中和之后，合同有关各方可能出现的对项目的误解、争议；

(5) 为工程实施可能出现的争端调解、仲裁、诉讼提供书面证据。

项目文档管理包括对项目管理各类文档的标识、储存、保护、加密、检索、保存、处置等方面的内容。而对项目文档进行科学合理的分类、编码标识是进行文档管理的关键。不同的承包商可能采用的具体分类和编码方法也不同，但是无论采取何种方法，作为一个企业，信息分类和编码要统一，以便对下属各个项目的信息进行统一的归纳、分析和管理。

项目文档分类的基本要求包括：首先主要分类标准要统一，如按文件类型，或按文件内容，或按时间等。其次编码规则要统一，编码能覆盖文档的主要信息；要便于归类、查找和检索；要便于实现工程文档电子化，能够运用计算机及其网络技术的工具，实时地描述工程进展的状况，为工程项目的建设管理者提供服务。譬如，文档可以按照前面讲到的工程项目信息的分类进行分类，也可以按照文档类型进行分类，如报告、函件、会议纪要和记录、制度文件、合同文件、设计文件、设计文件变更、施工文件及其他等，还可以按照文档的内容划分为质量、技术、人力资源、成本、资金、进度、分包、物资、设备、安全、文化和其他等类型。

然后在工程项目文档分类的基础上进行编码，编码时要考虑代码结构的简洁，节省存储容量，减少冗余，提高信息处理速度和可靠性。对各个层面的文档进行编码，在编码的过程中要考虑如何集成。编码标识应该统一，不能每个部门各自为政。另外，编码应尽量包含文档的主要信息，每一份文件只能有一个编码，对应同一个编码也只能有一份文件。文档编码主要包括以下信息：项目代码（可以为项目的英文缩写）、文档类型（数字编码或英文字母）、文档内容（字母或数字编码）、文件序号等。

对于占工程项目文档很大比例的来往函件的编码，还应在上面信息的基础上加入发文单位和收文单位的信息，如：采用 ABC/PRG/CON/EMP/001，表示 ABC 项目由承包商致业主的关于项目进度的信函，序号为 001。同样，其他类型文件也可视具体需要增加有用的信息或减少冗余信息。总之，文件如何进行编码没有统一的标准，所以各公司、各项目都会有所不同，只要符合上面所述的基本原则，能达到对文件进行高效管理的要求即可。

在建立合理、统一的编码体系后，工程项目文档管理还应注意以下方面的问题：

(1) 项目收发文件文档的管理

项目的收发文件文档主要分为项目内部的收发文件和项目对外的收发文件两大类。项目内部收发文件主要是指以项目为中心与上下级各部门之间往来的文件文档，主要内容包括人员任命、人事安排、材料与工程设备调拨与调配、物资的询价与采购、项目的通知决定、责任事故或工程事故的处理意见等。项目外部收发文件主要是指项目与合同有关各方往来的正式文件文档和项目与相关各政府部门的文件文档，如项目部与业主、工程师、分包商、供应商、代理商、银行及有关政府部门之间的往来文档。

项目收发文应该由专人负责，一般由项目办公室管理人员来对收发文进行统一管理。尽量做到项目函件的出口和入口各只有一个，即使信函可能是由项目经理部的不同部门起草，也必须经项目办公室，重要函件由项目经理亲自审阅，检查无误，盖章并登记后统一发出。而收到的函件必须先交到办公室登记后，由专人负责将原件及时存档，保存，再将复印件转发至不同的阅件人进行处理，并跟踪函件的处理过程。

在国际工程项目管理中，往来函件管理的重要性是显而易见的，尤其是与工程师和业主的往来信函，在出现争议和索赔事件时将成为重要的支持性文件。首先，信函的起草要及时，不能拖延；其次，信函最好一事一议，简洁明了；另外，意思表达要准确无误，尤其是用英文起草的信函，语法、拼写都要仔细检查。同时，应准备对应各类不同文档的登记单，包括序号、收发文号、日期、收发人等。在准备发文之前，登记发文标题内容及发文编号，避免发生在同一时间，不同发信人重复使用同一发文编号的情况。在收、发文分别存放时，应将原信函的复函的索引号置于原信函的备注一栏中，以便跟踪事情的处理过程。

(2) 文档标识清晰，易于加密、存放、识别与查找

所有文档统一编码后按类型分别存放于不同的文件夹，文件夹应标题清楚，编码标识醒目，并设有总目录，易于查找。建立良好的文件检索系统是存放、查

找文件文档的前提。随着计算机的普遍应用,项目管理人员已经越来越多的使用电子文档,并建立计算机文档检索系统,这将大大提高文档的管理效率。

(3) 项目文档的传递

在组织内部进行文档的传递,是信息文档控制管理的主要内容。项目部的某个部门产生的文件如果需要传递至其他部门,应将文件递交给项目信息文档管理部门,由项目信息文档管理部门统一进行文档的传递工作。在文件的传递工作中,文件传递表(Document Transmittal)是一个重要工具。文件传递表中包含了传递方名称、接受方名称、传递文件名称、编号、版本号、WBS号、文件类型、页数、份数、安全级别、传递目的等信息。在项目中所有文件的传递均应使用文件传递表。

(4) 项目文档的报批和递交

根据合同的要求,部分项目文件需要获得业主或工程师的批准之后才可执行,对于各类文件的报批及最终正式文件的递交等一系列过程进行控制,是信息文档管理的另一重要功能。这部分文件由于要经过组织外部的流转过程,因此也是项目信息文档管理的难点。一般来讲,设计文件构成了这类文件的主要组成部分。在合同生效后,项目经理部应会同信息文档管理部门尽快明确哪些文档必须向工程师报批,这对于保证和促进工程进度是至关重要的。

(5) 制定文档的保管和借阅制度

信息文档管理部门的主要职责之一就是保管原始文件。在项目的执行过程中,为了保证项目有效文档的完整性,所有有效文档的原件都应由文档管理部门负责临时存档,并进行分类整理和存放,待项目结束后负责向业主递交和向公司档案管理中心移交。

信息文档管理部门应建立一套高效、简洁的内部文件流转程序、建立严格的文件登记制度和借阅制度。不能随意将任何文件私自带走,也不能在查阅时搞乱文件原来的存放顺序。制度在建立后应由专人进行监督执行。另外,还要注意文件存放的安全性,尤其是防盗、防火和防潮问题。

(6) 文档的保密

项目信息文档的保密问题是一个很值得重视的问题,如果项目的技术、工艺、合同文件、结算文件以及其他机密信息有任何泄露,都可能给项目带来无法挽回的损失。有时,甚至办公室产生的废纸都可能会造成信息的泄密。一个可行的办法就是将信息文档按安全级别进行分类,并采取不同的保密措施。如项目信息文档可以分为以下四个安全级别:

1) 公关领域信息:业主和承包商发布的正式新闻信息、公司声明、行业标准、可共享的其他信息。

2) 项目限制信息:项目计划、规范、财务信息、部门政策、制度、标准、程序、通用规范、图纸、材料设备采购申请单、使用说明书等。

3）工艺保密信息：工艺包、施工方案、设计书、项目成本估算等。

4）严格保密信息：项目战略、各种计划书、成本信息、合同文件、分包商/供应商/代理商信息、项目数据库、个人资料、项目财务处理系统等。

总之，在国际承包工程实施阶段，项目经理部应该把项目文档管理制度作为一项重要制度加以建设，并始终如一地贯彻执行。

(三) 现代信息技术在工程项目信息管理中的应用

现代信息技术突飞猛进的发展对现代项目管理有很大的促进作用，同时也会带来很大的冲击。首先信息技术加快了项目管理信息系统中的信息反馈速度和系统的反应速度，公司和项目管理层能够及时查询工程进展情况的信息，进而能及时地发现问题，并及时做出决策；其次由于可以通过现代信息技术直接向有关部门查询信息，减少了信息的加工和处理工作量，也可以避免在传输过程中信息丢失或失真；高速度、大容量的现代信息技术可以使人们更科学、更方便地进行大型、复杂及远程项目的管理，特别适用于国际工程项目的管理。当然，在产生以上积极作用的同时，信息技术也会带来一些负面的影响，如信息传递过程中的安全隐患对保密程序提出更大的挑战；项目一旦出现问题、危机或风险，信息技术导致信息的快速蔓延，可能造成恐慌，给问题的解决增大难度等。

不少研究结果证明工程项目采用信息技术可以提升项目的绩效水平。为了从信息技术的投资中取得最大回报，应用信息技术应遵循以下原则：标准化原则；安全性原则；重视内部培训的原则；协调性原则等。现代信息技术在工程项目中的应用主要是通过建立电子文档管理系统、互联网、局域网、外部网等多种协同系统，实现项目信息在不同层面、不同部门之间的快速传递和交换，提高项目管理效率。下面，以电子文档管理系统（Electronic Document Management System, EDMS）为例简单说明信息技术在工程项目信息管理中的应用。

在工程建设项目的实施过程中，传统的信息保存方式是以纸张为主。由于在众多项目参与方之间要进行庞大的信息交换，结果是造成纸张泛滥，且纸介信息查找和保存非常困难。尤其对于国际工程，作为项目信息交流和协调重要手段的传统会议方式变得不经济，甚至不可行。传统的信息沟通方式已远远不能满足大型国际工程建设项目的需要。为了使项目管理信息系统高效运行，必须建立项目电子文档管理系统。

建立电子文档管理系统通常需要以下几个阶段的工作：

1. 初步实施

主要工作是实现一个临时的文件工作流、一个合作环境的项目网，并建立EDMS工作流程及程序。具体包括：实现项目网的合作环境，用于临时的项目沟通、审核和文件分发；采购支持EDMS的计算机硬件、软件和网络通信的基础设施；建立临时的、永久的工作流程、指南和程序；进行培训；设置相关的自动化工具。

## 2. EDMS 项目的综合定义阶段

该阶段工作主要是实现电子文档的提交、浏览、路由、审核、批准、分发和归档。通过继续使用项目网，实现内部和外部的文件共享。具体包括：从项目网及其他临时存储的位置将文件移出；向所有的用户激活 EDMS 以控制具体项目的文档；通过项目网向团队成员提供合作环境；向更多的用户开展培训；监控并审核是否遵循了工作流程和程序；向外部的各参与方提供文件分发和合作环境。

## 3. 实施阶段的文档库和集成工作

在实施阶段的文档控制计划中集成项目 EDMS 计划，以确保数据获取的有效性。对分析、设计、建立、实施项目知识管理系统提供帮助。从这个意义上说，EDMS 将成为企业信息和知识管理系统的一个集成化的部分。

## 4. 操作、维护及企业集成化活动。

通过与企业系统的集成，将企业的信息投资收益最大化。

### 三、国际工程项目信息沟通

国际工程项目需要使用来自不同国家和地区的资源，这一特点决定了其必须要有高度的沟通和协调。沟通（Communication）可以定义为两个以上的人交换和理解信息的过程，通常以激励或影响沟通双方的行为为目的，主要包括事实、观点、情绪等的相互交换。由于沟通最终决定修正行为、实施改变、获取和分享知识、并实现目标，其在工程项目管理中的重要作用是不言而喻的。项目组织中的沟通包括发布指示、发出或接收信息、交换观点、宣布计划或战略、比较计划与结果、使用规则或程序等。有效的沟通是保证工程项目信息顺畅流动的关键手段，也是进行项目管理和实现项目目标的必要条件。

#### （一）沟通流程

通常，沟通流程涉及信息的发送者、信息的传送及信息的接收者，如图 6-3 所示。沟通的过程自信息发送者开始，发送者首先通过编码过程将自己的观点或想法转化为接收者可以理解的信息，然后通过一定的渠道传送到接收者。接收者收到信息后，经过解码过程，将有形的信息转化为自己所理解的

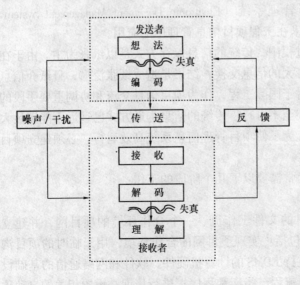

图 6-3 沟通流程

含义。在编码和解码的过程中,原始想法和信息都可能会有一定程度的失真,而在整个的信息产生、传送和接收的过程中,都可能存在噪声或干扰影响沟通的准确性和效率,如国际工程项目中的语言、文化障碍等。反馈是在接收者收到并理解信息后对发送者返回的信息,它的存在使得沟通成为双向交流,对沟通效率和效果起着关键的作用。

(二)沟通的方式和渠道

人与人之间主要的沟通方式包括文字的(Verbal)和非文字的(Non-verbal)两种主要方式。依靠文字进行表达又可以分为口头和书面两种形式,它们也是最常使用的沟通形式;而非文字的沟通方式主要是指肢体语言,如面部表情、眼睛、姿态等。

沟通渠道是指信息的流动方式,项目管理人员要通过建立和维持正式或非正式的沟通渠道保证信息流动的通畅。正式的沟通渠道是通过正式的组织机构设置,实现信息在纵向、横向及对角线方向不同层级和不同部门之间的流动。如图6-4所示。

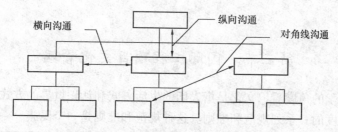

图6-4 项目组织正式沟通渠道

纵向沟通包括自上而下和自下而上两个方向。自上而下的沟通可以采取多种形式,如会议、项目政策制度的颁发或声明、面对面的交流等。所传递的信息主要包括项目目标或战略的实施、工作指令、工作原理和流程、对个人绩效的反馈、对人员的管理和激励等。纵向级别越多,信息传递效率越低且信息更容易失真。改善自上而下沟通效果的途径主要有使用多种沟通渠道、对于重要事项反复沟通、鼓励自下而上的信息反馈等。自下而上的沟通形式可能包括下属与直接上级一对一的交流,备忘和报告,建议和意见,以及员工心态调查等。而所传递的信息主要涉及工程项目的施工进度,需要上级提供帮助解决的重要问题或事项,革新或改进建议,员工的态度、士气和效率等。在国际承包工程项目中,项目经理或上层管理人员不仅要保证自己传达信息的准确性和高效性,还要激发和鼓励自下而上的沟通,以确保下属不会有意识地过滤或阻止对其不利、但对项目非常关键的信息。

横向沟通是指平级的不同部门或同事之间的信息交流。沟通的目的不仅只是通知有关信息,也包括要求不同部门或人员给予协助,以达成项目的目标。对于一个学习型组织来讲,横向沟通是至关重要的。通过在项目组织内部建立不同的横向团队,可以有效地解决许多单个部门不能解决的问题。实际上,一个国际工程项目的顺利实施需要不同部门之间的密切合作,这个时候横向沟通是必不可少的。

对角线方向的沟通是指不同层级之间没有直接汇报关系的双方间的沟通。它有时可以大大加快信息的流动,并促进理解,所以也要给予足够的重视。

非正式的沟通渠道主要通过随意交谈、私下交流等方式进行。项目经理或管理人员有时可以通过非正式的沟通建立与下属的良好关系,是对正式的沟通渠道有积极的促进和补充。但是也要遏制虚假消息或流言通过小道消息的传播影响员工的士气和工作效率。

总之,良好的沟通和人与人之间的交流是保证工程项目成功的重要因素。实践证明,项目高层管理人员,尤其是项目经理,沟通能力的强弱直接决定了项目的实施顺利与否。随着现代技术的推广和应用,项目经理部可以在传统沟通形式的基础上,探索使用一些新的沟通手段和渠道,如电子通信方式等,加强信息的传递和交流。

## 第三节 国际工程项目文化管理

从管理学的角度看,文化是指人们的生活方式和认识世界的方式,是约束人们行为和态度的一系列规范和准则。这种规范和准则是一个民族、一个社会一代代传下来的对于存在、价值和行为的共识。人们总是遵循他们已经习惯了的行为方式,这些方式决定了他们生活中的特定规则的内涵和模式。社会生活在很大程度上依赖于人们的共识,这种共识就构成了特定的文化。

文化差异影响着管理工作的实践及效率。在一种文化环境下十分有效的管理工作方式在另一种文化环境下并不奏效,甚至会导致失败。近些年,"企业文化"已经成为管理领域使用最频繁的词汇之一,而大量的研究指出企业文化是影响企业绩效的根本因素之一。而作为企业文化向前延伸的项目文化也必定会对项目的绩效有着深远的影响。

对于国际承包工程项目来讲,文化管理有两个方面的内容,一是在原有企业文化的基础上,建立有特色的优秀项目文化,为项目管理提供深层次的保障和动力;二是管理人员需要了解不同国家的文化、宗教信仰和风俗习惯,以便将国际工程项目实施中可能出现的文化冲突和不利影响最小化。

### 一、文化的基本特征和维度

(一) 文化的基本特征

从人们对好坏、善恶最基本的判断,再到公平和公正、骄傲与内疚、忠诚、

归属感等,文化都从深层次决定了人们的情绪。一个国家文化的基本特征可归结为图 6-5 所示的几种因素:

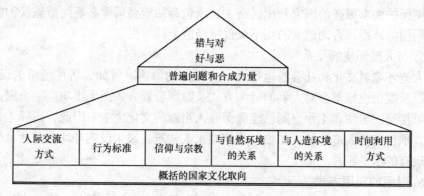

图 6-5 国家文化特征的组成因素

### 1. 人际交流方式

每一个国家的文化都有自己的社会体系,这个社会体系是以前的多代人建立的。通常,这个社会体系越老,其结构等级就越分明,越具刚性。社会阶层的划分会对人群、家庭和个人的立足点和交流方式产生很大影响。如中国社会所推崇的尊敬长者的传统;非洲一些国家以家族和部落为主导的社会体系等。另外,交通方式、语言、教育等都会对人际交流方式产生影响。因此,在一个国家承揽项目,要了解这个国家的基本社会体系,学会适应当地的人际交流方式,否则会遇到意想不到的困难。

### 2. 人们的行为标准

必须承认各个国家的社会传统和人们的行为方式大不相同,譬如,在某一个国家礼貌的表达方式可能在另外一个国家刚好相反。所以,在国际承包工程项目中,项目管理人员应该很快地了解当地的传统和人们的行为方式,增加项目成功的机会。

### 3. 信仰和宗教

工程所在国的信仰和宗教通常和本国有所不同,人们的信仰反映了其价值观和对人和社会的基本态度,而宗教信仰相当程度上决定了人们的行为方式。在信仰和宗教不同的国家和地区承揽工程,一定要尊重当地人们的宗教信仰,并对项目管理制度进行必要的修订以符合最基本的宗教要求,如在宗教节日期间,尽量不安排施工;在穆斯林地区施工时,为当地雇员安排祈祷的场所和时间等。

### 4. 与自然环境的关系

越来越多的国家和地区认识到保护自然环境和自然资源的重要性,并积极推进可持续性发展的政策。人们同自然环境的关系以及这个国家在保护自然环境方面的态度和政策都是构成文化特征的一部分。作为国际工程承包商，对工程所在国的环保政策和人们的环境意识有清楚的了解已经变得越来越重要。在一个对自然环境保护要求很高的国家和地区施工，承包商一定要采取必要的措施保护施工现场周围的环境，否则遭受的将不仅仅是经济上的损失。

5. 与人造环境的关系

人造环境对文化和社会的运行方式有很大的影响。譬如，居住场所的设计、布局以及娱乐设施都会对人们的行为方式及财产看管方式产生影响。一个国家和社会可接受的居住和工作空间已经深深嵌入当地的文化之中。因此，国际工程项目中，承包商的人造环境，如临时建筑或永久建筑、娱乐设施等均应与项目所在地区现有的水平相符。

6. 时间的利用方式

文化将决定人们工作多久及怎样利用他们的闲暇时间。譬如，香港人的观念通常是"拼命工作，尽情享受"，所以在香港一周工作超过60个小时并非少见。在非洲的一些地区，人们的工作时间通常不长，而且上下班时间更随便一些。在一些穆斯林国家和地区，通常星期五和星期六为法定假日，而斋月期间一般只工作半天时间。因此，从事国际工程承包的管理人员应注重这些差别，尽量符合当地的工作时间和惯例。如果在节假日期间仍必须施工，要按当地劳动法规定考虑人员补贴。

(二) 文化的维度

文化维度理论是跨文化理论中至今最具影响力的一个理论，由荷兰管理学者郝夫斯特（Hofstede）提出。通过大量实证研究，郝夫斯特先后发现文化有五个维度对雇员的工作价值观和工作态度产生影响，即：

1. 权力距离（Power Distance）

权力距离指的是一个社会中的人群对权利分配不平等这一事实的接受程度。接受程度高的国家，社会层级分明，权力距离大；接受程度低的国家和民族，人和人之间比较平等，权力距离则小。权力距离大小在组织结构中会有较明显的表现。权力距离大的组织一般层级鲜明，金字塔比较陡峭，如日本、韩国或者中国的企业；而权力距离小的组织结构一般就比较扁平，如美国、北欧的公司。另外决策方式也会不同，权力距离大的组织倾向于采用自上而下的决策方式；而权力距离小的组织则倾向于自下而上的决策方式，善于吸纳底层的意见。

2. 个体主义与集体主义（Individualism versus Collectivism）

郝夫斯特将个体主义与集体主义定义为"人们关心群体成员和群体目标（集体主义）或者自己和个人目标的程度（个体主义）"。他的研究发现，美国人在个体主义上得分最高（92/100），居全世界之冠；而有中华文化背景的群体如新加坡人、中国香港人、中国台湾人在个体主义上得分则很低（29/100）。

3. 男性度与女性度（Masculinity versus Femininity）

这个维度指的是人们强调自信、竞争、物质主义（事业成功导向），还是强调人际关系和他人利益（生活质量导向）的程度。这是一个以性别角色的分工为基础的维度，指两性的社会性别角色有清楚的差别。前者是男性或男子气概所代表的维度，而后者则称之为女性或女性气质所代表的文化维度。男人应表现得自信、坚强、注重物质成就，女人应表现得谦逊、温柔、关注生活质量。

4．不确定性回避（Uncertainty Avoidance）

不确定性回避指的是人们忍受模糊或者感受到模糊和不确定性威胁的程度。低不确定性回避文化中的人们敢于冒险，对未来充满信心；而高不确定性回避文化中的人则相反。

5．长期导向和短期导向（Long versus Short-term Orientation）

长期——短期导向这个维度是郝夫斯特在后续的研究中发现的。这个维度是指一个文化对传统的重视程度，主要指人们在处理问题时是着眼于现在还是放眼于未来。

**二、项目文化**

（一）项目文化的内涵

项目文化是项目实施过程中体现企业形象、理念、价值观和作风的一种共识，它以多种形式存在并发展，如物质的、制度的和精神的文化等。项目文化作为项目成员共同累积的价值观、信仰、习惯、知识、工作方法和行为的一种综合表现形式，贯穿于项目始终。项目文化的形成受到企业文化的制约和外界环境的影响，同时受到项目管理策略，尤其是人力资源管理策略的影响。由于项目文化渗透于组织的每个角落，对组织成员的思想、语言和行为方式都有着强烈的影响，并通过具体表现来驱动项目组织的处事方式，因此，项目文化从深层次影响着项目的绩效。

项目文化主要由假设、规范、惯例及常规、权利、仪式和典礼、角色与责任、事迹与传言、组织结构、象征、价值观、制度与规则等要素融合而成，大致可分为三个层次：

1．可观察文化（Observable Culture）：主要包括项目实施过程中的各种仪式、广泛流传的故事、独特的项目结构布局和惯用的组织方式等；

2．共同的价值（Shared Values）：主要是指项目成员的激励机制，如实体象征、共同的目标等；

3．共同的假设（Common Assumptions）：指项目团队成员潜意识中的常用沟通方式及处理问题的程序等，如文字表达、肢体语言、处事风格和默认的规则等。

（二）项目文化和企业文化的关系

企业文化应该是企业在长期生产经营过程中形成的独特的企业价值观、企业精神、员工行为规范、道德准则、生活理念的总称，是企业在经营管理过程中创造的具有本企业特色的精神财富的总和，对企业成员有感召力和凝聚力，能把众多人的需要、目的、兴趣以及由此产生的行为统一起来，是企业长期文化建设的反映。简而言之，企业文化就是企业全体员工信奉并付诸于实践的价值理念。不能简单地将企业文化仅仅理解为企业的思想教育、文艺活动、企业形象战略宣传或企业内部刊物等。

企业文化具有三个层次：物质文化层、制度文化层和精神文化层。企业文化的实质就是企业内部的物质、制度和精神诸要素之间的动态平稳和最佳结合。它通过重视人的价值，珍惜和培养人的感情，使企业员工逐步形成一致的价值观念，共同的思维方式。同时，这种共同的价值观念，能把职工引导到确定的目标上来，对每个职工的思想、行为形成了有效的、主动的约束，从而促进了职工的内部团结，增强了企业的凝聚力，是企业活力和创新的源泉，推动企业的不断前进。

由于企业文化形成的路径依赖（Path-dependence）和资源依赖（Resource-dependence），不同的企业往往有着截然不同的文化。尽管不同的建筑承包企业有着不尽相同的企业文化，但是由于他们的运营都是以项目为中心的，所以又都有着共同的特征，那就是项目文化在企业文化中的突出地位。项目文化是企业文化的具体渗透和延伸，同时也丰富和发展了企业文化。首先，由于项目的主要成员均来自企业内部，所以鲜明的企业文化自然会被移植到项目上来，成为项目文化形成的基础；但是又由于项目文化是典型的团队文化，来自不同部门，甚至企业外部人员的相互融合，并且受到外部环境的影响，如：工程所在国的文化特征，与业主、工程师及其他利益团体的交流和碰撞等，所以又有相当程度的变异。在项目完成后，项目成员往往又将不同的项目文化带回企业内部，不断地丰富和发展企业文化。优秀的企业文化有助于形成良好的项目文化，而优秀的项目文化又是构成企业文化最有生命力的重要部分，二者是相辅相成的。

（三）国际工程项目文化建设的意义

1. 有利于提高国际工程项目的工作效率

根据西方的一些研究资料，不少到海外从事项目管理工作人员最终失败而归，其中一个主要原因就是管理人员本身缺乏调整和适应能力，主要表现在对新环境不适应，导致难以运用原来的工作经验和发挥原来的优势。实践证明，中国项目管理人员同样受到这个问题的严重困扰，不少国内优秀的项目经理和施工队伍到国外承包工程却最终折戟而归。面对这种情况，加强团队建设，构建强势的项目文化，能够有效地提高项目管理人员的调整和适应能力，从而提高国际工程项目的工作效率。

2. 有利于创建项目施工现场的良好形象

项目现场采用统一的企业形象识别系统（Corporate Identity System，CIS）是统一现场标识和制度的显性文化，通过统一施工现场的企业形象标识（Corporate Identity, CI），不仅可以提高承包商在当地的知名度和公众形象，还可以激发员工对企业文化本身的认知度，增强他们的归属感。另外项目文化可以通过现场宣传和文明施工得以具体体现，从而对提高项目的经济和社会效益，树立企业良好的形象等都有重要意义。

3. 有利于同业主、工程师及其他利益相关方建立良好的关系

通过建立适应国际承包工程项目实施程序的项目文化，即尊重客户的利益，切实把"让业主满意"落到实处；尊重工程师的特殊地位，"有利、有理、有节"地处理与工程师的关系；注重项目供应链的建设，与项目的供应商、分包商等建立合作共赢的关系等，最终达到在使项目主要利益相关者满意条件下的承包商利益最大化，树立成功企业的良好形象。

4. 项目文化建设是打造企业核心竞争力的有效手段

随着国际工程承包市场竞争的日益激烈，如何才能保持持久的竞争优势已经成为越来越多的承包企业的当务之急。中国企业靠低廉的劳动力价格所取得的竞争优势正在逐渐消失，作为最终承载承包企业命运的工程项目，其竞争力的强弱直接决定企业是否拥有竞争优势。而建设强势的项目文化是项目竞争力的深层次保障。而且，通过项目文化与企业文化之间的互动，项目文化的建设可以直接提升企业的核心竞争力。

另外，项目文化建设是发挥员工积极性、挖掘智慧的力量源泉，是增强员工凝聚力和向心力的有力措施，也是营造和谐气氛和良好环境的可靠保证。

（四）国际工程项目文化的特点

项目文化是一种典型的团队文化。相对于企业稳定的组织而言，项目组织的临时性是形成独特项目文化的重要因素。因此，与企业文化相比，项目文化具有动态性、学习性、创新性、开放性和适应性的特点。

1. 动态性

项目组织的特点决定了项目文化的动态性。项目组织是为特定的项目而设立，而项目是一次性的，所以项目团队也是临时性的。项目团队的大小和各类专业人员的多少都要依据工程项目的规模和内容而定，完工后项目团队的使命也相继结束，项目成员或返回原工作部门，或加入新的项目组织参与新项目的实施。而且，为保证项目团队的高效、经济运行，并对快速变化的项目外部环境做出响应，项目团队应该是柔性的组织，随工作任务和环境的改变而相应变化。以上这些因素都决定了项目文化的动态性。

2. 学习性

由于项目的各异性，项目文化同时应该是一种学习型文化。与制造业的大规模生产不同，没有任何两个工程项目是完全相同的，项目管理团队面临的都是处于新的环境下的新的工程项目，这就要求项目团队应该是一个优秀的学习型组织（learning Organization），并有强势的学习型文化。

3. 创新性

进入 21 世纪以后，随着信息时代的来临和高新技术产业的飞速发展，工程项目的特点也发生了巨大变化。许多在工业时代建立的基于制造过程合理性和标准化以及以效率为核心的管理理论，不断受到新的挑战。在信息经济的环境里，独特性优势慢慢在生产经营活动中变得越来越重要，而不是仅依赖大规模生产所产生低成本优势。尽管建筑业作为传统产业，仍具有革新速度慢、创新少的特点，但是近些年已经有明显加速改革的趋势，这不仅表现在技术革新方面，如新材料、新工艺、新技术的使用，也表现在管理理念和流程的改进方面，如引入供应链管理、适时生产（Just-In-Time，JIT）、战略管理、流程再造等新的管理理念和方法。作为展现建筑企业先进技术和管理方法的平台，以及直接面向客户的前沿阵地，工程项目文化应具有鲜明的创新性特点。

4. 开放性和适应性

任何一项国际承包工程项目，项目管理工作要求团队成员要不断接触业主、工程师、供应商、当地雇员、金融机构、政府机构、公众以及其他项目利益相关团体。项目是一个开放的系统，因此项目文化同时具有开放性和适应性的特点。项目通过在不断与外界环境的交互和碰撞中逐渐形成自己独特的项目文化。

（五）国际工程项目文化的结构

1. 工程项目文化的物质层

工程项目文化的物质层也叫物质文化。它由项目全体人员共同创造的产品和各种物质设施等构成，是以物质形态显现出来的表层项目文化。工程项目的产品是有形的，属于物质文化。它的布局、造型、特色和外包装会给人一种美的文化享受。优良工程的质量水平和售后服务更会让用户得到情感上的满足，同时也是一个无需粉饰的广告。物质文化还包括先进的技术和使用现代化的设备和机具，它们是物质文化的保证。

2. 工程项目文化的行为层

工程项目文化的行为层也叫行为文化，是全体员工在经营管理、施工劳动和学习娱乐中产生的活动文化；是项目员工的工作作风、精神面貌和人际关系的动态体现；是团队精神和价值观的折射。

（1）项目经理的行为是项目行为文化建设的重头戏，起着导向作用。项目经理是工程项目的统帅，遇到困难临危不惧、沉着镇定、发挥自己丰富的想象力、集思广益、勇敢、顽强地去战胜困难，增强员工实现项目奋斗目标的信心和决心。

（2）先进模范人物是项目的中坚力量，在工程项目行为文化建设中占有重要地位。他们集中体现了项目的价值，使项目的价值观"人格化"，成为员工学习的榜样。先进模范人物产生于员工内部，他们在各自的岗位上做出了突出的成绩和贡献，把他们作为员工的效仿对象，很有现实教育意义。

（3）项目员工是工程项目的主体，员工群体的行为体现着项目队伍的精神风貌和文明程度。因此，员工群体行为的培育和塑造是项目文化建设的重要组成部分。要想培育、塑造好的员工群体行为，必须做好思想政治工作，加强纪律教育，鼓励员工学知识、学技术，引导员工把自己的工作与项目的奋斗目标联系起来，把项目工作看作是实现自己人生价值的重要组成部分。

3. 工程项目文化的制度层

工程项目文化的制度层也叫制度文化，包括项目组织机构和项目规章制度。项目制度文化是为了实现工程项目自身的目标对员工的行为给与一定限制的文化。它具有共性和强制的行为规范要求。一定制度的建立会影响着人们选择新的价值观念，制度文化也成了新的精神文化的载体和基础。项目文化总是沿着"精神文化—制度文化—新的精神文化"的轨迹不断发展、丰富和提高。

4. 工程项目文化的精神层

工程项目文化的精神又叫精神文化。精神文化相对于物质文化、行为文化来讲是更深层次的文化现象，在整个工程项目文化系统中处于核心地位，是物质文化、行为文化的升华，属于上层建筑范畴。工程项目精神文化鲜明地反映出工程项目经理的事业追求、主攻方向以及调动员工积极性的基本指导思想。项目的成功需要全体员工透射出强烈的向心力和凝聚力，将全部的力量和智慧投入到项目的工作中去。精神文化恰好能发挥这方面的巨大功能。

（六）国际工程项目文化建设的具体措施

1. 项目经理在项目文化的建设中起着举足轻重的作用。只有项目经理认识到项目文化的重要性和价值，才能积极地推动项目文化的建设。实际上，项目领导核心层的价值取向、处事方式很大程度上决定了项目文化的特征。因此，项目经理一定要以身作则，树立正确的价值观，按照国际工程的实施惯例处理问题，从小处着手循序渐进地建立适合国际工程项目实施的项目文化。作为项目经理，要最大限度地调动员工的积极性，参与项目的实施，给员工以实现自我人生价值的希望。项目经理要善待自己的属下，通过建立完善的激励机制，深度挖掘人才的潜力。用人不疑，疑人不用；用人之长，容人之短；坚持用人唯贤，决不任人唯亲。

2. 建立良好和谐的工地文化。建筑工地作为建筑企业的基层，是各种建筑活动的场所，更是建筑企业的"窗口"。因此，项目文化很重要的内容就是工地文化的建设。建设工地文化一方面要争创文明工地和实行施工现场标准化管理，做到工地现场围栏化，施工安全网络化，作业场地绿化硬化；保持清洁，减少污染和噪声，摆放整齐各类机械和工具，维护现场社会治安等硬环境，还要做到工地有鲜明统一的 CI 标识；企业精神、宣传口号等图牌栏目色彩鲜明、随处可见；工地岗位责任等各类标牌齐全、一目了然。另一方面，要开展丰富多彩的文化活动，切实改善员工的生活和工作设施，如配备电视机、设置阅报栏、公开栏；把职工宿舍、食堂、浴室、文化活动室、图书室、医疗保健室等建设得齐整、清洁等。对于工期长的海外工程项目,从人文关怀的角度,合理安排员工回国探亲的周期等。

3. 项目文化建设要重视工程项目中的智力因素。尊重知识、尊重人才,鼓励员工的技术创新和流程创新,并且有针对性地开展多种形式的学习和培训,建立学习型项目经理部。不断地学习是惟一可以保持项目活力和竞争力的源泉所在。

4. 项目文化建设还要弘扬企业精神,把项目文化建立在深厚企业文化的基础之上。同时,吸取国外工程实施过程中一切可利用的积极因素,形成有特色、有活力的项目文化。激发员工的群体意识,培养员工对工程项目、企业的认同感和归属感。这是工程项目凝聚力和向心力形成的重要条件。

### 三、国际工程项目中的跨国文化管理

如前所述,不同的国家和地区有着不同的文化特征,表现在人际交流方式、行为标准、信仰与宗教、与自然环境和人造环境之间的关系以及如何利用时间等方面。而且,他们在不同文化维度上所表现出的强度也有着显著的差异。对于任何一项国际工程承包项目的实施,国内外派的项目管理人员和技术人员不可避免地面对工程所在国不同文化的冲击,而且这种冲击往往会对项目的实施产生不利的影响。很显然,通过一个项目的实施去改变当地的传统文化是不现实的,因此如何尽快地适应当地的文化,以及巧妙地化解文化差异所可能产生的不利影响,是国际工程项目中跨国文化管理的主要任务。

(一) 国际工程项目中的文化冲击周期

根据国外学者的研究,人们到一个全新的国外环境中工作,从初来乍到的新奇阶段到最终适应新的环境,通常都会经历四个阶段,如图6-6所示。

1. 新鲜好奇阶段

刚到一个崭新的环境,新员工往往非常兴奋非常乐观,心情也很好。这时候,他们会意识到身上的两个责任。其一,是适应新的工作,其二,是适应新的文化环境。通常可能会需要1~2个月的时间。

2. 疑惑迷茫阶段

在第二阶段,新奇有趣的感觉很快就被面临的压力所取代,而自己"传统"的习惯的东西都逐渐变为"无效"。在这种情形下,人们会努力寻找机会学习新的语言,了解新的环境,为沟通而进行准备。陌生的环境和陌生的工作方法和人际沟通由原来的新奇有趣变成了某种程度上的障碍。因此,会对自己能否适应新的工作环境产生疑惑迷茫,这是人们的心境不断挣扎和不断地进行自我调节的过程。这个阶段约维持两个月左右。

3. 情绪低迷阶段

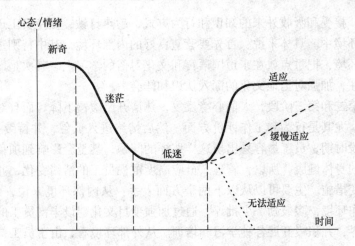

图 6-6　在全新环境下的适应周期示意图

在第三阶段，所有的文化差异在新员工的面前赤裸裸地展现出来。对于新员工，本来所熟知并适应的生活工作系统现在都不再起作用。他受到自己来自视听及各种线索的、自己无法解释的信息的围攻，受挫感和混乱感在第三阶段中表现得最为突出。工作的压力、文化适应性的压力及离家后孤独感的积累在这时达到顶峰，开始寻找发泄点。这是人们身体和心态都最为脆弱的阶段，很多的不可理喻的行为也往往出现于这段时间。失眠、为小事无端吵架、对管理指令产生抵抗情绪、与外方合作者关系僵持等都很常见，一些事故和不适应人员的遣返也常在这阶段屡屡发生。一般在出国后的第 5~6 个月最为突出。

4. 调整适应阶段

一般来说，新员工在第四阶段开始逐渐适应，与文化冲击有关的消极反应也逐渐消失。新员工已经认识到在新文化环境中什么是重要的，什么是无关紧要的，并逐渐融合到这个环境中，比较自觉地利用这种文化情景规范自己的行为。

在国际承包工程实践中，我国驻外项目管理人员和技术人员通常也会经历上述四个阶段，但由于中国传统文化讲究含蓄、容忍，所以上述四个阶段的表现可能不会象西方国家的人员那么明显，而且各个阶段出现和持续的时间也可能不同。实际上，每个阶段持续时间的长短不仅与个人调整能力的强弱有关，还同工程所在国与原居住国的文化差异的大小有关。尽管如此，通过对上述四个阶段的划分，项目经理部还是可以有针对性对不同阶段出现的问题采取积极的措施，尽量将不利因素控制到最小，保证项目的顺利实施。因此说，对"文化冲击周期"的管理还是相当重要的。

譬如，在新鲜好奇阶段，人们情绪高涨，对未来充满憧憬，并对异域文化有深入了解的欲望。在这一阶段，管理人员应当充分利用员工情绪高亢，渴望学习、理解、接受和吸收外来的知识和行为方式，趁热打铁，促使员工迅速融合到异国文化环境中。具体来说：首先要营造良好的内部环境，其中特别重要的是良好的学习环境，把重点放在东道国语言和文化习俗的学习上。其次是鼓励员工与外界的交往，加强对当地文化的深入认识和体会。

而在第二和第三阶段，人们心境反复，热情开始缓慢下降，而且对外来刺激较为敏感，尤其是行为和工作评价方面。然后情绪进入低谷，并持续一段时间。由于在这段时期，员工最容易出现这样那样的问题，甚至会影响到项目的正常运行或个人的身体健康，所以，管理人员应高度重视员工的情绪变化，并积极主动地采取应变措施。主要可以从以下两个方面入手：从内部环境来说，建立宽松、和谐的工作环境，多鼓励、少批评，通过加强项目文化建设丰富员工的业余生活和精神世界，并积极开展各种学习和培训。从外部环境看，由于员工与外界冲突的可能性加大，要加强与外界的冲突管理。

（二）国际工程项目中的文化差异及应对措施

对于一项国际承包工程，项目主要参与方与项目利益相关者经常来自不同的国家或地区，不同的国家和地区有着不同的文化特征及强度不同的文化维度，这些是造成国际工程项目文化差异和冲突的主要原因。项目管理人员应该尽量了解工程所在国文化、西方文化与中国文化的差异，并针对这些差异做出相应的改变。下面简单介绍一些在国际工程项目中较普遍存在的文化差异及应对措施。

1. 项目管理体制与咨询工程师地位的中西文化差异

根据对文化维度的分析，西方文化的主要特征是以个人为本位，崇尚自我，鼓励创新，提倡通过个人努力实现个人价值。国际工程项目中咨询工程师往往来自西方发达国家，他们通常受过良好的教育，专业知识丰富，深谙国际工程项目的管理体制和程序。而且根据合同规定，他们受业主委托，全面管理项目的实施，拥有质量否决权、工程量确认权、工程进度款签认权、各类证书的签发权等重大权力。尽管工程师受业主雇用管理项目，但是按照合同管理的国际惯例，他们大都相对独立的处理各类事务，尤其是业主与承包商之间的争议，而且他们要受到职业道德操守的约束，往往还是比较公平的。由于咨询工程师强调个人的能力、素质和作用，所以通常很看重承包商项目经理的人选及现场管理班子的经验。

中国文化强调集体主义，注重群体和人际关系，在决策方面往往采取集体研究，集体负责。同时由于权力距离比较大，容易导致惟命是从、相信权威。中国传统文化的中庸思想也往往会导致项目管理人员墨守成规，惧怕承担风险。这种"万事和为贵"的传统思想表现在工程项目索赔时，往往因怕得罪业主和工程师，该索赔时不索赔，给项目的经济效益造成负面影响。同时，把国内处理人际关系的方式，尤其是处理同监理工程师关系的方式，直接照搬到国际工程项目中更是不可取的。

另外，西方文化特别注重人际交往中的诚信原则，对于开会守时及承包商就工期和质量做出的承诺都十分认真。因此，在国际承包工程中，项目管理人员一定不能随便许诺而不兑现，做到言而有信，言出必行。

2. 价值、行为标准的差异

不同的国家和地区有着迥异的价值取向和行为标准。有时，在国内很平常的行为举止有可能却是被西方文化或当地文化所不能接受的。例如，中国人第一次见面往往会询问对方的年龄、婚姻和家庭状况、职业，甚至收入，在极其注重保护隐私权的西方人眼里，则认为这些问题侵犯了他们的隐私。实际上，有不少中方人员和当地员工之间的冲突都是由于价值观念的不同而引起的。为避免因价值、行为标准的不同而引起敌对情绪，项目管理人员应首先熟悉并尊重当地的生活方式、行为标准和风俗习惯；其次可以指定值得信赖的当地人作为合作伙伴或代理，处理可能出现的冲突。

3. 交流沟通上的差异

工程项目管理的全部活动者可归结为人与人之间的沟通和信息的交换，协调内部与外部各方关系是项目管理的主要工作。语言是不同文化沟通的主要手段，语言也是区别不同文化的主要特征。在国际工程项目管理实践中，一般均以英语作为交流语言，而大多数中国的承包商，尽管技术业务水平不错，但由于英语表达能力欠缺，常常难以清楚表达本意。即使施工现场配备翻译，但通常由于翻译不懂专业，也很难进行有效的沟通。因此，为消除因语言障碍而造成的沟通问题，项目管理人员应该努力掌握和熟练使用英语。

人们在沟通过程中存在着语言以外的障碍和差异，这主要是不同文化背景的人的感知方式有差异所致。感知是指一个人对外部世界反应所进行的选择、评价和组织的过程。中国文化强调人际之间的友好感情，讲究礼尚往来；西方文化认为人际交往正常随便。譬如，西方朋友之间一同吃饭，一般无商业动机时，通常都是餐后各自付费，互不欠人情。所以，中国承包商希冀通过请客吃饭拉近感情，以便工程师给承包商带来实惠的做法，往往较难奏效。

沟通的另一个障碍是成见，其实成见是一种偏见，即不考虑个体成员特征而对整个群体的特征的认定。成见往往与文化背景有关，同时随个人的性格不同而变化。譬如，在国际工程项目中，如果工程师发现承包商一次弄虚作假后，往往会对承包商处处备加戒心。所以，承包商应该以诚信为本，应该在工程实施过程中，尽量严格按照合同、规范和工程师指令实施项目，不要因小失大。

除上述文化差异之外，还要十分注意信仰和宗教的不同可能产生的冲突。中国人大都不信仰宗教，从这点讲，因宗教信仰而导致严重冲突的可能性不大。但仍要非常注意尊重当地的宗教信仰，约束中方人员的言行举止，以防引起不必要的麻烦。

## 第四节　国际工程项目危机管理

危机管理（Crisis Management）最早产生于对国际关系中的政治危机的研究，后来逐渐拓展到经济、社会文化、公共关系、企业管理等领域。由于建筑工程项目本身的一次性、长期性、各异性、开放性等特点，工程项目实施过程中的不确定性尤为显著。由于国际工程项目是由多方利益主体共同参与完成，所以在实施过程中伴随着各种各样的利益冲突和问题；再加上工程项目本身所处的外界环境是急剧变化的，工程项目的实施不可避免地受到这些变动因素的影响。所有项目实施过程中的不确定因素都可能会使项目受到这样或那样危机的侵袭。这些危机如果处理不当，会给项目和承包商带来巨大损失；如果得到及时合理的处理，不仅可以转危为安，甚至可以给项目和承包商带来意想不到的收益。因此，危机管理在国际工程项目实施过程中有着极其重要的地位，直接关系到项目的成败，乃至企业的生存。

### 一、工程项目中的危机与危机管理

（一）危机的定义、特点和诱因

1. 危机的定义和特点

国外很多学者都曾尝试给危机下一个准确的定义，如赫尔曼（Hermann）认为危机是一种情境状态，在这种形势中，其决策主体的根本目标受到威胁且作出决策的反应时间很有限，其发生也出乎决策主体的意料之外；巴顿（Barton）则将危机定义为"一个会引起潜在负面影响的具有不确定性的事件，这种事件及其后果可能对组织及其员工、产品、资产和声誉造成巨大的伤害"。但由于危机事件的发生有着千变万化的背景，所以给出一个通用且准确的定义是很困难的，甚至是不可能的。针对一个工程项目，危机可以简单地理解为一种使项目（承包商）遭受严重损失或面临严重损失威胁的突发事件。

通常，危机具有以下特点：

（1）意外性或突发性：危机的爆发经常出乎人们的意料，危机爆发的具体时间、规模、具体态势和影响深度等都是始料未及的。

（2）聚焦性：进入信息时代后，危机的信息传播速度比危机本身发展要快得多。信息传播渠道的多样化、传播的高速化、范围的全球化，都使得危机出现后迅速公开，成为公众聚焦的中心，也可能成为媒体炒作的素材。

（3）破坏性：由于危机具有突发性的特点，不论何种性质和规模的危机，通常都会给项目造成破坏，给承包商带来混乱和恐慌，由于决策时间以及信息有限，容易导致决策失误，从而带来更大的损失。

（4）紧迫性：危机一旦爆发，其破坏性能量就会被迅速释放，并呈快速蔓延之势，如果不及时控制，随着危机的急剧恶化，遭受的损失将会更大；而且由于危机的连锁反应以及新闻媒体的快速传播，如果公众认为反应迟缓，企业的形象和声誉会受到严重影响；还有，危机通常是决策者未知的领域。因此危机爆发后，供决策者进行决策的时间以及所依据的信息和知识都是非常有限的。

实际上，"危机"两个字中就充分体现了危机的内涵。"危"代表潜在的危险，而"机"则表示可能会出现的机会。从这里可以看出，危机不但强调了它的威胁性，同时也体现了它的机会性。如果对危机事件处理不当，可能会造成"灾难"的后果；假如处理得当，不但可以防止灾难的发生，还可为组织带来新的机遇，使管理者展现出在关键时刻处理问题的能力和独特风格，使项目起死回生。

危机不同于风险（Risk）。风险是指一个事件可能产生的后果和该事件发生的概率。对风险防范不力，造成的危害达到较大程度时，危机就会产生。从这个角度讲，风险的存在是导致危机发生的前提和诱因；并非所有风险都会引发危机，只有当风险所造成的危害达到一定程度时，才会演变为危机。另外，危机不等同于灾难或损失。本质上讲，灾难是危机处理不当所造成的结果，并非所有的危机都会造成灾难或损失。

2. 工程项目中产生危机的主要诱因

国际工程项目中导致危机的潜在因素是非常多的，这除了日益复杂的技术和组织方面的大环境因素外，主要还是归结于建筑业本身特有的文化、特点和管理方式。

（1）传统意识方面的问题。建筑业通常被认为是墨守陈规的传统行业，而且作为职业，工程施工经常也是给人留下负面的印象。相反，设计咨询工程师却往往被认为是受过系统训练，专业技能娴熟，自信且沉着。基于这种传统的文化认知，人们往往认为危机多存在于项目施工过程中。实际上，许多施工中存在的问题都来源于设计阶段。据统计，大部分工程的失败都归因于设计前或设计阶段的失误。勿庸置疑，对设计过程进行有效的管理将会减少工程实施阶段可能出现的危机。

（2）市场方面的问题。建筑业市场是一个典型的买方市场，几乎在世界建筑市场的任何一个角落都充满着激励的竞争。许多承包商为生存，不得不以非常低的价格或者冒着很多其实他们根本无法管理的风险去承揽项目，这就使得承包商在施工期间尽量减少各种资源的投入，以压低成本开支，许多预防风险的措施被故意忽略。这些势必导致更多危机的出现。

（3）人为制造的问题。越来越多的学者和实践者都认为传统的工程项目承包模式是造成冲突和不信任的主要原因之一。这种以大量的、复杂的、具有法律效力的合同文件为特色的承包模式基于以下假设：人们可以获得合同授权的一方精确无误的控制；存在最好的管理方法；不能信任人们会做正确的事情；人们喜欢被告诉要做什么，而合同起草者最清楚要做的事情。实际上，很多冲突都源自这种强制性的合同系统。近些年来，西方不少国家已经在尝试如何改变这一传统模式，譬如引入伙伴关系机制（Partnering）。

（4）施工中的问题。工程项目的实施过程不同于制造业，它是在相对开放式的露天环境中进行的，所以非常容易受到外界环境中不确定性因素的影响；另外，尽管人们一直试图在工程项目建造过程中推行工业化的生产模式，但是迄今为止，施工过程仍是以手工、小批量、户外作业为基本特征，重复性的机械化生产程度相对很低，这也决定了工程项目的施工相当程度地受制于人的因素，人的各异性和人为的错误也是施工生产过程中主要的不确定性因素；还有，项目组织是一个临时性的组织，不同的项目往往由全然不同的项目团队来实施，临时性的项目组织不仅需要很长的磨合时间，而且容易导致人为的错误、沟通不力或误解等等，给施工生产带来潜在的风险。

3. 工程项目施工过程中危机的类型

施工项目危机不同于施工风险因素的分析，后者主要强调"原因"，而危机管理研究的主流则认为危机类型划分的基础不仅要考虑导致危机的"原因"，还要考虑危机产生的"后果"。据此，可将项目中的危机划分为以下五大类型：

（1）技术危机：是由人为的和技术上的因素所导致，给环境和人的健康带来严重危害的危机，如施工中塔机倒塌等；

（2）自然危机：与技术危机的不同在于自然危机是由自然因素造成的，如地震、台风等；

（3）政治危机：这种危机源自政治体系、战争、公共事业政策，如政治罢工、恐怖活动等；

（4）社会危机：由与项目利益相关的社会组织或团体引起，如因环保问题导致社会环保组织抗议，项目停工等；

（5）组织危机：与公司和项目组织有关的危机，如劳工纠纷等。

除上述分类方法，还可以按照危机的发生、发展状况把危机分为渐进性、周期性和突发性危机。

（二）危机管理

危机管理是指为了更有效地防止危机的发生、应对和处理危机以及消除危机的思想、组织、方法和手段。危机管理包括了从探测可能引起危机的风险因素到危机结束的恢复和吸取经验教训的整个过程。卢斯莫尔（Loosemore）把工程项目中的危机管理过程划分侦查（Detection）、诊断（Diagnosis）、决策（Decision-making）、实施（Implementation）、反馈（Feedback）、恢复（Recovery）及学习（Learning）等七个步骤，如图6-7所示。

1. 侦查

对潜在危机因素的早期侦查决定着项目在出现危机时的快速反应能力。通常，对潜在风险因素的侦查是基于经验和知识做出的，按照风险因素的分类，可

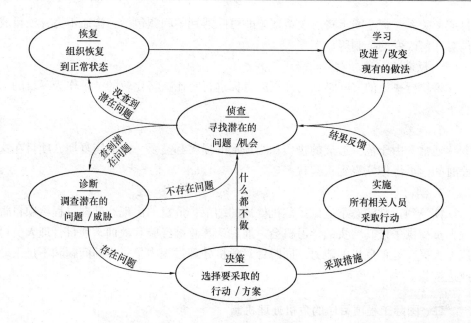

图 6-7 工程项目危机管理程序

以逐一排查某一特定项目可能存在的风险。但是，工程项目中也存在着不少导致探测风险因素失败的问题，如：不重视项目风险管理技术，认为项目风险的控制主要在施工阶段，忽视工程设计阶段风险的管理；因项目目标（如质量、安全、工期、成本等）之间互相竞争资源可能导致投入风险管理的资源过少；通常人们具有厌恶和回避风险的倾向，尤其在探测到影响其利益的风险时会本能地采取防卫措施，如遮掩或隐瞒等；在一个危机出现时，人们会对其他可能出现的危机变得迟钝；项目实施特别顺利或成功时，产生的麻痹思想致使无法察觉风险或根本不相信其存在；危机侦查人员对上级不信任，惟恐讲实话受到责罚等。

2. 诊断

本质上讲，诊断是数据收集和分析的过程，除了受到侦查过程中同样问题的困扰外，还有以下特殊方面影响诊断的过程：工程项目的目标不清晰或一直在变动；项目中普遍存在对风险或危机的防卫态度等。

3. 决策

如果通过诊断，探测到的问题是在项目可容许的承受范围之内，危机管理程序到此结束；但是如果诊断认为观察到一个不可接受的威胁，危机管理将进入下一阶段。决策时应考虑以下问题的影响：得到的建议互相矛盾，很难做出最佳选择；决策受到资源的约束；采用集中决策还是分散决策；决策时如何应付项目的外部利益相关者，如公众、媒体等。

4. 实施

执行任何危机决策都可能会给项目组织带来重大改变，如日常管理流程、项目成员关系、资金需求等。决策实施时可能遇到的问题包括：沟通不力，项目成员对任何改变的抵制等。

5. 反馈

将执行决策的实际结果与计划的目标进行对比，将比较的结果作为项目的信息予以保存。

6. 恢复

通常，由于危机造成的物质和心理上的损害都需要一定的恢复期，项目在这段时间内再慢慢恢复到正常状态。

7. 学习

恢复到正常状态不应该是危机处理的结束，危机的出现和处理过程给项目管理人员提供了极其珍贵的学习机会。通过认真总结经验和教训，项目管理人员可以大大提高处理危机的能力，同时针对危机处理过程中暴露出的问题和不足采取改进措施。

**二、国际工程项目中的危机处理机制**

从危机管理的角度来讲，工程项目计划的目的就是尽可能地减少项目中的不确定性因素，所以经过周密细致的准备，并且实时跟踪、动态管理工程项目进度计划，这样可以在很大程度上减少危机发生的可能性。但是，在一项国际承包工程项目中，做到完全消除危机及可能导致危机的紧急事件的发生几乎是不可能的，这就要求项目中必须有"救火队员"的角色。所以，除了严格按照危机管理的程序，仔细排查，未雨绸缪，将危机的发生概率降至最低外，建立一套完善的危机应急处理机制是完全必要的。

（一）国际工程项目主要危机分析

1. 工程事故引发的危机

严重的工程事故引发的项目危机可以是一系列的，譬如造成巨大的经济损失；引发与业主或工程师的冲突；导致业主对承包商施工能力的不信任而终止合同；重要工程还可引起当地媒体的高度关注，不利的报道会严重损害承包商的形象，进而影响将来工程的承揽；通常同时会产生人员伤亡；引发项目经理部的内部危机，整个项目团队的心理危机等。承包商通过严格审查施工组织设计和施工方案，并经工程师审批，通常可大大降低因施工技术原因导致的工程事故。实际上大多数严重的工程事故在设计阶段就埋下了安全隐患。工程事故对承包商来讲，并不一定就等于危险、威胁或损失，如果处理得当，承包商完全可以把它转化为积极因素，并成为项目由被动到主动、由坏转好、扭亏为盈的转折点。下面便是一个很好的案例：

国内某承包商在南亚某国通过激烈竞标获得一桥梁项目，工期33个月。按照招标文件提供的详细设计，该项目中两座桥梁均为椭圆截面（5m×10m）高约

50m的沉井基础。尽管该公司有丰富的沉井施工经验，但是这种细高沉井的施工却从未遇到过。由于业主不接受其他替代方案，该公司只能把它作为一个技术难题和潜在的风险接受下来。经过激烈竞标，该公司以非常低的价格中标。正式签订合同前，尽管承包商也尝试说服工程师改变基础形式，但遭到拒绝，承包商只能按原设计组织施工。由于种种原因，工程前期进展十分缓慢，工期过半时，才开始第一个沉井的下沉。沉井在下沉过程中突然倾覆倒入河中，幸无人员伤亡，但致使项目部辛苦一年多的成果付之一炬。面对这一突发性的严重工程事故，承包商不仅没有慌乱退缩，经过认真分析后，反而认为这是扭转工程被动局面的绝佳机会，而该机会成功的关键就是改变原基础设计方案。因为，如果继续按原沉井方案施工，项目工期起码延长一倍，而且成本会大大超支。但是，在施工过程中对原设计做出重大修改通常是非常困难的，更不用说彻底改变桥梁的基础形式，这实际上等于让咨询工程师承认工程设计失误。为达到修改设计方案的目的，承包商从多方面入手，包括：组织召开专家技术论证会，将专家会诊的结果反馈给业主和工程师，让业主切实体会到承包商所做的一切努力是为了给业主如期提供一个高质量的项目；组织国内专业设计人员按照原招标文件指定的规范和设计要求进行替代方案（钢管桩基础）的设计工作；充分利用同业主和工程师良好的关系，积极主动做说服工作，在涉及沉井倾覆原因时，灵活地选择回避设计或施工技术的原因，而与工程师一致认为是由于承包商不可预见的地质和水文原因。这样既避开触及设计问题，避免工程师坚决反对修改设计，又可为承包商保留将来施工索赔的余地；进行细致有效的公关工作，由于设计的重大修改需要严格的技术审查以及预算审批过程，其间涉及众多的部门、组织和团体，任何一个环节出具否定意见，都可能导致修改设计的方案流产。为此，紧密跟踪设计审批的每一道程序，积极游说业主及政府主管部门关键人物给予相应的支持等；同时，邀请业主和工程师关键人物到国内参观承包商的其他已完或在建类似工程，打消其怀疑和顾虑；尽量控制当地媒体报道任何对项目不利的消息；在业主审批方案变更的同时，联系国内钢管桩制造企业洽谈钢管桩加工事宜，以便在取得变更令后立即开始钢管桩的加工。经过承包商近三个月的努力，业主和工程师最终接受承包商的钢管桩设计方案，并颁发正式的变更令。随后，承包商通过快速调遣相应人员设备和物资，迅速展开钢管桩基础的施工，仅六个月就完成了所有的基础工程，业主和工程师对施工的进度和质量非常满意，这也为承包商进一步的变更索赔奠定了基础。承包商并未急于在施工期间提出索赔事宜，而是保存好所有与工程事故和变更项目有关的资料，并分步骤地请工程师确认。由于钢管桩基础施工的不少单项是在原工程量表中不存在的，承包商适时地在工程主体完工后向业主提出钢管桩基础的调价问题，并附以大量证据和支持文件，经过双方友好地谈判和协商，业主基本上接受了承包商的上调价格，并且允诺如果有后续项目还要该承包商施工。通过对该危机的有效管理，承包商不仅将一个严重亏损的项目扭亏为盈,而且还赢得了业主的信任和支持,赢得了市场。

### 2. 安全事故引发的危机

百密一疏,在工程项目中完全杜绝安全事故的发生是极其困难的事情,国际工程项目中因施工安全事故出现人员伤亡的情况屡见不鲜。

安全事故是突发性的,而且往往造成的不仅仅是经济上的损失,更重要的是其可能引发项目成员较长时间的心理危机。如果这种危机得不到正常的疏导和缓解,最终会影响施工人员的作业效率和质量,进而可能引发其他的事故或危机。项目出现安全事故时,项目经理部应立即向公司总部通报事故情况,妥善处理善后事宜;加强与项目成员的沟通和交流,通过项目文化建设达到疏通和缓解项目工作人员心理危机的目的。

### 3. 工人罢工引发的危机

在一些政局不稳或民主意识较强的国家承包工程时,可能经常会遇到工人罢工的事件。严重的工人罢工可导致工程停工,甚至造成很大的经济损失。通常,当地工人罢工的主要原因有:对承包商提供的工资待遇、生活设施等不满意;得不到承包商施工管理人员的尊重,与现场监管人员矛盾冲突尖锐;承包商不尊重当地工人的生活习惯、宗教信仰、传统文化等;或因政局动荡,发生全国性罢工,工地自然不能幸免。尽管工人罢工的目的大都是要求提高收入和待遇,但也不乏有少数罢工是由捣乱分子煽动组织的,他们多会提出一些无理的要求,如果承包商一味妥协退让,不仅会使自己的利益严重受损,而且会导致事态的严重化。罢工多是渐进性的危机,劳资矛盾在罢工爆发之前往往都有长时间的积聚,一旦有突发事件作为导火线或诱因,如某个工人被开除或受到不公平的对待等,工人积聚已久的不满情绪可能会通过某种形式突然爆发出来,如罢工,或对现场管理人员进行人身攻击,或破坏承包商财产等。

避免工人罢工最好的方式就是以预防为主,随时监控当地工人的情绪和思想状态,及时发现存在的矛盾,并采取适当措施化解;平时,注意改善当地工人的生活福利设施,让他们能切实感受到承包商的关怀;严格约束现场管理人员的言行,要懂得尊重当地工人和当地的传统文化。另外,在工程开工前期,与当地政府、警察局、劳工组织、行会、协会以及当地有威望的人物等建立并保持良好的关系,工人罢工时,他们往往能起到关键的协调作用。对于一般的罢工活动,应立即组织沟通协调会,并及时通知业主、工程师,要求其给予协助。邀请有威望的人物和政府相关部门、组织参加协调,该妥协的妥协,该坚持的坚持,既要保护承包商的基本利益,又要灵活地解决问题;对于一些恶意的罢工活动,不能随意妥协,尤其在出现人身攻击或破坏营地设施、施工机具设备等承包商财产的行为时,一定要求警察局将带头闹事的人绳之以法,决不能姑息养奸。

### 4. 与业主或工程师关系紧张引发的危机

国际工程承包实践中,一个普遍存在的问题就是如何处理同业主和工程师的关系。有不少国际工程项目因为承包商同业主或工程师关系紧张而进行得很不顺利，甚至最终无法进行。这也是一种渐进性的危机，虽然表面看起来往往不是很激烈，但是却对项目的顺利实施有着很大的破坏作用。很多国内的项目管理人员到国外搞工程，仍以处理同国内业主或监理工程师关系的方式，同项目业主或工程师打交道，认为承包商"投之以桃"，工程师就应该"报之以李"，否则就跟工程师针锋相对。实际上，由于中西方文化的差异，国内通常采用的建立感情的方式并不总是有效。工程师所重视的是如何代表业主将项目保质按期地完成，以及自己的职业声誉。承包商只有在认真执行合同的前提下，才可考虑通过其他方式进一步加深双方的理解和感情，切不可本末倒置。在处理同业主和工程师关系时，要注意小事情上多让步，按工程师和业主的指示办，但在大的事情上，一定要坚持。灵活地处理各种问题是承包商的制胜法宝，切记不能无原则地妥协或一味地抵抗和反对。

5. 项目人力资源引发的危机

项目人力资源危机的主要表现形式有：员工离职率高，尤其是关键岗位人员；人心涣散，工作效率低下；管理人员之间、决策者与管理者之间、管理者与具体操作员工之间关系紧张；管理人才流失，尤其是高层管理者的流失甚至背离；项目经理等高层管理者的意外身故；工作场所暴力等侵犯人身权利的违法行为等。

人力资源危机的类型包括：数量危机，即人力资源数量绝对短缺或相对短缺；质量危机，即人力数量众多，但与项目管理对人力资源技术水平的要求不符，或者关键性员工的流失，高层管理人员的突然离去，人际关系紧张等都属此类；管理危机，是指尽管人力资源的潜能往往是巨大的，但由于管理体制、利益分配、企业文化、激励措施的缺陷常常造成人力资源的潜能得不到发挥和有效激发而形成的人力资源危机。

尽管项目人力资源危机是一种渐进性的危机，属于工程项目的"慢性病"，但其对项目的顺利实施也有着严重的危害。解决工程项目人力资源危机的方法主要包括：建立人力资源危机解决机制；把握好人力资源入口；培养员工的忠诚度；建立健全激励机制；建立学习型组织等。

6. 恐怖活动引发的危机

近年来，国际恐怖事件的频频发生也使得不少国际工程项目越来越受到恐怖分子袭击的威胁。中国的公司、企业在投标国际工程时，应首先把保障工程现场的人员安全考虑进去。可以对投标地区的安全情况进行分析，将投标地区分为：安全区、防范区、危险区、禁止区，并根据危险度来提出防范措施。

首先，在编制项目预算时就要考虑安全投入成本。对危险地区，一定要在施工前与工程所在国的政府或军方取得联系，务必得到对方安全保障承诺，包括必要时派兵保护。尽量雇用当地施工人员，一方面可以降低我方人员遭遇不测的可能性,另一方面又可以避免给当地人造成中国人到来剥夺了他们的就业机会的感觉。最后,可以适当地考虑为工地附近的居民做些有效的实事,比如修桥、铺路、翻修学校、捐赠医疗器材等,因为当地民众的支持和欢迎往往是最佳的安全保障。

另外,文化、宗教信仰冲突引发的危机、周转资金短缺引发的危机、材料设备不能按时到场引发的危机以及自然灾害引发的危机等都是国际工程项目中可能出现的危机事件。通过有效的危机管理可以防止大部分带来危害危机事件的发生、发展和蔓延。即使在危机出现后,通过有效的危机处理机制也可以达到转危为安,甚至带来意想不到的收益和结果。

(二)工程项目危机处理中应注意的几个问题

1. 从思想上正视危机

当面临危机时,压力肯定是有的,它可能是不安和忧虑的源泉,但根据罗伯逊和库伯(1983)的理念,危机往往也是令人兴奋的、有挑战性的,处理好也可能成为提高生产率的源泉。当人们用积极的心态去面对危机时,就会把危机当作是一种动力,而不只是具有消极意义。这种思想对管理者在面临危机、克服紧张、做出决策时意义特别重大。

2. 建立工程项目危机管理的动态模式

针对建筑工程项目本身特点,实行动态危机管理。按照图 6-7 所示,建立对危机进行侦查、诊断、决策、实施、反馈、恢复和学习全过程的动态管理。

3. 建立适合危机管理的组织结构模式

工程项目需要多方利益团体的协作去完成,在面临危机时,各方为了维护自身的利益,有意控制信息,按自己的利益去"过筛",导致信息失真,致使冲突加大。为此,建立良好的组织沟通网络是提高危机管理效率的关键,也是有效解决危机并转化危机的保证。如果没有有效的沟通和交流,危机是不可能得到管理和解决的。沟通包括承包商内部的沟通,也包括承包商与项目其他参与方的沟通,主要是业主和工程师,和其他利益相关方的沟通,如:政府部门、公众、媒体等。为达到高效沟通,可参考前一节内容。

4. 充分发挥人的主观能动性和创造性

由于危机具有突发性和不可预见性的特点,而且对于项目管理人员来讲往往可能是第一次遇到,实际上,完全相同的危机是不存在的。这就要求项目管理人员能够充分地发挥主观能动性和创造性,以主人翁的责任感面对和处理危机。

## 思 考 题

1. 试论述国际工程与国内工程物资采购和管理的不同。
2. 试讨论如何编制工程项目的施工机具设备的使用计划。
3. 试论述国际工程项目信息文档管理的重要性。

4. 根据信息沟通流程，试讨论如何在国际工程项目实施过程中避免信息沟通不畅或失效。
5. 试论述国际工程项目文化管理的重要性。
6. 假如你是一个国际工程项目的项目经理，你准备如何推动项目的文化建设？
7. 如何理解危机的内涵？讨论国际工程项目中危机管理的必要性。
8. 在工程项目发生危机时，应该如何面对和处理危机？

# 第七章　国际工程分包合同管理

国际工程项目大型化的趋势越来越明显、总承包项目也越来越多，作为工程项目总承包商的分包合同管理变得非常重要。本章首先分析了总承包商合同管理的组织管理问题；进而重点介绍和分析了总承包商分包合同程序化管理问题和分包合同基础资料管理问题；然后介绍了国际工程项目分包商的选择过程；并重点分析了分包合同文件的编制问题；最后提出了分包合同的管理要点和应注意的问题。

## 第一节　总承包商的合同管理

随着国际工程承包业的发展，工程项目的规模日渐增大，一些综合性的项目涉及的专业越来越多，技术性也日益复杂，对于大型项目总承包商来说不可能也没有必要将全部项目内容完全独家包揽，特别是某些专业性强的项目内容，需分包给其他专业公司实施。还有些项目在招标时，业主就规定某些项目内容必须由他指定的几家分包商承担，即指定分包商。项目分包已成为项目承包中普遍采用的方式，这种方式有利于发挥各公司的优势和特长，有助于整个项目的顺利完成。

作为项目的总承包商在获得合同后，把项目中的某些工作通过另一个合同关系，在自己的控制下交由其他公司来实施，实施分包工作的承包商称为"分包商"。在这种情况下，直接与业主签订合同的承包商可称为"总承包商"，该合同则称为"主合同（Main contract）"。总承包商与分包商之间签署的制约项目分包部分实施内容的合同称"分包合同（Subcontract）"。有些项目在投标时就要求事先在投标书中填写分包公司名称、技术经济实力、工程经验、与总承包商曾有过的合作经验、分包工作内容等，经业主审批后方可分包。

本节着重对总承包商一方合同管理的两种组织方式：直线式和矩阵式及其各自的优缺点做了分析，并从组织方式上对项目管理的核心部门合同部与项目其他主要职能部门之间的关系进行了探讨。还对容易被人们忽视的项目实施过程中合同管理的基础工作做了论述。本节的内容对于业主方合同管理的组织管理和基础工作的管理同样具有借鉴意义。

### 一、总承包商合同管理的组织模式

合同参与各方，包括业主、咨询工程师和承包商，都十分重视合同的管理工作。尤其对总承包商来讲,可以说其合同管理直接关系到项目实施是否顺利,自身的利益是否能得到保护,而高效率的合同管理又在很大程度上依赖于合理、恰当的合同管理组织方式。

当总承包商与业主签订了项目的承包合同之后,应立即着手组建负责项目实施阶段管理的项目经理部。而项目经理部的一个核心部门就是合同部。下面主要探讨项目中合同管理组织的有关问题,提出了关于设置合同管理组织的方法,旨在为建立能高效运作的合同管理部门提供组织上的保证。

合同部作为合同管理职能部门,其组织结构设计可以根据项目的大小和复杂程度采用不同的方式。在项目实施过程中作为承包商一方合同管理的主要任务有以下几个方面:

(1) 主合同的管理;
(2) 分包合同的管理;
(3) 主合同和分包合同的索赔管理;
(4) 主合同与分包合同的风险管理;
(5) 与合同管理有关的行政管理(其中很重要的一项工作是合同文件的管理);
(6) 与项目其他职能部门的协调。

根据笔者在国外参与项目合同管理工作的体会和研究,下面给出常见的两种总承包商合同组织管理模式,并对这两种模式各自的优缺点进行了比较和分析。

1. 合同管理员制

直线式组织结构是最早使用也是最为简单的一种结构,是一种集权式的组织结构形式。如图 7-1 所示为项目承包商一方的合同部直线式组织结构的一个示例,也可以称之为合同管理员制。

此种组织结构设合同部经理 1 名,全面负责合同部的工作以及和项目其他职

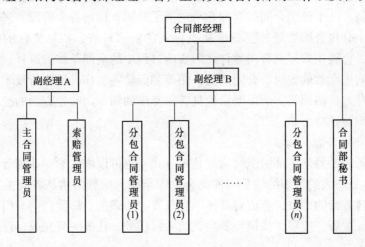

图 7-1 直线式组织结构图示例

能部门的协调工作；设副经理两名，一位负责主合同和索赔管理，并专门配备主合同管理员、风险索赔管理员；另一位负责分包合同管理，在签订承包合同尤其是总承包合同以后会有大量的工作需要分包出去，分包合同管理工作量也非常大，有时一个分包合同管理员可以同时负责多个分包合同的管理，有时也需分门别类设置多个分包合同管理员，但每一个分包合同都必须有一个分包合同管理员负责；合同部另配负责行政管理的秘书，他要负责合同部的所有行政管理工作，尤其是合同文件的登记、分类和存档等管理工作。

图 7-1 所示仅是直线式合同组织方式的一种，在实际工作中可以根据项目具体情况对其进行改造，如合同部经理可以直接主管主合同，可专门设立索赔管理中心，设一个分管风险和索赔工作的副经理。在项目的实施过程中组织结构也不是一成不变的，可以根据项目的进展对其进行调整。对于大型项目，如果当项目施工高峰期分包合同数量很多时，可以采取增加管理层次减小管理幅度的办法，即可以按专业或其他标准将众多分包合同管理人员划分成若干个小组，每个小组设小组长 1 名，仍可以设分管分包合同的副经理，也可以由合同部经理直接管各个分包合同小组长；对于索赔管理，在项目实施前期可以由某一合同副经理兼管，到了项目中后期索赔工作量比较大时，对于重大索赔事件，也可以将其分成若干索赔小组来进行管理。

直线式组织结构的优点是组织结构设置简单、权责分明、信息沟通方便、便于统一指挥，集中管理。主要的缺点是缺乏横向的协调关系，灵活性较差，一旦项目规模很大时，会使管理工作复杂化。合同部经理可能会因为经验、精力不及而顾此失彼，难以进行有效的管理，如当分包合同数量或索赔项目很多时，由于管理跨度过大容易产生失控。

此外，这种组织方式对每一位合同管理员本身素质的要求很高。以分包合同管理员为例，一个分包合同的管理几乎包括了合同管理的各个阶段和多个专业的内容。一个分包合同管理员要负责从投标人的资格审查、招标文件的编制、招标、评标、合同谈判，到合同签订之后实施过程中的合同条款的解释、工程量的核实、合同进度款的支付、合同变更、法律和保险等工作，还要与技术人员和现场施工管理人员协调等，所以要求他具备很宽广的知识面和各方面的经验，并有很强的组织协调能力。

2. 专业划分制

合同管理的另外一种组织结构就是矩阵式，也可以称之为专业划分制，如图 7-2 所示。矩阵式的组织结构是一种混合组织结构，此种结构从各有关功能性单位集合了各方面的专家，形成对具体项目负责、协调的目标导向的专门部门或小组，以保证按质、按量、按期经济地完成项目任务。任务一旦完成，该小组即行解散。

在这种组织模式下，合同管理工作分成若干专业，可包括合同条件、索赔、

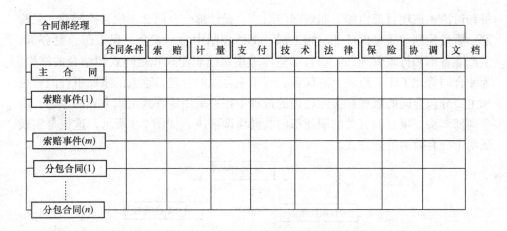

图 7-2 矩阵式组织结构图示例

计量、支付、技术、法律、保险、协调和文档等。专业划分的粗细程度视项目的复杂程度来确定。采用这种管理方式时可将一个主合同、重大索赔事件或分包合同划分为若干专业管理区域,由对应的专业人员来管理。这种管理方式的优点是能充分发挥每一个专业人员的专业特长,能针对合同中出现的问题进行深入的分析和研究,尤其是对于主合同、重大索赔事件和主要分包合同的处理和研究,同时信息反馈的速度较快。其缺点是各个专业之间的协调工作量较大,可能会形成职责不分明的状态。

在做组织结构的选择时要考虑的因素主要是项目的规模和复杂程度,如果是中小型项目一般可采用第一种方式,使管理工作简单化,因为在很大程度上简单就意味着高效。只有很大的综合性项目才考虑是否采用第二种方式。

在现实中还会出现上述两种方式交叉使用的情况,如图 7-1 所示直线式的组织结构中的索赔管理,对于重大的索赔事件可由一个索赔管理员牵头,由其他合同管理员和项目部的其他部门的相关人员兼职共同处理。而在图 7-2 所示矩阵式组织结构中也可采用将相近的几个专业归到一个小组中,小组内部的管理又可以采用直线式,这样可以减少各专业之间的协调工作量等。

### 二、合同部与项目其他职能管理部门的关系

作为一个合同部经理,主要考虑的可能是如何搞好合同部内部的工作,采用一种适宜的组织结构,使合同部的工作高效进行。而合同管理是整个项目管理的核心,作为一个项目的项目经理就必须从更高的层次来看待这个问题,要想真正搞好项目合同管理工作必须为合同部创造一个良好的外部环境。因为合同部本身也是项目部的一个职能部门,所以又必须考虑合同部与其他职能管理部门的关系问题。

下面以笔者曾在国外参加过的一个大型总承包交钥匙项目为例,对此进行分

析和讨论。该项目部由如下职能部门组成：设计部、合同部、项目控制部、采购部、质量控制与质量保证部、施工部、文档控制中心、安全与保卫部、财务部、生产准备部和行政管理部。项目部整体采用直线职能式和矩阵式相结合的结构。为使合同管理工作有组织上的保证，对于主合同的管理、重大的索赔事件的管理和主要分包合同的管理在实际处理的过程中往往采用矩阵式组织方式的原理，由合同部牵头，项目部有关的职能部门共同协调解决，如图7-3所示，这也是实践证明十分有效的处理方式。

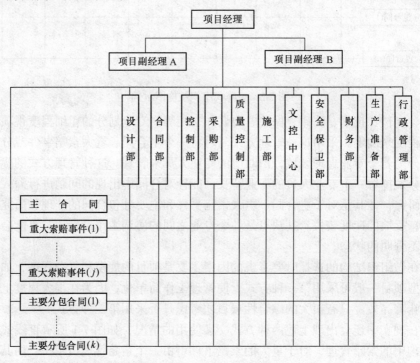

图7-3　主合同、重大索赔事件和主要分包合同处理组织方式示例

例如，一个重大索赔事件的处理，从索赔事件的发生和确认、索赔意向通知书的发出、索赔事件的跟踪、同期记录的保存、索赔资料的准备、索赔报告的编写、索赔谈判，直到索赔的最终决策，必须得到项目部各主要职能部门和现场各部门的支持。合同部的索赔管理员要负责对合同中有关条款进行分析研究；需要设计部的技术人员提供技术支持；控制部的计划人员对工期的影响进行分析，由成本工程师提出索赔的费用估算；由采购部的人员提供供应商对索赔的影响；由施工部的现场管理人员保持有关的同期记录和资料；同时需要其他各有关部门的通力配合。这样由各部门的有关人员兼职组成索赔小组，合同部的索赔管理员就是这个小组的总协调员和负责人，他要负责有关的所有组织和协调工作。像索赔这样综合性和变化性都很强的工作，矩阵式的组织方式为

其管理效率的提高和资源的充分利用提供了组织保障，可以很大程度上提高索赔工作的管理水平。

矩阵式组织方式是一种现代的组织结构，它否定了许多传统的管理原则，比如，它否定了一个人只能有一个上司的原则，因为该组织中的每一个成员实际上有两个或两个以上的正式上司，既有功能单位的上司（各职能部门经理），又有目标导向单位的上司（各子项目经理或管理小组组长）。矩阵型组织在功能部门主管与目标导向部门主管之间容易产生冲突，因此，应尽量让两个方面的权力保持平衡。

矩阵式组织结构，是由纵横两套管理系统组成的组织结构，一套是纵向的职能领导系统，另一套是为完成某一任务而组成的横向项目系统。也就是既有按职能划分的垂直领导系统，又有按项目划分的横向领导系统的结构。

当同时有几个子项目需要完成时，每个项目要求配备不同专长的技术人员或其他资源。为了加强对项目的管理，每个项目在项目经理领导下由专人负责。因此，在直线职能结构的纵向领导系统的基础上，又出现了一种横向项目系统，形成纵横交错的矩阵结构。其中，工作小组或项目小组一般是由不同背景、不同技能、不同知识、分别选自不同部门的人员组成的。组成工作小组后，大家为某个特定的项目而共同工作。

矩阵式组织适合在需要对环境变化做出迅速而一致反应时使用。在复杂而多变的环境中，由于采取了人员组成灵活的项目小组形式，大大增强了对外部环境变化的适应能力。

矩阵式组织方式的主要优点是：

(1) 将组织的纵向联系和横向联系很好地结合起来，有利于加强各职能部门之间的协作和配合，及时沟通情况，解决问题；

(2) 它具有较强的机动性，能适应特定需要和环境的变化，有利于民主决策；

(3) 把不同部门、具有不同专长的专业人员组织在一起，有利于互相启发、集思广益，有利于攻克各种复杂的技术和管理难题，更加圆满地完成工作任务。它在发挥人的才能方面具有很大的灵活性。

矩阵式组织方式存在的问题主要是：

(1) 资源管理比较复杂；

(2) 稳定性差，由于小组成员是由各职能部门临时抽调的，任务完成以后还要回到原职能部门工作，容易使小组人员产生临时观点，不安心工作，从而对工作产生一定影响；

(3) 权责不清，由于每个成员都要接受两个或两个以上的上级领导，潜伏着职权关系的混乱和冲突，造成管理秩序混乱，从而降低组织工作的效率性。

选择适宜的合同管理组织结构和准确、灵活地运用所选择的组织方式，扬长避短，才能真正提高合同管理的水平。但是，同时还必须有以下几方面工作的配合：

（1）与合同组织结构相适应的完善、合理、具有可操作性的规章制度和相应的程序；

（2）标准化、规范化的文档管理工作；

（3）高素质的合同管理人员，尤其是合同部经理；

（4）项目经理对合同管理工作的高度重视。

以上主要是从承包商的角度对项目合同组织管理模式进行分析和探讨，相信这些分析也有助于业主和咨询工程师深入了解承包商一方的合同组织管理方式，对其自身合同管理部门的建立也有一定的借鉴意义。

## 第二节 总承包商的分包合同管理的基础工作

总承包商合同管理基础工作主要包括：合同文件管理工作和合同管理程序化工作。而与合同管理相关的文件主要包括：招投标阶段文件、正式合同文本、来往信函、会议纪要、合同管理报表、合同管理工作程序文件、施工记录、以及各类支付证书、财务报表等。

### 一、合同文件管理系统的建立

作为总承包商，在签署合同并组建项目合同部之后，合同部经理应马上责成专人建立自己的文件管理系统，尽快开始所有合同文件的整理分类和归档工作。当然这项工作如果能在招投标阶段就已经作好并照此执行就更好了，这样便于整理合同签订前的文档。

下面是总承包商合同管理部一般文件管理系统和分包合同文件管理系统目录的实例。

（一）合同部一般文件管理系统目录：

1.0 周报

2.0 月报

3.0 会议纪要

4.0 业主来信

5.0 给业主的信

6.0 有关潜在索赔的文件

7.0 主合同变更令

8.0 承包商内部来往文件

9.0 有关人事问题的文件

10.0 一般行政文件

(二) 合同部合同文件管理系统目录：

1.0　授权文件
1.1　分包工作申请
1.2　分包商投标人名单申请
1.3　对分包商授标推荐
1.4　所有业主的其他批准文件
2.0　对分包商授标前的信函及文件
2.1　总承包商内部有关各分包项目招标文件编制的来往信函
2.2　全套分包项目招标文件
2.3　招标文件释疑
2.4　投标人发来的信函
2.5　招标文件的补遗
2.6　投标书
2.7　对招标文件中有关问题的澄清
2.8　评标文件
3.0　签订的分包合同文本
4.0　要求分包商提交的文件
4.1　项目实施计划、程序
4.2　材料批准的申请
4.3　总承包商、业主对材料的批准
4.4　所需备件明细表
4.5　竣工图纸
4.6　分包商主要工作人员简历
5.0　现场指示
6.0　现场施工要求文件
6.1　分包商发出的现场施工要求
6.2　总承包商对现场施工要求的答复
7.0　分包合同变更
7.1　变更申请
7.2　变更令
8.0　外部来信
8.1　信件
8.2　传真
8.3　文件传送件
8.4　来自总部的信函
8.5　项目内部信函（备忘录）

9.0 发出的信函
9.1 信件
9.2 传真
9.3 文件传送件
9.4 发往总部的信函
9.5 项目内部信函（备忘录）
9.6 要求业主批准的申请
10.0 报表和会议纪要
10.1 日报表
10.2 周报表
10.3 月报表
10.4 会议纪要
10.5 材料状况报表/材料采购定单
10.6 内部状况报表
10.7 采购计划
11.0 进度报表
12.0 保险和保函
12.1 保险单
12.2 银行保函/履约担保
13.0 支付证书
14.0 质量保证和质量控制文件
14.1 质量保证/质量控制手册
14.2 质量保证/质量控制检查报告
15.0 安全和保安文件
15.1 安全手册
15.2 安全/事故报告
15.3 保安记录
16.0 分包合同索赔
16.1 分包商索赔报告
16.2 索赔报告的批复
17.0 完工
17.1 分包合同结束汇签单
17.2 最终验收报告
17.3 分包合同评估

合同文件管理系统建立之后，需要建立相应的合同文件审核管理制度和简捷高效的内部文件流转的程序。在以后的合同执行过程中，合同部的所有人员必须严格按照文件管理系统的编号，对每一份经手的文件进行准确的编号，由秘书或专人及时对合同文件按照文件管理系统登录、分类存档。存档时一般按同一类文件按时间顺序倒排。

此外，还应建立严格的接收和发出合同文件的登记制度和严格的文件借阅制度，不能将任何文件原件私自带走，也不能在查阅时搞乱文件原来存放的顺序。文件存放的安全性也很重要，尤其是防盗、防火和防潮问题。在一个项目中，合同文件都属于机密文件，任何泄密都有可能给项目带来不可弥补的损失，所以要特别注意合同文件的保管和保密问题。

### 二、合同文本

从资格预审开始，到招投标、评标、合同谈判一直到授予合同的整个过程中，作为投标人的承包商已经和业主进行了大量信息交流，从而产生了很多来往的信函和文件。虽然这些都是为双方正式签署合同做准备的，但这些文件同样非常重要。在合同正式签订以后，要和正式签署的合同文本一起，分类整理归档以备使用。签订合同前的谈判内容要写成合同协议书备忘录。合同主要文本包括：合同协议书、合同协议书备忘录、中标函、投标书、合同条件第二部分、合同条件第一部分、规范、图纸、标价的工程量表以及所有辅助资料表和附件等。对于正式签署的合同文本和所有合同的附件，应按照合同文件管理系统规定的类别仔细分类、整理和存档。

同时要特别注意合同文本原件的保管，建议将所有正式签署的合同文本复印一份，作为"阅视件"，当合同管理人员或其他人员需要查阅合同文本时，只允许查"阅视件"，而将原件妥善保管，以免损坏丢失。

对于分包合同和其他项目相关合同文本的管理也有同样的要求。

### 三、合同实施过程中的来往信函

在合同实施过程中，合同双方有大量的来往信函。是合同款的支付、结算和索赔，解决双方之间争端十分重要的依据。来往信函又可以分为：信件、传真、传送件和电子邮件等。但重要文件不能以电子邮件的形式传送，为了提高效率可先用电子邮件发过去，随后提交原件。

每种类型的信函都应有通用的标准格式，每份信函都应该包括如下所述的文本要素：

(1) 标准编号和合同号；
(2) 发出日期；
(3) 信函的题目；
(4) 发出人公司名称、部门、以及发函人的姓名和头衔；
(5) 接收者公司名称、部门、以及接收人的姓名和头衔；

(6) 信函总页数；
(7) 是否需要收信人回复；
(8) 参考信函或文件的编号和日期；
(9) 信函的基本内容；
(10) 发出者签名。如果需要时加上需抄送的部门和相关人员的姓名等。

在发函时一定要写明信函所致有关法人单位的名称，切忌只写接收人个人的名字。

还要注意的一个问题是从合同部发出去的任何一份信函，都必须由合同部经理签发。发往项目部以外的正式信函，则必须由合同部经理审核，由项目经理正式签发。

### 四、相关会议纪要

在项目从资格预审、招投标到项目移交整个期间，作为最主要的交流和通讯联络的方式，合同双方要召开许多次的会议，来讨论解决双方之间的各种问题。项目在实施过程中许多重大问题，包括变更索赔问题，都是通过会议的形式，经过反复协商讨论后决定的。在项目实施过程中与合同管理有关的会议主要有：

(1) 招标文件澄清会；
(2) 标前会议；
(3) 合同签订前的谈判会议；
(4) 分包项目"开球会"（Kick-off Meeting）；
(5) 设计、技术协调会；
(6) 周（月、季）例会；
(7) 施工协调会；
(8) 变更、索赔会议；
(9) 项目进度审查会；
(10) 承包商与业主、承包商与分包商之间的所有其他会议。

所有这些会议都要在会议结束时形成会议纪要，以记录双方的观点、双方就某一问题所应采取的行动、各方应负的责任和会上达成的协议等。这些会议纪要都是非常重要的合同文件，是协调合同各方行动和解决争端的主要依据。

对于会议纪要，要建立审阅制度，可由与会的一方起草会议纪要后，送交对方（以及有关各方）传阅核签。如有不同意见，可在纪要草稿上修改，再由其他方确认。还应规定一个核签完成的期限（如 7 天），如果在此期限内不返回修改意见，即认为同意。有时为了提高工作效率，避免不必要的推诿扯皮，可以在开会的同时即形成会议纪要，如可以携带笔记本电脑参加会议，开会的同时将会议内容输入电脑，会议结束前，双方一起对输入的内容进行核实确认之后马上打印成稿，双方代表签字生效，各留一份原件，尤其对于各种例会，会议内容比较固定（会议纪要的格式也可标准化），这种方法可以大大提高工作效率。

对于大量的会议纪要，也要进行分类存档。由于会议纪要可能涉及其他相关的信函或合同文件，一定要在会议纪要中注明相应的文件号。

### 五、总承包商的合同管理报表

各类合同管理报表，对于提高合同管理的效率和项目领导了解项目合同管理情况和状态是非常必要的。在项目前期，就应设计相关的合同管理报表的格式，在合同实施过程中再根据实际需要不断修改完善。一般大型国际工程承包公司都会有一套本公司专用的适用于各个项目的合同管理报表的标准格式，再根据具体项目进行修正补充。常用的合同管理报表有：

(1) 主合同支付汇总表；
(2) 主合同变更、索赔申请汇总表；
(3) 批准变更、索赔汇总表；
(4) 分包费用支出预算表；
(5) 分包合同汇总一览表；
(6) 分包合同支付汇总表；
(7) 分包合同变更、索赔汇总表；
(8) 保险单汇总监控表；
(9) 履约保函／担保汇总监控表；
(10) 部门人员休假情况安排表等。

### 六、分包合同管理工作程序的制定

合同管理工作的程序化是现代化项目管理的要求，是合同管理工作标准化的基础，也逐渐成为合同管理的一项根本性的管理基础工作。程序是人们在长期的实践中总结而形成的共同遵守的准则，程序可以保证人们从事某项活动的高度统一和协调，从而大大提高工作的效率并充分利用有限的资源。程序化是为了完成某项活动规定的方法，即某项活动的目的范围、应该做些什么、由谁来做、在何时何地去做、如何去做、如何控制活动的过程、如何把所做的东西记录下来。从而使每一个过程，每一次活动都尽可能得到恰当而连续的控制。做到"凡事有人负责、凡事有章可循、凡事有据可查、凡事有人监督"。

在项目实施过程中，合同管理的日常事务性工作非常多，为了协调好各方面的工作，使合同管理工作标准化、规范化，就需要对合同管理中经常性的工作，如合同行政管理工作、众多分包合同的管理工作、索赔管理工作等，订立相应的工作程序，使合同管理人员有章可循，也可以减少新上任的合同管理人员的培训工作。

下面就是笔者曾参加过的一个总承包项目的"分包执行计划和分包合同开发程序"的基本结构，共分为三个部分：A. 分包合同执行程序总则；B. 分包合同开发程序；C. 分包合同管理和行政管理程序。

（一）分包合同执行程序总则

1. 总则
2. 职责
3. 招标文件的编写
4. 授标前的活动
5. 分包合同行政管理
6. 协调和通讯联络
7. 监督分包商的合同履行
8. 安全问题
9. 工程测量和支付
10. 动员和遣返
11. 分包合同的变更与索赔
12. 分包商不履行合同
13. 仲裁与诉讼
14. 分包合同结束
15. 项目结束

（二）分包合同开发程序

1. 分包计划
2. 分包合同的开始
3. 分包商资格预审
4. 分包方法确定
5. 投标人名单的准备
6. 招标文件
7. 招标答疑会议
8. 质询补遗
9. 密封投标书的接收
10. 技术评标
11. 投标书分析和授标建议书
12. 授标前合同谈判
13. 分包合同的批准和签署
14. 分包合同的分发
15. 授标前文件的集中

16. 附件

（三）分包合同管理和行政管理程序

1. 分包工作管理
2. 分包合同行政管理
3. 分包合同的通讯联络
4. 分包商履约行为的监督
5. 建立和保存分包合同文件
6. 项目测量和进度付款程序
7. 分包合同变更程序
8. 分包合同索赔申请与批复程序
9. 总承包商内部分包索赔管理程序
10. 分包合同的履约保证递交程序
11. 保险程序与保险单
12. 分包合同"反扣"（Backcharge）程序
13. 分包项目的验收
14. 最终发票
15. 分包合同结束
16. 分包项目移交

以上主要从总承包商的角度对其合同管理的基础工作的重要性、实施管理办法和注意事项做了论述，这些对于业主和咨询工程师的项目实施过程中对总承包商的合同管理工作同样有参考价值。

## 第三节 分包商的选择与指定分包商

### 一、分包合同体系的建立

发达的分包体系是国外建筑业的特点之一。在某些国家的建筑业法中，对承包商的专业划分有明确的规定，这种划分是详细而全面的。对于分包合同的管理在建筑合同制度中占有特殊重要的地位。中小型的专业分包公司人员素质高，施工经验丰富，专业设备齐全，公司规模小，易于管理。采用分包体系的目的是为了有效地利用竞争，发挥专业分包商的特长，提高项目建设的效率，但同时也应看到，层次过多的分包会起到相反的作用。

国外的大型承包公司同国内的工程建设公司相比，管理人员的比例较高，其原因一方面是由于施工机械化的发展，另一方面则是由于存在合理的分包体系。某些总承包商是纯粹的管理型公司，管理人员素质高，在承担项目时，将所有的具体施工任务均分包出去，专门从事项目管理工作。项目管理工作的专业化最终会提高项目的建设效率。但是，在国外也有另一种认识，就是通过资格预审签订合同的承包商，必须自己负责实施一部分项目，不能将整个工程全部分包出去，而所有准备分包出去的项目必须经过业主的批准。

### 二、分包商的选择过程

由于整个项目的各个分项工程是相互联系的一个整体，任何一个分项工程拖期或质量发生问题，都可能会引起连锁反应，影响其他分项工程，甚至整个项目，使总承包商陷入困难的境地。如果分包商违约，即使按分包合同对其进行处罚或终止分包合同，也往往不能弥补总承包商由此遭受的巨大损失，而且对总承包商的声誉造成不良影响。因此，总承包商在选择分包商时应十分慎重。一般来说，最好是先从总承包商自己过去的合作伙伴中选择两三家相关的公司进行询价，然后再向其他有良好信誉的公司询价，从中优选。

项目分包的过程大致如下：

1. 分包询价。总承包商和分包商在相互了解之后，总承包商向分包商提供必要的项目资料，并提出报价要求，包括拟分包工作范围、技术和质量要求、总承包商拟提供的条件、要求分包商必须具备的条件、工期要求以及其他条件等，有时也会提供分包合同格式。总承包商可能向多家分包商询价，并要求其报价。

2. 提交报价和招标。对于工作量比较大的分包工作，可以采用招标方式。如果分包工作量比较小或工期比较紧，分包的工作专业性强，也可以采用议标方式。分包商在总承包商指定的时间内向总承包商提交报价，同时声明报价条件。

3. 签订分包合同。通过总承包商和分包商之间的分包合同谈判，确定分包合同价格和有关的合同条件，总承包商与选定的分包商签订分包合同。

### 三、选择分包商的主要条件

1. 报价的合理性。分包商的报价应能使总承包商获得适当的管理费和利润。在评估分包商的报价时，还应考虑分包商的报价构成是否合理，是否为不平衡性报价，如果是这样的话，总承包商可要求分包商予以修改，因为报价的不平衡性可能使分包商过早地获得大部分分包合同款，从而导致总承包商的资金周转不灵。

2. 技术力量。技术方面的内容包括：分包商是否有足够的从事项目管理的关键职员以及熟练的技术工人；分包商自有的施工设备情况如何；分包商是否具有从事该类分包工作的经验。要了解分包商的技术力量，不仅靠分包商提供的资料，总承包商还应亲自派人实地调查核实。由于分包商的施工水平直接关系到总承包商能否按期顺利完工，因此需要认真考虑该分包商在技术上是否有能力完成分包工作。在特殊情况下，在选择分包商时甚至将分包商的技术力量放在第一位考虑。

3. 财务力量。分包商承担分包合同中的义务和责任在一定程度上与其财务实力有关。其财务力量弱会影响其实施分包工作的水平以及承担违约责任的能力。因此，总承包商应认真审查分包商近年来的财务状况表，调查其为该分包工作筹措资金的能力、负债状况等，以判断该分包商是否有财务实力承担分包的工作。

4. 信誉。如果有可能，总承包商应尽量从与自己有过合作的公司中选择分包商。另外，还应通过分包商提供的过去实施的项目，向该项目的业主打听分包商的履约信誉。

## 四、选择分包商的方式

总承包商可以在主合同投标前选择分包商，也可以在中标后选择分包商，这两种方式各有利弊。

1. 投标前选择分包商。总承包商在投标前就确定了拟向外分包的项目内容，并寻找合适的分包商。在这种情况下又有两种处理方式。

(1) 事先确定分包商。通过询价甚至通过几家分包商报价的比较，在投标前即确定一家分包商，并与之商定全部分包合同条件和分包价格，签订排他性合作意向书或协议，同意该分包商作为本分包项目的唯一合作者。一旦主合同中标，双方的合作关系即自动成立，不得再改变。这种方式由于总承包商和分包商的关系事先得到确认，事实上是共同投标，共担风险，有利于分包商一心一意地与总承包商合作，其分包报价往往可以降到一个合理的程度。此时分包商往往要求总包商承诺，在与业主讨论该分包项目价格变动时，应事先征得分包商同意，但应尽可能要求该分包商提交投标保函，如果该分包商认为这家总承包商确实有可能中标，他也许愿意接受这一条件。这种事先确定好的分包关系一般应在投标文件中向业主声明。

(2) 事先选择分包商并询定分包价格，但不确定总—分包关系。总承包商就同一个项目内容请两三家合适的分包商报价甚至可以商谈好分包条件和分包价格，并要求分包商对其报价有效期做出承诺。但是双方并不签订互相限制的文件，总承包商对分包商可不做任何承诺，保留中标后任意选择分包商的权利，在这种情况下，由于双方没有制约关系，因此，总承包商是自由的，中标后可以再任意选择分包商。但相对而言分包商的报价也是可变的，他有权调整其分包报价。因之，总包商也面临着分包商提高投标报价的风险，特别是在物价上涨较快的国家。还要注意，总承包商不能轻易采用最低的分包报价作为自己报价的依据，至少应当取中等的分包报价。同时，总承包商还应进行相应的核算，以验证分包商报价的合理性。当然，如果最低的分包报价经过验算证实是基本可行的，则适当加上总承包商的管理费和可能发生的物价上涨系数后，也可作为投标报价。另外，应当要求分包商在其报价中提出该价格的有效期。分包报价的有效期，应当比业主规定的投标有效期适当长一些。因为，总承包商即使在规定的有效期内同业主签订了主合同，并不能立即同分包商签订分包合同，总需要一段时间磋商，甚至须按签订的主合同做相应的修改后，才能签订分包合同。没有明确的有效期的报价，更容易被分包商找到要求调价的借口。

对于大型的、技术复杂的项目，总承包商多半愿意事先确定分包商。

2. 中标后选择分包商。由于主合同投标的时间往往是很紧迫的，既要准备主合同的投标书，又要和分包商谈分包条件，时间上来不及，因此中标后再选择分包商的情况也是十分常见的。

由于总承包商已经中标，全部合同价格和合同条件已经明确，在这个前提下可以十分详细地和分包商逐项谈判，有时总承包商将利润相对丰厚的项目部分留给自己去做，有意识地转移一些合同价格偏低的项目部分给分包商，这事实上也是转移项目经营风险的一种措施。但是，由于主合同已经签订，开工在即，造成了分包商要挟总承包商的条件，这时要在短时间内找到有实力、资信好又价格理想的分包商十分困难。因此，只要可能，至少应该在投标前开展一些分包准备工作，接触并选择一些分包商，征询一些分包商的报价是很有必要的。

另外，随着项目的进展，总承包商根据实际情况，有时将原本没有计划分包的工作分包出去。在雇佣此类分包商前，总承包商应按主合同的相应规定，上报业主或工程师批准。报批时，应附上该分包商资格情况的介绍，拟分包的工作范围，以及相关的分包工作何时开工等。

### 五、指定分包商

指定分包商是指由业主和工程师挑选或指定的进行与项目实施、货物采购等工作有关的分包商，这种指定可以在招标文件中指定，或给出一些可供选择的分包商名单，总承包商要从这名单中选择某些专业或某部分工作的分包商。也可在项目开工后由业主或工程师指定分包商。

1. 指定分包商与总承包商的关系

指定分包商并不直接与业主签订合同，而是与总承包商签订合同，作为总承包商的分包商，由总承包商负责对他们进行管理和协调。指定分包商一旦被任命，他和总承包商的关系就应在由总承包商和指定分包商起草并签署的分包合同协议中做出规定。指定分包商对总承包商承担他分包的有关工作的全部义务和责任，并承担总承包商对业主承担的同样的义务和责任。指定分包商还应保护总承包商免受由于他的代理人、雇员、工人的行为、违约或疏忽造成的损失和索赔责任。

指定分包商不得随意使用总承包商的施工设备和临建项目，如需使用，则要保证这些施工设备和临建项目免受损害并向总承包商支付费用。

2. 关于总承包商对指定分包商的反对

对于指定分包商的管理，重要的是要保证总承包商对指定分包商的满意并准备和他合作。如果总承包商能够提出充分合理的理由，他可以拒绝业主或工程师对指定分包商的提名。如果指定分包商未能履行其职责，不但会给总承包商而且也会给业主带来很严重的后果。所以，在某一分包合同招标之前，受邀请的公司应得到业主和承包商的共同批准。总承包商则可以要求删去他有理由反对的任何公司而建议增加他信任的并且过去与之有过良好业务关系的公司，当然这种增删也要经过业主和工程师的批准。

如果总承包商拒绝和指定分包商签订分包合同，工程师有权指定另一位分包商，或修改分包合同条款，或按变更处理，总承包商自己也可另找公司去承担那一部分工作。

3. 对指定分包商的支付

指定分包商通过总承包商支付。指定分包商在得到支付方面是比较有保证的，即如总承包商无正当理由扣留或拒绝按分包合同的规定向指定分包商进行支付时，未向工程师提交合理证据，或未向工程师提交相应的书面说明以及就此事件向指定分包商发出通知的证据，业主有权根据工程师的证明直接向该指定分包商进行支付，并从业主应向总承包商的支付中扣回这笔款项。这也是指定分包商与一般分包商的最重要的区别。

## 第四节 分包项目招标文件的编制

项目分包是基于总承包商和分包商之间签署的"分包合同"而实施的，双方之间的法律关系也是由分包合同确立的。在大多数情况下，总承包商愿意自己起草分包合同文件，要求分包商单方面接受。这样的文本往往缺乏公允性，过多地保护总承包商的利益，将本应由总承包商承担的风险和危害转嫁给分包商。对这样的文本，分包商要谨慎的研究。有时分包商也会在报价的同时向总承包商提交一份分包合同文本，这种文本又往往出于分包商的利益提出的，有时甚至会反客为主，危及总承包商的正当权益。最理想的方法是找到某些国际上权威机构起草的分包合同范本为蓝本，通过总承包商、分包商的协商讨论，进行增删，形成正式的分包合同文本。一个好的分包合同应该是双方均可接受的，应当公平和互利，体现"双赢"和"伙伴关系"的理念，只有这样才能使总承包商和分包商开展真正的合作，共同将整个项目顺利完成。

### 一、国际上已有的项目分包合同文本

尽管分包合同有多种多样的格式，但是不像工程项目施工承包合同那样有国

际上非常流行，并被广泛采用的文本，所以有相当大的变通性。有些国家的工程师协会（如：英国皇家建筑师协会）编制了某些文本范本，比较公允地考虑到总承包商和分包商两方面的合理的权利和义务的分包合同文本。

FIDIC 出版了"土木工程施工分包合同条件"(1994 年第 1 版)。它是与 FIDIC "土木工程施工合同条件"（1987 年第四版，1992 年修订版）配套使用的，如果主合同采用的是该合同条件，则总承包商在编制分包合同条件时可以套用该分包合同条件。从项目承包实践来看，总承包商分包出去的工作大部分为土建部分，因而，该分包合同条件有较广的适用性。不过，由于该分包合同条件与 FIDIC "土木工程施工合同条件"一样，主要适用于单价支付的工程。对于一些专业性特别强的工作，总承包商有时需要以固定价格形式来分包项目，此时可考虑分包合同采用总价和里程碑支付方法，应对该分包合同条件中的支付程序相应地予以修改。

FIDIC "土木工程施工分包合同条件"的第一部分为通合同用条件，包括 22 节、70 款，这 22 节的内容包括：定义与解释、一般义务、分包合同文件、主合同、临时工程、承包商的设备和（或）其他设备、现场工作和通道、开工和竣工、指示和决定、变更、变更的估价、通知和索赔、保障、未完成的工作和缺陷、保险、支付、主合同的终止、分包商的违约、争端的解决、通知和指示、费用和法规的变更、货币和汇率。第二部分为专用合同条件编制指南，之后附有分包商的报价书、报价书附录以及分包合同协议书范例格式等。

FIDIC1999 年出版的《简明合同格式》（Short Form of Contract）也可以作为分包合同的范本使用。

### 二、分包项目招标文件的模块化开发

在大型工程项目实施期间需要签订的分包合同工作量可能很大。在项目实施期间再签订分包合同的最大特点是，由于受整个项目进度的制约，分包项目招标往往要求在很短的时间内就必须完成。而分包商的选择又需要非常慎重，这就大大增加了分包项目招标的难度。为了解决这个问题，作为总承包商，除了应该在主合同签订之前就制定较为准确的分包实施计划，并开始分包商的选择外，还必须建立一套简洁高效的分包项目招标程序和专门的分包合同管理机构和专业管理人员。其中如何快速准备完善准确的分包项目招标文件是关键问题。

为此，笔者根据自己做分包合同管理的经验提出了分包项目招标文件开发模块化的设想。即根据以往分包合同管理的经验，将分包项目招标文本标准化、规范化，然后分解成具有不同功能的模块，并将这些模块划分为三类：

第一类是基本固定不变的模块，这些模块可以适用于项目大多数的分包合同。对于这一部分，由合同管理部门的专业合同管理人员在项目的前期精心制定并完成，甚至有的大型公司会有一套适用于所有项目的分包项目招标标准文本，

这一部分必须标准化，是基本不变的，这样大大节省了分包项目招标文件的开发时间；

第二类是需由总承包商项目部有关的专业技术部门去分别开发准备的，这一类模块一般也有标准化的结构，但具体内容需要专业部门去完成。在这一部分模块的准备过程中，需要分包合同管理人员进行各部门之间的组织和协调工作，各专业部门完成后再由合同管理部门负责将其按合同要求进行统一和规范；

第三类是必须由分包合同管理人员来编写的部分，主要是合同的专用条款；最后由分包合同管理人员整理，形成一整套分包项目招标文件。

下面是一个分包项目招标文件的各个组成部分的实例，也就是分包合同文本的各个开发模块，及其对应的类别或参与对应模块开发的职能部门。

1. 投标邀请函（固定模块）
2. 投标人须知（固定模块）
3. 投标书格式（固定模块）
4. 合同协议书格式（固定模块）
5. 通用合同条件（固定模块）
6. 附件 5-1：履约保函格式（固定模块）
7. 专用合同条件（需由合同管理人员编写）

附件 6-1：计日工、材料工作协议（含工作授权书格式）（固定模块）

附件 6-2：反扣程序（含反扣协议书格式）（固定模块）

附件 6-3：分包商宣誓书格式（固定模块）

8. 展示件 A——工作范围（需由相应的技术部门编写）
9. 展示件 B——图纸和规范（需由相应的技术部门编写）
10. 展示件 C——计量方法（需由负责项目成本控制的部门编写）
11. 展示件 D——工程量和单价（需由负责项目成本控制的部门与合同管理人员共同编写）
12. 展示件 E——安全保证和紧急措施（由项目负责安全的部门编写，一般也是不变的）
13. 展示件 F——项目控制程序（固定模块）

附件 F-1：总承包商内部变更审查程序（固定模块）

附件 F-2：分包合同变更申请书（固定模块）

附件 F-3：分包合同变更通知书（固定模块）

14. 展示件 G——质量保证和质量控制程序（由质量控制部门编写，一般也是不变的）
15. 展示件 H——材料控制程序（固定模块）

附件 H-1：材料批准申请书格式（固定模块）

附件 H-2：材料审批流程图（固定模块）

分包项目招标文件的开发过程中，分包合同管理人员与项目其他职能部门的配合一般也采用矩阵式的管理模式。

分包项目招标文件的这种模块化开发具有以下优点：

(1) 充分发挥了专业化协作的优势，大大提高了工作效率，使在短时间内开发出高质量的分包合同变成了现实；

(2) 标准的开发模块保证了分包合同内容的完整和严密，可以保障不会出现大的漏洞；

(3) 与分包合同有关的各职能部门负责开发与其相关的部分，既使合同中的技术问题严密准确，还能使参与分包合同管理的技术人员提前熟悉分包合同的内容和要求，对分包合同实施过程中的管理是非常有益的；

(4) 由于项目的所有分包合同都使用统一的模式，为在分包合同实施过程中分包合同管理人员和其他管理人员对分包合同的使用和控制提供了方便，可大大提高分包合同实施过程中的管理效率。

根据笔者的实际工作经验，建议可以开发出两套分包项目招标文本，即一套是标准的分包合同文件文本，适用于大多数分包合同；还可以有一套简短分包合同文本，供一些工作范围较小，相对简单的小分包项目使用，以提高分包合同管理的工作效率。当然，上述分包项目招标文件开发模式的实现，必须有与之配套的分包合同管理程序。

### 三、编制分包招标文件时应注意的问题

分包合同涉及的范围基本上与主合同类似，在编制分包合同文件时，应注意以下三方面：

1. 分包工作的范围。分包合同应通过各个相应的分包文件划分清楚分包工作的内容和范围。一个主合同往往有多个分包合同，当某些合同之间有搭接部位时，对各个分包合同的工作内容的规定应更加详细和准确，以便划清责任，防止在分包项目执行的过程中就工作范围方面的问题发生争执，这一点非常重要。

2. 文字规定的完整性。分包合同的规定要完整，即不但有正向规定，还应该有反向规定，防止分包商违约时，总承包商采取的行动没有合同依据。如，对于运输分包合同，在规定分包商必须保证按时运到目的地并保证被运材料不被损坏的同时，还应规定，如果违反这一合同要求，总承包商可以采取的措施和享有的其他权利。

3. 主合同与分包合同的关系。对业主来说，分包商的违约都被视为总承包商的违约，而分包合同中不可能将主合同的相关内容全部列入，为了能使主合同的相关条款约束分包商，使承包商免于承担分包商违约造成的后果责任，在分包合同中应规定，"分包商应被认为已经阅读主合同并熟悉了主合同中规定的一切

技术要求；分包商同意接受主合同中约束总承包商的条款，并承认此类条款就分包合同涉及的工作来说对分包商有同样的约束力"。

### 四、分包合同与主合同的关系

主合同和分包合同由于其合同标的物，即施工（或服务）的范围有重合性，分包合同中所涉及的施工和服务是主合同的一部分，因此它们之间有着依存关系。如果主合同被解约，自然分包合同也就不可能存在下去。一般来说，在签订分包合同时，往往将主合同作为分包合同的附件，即主合同中业主对总承包商的约束应当对分包商适用。但是，即使分包商明确承认这些约束条件，由于总承包商与业主的关系是主合同确定的。不论发生任何问题，业主将会根据主合同追究总承包商的责任，而不会直接去找分包商。有时业主明明知道是分包商的行为导致的问题，业主也只能追究总承包商的责任。因此总承包商不能因项目业已分包出去而忽视自己应承担的责任，总承包商绝不能放松对分包商的管理。分包商在制定分包合同时，应主要注意分包合同的条款，对于主合同则应注意其质量要求、技术条款和采用标准规范等，因为在同意受主合同约束中主要是指这些方面。如果在这方面产生失误，施工（或服务）的质量未达到主合同要求，总承包商根据分包合同中主合同约束转移的原则是可以向分包商追究责任，进行索赔的。

总承包商应向分包商提供一份主合同，主合同的投标书附录及专用条件的副本以及适用于主合同的任何其他合同条件细节（总承包商的价格细节除外）。应认为分包商已全面了解主合同（总承包商的价格细节除外）的各项规定。

作为工程项目承包的惯例，主合同常常规定，总承包商不得将整个项目分包出去，因为业主选定总承包商来承包其项目是基于他的报价合理性以及对其技术力量的信赖；如果需要部分分包，一般是允许的，但要经过业主批准，这是因为分包商的技术力量关系到项目的质量和工期。有时按照项目所在国的法律，有些分包工作（如工程设备供货和安装）的缺陷通知期（维修期）要比主合同对整个项目规定的缺陷通知期要长，也就是说，在总承包商完成了其缺陷通知期的义务之后，此时，就总承包商与分包商之间而言，分包商在分包合同的缺陷通知期的义务还没有完成，因而，主合同往往规定，业主在主合同的缺陷通知期结束之时，有权要求总承包商将其在分包合同中的未到期权益（如分包商对某些机电设备或仪器的保修义务）转让给业主。这样，在总承包商撤离之后，业主在分包工作出现问题后就可以直接要求分包商履行其修复缺陷的义务。有时，业主还要求总承包商在分包合同中写明，在业主要求时，分包合同可以转让给业主。在草拟好分包合同后，总承包商向业主提供没有标明价格的分包合同供业主审查批准；有的主合同甚至要求在分包合同中写明业主的权利。

## 第五节 分包合同的管理要点和应注意的问题

### 一、分包合同的管理要点

分包合同所应涵盖的范围基本上和总承包合同是一致的，现就分包合同条件的一些主要内容做简要说明。

1. 项目范围和内容

和主合同一样，分包合同也应当十分确切地通过工程量表和价格表、图纸和文字条款划分分包工作的内容和范围，其工作内容应和主合同一样精确地描述。尤其是在一个项目内有多个分包商或有两层分包关系时，对分包合同的工作内容和范围的描述更应详细和准确，以便划清责任，防止总承包商和分包商或分包商与分包商之间的争执和纠纷。

(1) 当主合同的工程量表中的描述不足以准确划分各分包商的工作范围时，应更加详尽地说明和更细致地分割各自的工作内容，特别是当两个分包商的工作在部位上有搭接或工序上连接时，更应合理划分清楚。

(2) 如总承包商向分包商提供设备和材料，则应详细开列设备清单，列明设备名称、规格型号、提供时间、地点、装卸责任、拆装责任以及使用费用、能源费用由谁支付等；对于材料也要详细说明材料名称、规格、质量要求和提交时间等。这些详细内容，可以作为分包合同的附件请双方确认。

(3) 必要时为了避免含糊，除写明分包的工作范围外，还可以注明不属于分包商工作范围的内容。

2. 关于分包项目的变更

分包商所遇到的项目变更可以分为两种情况。

(1) 由于业主要求总承包商变更，总承包商又要求分包商作相应变更。在这种情况下，总承包商可以援引主合同条款得到相应的支付或补偿，当然分包商也就可以得到其相应的支付或补偿。

(2) 由于总承包商自己的原因而要求分包商变更项目数量或分包实施条件。这种情况就比前者要复杂，因为在这种情况下总承包商不可能得到由于这种变动导致费用增加的补偿，可能须通过索赔才可能得到支付。此时，总承包商往往苛刻地要求分包商接受"只有在总承包商获得业主的项目付款支付后才向分包商支付相应的项目付款"等条款，分包商通常不愿接受这样的条款。

对于这样的情况，比较合理的办法应当是，分包商对于任何项目变更而导致工程量增加时，无论该变更的原因是由于业主原因还是总承包商原因，都应由总承包商支付该分包商合理的额外补偿。所谓合理补偿是指增加的工程量乘以单价，如果原工程量表中没有相应的单价则应当在上述变更工程量之前，总承包商与分包商共同商定合理的单价。

另外，总承包商有权要求分包商不得直接接受业主代表或工程师，或其他分包商关于项目变更的任何指示或要求，除非这些项目变更事先得到总承包商的确认，但也应由总承包商向分包商下达变更指示。

3. 关于总承包商和分包商的责任和义务

分包商和项目业主之间没有合同关系，总承包商与分包商之间的分包合同一般都明确规定分包商只对总承包商负责和履行义务。但是，总承包商往往在分包合同中规定分包商同意接受主合同中各项对总承包商的约束条款。从分包商的立场出发，这种约束力只限于分包商未履行其分包合同规定的内容和义务，或者确属于分包商的违约。

4. 关于权利

主合同规定了总承包商的责任和义务，但同时总承包商也享有合同所赋予的获得补偿（如物价调整等）和索赔的权利。因此公正地说，分包商有权要求在承担责任和义务的同时也应延续地享有主合同的权利。例如可要求在分包合同中增加"总承包商承认并同意，分包商对总承包商拥有主合同规定的总承包商向业主提出补偿和索赔的同样的权利"。也就是说，分包商要求义务和权利的同时转移，这一原则应当是分包合同签订中双方应该遵循的。

5. 关于支付条件

原则上，分包合同的支付条款应当和主合同基本一致，包括付款方式、预付款比例和扣还方式、进度付款的支付条件和方法、保留金的扣留比例和归还方式、外汇支付条款等。但是由于分包合同是在主合同下的合同，在实施支付时，存在一个业主与总承包商，总承包商与分包商这两层之间的时差关系，因此在支付方面事实上存在一个差距，对此双方应就具体问题本着公平互利的原则，协商达成一个双方可以接受的条件，而签订分包合同。因此在支付条款方面主合同与分包合同不完全一致是可能的也是允许的。

6. 关于维修期责任

从总承包商角度可能会要求分包商接受与主合同一致的保留金条款和维修期条款。按合同的一致性，这似乎是合理的。但是，由于分包合同的合同范围只是主合同的一部分，分包商的工作一般都和主合同有时间上的差距，例如基础工程分包，其实施与完成时间早于主体工程，因此在维修期或保留金退还时间上，要求对基础工程分包商和对全部项目负责的总承包商同样对待，这显然是不合理的。对这些问题，应由双方协商达成合理分担风险的条款。

7. 工期延误的违约赔偿

在大型项目中各个工序之间是环环相扣的，如果不采取分包方式，一个承包商施工，则各个工序自己可以协调；但如果将某些项目分包，则要靠总承包商对各分包商统一协调。当处于关键线路上工序的分包商发生延误时，将会对总工期产生严重影响。为此总承包商必须予以格外重视，应制定合理的、责任明确的条款予以制约。防止以相互之间的影响为借口，相互推诿，而由总承包商对外承担全部风险。为此在分包合同中除制定工期延误损害赔偿条款外，还要规定总承包商有权督促分包商的进度。当出现延误时，总承包商可采取"通知"、"警告"、"总承包商在由分包商负担费用的条件下强行为分包商增派劳力和设备"等。最后，不得已时，总承包商可以终止合同，接管项目，扣留分包商设备和没收履约保函等条款，以保护自己的利益和对业主履行合同。

分包商则应注意自己分包部分的工作在主合同中规定的实际工期，并事先核实，确有可靠把握在规定工期内完成该工作方可签约，防止总承包商转嫁工期紧张的风险。此外，分包商要注意总承包商的责任，注意总承包商及其他分包商的行为对自己工作进度、质量的影响，事先在合同中制定相应的保护条款，防止将违约责任全部推到自己身上。

8. 分包商办理保险的义务

分包商应按分包合同专用条件中规定的风险、保险的金额和受益人办理保险。一般从分包商开始实施分包项目所要求的那部分现场或通道提供给分包商之时起，至分包商完成分包合同规定的义务为止，分包商应使上述保险始终有效。

分包项目由分包商承担风险。分包商应为他在分包项目中所雇用的任何有关人员投保，以便业主和总承包商的权利能够依据保险单得到保障。在有关总承包商项目的移交证书颁发之前，或根据主合同总承包商项目已停止由总承包商承担风险之前，总承包商应持续保证分包合同专用条件中规定的保险单的有效性。

倘若分包项目以及属于分包商的临时项目、材料或其他物品在上述期间遭到毁坏或损害，且根据上述保险单，分包商应得到此笔索赔款额或其损失的款额（二者中取较少者）的支付，他应将此笔款项用于重置或修复被毁坏或损坏的物品。此外，在有关总承包商项目的移交证书颁发之前，在有关包含在总承包商项目中最后一个分包项目的区段或部分的移交证书颁发之前，分包项目的风险应由分包商承担。分包商还应对移交证书颁发后他在作业过程中造成的对分包项目的任何损失或损害承担责任。

保险的证据和未办理保险的补救办法：如果本款要求承包商或分包商中任一方办理保险并保持其有效，则在另一方要求时，办理保险的一方应提供保险凭证以及本期保险金的支付收据。否则，另一方可办理此类保险并保持其有效，以及支付保险费，并可从任何应付或将付给违约方的款项中扣除上述支付费用或视为到期债款向违约方收回上述费用。

**二、分包管理中应注意的问题**

分包管理是一项系统性的工作，除了上面提到的各个方面外，还应注意以下问题：

1. 在分包工作实施的过程中，总承包商自身必须首先遵守分包合同的规定，履行自己在分包合同中的义务。这就要求总承包商应当注意自己的内部管理。如果总承包商内部管理出现问题，管理脱节，在总承包商与分包商之间产生了交叉责任，就会给分包商逃避其责任提供借口。

2. 分包商应遵守项目施工所在地的法律和符合主合同的要求，总承包商应了解当地法律对雇佣分包商的规定，包括总承包商是否有义务代扣分包商应交纳的各类税收，是否对分包商在从事分包工作中发生的债务承担连带责任。有的主合同规定，在最终款项结算之前，总承包商要提供一份宣誓书，保证并证明他已经支付了在项目执行过程中发生的一切债务，包括与其分包商所发生的债务。因此，总承包商应对分包商有同样的要求。

3. 由于分包商与业主没有合同关系，从合同角度来说，分包商无权直接接受业主代表或工程师下达的指令，如果分包商擅自执行业主或工程师的指令，总承包商可以不为其后果负责。

4. 对于分包工作，总承包商不能存在以包代管的思想。因为受当地条件的限制，总承包商雇佣的分包商自身的管理水平可能还比较低，尤其是一些小分包商，更关心的是其效益，有的不讲信誉。所以，总承包商要派专人来监督和管理分包商的工作，及时提醒和纠正分包商工作中可能出现的问题，使分包工作按时、保质地进行，从而为总承包商顺利完成整个项目提供可靠的保证。

5. 还要特别注意做好总承包商内部关于分包合同管理的基础工作，如分包合同基础文件体系的建立和所有有关分包合同管理过程中来往信函和其他文件的收集、分类和存档工作、分包合同管理程序的制定和严格执行等，为分包合同实施过程中出现争端的解决提供充分的依据，也为主合同的争端解决提供可靠全面的证据资料。

本节中对于分包合同管理的论述在很多方面同样适用于业主将一个大型工程项目分为若干个独立的合同，分别与不同的承包商签订承包合同时，业主对这些承包商的管理。因此对业主和工程师对承包商的合同管理工作以及采用 CM 方式时 CM 经理对各个施工承包商的管理工作也有一定的借鉴意义。

## 思 考 题

1. 如果你是一个大型总承包项目的合同部经理，你将如何做好项目实施全过程中的分包合同管理？
2. 试比较业主对多个承包商的管理与总承包商对多个分包商管理的异同？
3. 什么是指定分包商，指定分包商与一般分包商有什么区别？
4. 如何做好分包合同的基础文档管理工作？
5. 分包合同条件与主合同条件之间的关系是什么？
6. 如何起草一份分包招标文件？你认为起草一份工程项目合同文件需要具备哪些方面的能力？

# 第八章 国际工程索赔管理

国际工程索赔管理是国际工程项目合同管理的重要组成部分，是合同各方维护其合法权益的重要管理行为。国际工程索赔涉及工程项目的各个方面的经验和知识，是工程项目管理水平的综合体现。本章首先简要介绍了工程索赔的基本概念、发生的原因、组织管理模式、索赔的分类和依据等问题；进而列举了工程索赔常见的四种类型的问题；给出和分析了索赔常用的各种定量计算模型；介绍了索赔的一般工作程序；并重点就承包商向业主索赔内容及其特点做了论述；最后提出了一种工程索赔管理的思路——建立初步索赔专家系统模型：索赔矩阵。

## 第一节 国际工程索赔概述

国际工程索赔是在工程管理实践中产生出来的一门独立的管理行为和专业知识，是工程项目管理的一项非常重要的工作。工程索赔逐渐成为工程管理合同各方，尤其是承包商必不可少的维护其经济利益的最重要的管理行为。由于工程的技术复杂性和质量要求的不断提高，加上工程承包市场的巨大规模和竞争风险，工程索赔的发生频率和数额逐年有所增加。同时索赔管理的难度也越来越大。

### 一、索赔的基本概念

关于索赔的定义，在 Longman 词典中是这样写的："索赔——作为合法的所有者，根据自己的权利提出的有关某一资格、财产、金钱等方面的要求。"通俗地说，索赔就是权利主张，是要求取得应该属于自己的东西，也是要求补偿己方受到的损失的权利。索赔是维护合同签约者合法利益的一项根本性的管理措施。

在工程承包实践中，索赔实质上是承包商和业主之间在分担合同风险方面重新分配责任的过程。在合同实施阶段，当发生政治风险、经济风险和施工风险等意外困难时，工程成本大幅增加，可能大大超过投标时的计划成本。因而应重新划分合同责任，由承包商和业主分别承担各自应承担的风险费用，对新增的工程成本进行重新分配。

在工程承包活动中，索赔是指签订合同的一方，依据合同的有关规定，向另一方提出调整合同价格，调整合同工期，或其他方面的合理要求，以弥补己方的损失，维护自身的合法权益。

## 二、工程索赔的重要意义

在履行合同义务过程中，当一方的利益因对方的原因遭受损失时，向对方提出索赔是弥补损失的唯一选择。无论是对承包商，还是对业主，搞好索赔管理都具有重要意义。

由于工程项目工期长、易受多种外界和人为因素干扰，以及承包市场的激烈竞争，工程承包商的经营风险越来越大。为了求得生存和发展，就必须不断提高经营管理水平，尤其是合同管理水平，这是提高索赔成功率的关键。

工程索赔的重要意义在于：

1. 维护应得权利，增加项目收益

双方签订的合同，应体现一种公平合理的原则。在履行合同过程中，双方均可利用合同赋予自己的权利，要求得到自己应得的利益。因此，在工程承包经营中，承包商可以大胆地运用工程承包合同赋予自己进行索赔的权利，对在履行合同义务中额外的工作增加的支出提出索赔。实践证明，如果善于利用合同进行索赔，可能会获得相当大的索赔款额，有时索赔款额可能超过报价书中的利润。因此，工程索赔已成为承包商维护自己合同利益的关键性方法。

2. 提高经营管理水平

索赔获得成功的关键是必须有较高的合同管理水平，尤其是索赔管理的水平，才能制定出切实可行的索赔方案。因此，必须要有合同管理方面的人才和现代化的管理方法，科学地进行施工管理，系统地对资料进行归类存档，正确、恰当地编写索赔报告，有策略地进行索赔谈判。通过这一系列的实践活动，就可以培养出一批高水平的工程管理方面的人才，而现代化的管理方法也在实践中不断得到总结和完善。这些均可提高承包商的经营管理水平和在国际工程承包市场上的竞争力。

## 三、工程索赔的分类

对工程索赔进行合理的分类可以有效地指导工程索赔管理工作，以明确索赔工作的任务和方向。关于工程索赔的分类法，国内外工程承包界和书刊中的论述颇不一致，名目繁杂，往往只强调某一个方面。

目前国内外对工程索赔的分类法大致有六种：①按索赔的目的分类；②按索赔发生的原因分类；③按索赔的合同根据分类；④按索赔有关当事人分类；⑤按索赔的业务范围分类；⑥按索赔的对象分类等。

虽然各种分类方法从不同角度对工程索赔分析归类，每种分类都有一定的适用性，但最重要的分类方法应该是前三种。

1. 按索赔的目的可以分为经济索赔和工期索赔两类。

2. 按索赔发生的原因可以分为八类：①业主违约索赔；②工程变更索赔；③工程师指令引起的索赔；④暂停工程索赔；⑤业主风险索赔；⑥不利自然条件和客观障碍引起的索赔；⑦合同缺陷索赔；⑧其他原因引起的索赔。

3. 按索赔的合同依据分类。按索赔的合同依据进行分类在实际索赔工作中是非常实用的。表8-1就给出了1999年版FIDIC《施工合同条件》（Conditions of Contract for Construction）中承包商可以引用向业主索赔的合同条款。表8-1中还对每一索赔条款提出了在哪些方面可以得到补偿或调整，表中T代表工期索赔；C代表费用索赔；P代表利润索赔。

**1999版FIDIC施工合同条件中承包商可引用的索赔条款**　　　　表8-1

A. 明示索赔条款

| 编号 | 条款号 | 条款主体内容 | 有可能调整的内容* |
| --- | --- | --- | --- |
| 1 | 1.9 | 延误的图纸或指示 | C + P + T |
| 2 | 2.1 | 进入现场的权利 | C + P + T |
| 3 | 3.3 | 工程师的指示 | C + P + T |
| 4 | 4.6 | 合作 | C + P + T |
| 5 | 4.7 | 放线 | C + P + T |
| 6 | 4.12 | 不可预见的外界条件 | C + T |
| 7 | 4.24 | 化石 | C + T |
| 8 | 7.2 | 样本 | C + P |
| 9 | 7.4 | 检验 | C + P + T |
| 10 | 8.3 | 进度计划 | C + P + T |
| 11 | 8.4 | 竣工时间的延长 | T |
| 12 | 8.5 | 由公共当局引起的延误 | T |
| 13 | 8.8, 8.9, 8.11 | 工程暂停；暂停引起的后果；持续的暂停 | C + T |
| 14 | 9.2 | 延误的检验 | C + P + T |
| 15 | 10.2 | 对部分工程的验收 | C + P |
| 16 | 10.3 | 对竣工检验的干扰 | C + P + T |
| 17 | 11.2 | 修补缺陷的费用 | C + P |
| 18 | 11.6 | 进一步的检验 | C + P |
| 19 | 11.8 | 承包商的检查 | C + P |
| 20 | 12.4 | 省略 | C |
| 21 | 13.1 | 有权变更 | C + P + T |
| 22 | 13.2 | 价值工程 | C |
| 23 | 13.5 | 暂定金额 | C + P |
| 24 | 13.7 | 法规变化引起的调整 | C + T |

续表

| 编号 | 条款号 | 条款主体内容 | 有可能调整的内容* |
|---|---|---|---|
| 25 | 13.8 | 费用变化引起的调整 | C |
| 26 | 15.5 | 业主终止合同的权利 | C + P |
| 27 | 16.1 | 承包商有权暂停工作 | C + P + T |
| 28 | 16.2、16.4 | 承包商终止合同？终止时的支付 | C + P |
| 29 | 17.3、17.4 | 业主的风险；业主的风险造成的后果 | C + P + T |
| 30 | 17.5 | 知识产权与工业产权 | C |
| 31 | 18.1 | 有关保险的具体要求 | C |
| 32 | 19.4 | 不可抗力引起的后果 | C + T |
| 33 | 19.6 | 可选择的终止、支付和返回 | C |
| 34 | 19.7 | 根据法律解除履约 | C |

B. 默示索赔条款

| 编号 | 条款号 | 条款主体内容 | 可以调整的内容 |
|---|---|---|---|
| 1 | 1.3 | 通信联络 | C + P + T |
| 2 | 1.5 | 文件的优先次序 | C + T |
| 3 | 1.8 | 文件的保管和提供 | C + P + T |
| 4 | 1.13 | 遵守法律 | C + P + T |
| 5 | 2.3 | 业主的人员 | T + C |
| 6 | 2.5 | 业主的索赔 | C |
| 7 | 3.2 | 工程师的授权 | C + P + T |
| 8 | 4.2 | 履约保证 | C |
| 9 | 4.10 | 现场数据 | C + T |
| 10 | 4.20 | 业主的设备和免费提供的材料 | C + P + T |
| 11 | 5.2 | 对指定的反对 | C + T |
| 12 | 7.3 | 检查 | C + P + T |
| 13 | 8.1 | 工程开工 | C + T |
| 14 | 8.12 | 复工 | C + P + T |
| 15 | 12.1 | 需测量的工程 | C + P |
| 16 | 12.3 | 估价 | C + P |

## 四、工程索赔的主要依据

索赔的目的，一般是希望得到工期延长和/或经济补偿。为此，要进行大量的索赔论证工作，以充分翔实的资料来证明自己拥有索赔的权利，而且所提出的索赔款额是准确的。

对于每一项具体的索赔要求，都应该提出一套必需的证据资料。由于索赔的具体事由不同，所需的论证资料也有所不同。但是，对于大部分的索赔而言，以下八个方面的文献和资料是不可缺少的。应该善于从合同文件以及工程实施过程中的大量资料中寻找索赔的依据。这八方面的文献和依据是：

1. 法律和法规

对一个工程项目的索赔首先要收集和研究与之相关的各项法律和法规，在国外承包工程时，尤其要注意这项工作。因为每一个国家都有大量的涉及工程项目实施的法律法规，如招标投标法、公共采购法、合同法、公司法、劳务法、仲裁法等。还有相关部门制定的法规、规章和管理办法，如有关外汇管理的指令，税收变更的指令等。初到一个国家，搜集这些资料是很困难的，一般应聘请当地律师协助。

论证有关索赔问题时，要尽可能查看有关法律依据，如有涉及的条款则可以引入索赔报告的论证。

2. 合同文件

招标文件是业主方拟定的合同文件的草案，通过招投标过程（包括标前会议及相关的信函往来），特别是签订合同前的谈判，对招标文件都要进行一些修改。谈判中达成一致的意见一般均写成"合同协议书备忘录"（或附录），连同招标文件的大部分内容构成合同文件。但招标文件中仅与招标过程有关的不计入合同文件。

合同包括的全部合同文件有：合同协议书、合同协议书备忘录、中标函、投标函、通用合同条件、专用合同条件、规范、图纸、资料表以及合同协议书中列入的其他文件。这些文件都是索赔的重要依据。因为索赔是一方违背了合同文件中的有关规定和要求，损害了对方的利益所招致的后果，因此，在编写索赔报告时，一般都要引述合同文件中的相关文件及相关条款，来支持自己的索赔要求。

3. 来往信函

在合同实施期间，合同双方有大量的往来信函。这些信件都是结算和索赔的依据资料，如工程师（或业主）的工程变更指令，口头变更确认函，加速施工指令，工程单价变更通知，对承包商问题的书面回答等。这些信函（包括电传、传真资料）可能繁杂零碎，且数量巨大，但应仔细分类存档，以应急需。

4. 会议记录

在工程项目从招标到建成移交的整个期间，合同双方要召开许多次的会议，讨论解决合同实施中的问题。所有这些会议的记录，都是很重要的文件。工程和索赔中的许多重大问题，都是通过会议反复协商讨论后决定的。如标前会议纪要、工程协调会议纪要、工程进度变更会议纪要、技术讨论会议纪要、索赔会议纪要等。

对于重要的会议纪要,要建立审阅制度,即由做会议纪要的一方写好纪要稿后,送交对方(以及有关各方)传阅核签,如有不同意见,可在纪要稿上修改,也可规定一个核签的期限(如7天),如纪要稿送出后在约定的期限内不返回核签意见,即认为同意。这对会议纪要稿的合法性是很必要的。会议纪要,特别是涉及变更、索赔等事项的重要会议纪要,一定要与会双方负责人签字确认。这点十分重要。

5. 施工现场记录

能否持之以恒地建立和执行一套完整的现场记录制度,是承包商施工管理水平高低的一个重要标志。施工日志现场记录的具体项目甚多,主要的如施工日志、施工检查记录、工时记录、质量检查记录、施工设备使用记录、材料使用记录、施工进度记录等。有的重要记录文本,如质量检查、验收记录,还应有工程师或其代表的签字认可。工程师同样要有自己完备的施工现场记录,以备核查。

6. 工程财务记录

在工程实施过程中,对工程成本的开支和工程款的历次收支,均应做详细的记录,并输入计算机备查。这些财务资料包括,工程进度款每月的支付申请表、工人劳动计时卡和工资单、设备材料和零配件采购单、付款收据、工程开支月报等。在索赔计价工作中,财务单证十分重要,应注意积累和分析整理。

7. 现场气象记录

水文气象条件对工程实施的影响甚大,它经常引起工程施工的中断或工效降低,有时甚至造成在建工程的破损。许多工期拖延索赔均与气象条件有关。施工现场应注意记录气象资料,如每日降水量、风力、气温、河水位、河水流量、洪水位、洪水流量、施工基坑地下水状况等。如遇到地震、海啸、飓风等特殊自然灾害,更应注意随时详细记录。

8. 市场信息资料

大中型工程项目,一般工期长达数年,对物价变动等信息资料,应系统地搜集整理。这些信息资料,不仅对工程款的调价计算是必不可少的,对索赔亦同样重要。如工程所在国官方或民间组织(如商会)公开出版的物价指数报导、外汇兑换率行情、工人工资调整决定等。

**五、工程索赔的组织管理模式**

目前许多工程承包公司未将工程索赔的组织管理工作放到应有的重要地位上,工程索赔管理工作多由合同管理人员代替,无专职负责索赔的管理人员,使索赔工作处于人人都管,但谁也不认真去管的状况。往往是到索赔谈判阶段才临时拼凑人马仓促上阵,或者是工程快结束时才临时组成索赔小组,试图一揽子解决全部索赔问题。这样的组织管理方式远远不能达到预期的索赔目标。因此,选择一种合适的工程索赔组织管理模式就显得非常重要。

工程索赔组织管理有两个主要特点：一是任一索赔事件均属于一次性管理方式，索赔事件千差万别，不可预见性很大，无需派专人去等待处理某种索赔事件，而是一旦索赔事件得到确认后组织类似"专案组"的方式对其进行跟踪处理；二是需要的专业人员范围很广，一个索赔小组可能需要合同、进度计划、成本、技术、物资等各方面的管理人员和法律专家组成，这些人员又无须全部是专职人员，而且现有有经验的高水平索赔管理人才相对于繁多的索赔事件来说显得极为短缺。采用矩阵式组织管理模式可以很好地适应这两个特点。

矩阵式工程索赔组织管理模式的说明：

（1）该模式将索赔管理与其他各职能管理部门有机地联系起来，充分发挥他们对索赔事件处理的作用；

（2）在合同部设专门的索赔管理小组，由专职索赔管理人员负责组织管理整个项目的全盘索赔工作；

（3）强化索赔管理的领导，对重大索赔事件的处理均由项目经理兼任索赔小组组长，专职索赔管理人员任常务副组长；

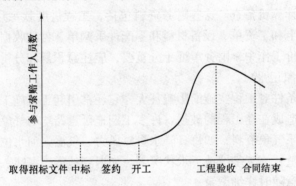

图 8-1　随合同周期参与索赔工作人员数示意图

（4）各工程段均设兼职索赔信息员，负责及时提供工程施工中的索赔线索。

参与工程索赔管理的专职和兼职人员的数量多少主要取决于两个因素，一是工程项目的规模及复杂程度，二是工程进展的阶段。图 8-1 是一个反映随工程合同周期参与索赔管理人员数量变化大致趋势的示意图。图中强调承包商从取得招标文件起就应开始注意索赔问题，并说明了随工程的进行参与索赔的人员应该是越来越多，到工程的中后期达到高峰。有经验的承包商会在工程后期，竣工验收之前投入大量的人力处理索赔事件。

索赔管理的专职索赔人员应具有如下素质：①思维敏捷，索赔意识强，善于抓住索赔的机会；②熟悉合同，有相当的索赔理论知识和索赔实践经验；③具备一定的工程背景；④具备一定的工程管理理论知识和计算机知识；⑤具备较强的语言能力，包括文字能力和外语水平；⑥善于与人打交道，有较强的协调能力；⑦掌握一定的谈判技巧；⑧有事业心，肯于深入工程实际。这样的综合性的高水平的索赔管理人才很少，一个企业、一个工程项目经理应有意识地注意培养自己的索赔专家。

对一个工程项目来说，索赔是一件自始自终（往往延续到工程竣工之后）都不可中断的工作。索赔管理小组的人员要精干而稳定，不能经常调动，以便系统地进行该项工作并积累经验。

## 第二节　国际工程常见的索赔问题

工程现场条件变化索赔、工程范围变更索赔、工期拖延索赔和加速施工索赔，是工程索赔实践中最常见的索赔问题。下面将详细介绍和分析这四种形式索赔问题的特点和处理原则。

### 一、现场条件变化索赔

现场条件变化的含义是：在工程实施过程中，承包商"遇到了一个有经验的承包商不可能预见到的不利的自然条件或人为障碍"，因而导致承包商为完成合同要花费计划外的开支。按照国际工程承包惯例，这些额外开支应该得到业主方的补偿。

工程现场条件变化这一事实，在不同的合同标准条件中有不同的称呼。FIDIC"新红皮书"称其为"不可预见的外界条件"（Unforeseeable Physical Conditions）。在美国的土木工程标准合同条件中，将施工现场条件变化称为"不同的现场条件"（Differing Site Conditions）。这些不同的合同语言，其含义是相同的，它们引起了施工现场条件变化索赔。

工程现场条件变化的含义，主要是指工程现场的地下条件（即地质、地基、地下水及土条件）的变化，给项目实施带来严重困难。这些地基或土条件，同招标文件中的描述差别很大，或在招标文件中根本没有提到。至于水文气象方面原因造成的施工困难，如特大暴雨、洪水对施工带来的破坏或经济损失，则属于投标施工的风险问题，而不属于施工现场条件变化的范畴。在索赔中处理的原则是：一般的不利水文气象条件，是承包商的风险；特殊反常的水文气象条件，即通常所谓的"人力不可抵御的"自然力，一般属于业主的风险。

1. 不利现场条件的类型

在工程承包中，把不利的现场条件分成两类，作为处理索赔的重要根据。

（1）第一类不利的现场条件

这一类的不利现场条件，是指招标文件描述现场条件失误。即在招标文件中对施工现场存在的不利条件虽然已经提出，但严重失实，或其位置差异极大，或其严重程度差异极大，从而使承包商误入歧途。这一类不利的现场条件是指：

1）在开挖现场挖出的岩石或砾石，其位置高程与招标文件中所述的高程差别甚大；

2）招标文件钻孔资料注明系坚硬岩石的某一位置或高程上，出现的却是松软材料；

3）实际的破碎岩石或其地下障碍物，其实际数量大大超过招标文件中给出的数量；

4）设计指定的取土场或采石场开采出来的土石料，不能满足强度或其他技术指标的要求，而要更换料场；

5）实际遇到的地下水在位置、水量、水质等方面与招标文件中的数据相差悬殊；

6）地表高程与设计图纸不符，导致大量的挖填方量；

7）需要压实的土的含水量数值与合同资料中给出的数值差别过大，增加了碾压工作的难度或工作量等。

(2) 第二类不利的现场条件

第二类不利的现场条件，是指在招标文件中根本没有提到，而且按该项工程的一般施工实践完全是出乎意料地出现的不利现场条件。这种意外的不利条件，是有经验的承包商难以预见的情况，即：

1）在开挖基础时发现了古代建筑遗迹、古物或化石；

2）遇到了高度腐蚀性的地下水或有毒气体，给承包商的施工人员和设备造成意外的损失；

3）在隧洞开挖过程中遇到强大的地下水流等。

2. 处理原则

上述两种不同类型的现场不利条件，不论是招标文件中描述失实的，或是招标文件中根本未曾提及的，都是一般工程实施中承包商难以预料的，从而引起工程费用大量增加或工期延长。从合同责任上讲，不是承包商的责任，因而应给予相应的经济补偿和工期延长。

但是，在工程索赔实践中，经常见到有的工程师不能正确地对待这一问题，往往使由于不利的自然条件引起的索赔问题成为最难解决的合同争端。他们认为，只要承认了存在不利的施工现场条件，就说明该工程项目的勘探和设计工作存在严重缺点，就会影响自己设计咨询公司的业务信誉。在这一思想指导下，工程师一遇到承包商提出的不利自然条件索赔，常常拖延不理，或干脆拒绝。这样往往把索赔争端导向升级，直至诉诸仲裁或法院诉讼。工程师应该相信，办事公正、实事求是也是一个企业信誉水平的体现。

### 二、工程范围变更索赔

工程范围变更索赔是指业主和工程师指令承包商完成某项工作，而承包商认为该项工作已超出原合同的工作范围，或超出他投标时估计的施工条件，因而要求补偿其新增开支。

超出原合同规定范围的新增工程，在合同语言上被称为"额外工程"。这部分工程是承包商在投标报价时没有考虑的工作。它在招标文件的"工程量表"中及其"施工技术规范"中都没有列入，因而承包商在采购施工设备和制定工程进度计划时都没有考虑。因此，对这种额外工程，承包商虽然应遵照业主和工程师的指令予以完成，但他理应得到报酬，包括得到经济补偿以及工期延长。

1. 新增工程的类型

在工程范围变更的各种形式中，新增工程的现象最为普遍。工程师在其工程变更指令中，经常要求承包商完成某种新增工程。这些"新增工程"，可能包括各种不同的范围和规模，其工程量也可能很大。因此，要在索赔管理中严格确定"新增工程"的确切范围。如果它是属于工程项目合同范围以内的"新增工程"，应称为"附加工程"；如果它是属于工程项目合同范围以外的"新增工程"，则应称为"额外工程"。

(1) 附加工程

所谓附加工程，是指那些该合同项目所必不可少的工程，如果缺少了这些工程，该合同项目便不能发挥项目预期的作用。或者说，附加工程就是合同工程项目所必需的工程，这才是合同语言中真正的"附加工程"，也是承包商在接到工程师的工程变更指令后必须完成的工作，无论这些工作是否列入该工程项目合同文件中。

(2) 额外工程

所谓额外工程，是指工程项目合同文件中"工作范围"中未包括的工作。缺少这些工作，原订合同工程项目仍然可以运行并发挥其效益。所以，额外工程乃是一个"新增的工程项目"，而不是原合同项目工程量表中的一个新的"工作项目"。如果属于"附加工程"，即使工程量表中没有列入，它也可以增列进去；如果是"额外工程"，便不应列入工程量表中去。

如何确定一项新增工程是属于"附加工程"，或是"额外工程"，这是索赔中经常遇到的问题。在实践中，业主往往想使已签订合同的工程项目扩大规模，发挥更大的经济效益。他常常以下达"新增工程"的变更指令方式，要求承包商完成某些"额外工程"，而在支付这些工程的进度款时，仍按工程量表中的投标单价计算。例如，要求将原合同规定的 100km 公路再延长 40km；或在已建成的 9 座灌溉扬水站以外，再增建 2 座新扬水站等。

在工程项目的合同管理和索赔工作中，应该严格区分"附加工程"和"额外工程"这两种工作范围不同的工作，不要因为有些人把它们笼统地称为"新增工程"而把它们混为一谈。因为在合同管理工作中，在处理这两种工作范围不同的工程时，例如，在是否要重新发出工程变更指令，是否要重新议定单价，以及采取什么结算支付方式等方面，都有不同的合同手续和做法，见表 8-2。

新增工程索赔处理原则　　　　　　　　　　表 8-2

| 工作性质 | 按合同工作范围 | 工程量表中的工作项目 | 工程变更指令 | 单价 | 结算支付方式 |
|---|---|---|---|---|---|
| 新增工程 | 附加工程：属原合同工作范围以内的工程 | 列入工程量表的工作 | 不必发变更指令 | 按投标单价 | 按合同规定的程序按月结算支付 |
| | | 未列入工程量表 | 要补发变更指令 | 议定单价 | 同上 |
| | 额外工作：超出原合同工作范围的工程 | 不属工程量表中的工作项目 | 要发变更指令 | 新定单价 | 提出索赔，按月支付 |
| | | | 或另订合同 | 新定单价或合同价 | 提出索赔，或按新合同程序支付 |

2．处理原则

在工程索赔的实践中，确定合同工程的工作范围时，通常遵循以下原则：

（1）包括在招标文件中的"工程范围"所列的工作内，并在工程量表、技术规范及图纸中所标明的工程，均属于"附加工程"。

（2）工程师指示进行的"工程变更"，如属于"根本性的变更"，则属于"额外工程"。

（3）发生的工程变更的工程量或款额，超过了一定的界限时，即超出了"附加工程"的范围，应属于"额外工程"。

如美国旧金山海湾区高速运输线工程，其合同条款中曾有这样的规定："任何一项合同所含的工作项目，其合同价格相当于（或大于）投标合同总价的 5%，当其合同价格的变化（增加或减少）超过 25% 时，应进行价格调整。"这里允许价格调整，是因为已经在数量上超出了"附加工程"的范围。在国际工程承包界，这种处理原则被广泛参照采用。

在 FIDIC "红皮书"第四版规定：当最终结算时的合同价超过（或小于）其有效合同价格的 15% 时，应进行合同价调整。在 FIDIC "专用条件"中，也提出了补充规定，即："当某一工作项目涉及的款额超过合同价格的 2%，且其实际工作量超出或少于工程量表中规定工程量的 25% 以上时，对其有效合同价进行调整。"

（4）如果属于"附加工程"，则计算工程款时，应按照投标文件工程量表中所列的单价进行计算，或参照近似工作的单价计算。如果确定是属于"额外工程"，则应重新议定单价，按新单价支付工程款。

议定新单价，是索赔中的一个重要而敏感的问题，合同双方应参照合同条款，在尊重客观事实的基础上，经过平等协商，达成一致的决定。如果协商不能达成一致，则由工程师在公正平等的原则下提出新的单价。

### 三、工程拖期索赔

工程拖期索赔是指承包商为了完成合同规定的工程花费了较原计划更长的时间和更大的开支，而造成拖期的责任不在承包商方面。此处工期拖期的原因可能是由于业主的责任，或是其他客观原因，而不是承包商本身的责任。

工程拖期索赔通常在下列情况下发生：

1) 业主的原因：如未按规定时间向承包商提供施工现场或施工道路；干涉施工进展；大量地提出工程变更或额外工程；提前占用已完工的部分建筑物等。

2) 工程师的原因：如修改设计；不按规定时间向承包商提供施工图纸；图纸错误引起返工等。

3) 客观原因：是业主和承包商都无力扭转的：如政局动乱、战争或内乱、特殊恶劣的气候、不可预见的现场不利自然条件等。

1. 工程拖期的分类

在工程索赔工作中，通常把工期延误分成两类：

(1) 可原谅的拖期：这类工期延误不是承包商的责任，因而是可以得到原谅的。如前述 1)、2)、3) 种原因。

(2) 不可原谅的拖期：这一类工期延误是由于承包商的原因而引起的，如施工组织不好、工效不高、设备材料供应不足，以及由承包商承担风险的工期延误（如有经验的承包商可预见到的天气变化）。对于不可原谅的拖期，承包商是无权索赔的。

2. 处理原则

(1) 按照不同类型的延误处理

对于上述两类不同的拖期，索赔处理的原则是截然不同的。

在可原谅的拖期情况下，如果拖期的责任者是业主或工程师，则承包商不仅可以得到工期延长，还可以得到经济补偿。这种拖期被称为"可原谅并给予补偿的拖延"。虽然是可原谅的拖期，但其责任者不是业主，而是由于客观原因时，承包商可以得到工期延长，但得不到经济补偿。这种拖期被称为"可原谅但不给予补偿的拖延"。

在不可原谅的拖期情况下，由于责任者是承包商，因之不但得不到工期延长，也得不到经济补偿。这种延误造成的损失，则完全由承包商负担。在这种情况下，承包商有两种选择：一个是采取赶工措施，或增加施工力量，或延长作业时间，把延误了的工期抢回来，以自己的代价保证工程项目按合同规定的日期建成。这是积极的选择，也是一个有信誉的承包商的正确选择。另一种选择是消极的，即对工期延误不采取任何措施，任其拖延。这时，承包商不仅要承担误期损害赔偿费，还可能被业主终止合同，限期撤出现场，并承担有关的经济损失。

关于工期延误索赔的分类及其处理原则，可归纳如表 8-3。

工期延误的分类及索赔处理　　　　　　　　　表 8-3

| 索赔原因 | 是否可原谅 | 拖期原因 | 责任者 | 处理原则 | 索赔情况 |
|---|---|---|---|---|---|
| 工程进度延误 | 可原谅的拖期 | (1) 修改设计；<br>(2) 施工条件变化；<br>(3) 业主原因拖期；<br>(4) 工程师原因拖期 | 业主 | 可给予工期延长；<br>可补偿经济损失 | 可获工期索赔及经济索赔 |
| | | (1) 特殊反常的天气；<br>(2) 工人罢工；<br>(3) 天灾 | 客观原因 | 可给予工期延长；<br>不给予经济补偿 | 可获工期索赔和部分经济索赔 |
| | 不可原谅的拖期 | (1) 工效不高；<br>(2) 施工组织不好；<br>(3) 设备材料不足 | 承包商 | 不延长工期；<br>不补偿损失；<br>承担工期延误损害赔偿费 | 无权索赔 |

(2) 按延误的有效期处理

在实际工程实施过程中，工程的拖期很少是由一种原因引起的，往往是由多种原因同时发生而形成的，这就是所谓的"共同性的延误"。

索赔有效期是指承包商在此期限内可得到工期延长或既可得到工期延长又可得到经济补偿。在共同延误下，有效期的处理，可依据下述原则：

1) 判别造成拖期的哪一种原因是最先发生的，即确定"初始延误"者，它首先应对工程拖期负责。在初始延误发生作用期间，其他并发的延误者不承担拖期责任；

2) 如果初始延误者是业主，则在业主造成的有效延误期内，承包商既可得到工期延长，又可得到经济补偿；

3) 如果初始延误者是客观因素，则在客观因素发生影响的有效期内，承包商可以得到工期延长，但很难得到经济补偿。

**四、加速施工索赔**

当项目的施工遇到可原谅的拖期时，采用什么措施属于业主的决策。这里有两种选择：或者给承包商工期延长，容许整个工程项目的竣工日期相应拖后；或者要求承包商采取加速施工的措施，宁可增加工程成本，也要按计划工期建成投产。

业主在决定采取加速施工时，应向承包商发出书面的加速施工指令，并对承包商为加速施工拟采取的加速施工措施进行审核批准，明确加速施工费用的支付问题。承包商就加速施工所增加的成本开支，将提出书面的索赔文件，这就是加速施工索赔（Acceleration Claims）。

1. 加速施工的成本开支

采取加速措施时，承包商要增加相当大的资源投入量，使原定的工程成本大量增加，形成了附加成本开支。这些附加开支主要包括以下几个方面：

(1) 采购或租赁原施工组织设计中没有考虑的新的施工机械和有关设备；
(2) 增加施工的工人数量，或采取加班施工；
(3) 增加材料供应量和生活物资供应量；
(4) 采用奖励制度，提高劳动生产率；
(5) 工地管理费增加等。

由于加速施工必然导致工程成本开支大量增加，因此承包商在采取加速措施以前一定要取得业主和工程师的正式认可，否则不宜正式开始加速施工。因为有时工程师虽然口头要求承包商加速施工，但他认为这是承包商的责任，要使工程项目按合同规定的日期建成，不谈论已经形成施工拖期的责任属于谁。这就为将来加速施工索赔埋下了合同争端的隐患。

2. 处理原则

(1) 明确工期延误的责任

在发生工期拖后时，合同双方要及时研究拖期的原因，具体分析拖期的责任，确定该延误是"可原谅的"还是"不可原谅的"。有时，合同双方一时难以达成一致意见，不能确定具体责任者。在这种情况下，如果业主决心采取加速施工措施，以便工程按期建成时，便应发出"加速施工指令"，及时扭转施工进度继续拖后的事实。至于加速施工的费用及责任问题，可留待以后解决。

(2) 确定加速施工的持续天数

如果工程拖期是由于施工效率降低引起的，而工效降低是由于客观原因造成时，业主则应给承包商相应天数的"工期延长"。这个"工期延长"就可以由该工程项目的"计划工期"和"实际工期"比较确定。

由于施工效率降低而导致施工进度缓慢，从而引起工期延长时，可在原计划工期的基础上，根据工效降低的影响程度，计算出实际所需的工期，也就是应该给承包商延长的施工时间。

## 第三节 工程索赔定量分析模型

工程索赔报告最主要的两部分是：合同论证部分和索赔计算部分，合同论证部分的任务是解决索赔权是否成立的问题，而索赔计算部分则确定应得到多少索赔款额或工期，前者是定性的，后者是定量的。索赔定量分析是索赔管理的一个重要组成部分。

索赔计算的关键是要采用合理的计算模型，运用充分的数据资料，准确地计算分析出应取得的索赔款额或工期。实践证明，在拥有索赔权的情况下，索赔计算模型选择不当，不仅达不到预期的索赔目标甚至会导致索赔失败。

## 一、可索赔费用的组成

可索赔费用的组成包括直接费用（含人工费、材料费、施工机械费等）、间接费用（含现场管理费、保险费、担保费等），上级管理费，此外还有利润索赔。下面列出了一个可索赔费用和利润项目清单：

1. 人　工　费：人员闲置
　　　　　　　加班工作
　　　　　　　额外劳动力雇佣
　　　　　　　劳动效率降低
2. 材　料　费：额外材料使用
　　　　　　　材料运杂费增加
　　　　　　　材料采购及保管费增加
3. 施工机械费：机械闲置
　　　　　　　机械使用费增加
　　　　　　　机械作业效率降低
4. 管　理　费：合同期间上级管理费增加
　　　　　　　工期延长期间上级管理费增加
　　　　　　　合同期间现场管理费增加
　　　　　　　工期延长期间现场管理费增加
　　　　　　　合同期间其他间接费增加
　　　　　　　工期延长期间其他间接费增加
5. 其 他 费 用：保险、担保费增加
　　　　　　　其他补偿费用（如利息、分包费等）增加
6. 利　　　润：合同变更利润
　　　　　　　合同延期机会利润
　　　　　　　合同解除利润
　　　　　　　其他利润补偿

## 二、索赔费用计算的一般模式

索赔费用计算一般采用分项法，将索赔事件造成的经济损失逐项列出，分别计算，然后汇总成索赔费用总额。分项法计算有利于对索赔报告的分析评价、审核，便于分清双方的责任，利于双方谈判和索赔的最终解决。但使用此方法要求承包商有较完整的成本记录和凭证，有较好的会计核算体系。

索赔的费用项目主要有：直接费、管理费、其他费用项目，还有利润。

### （一）直接费用的计算

直接费的计算首先是依成本记录确定出索赔的数量，然后决定采取什么样的费率进行计算。表 8-4 是直接费索赔分析表，表中主要指明了直接费子项及费率来源。

直接费索赔分析表　　　　　　　表 8-4

| 费用项目 | 内容说明 | 费率来源 |
| --- | --- | --- |
| 人工费 | 人员闲置 | 适当折扣后的合同中人工单价 |
|  | 加班工作 | 实际加班补贴 |
|  | 额外劳动力雇佣 | 人工单价或计日工单价 |
|  | 劳动效率降低 | 工效降低模型计算结果 |
| 材料费 | 额外材料使用 | 辅助资料表或计日工表中材料单价 |
|  | 材料运杂费增加 | 实际发生值 |
|  | 材料采购及保管费增加 | 实际发生值 |
| 施工机械费 | 机械闲置 | 计日工表中机械单价 |
|  | 机械使用费增加 | 计日工表或租赁机械单价 |
|  | 机械作业效率降低 | 机械效率降低模型计算结果 |

（二）管理费的计算

管理费包括现场管理费和上级管理费两部分。现场管理费一般可以按照其工程的现场管理费总额除以该工程直接费总额所得出的百分比，在各具体工作项目之间进行分摊。对多数索赔可按此百分比乘以索赔的直接费用，得出应索赔的现场管理费数额。

上级管理费一般也可采用百分比分摊方式，但与现场管理费相比，上级管理费相对固定。一个承包公司可能同时承揽多个工程，上级管理费并不一定因某一个工程合同的变化而增减，所以并不是每一项索赔都能获得上级管理费的补偿。关于上级管理费问题将在后面进一步讨论。

（三）其他费用项目和利润的计算

还有一些工程承包所特有的费用索赔问题，如工程因延期致使保险费和担保费的增加，利息、分包费索赔等，这些项目将按实际支出予以补偿。关于因物价上涨调整合同价格的问题，后面也将专门予以讨论。

利润索赔的获得一般比较困难，因为索赔是以实际成本补偿为主要原则。一般可获得利润索赔的有合同变更利润，因为合同变更多以报价为基础进行计算，报价中含有利润因素，所以若报价为盈利报价自然可获得利润索赔；还有合同延期机会利润索赔、合同解除利润索赔等，但尚无成熟的计算模式。

FIDIC"新红皮书"比老"红皮书"在明示索赔条款中增加了"利润"一项（见表 8-1），这一般是指由于业主方（包括工程师）工作的失误造成承包商的损失时，承包商有权索赔利润，如业主方未能及时提供现场，延误了承包商的施工；但对于不属于业主方原因的一些不可预见的情况，如在施工中发现地下的文物或化石，则只能给承包商补偿时间和费用，不给予利润补偿。

### 三、上级管理费索赔计算模型

上级管理费是承包商整个公司的，不能直接归类于各具体工程的管理费用。与现场管理费相比上级管理费数额相对固定，一般仅在工程延期和工程范围变更时允许上级管理费索赔。

目前国际上用得最广泛的是"艾曲利（Eichleay）模型"。该模型由艾曲利公司首先提出，并在1960年美国"军工合同纠纷仲裁团"（ASBCA-The Armed Services Board of Contract Appeal）仲裁的一起索赔案中首次得到采用的。该模型适用于工程延期和工程范围变更这两种情况。

（一）工程延期索赔中的 Eichleay 模型

1. 公司总的上级管理费在被延期合同上的分摊额（$A_1$）为：

$$A_1 = \frac{被延期合同的金额}{原合同期内所有合同金额之和} \times 原合同期上级管理费总额 \qquad (8-1)$$

2. 该合同单位时间应提供的上级管理费数（$B_1$）为：

$$B_1 = \frac{A_1}{原合同期（天或周）} \qquad (8-2)$$

3. 本合同应索赔延期上级管理费（$C_1$）为：

$$C_1 = B_1 \times 延期时间（天或周） \qquad (8-3)$$

该模型的应用存在这样一个前提假设：若某工程的工期延长了，就相当于该工程占用了本应调往其他工程的施工力量，而这些施工力量可以相应从其他工程获取上级管理费补偿，因而产生了上级管理费的机会损失，故此应予以补偿。

（二）工程范围变更中的 Eichleay 模型

1. 上级管理费的分摊额（$A_2$）为：

$$A_2 = \frac{与变更合同有关的原直接费}{合同期内全部工程直接费} \times 合同期上级管理费总额 \qquad (8-4)$$

2. 与变更合同有关的原直接费单位货币中所含上级管理费（$B_2$）为：

$$B_2 = \frac{A_2}{与变更合同有关的原直接费} \qquad (8-5)$$

3. 应索赔的上级管理费数（$C_2$）为：

$$C_2 = B_2 \times 变更增加的直接费 \qquad (8-6)$$

该模型适用于在此期间承包商承担的各项工程项目的主要费用比例变化不大的情况，否则会明显不合理。如变更直接费占比例较大的工程，上级管理费补偿较多，反之较少。

还有一个用于计算工程延期期间上级管理费的模型是"胡德森（Hudson）模型"。它起源于英国，在1970年出版的《胡德森论建筑和土建工程合同》（Hudson on Building and Civil Engineering Contract）第十版中首次得到解释并被广泛应用。其计算过程为：

1. 确定或估计上级管理费百分比（$A_3$）
2. 该工程单位时间内应分摊的上级管理费（$B_3$）为：

$$B_3 = \frac{延期合同价值 \times A_3}{合同工期（天或周）} \tag{8-7}$$

3. 延期应索赔的上级管理费（$C_3$）为：

$$C_3 = B_3 \times 延期时间（天或周） \tag{8-8}$$

该模型应用的主要问题是如何确定出上级管理费的百分比。

### 四、施工效率降低索赔计算模型

由于业主违约、工程变更、工程师要求过于苛刻、不利的自然条件和客观障碍等都会对承包商的施工形成严重干扰，致使施工效率降低。由于施工效率降低而造成的损失在工程索赔中占有很大的比重。但施工效率降低索赔往往不会以一项独立的索赔出现，而是作为其他索赔的一个组成部分。

施工效率降低是一个比较复杂的问题，实际中还没有一种非常准确的计算方法。实际计算时往往要同时采用几种方法，互相补充，互为支持，有时还可能要对承包商近五年或十年的历史施工效率的资料加以研究才能得出比较接近实际的结果。

（一）常用工效降低索赔估算模型

1. 以一项具体工作为基础的计算方法

以一项具体工作为基础的计算方法是以某项工作为单位，计算该项工作施工过程中实际的人工费开支，同投标报价时该项工作估算的人工费作比较而得出索赔额。计算公式为：

$$工效降低索赔额 = 该项工作实际开支的人工费 - 投标报价中该项工作的人工费 \tag{8-9}$$

当然该公式的使用应有三个前提：1）投标报价是合理的；2）人工费超出部分是由于非承包商原因造成的；3）承包商实际成本数据是准确可靠的。否则难以令人信服。

2. 以一特定的工作项目为基础的计算方法

其计算公式为：

$$工效降低索赔额 = 某一特定工作项目实际支出的人工费 - 该工作项目在投标报价中的人工费 \tag{8-10}$$

同上一种方法相比，该方法只是在应用细节上有所差异。应用这种方法，承包商必须具备足够详细的实际开支与估价资料支持。这种方法仅局限于某工作项目，因而使争端的因素大为减少，索赔较容易解决。

3. 时段工效比较法

选定工效降低显著的施工时段记录其间人工费支出，与未发生工效降低的同种工作同一时段的正常状况下的人工费支出相比较得出相应索赔额。其公式为：

工效降低索赔额 = 工效降低期间的人工费支出
– 同一时段下正常状况下的人工费支出    (8-11)

此方法必须有同种工作正常状态下的人工费支出的记录资料。

在实际索赔工作中，施工机械作业效率降低所造成的索赔数额往往比人工工效降低的索赔数额要大得多。施工机械作业效率降低索赔可按公式1、2、3作同样的处理，只是把式中的人工费改为施工机械费。

（二）劳动生产率科学计算模型

目前用于劳动生产率计算的科学计算模型有：延误模型（Delay Model）、动作模式（Activity Model）、任务模型（Task Model）等，这些模型多来源于工业工程，它们研究的核心是时间研究和工作取样。在此介绍另外两种：因素模型（Factor Model）和学习曲线模型（Learning Curve Model）。

1. 因素模型

因素模型是一种研究全员劳动生产率的多变量模型，它对因素的量度包括了对全员劳动生产率和相关因素的统计分析，并以下式加以表示：

$$AUR_t = IUP(q) + \sum_{i=1}^{m} \alpha_i x_i + \sum_{j=1}^{n} f(y)_j \qquad (8-12)$$

式中 $AUR_t$——$t$ 时期内实际（或预计）全员劳动生产率；

$IUP$——标准状态下一般作业的理想生产率，$IUP$ 是 $q$ 的函数；

$q$——作业重复的次数，$IUP$ 随 $q$ 增加而增加，反映了"学习"效果；

$m$——影响劳动生产率因素的个数；

$\alpha_i$——因素 $i$ 对劳动生产率的影响值（常数）；

$x_i$——0～1变量，表明因素 $i$ 存在与否；

$f(y)_j$——那些用整数变量或连续变量表示的因素对劳动生产率的影响的子模型；

$n$——所有用整数变量或连续变量表示的子模型的个数。

影响劳动生产率的因素主要有：劳动能力、设计特点、现场状况、管理状况、建设方法、工程组织结构等。该模型还被用来对温度、湿度、噪声、风速等对劳动生产率影响的研究。

因为该模型涉及多个变量，而每个变量都需要大量的实际测量数据来支持，对这些数据进行统计分析才能确定各个子函数 $f(y)_j$。

2. 学习曲线模型

该模型的基本思想是随工作重复次数的增加，工人对工作掌握程度、熟练程度会得到提高，工作方法也会更科学，相应的劳动生产率会在一定范围内日益增长。

在一定范围内，生产单位产品所需工时随累计产量的增大而呈现递减趋势，由此产生了学习曲线的解析式：

$$y = ax^b \tag{8-13}$$

式中  $y$——生产单位产品累计平均时间；

$a$——产出第一个单位产品所消耗的时间；

$b$——改进函数（表示学习进步的程度）；

$x$——累计产量。

$b = \log r / \log 2$

$r$——学习比率。

学习比率等于累计产量加倍时每单位产品累计平均时间比值。依实际经验学习比率通常取 80%（参见《经济大辞典》会计卷第 576 页，上海辞书出版社，1991）。

$$b = \log 0.8 / \log 2 \approx -0.322$$

学习曲线可被粗略描述为：

$$y = ax^{-0.322} \tag{8-14}$$

在实际应用中，某工程项目某承包商的学习比率应根据以往正常生产情况测算得出。设已知承包商过去正常情况下的任意两组数据 $x_1$, $y_1$；$x_2$, $y_2$ 可得：

$$y_1 = ax_1^b$$
$$y_2 = ax_2^b$$
$$b = \log(y_1/y_2)/\log(x_1/x_2)$$
$$r = 2^b$$

实际索赔工作中学习曲线可以作为计算劳动生产率降低损失的一种有效的补充方法。

### 五、价格调整

价格调整包括单价调整和合同价格调整两个方面。

1. 单价调整

有的合同上规定，当某一个分项工程或其子项的实际工程量比工程量表中的工程量相差一定的百分比时，双方可以讨论改变单价，但单价调整的方法和比例最好在订合同时即写明，以免事后发生纠纷。

单价调整时，一般都要求承包商对要调整的内容做出单价分析。

单价分析的步骤详见第四章第三节。

2. 合同价调整

合同价调整主要是由于物价上涨引起的合同价调整。

对于物价上涨引起合同价调整可按世界银行发布的工程招标报价示范文件中推荐的价格调整公式计算。公式如下：

$$p = X + a\frac{EL}{EL_0} + b\frac{LL}{LL_0} + c\frac{PL}{PL_0} + d\frac{FU}{FU_0} + e\frac{BI}{BI_0} + f\frac{CE}{CE_0}$$
$$+ g\frac{RS}{RS_0} + h\frac{SS}{SS_0} + i\frac{TI}{TI_0} + j\frac{MT}{MT_0} + k\frac{MI}{MI_0} \tag{8-15}$$

式中  $p$——价格调整系数;

$x$——固定系数;$a,b,\cdots\cdots,k$ 为可变系数;$x + a + b + \cdots + k = 1.00$;

$EL$——外来工人工资的现行价格指数;

$EL_0$——外来工人工资的基本价格指数,即签订合同时的价格指数;

$LL$、$PL$、$FU$、$BI$、$CE$、$RS$、$SS$、$TI$、$MT$、$MI$——分别代表当地工人、施工机械、燃料、沥青、水泥、应力钢筋、结构钢筋、木材、海运、其他调整项目的现行价格指数;$LL_0$、……、$MI_0$ 分别代表它们的基本价格指数,即签订合同时的价格指数。

关于 $x$,$a$,$b$,……,$k$ 等权重系数,代表各项费用在合同总价中所占比例的估计值。世界银行推荐的某个贷款项目的权重系数如表 8-5 所示。

权 重 系 数 表　　　　　　表 8-5

| 系数<br>工种 | $x$ | $a$ | $b$ | $c$ | $d$ | $e$ | $f$ | $g$ | $h$ | $i$ | $j$ | $k$ | 合计 |
|---|---|---|---|---|---|---|---|---|---|---|---|---|---|
| 土方工程 | 0.10 | 0.13 | 0.10 | 0.38 | 0.15 | 0.00 | 0.02 | 0.02 | 0.00 | 0.00 | 0.05 | 0.05 | 1.00 |
| 结构工程 | 0.10 | 0.16 | 0.14 | 0.24 | 0.05 | 0.00 | 0.09 | 0.06 | 0.00 | 0.00 | 0.08 | 0.08 | 1.00 |
| 表面修理 | 0.22 | 0.12 | 0.15 | 0.32 | 0.10 | 0.00 | 0.00 | 0.00 | 0.00 | 0.00 | 0.00 | 0.09 | 1.00 |

例如,对于水泥的调价,其系数差别显著:用水泥最多的是结构工程,系数取 0.09;土方工程次之,取 0.02;表面修整工作一般不用水泥,故取 0.00。

订合同时的基本指数是指递送投标书截止日前 $m$ 天的数值,而工程结算月份的现行价格指数是指结算月份结算日前 $m$ 天的数值(一般规定 $m$ 为 28~50 天)。如在上述时间当地政府机关或商会未发布有关指数或价格,则可由工程师来决定暂时采用的指数或价格,待有关的政府机关或商会发布指数或价格时,再修正支付的金额。承包商既不得索取,也不支付此修正支付金额的利息。

在求出价格调整系数 $p$ 后,即可按照订立合同时的各项价格计算出月付款证书中应支付的合同金额 $P_0$,再计算出调整后的本月应支付的合同金额 $P = P_0 \times p$。

### 六、工期索赔计算模型

工期索赔是与费用索赔并列的又一大类型索赔问题。就索赔报告而言,这两种索赔通常分别编写,但两者有着密切的关系,许多重大的费用索赔往往以工期索赔的获得为前提,工期索赔的最终目的则是获得费用补偿。

发生工期索赔的原因主要有：业主违约、工程变更和不可预见事件等。工期索赔的计算主要有网络分析法和比例分析法两种。

（一）网络分析法模型

网络分析法通过分析索赔事件发生前后的网络计划，对比两种工期计算结果得出工期索赔值。它是一种科学合理的分析方法，适用于各种索赔事件的工期索赔计算。

网络分析法的基本思路是：假设工程一直按原网络计划确定的顺序和工期进行。现发生一个或一些非承包商原因造成的干扰事件，使网络中的某个或某些活动受到干扰而延长了持续时间。将这些活动受干扰后的持续时间代入网络中，重新进行网络分析，得到一个新的工期。新工期与原工期之差为干扰事件对总工期的影响，即为工期索赔值。如果受干扰的活动在关键线路上，则该活动的持续时间延长即为总工期的延长值；如果该活动在非关键线路上，受干扰后仍在非关键线路上，则这个干扰事件对工期无影响不能提出工期索赔；如果干扰事件虽不在关键线路上，但使用了原计划网络中确定的时差，则可以认为该事件的持续时间得到了相应的延长，一旦时差用完，该事件就进入了关键线路，产生工期索赔。

网络中非关键活动的时差也是一种资源，关于业主和承包商谁拥有这种资源的问题，有多种说法，一般可认为谁先使用就归谁，一旦失去对谁都失去。

网络分析技术理论及其计算机应用软件现已很成熟，如现在在工程界得到广泛应用的 Primavera 的进度计划管理软件 P3（Primavera Project Planner）。具体网络计算过程在此不再详述。网络分析技术一旦用于工程进度控制，必将为工期索赔问题科学合理的解决提供方便。

（二）比例分析法模型

网络分析模型用于工期索赔的前提条件是必须使用网络分析技术进行工程进度计划的编制与控制。在实际工程中网络技术的应用往往受到很多非技术因素的影响，致使我国许多工程承包公司还没有应用网络技术。而干扰事件常常仅影响某些单项工程、单位工程或分部分项工程的工期，要分析它们对总工期的影响，可以采用更为简单的比例分析法进行估算。

1. 合同价比例分析法

(1) 用于工期索赔：

$$工期索赔值 = \frac{受干扰部分工程的合同价值}{原整个工程合同总价} \times 原合同总工期 \qquad (8-16)$$

(2) 用于变更带来的工期索赔：

$$工期索赔值 = \frac{变更增加的合同价值}{原整个工程合同总价} \times 原合同总工期 \qquad (8-17)$$

2. 按单项工程工期拖延的平均值计算

设有 $m$ 项单项工程同时受到某干扰事件的影响，对各项工程造成的影响为：

单项工程 $A_1$ 推迟 $d_1$ 天；
单项工程 $A_2$ 推迟 $d_2$ 天；
…… …… …… ……
单项工程 $A_m$ 推迟 $d_m$ 天。
各单项工程总延长天数（$D$）为：

$$D = \sum_{i=1}^{m} d_i \tag{8-18}$$

单项工程平均延长天数：

$$\overline{D} = D/m \tag{8-19}$$

考虑到对各单项工程影响的不均匀性，对总工期的影响可考虑增加一个调整量 $\Delta d$（$\Delta d > 0$）。

$$\Delta d = \frac{\sum_{i=1}^{m} |d_i - \overline{D}|}{m} \tag{8-20}$$

总工期索赔值（$T$）为：

$$T = \overline{D} + \Delta d \tag{8-21}$$

比例分析法的特点是简单、方便、易于理解，但有时不符合实际情况，因为它将关键活动与非关键活动同等看待。对于变更工程顺序、赶工、删减工程量时则不可使用此方法。

## 第四节 工程索赔的工作程序和索赔报告的编写

在合同实施阶段中所出现的每一个索赔事项，都应按照工程项目合同条件的具体规定和工程索赔的惯例，抓紧协商解决。

工程索赔处理的程序，一般按以下五个步骤进行：
(1) 提出索赔要求；
(2) 报送索赔资料；
(3) 谈判解决索赔争端；
(4) 调解解决索赔争端；
(5) 提交仲裁或诉讼。

上述五个工作程序，可归纳为两个阶段，即：友好协商解决和诉诸仲裁或诉讼。友好协商解决阶段，包括从提出索赔要求到调解解决索赔争端四个过程。对于每一项索赔工作，承包商和业主都应力争通过友好协商的方式来解决，不要轻易地诉诸仲裁或诉讼。

### 一、提出索赔要求

按照国际通用的合同条件的规定，凡是由于业主或工程师方面的原因，出现工程范围或工程量的变化，引起工程拖期或成本增加时，承包商有权提出索赔。当出现可索赔事项时，承包商应该用书面信件正式发出索赔意向通知书，表明他的索赔权利；另一方面，应继续进行施工，不影响施工的正常进展。如果该索赔意向通知书未在合同规定的时间内发出，承包商的索赔要求可能将遭业主和工程师的拒绝。

索赔意向通知书的内容很简单，说明索赔事项的名称，引证相应的合同条款，提出自己的索赔要求即可。至于要求的赔款额，或应得的工期延长天数，以及有关的证据资料，可以以后在规定的时间内陆续再报。

## 二、报送索赔资料

因为业主对承包商索赔的报告相对简单，下面仅对承包商的索赔报告的准备进行论述。在正式提出索赔要求以后，承包商应抓紧准备索赔资料，计算索赔款额，或计算所需的工期延长天数，编写索赔报告书，并在规定的时间内正式报出。如果索赔事项的影响继续存在，事态还在发展，则每隔一定时间向工程师报送一次补充资料，说明事态发展情况。最后，当索赔事项影响结束后的规定时间内报送此项索赔的最终报告，提出全部具体的索赔款额和/或工期延长天数，附上最终账目和全部证据资料，要求工程师和业主审定。

一般来讲较重大的索赔事项，承包商的索赔报告将工期索赔和经济索赔分别编写报送。因为每一种索赔都需要进行大量的合同论证、定量计算和证据资料，需要工程师分别审核并提出处理意见。至于比较小或简单的索赔事项，在征得工程师同意后，可将工期索赔和经济索赔合在同一个索赔报告书中。

在工程索赔工作中，索赔报告书的质量和水平，对索赔成败关系极为密切。一项符合法律规定与合同条件的索赔，如果报告书写得不好，例如，对索赔权论证不力，索赔证据不足，索赔款计算有错误等，轻则使索赔结果大打折扣，重则会导致整个索赔失败。因此，承包商在编写索赔报告时，应特别周密、审慎地论证阐述，充分地提供证据资料，对索赔款计算书反复校核，不允许存在任何计算错误。对于技术复杂或款额巨大的索赔事项，必要时聘用合同专家、法律顾问、索赔专家或技术权威人士担任咨询顾问，以保证索赔取得较为满意的成果。

关于索赔报告的编写问题，详见本节第五部分。

## 三、通过谈判和调解解决索赔争端

通过谈判和调解友好地协商解决索赔争端，是合同双方的共同利益所在。尤其是工程项目的业主，应将此作为自己的重要职责之一。所谓友好协商解决，是指索赔问题通过业主、工程师和承包商的共同努力得到解决，即由合同双方根据工程项目的合同文件规定及有关的法律条例，通过友好协商达成一致的解决办法。实践证明，绝大多数的索赔争端是可以通过这种方法圆满解决的。

## (一) 通过谈判解决索赔争端

### 1. 做好谈判解决争端的准备工作

索赔谈判一般由工程师主持,双方在索赔谈判前应充分准备好谈判所需的证明材料。作为承包商应提交有说服力的索赔或者要求补偿的详细清单,并附有合同依据和计算依据,包括施工记录、来往信函、文件图纸,最好还有工程师的书面指示和记录等。总之,文件的证明以及论据的合理,不仅可以加强自己在谈判中的主动地位,还可以获得所有参加谈判人员的理解和支持。

任何谈判协商过程都是相互妥协的过程,即使每一项具体争端金额都是有根据的,合理合法的,也需要在适当的时候做出一定的让步,以换取对方的妥协解决。尽管让步可能使自己的经济利益局部受到损害,但比较采取其他争端解决方式还是能节省很多时间和费用。事先准备好适当的退让妥协的多种方案,就可以在谈判中随机应变,灵活主动。

### 2. 采取多层次和灵活的谈判方法

双方可以先进行低层次谈判,第一次一般采取非正式的形式,双方交换意见,互相探听对方的立场观点,了解可能的解决方案。再逐步扩展到高层次协商解决问题。凡是能在工地现场商定的问题,尽可能就地协商解决。可以先和业主代表或有关部门讨论有关重要问题,最后再同业主高层次人员正式谈判,以求解决一些重大问题的争端。这种多层次谈判,可以促使对方低层次人员说服其高层人员,并使高层次谈判有一定的回旋余地。

还可以采用会内会外交替协商谈判以缓和争端。如果多次正式会谈均不能达成协议时,则需要采取进一步协商解决措施,如通过中间人斡旋,寻求进行妥协的可能性。

谈判也要讲究技巧。一个谈判能手,不仅要熟悉有关的法律条款,了解工程项目的技术经济情况和施工过程,而且要善于同对手斗智,在不失掉原则的前提下善于灵活退让,最终达成双方满意的协议。

## (二) 调解解决索赔争端

当争端双方直接谈判无法取得一致的解决意见时,为了争取通过友好协商的方式解决索赔争端,根据工程索赔的经验,可由争端双方协商邀请中间人进行调停,亦能够比较满意地解决索赔争端。

这里所指的"中间人",可以是争端双方都信赖熟悉的个人(工程技术专家、律师、估价师或有威望的人士),也可以是一个专门的组织(工程咨询或监理公司、工程管理公司、索赔争端评审组、合同争端评委会等)。

中间人调解的过程,也就是争端双方逐步接近而趋于一致的过程。中间人通过与争端双方个别地或共同地交换意见,在全面调查研究的基础上,可以提出一个比较公正而合理的解决索赔问题的意见。这个调解意见,只作为中间人的建议,对争端双方没有约束力。但是,根据索赔调停解决的实践,大多数的中间人调解都取得了成功。

中间人的工作方法,对调解的成败关系甚大。首先,中间人必须站在公正的立场上,处事公平合理,绝不偏袒一方而歧视另一方。其次,中间人应起催化剂的作用,善于疏导,能够提出合理的、可能被双方接受的解决方案,而不强加于任何一方。再次,中间人的工作方法应灵活,善于同双方分别交换意见,但不能将任何一方的底盘或观点透露给另一方。

调解解决索赔争端的优点是:它可以避免合同争端的双方走向法院或仲裁机关,使争端较快地得到解决,又可节约费用,也使争端双方的对立不进一步的激化,最终有利于工程项目的建设,也符合双方的长远利益。

通过调解解决索赔争端的办法,已在世界各国解决工程合同争端中被广泛地采用,而且取得了很好的成果。根据一些国家的调查统计,在所发生的全部建设工程合同争端中,大约有60%~80%的争端可以在工程项目合同双方的友好协商中得到解决;凡是提交中间人或中间调停机构解决的合同争端,大约有80%左右可通过调停解决;提交法院或仲裁机关通过法律判决的案数,大约占全部建筑工程合同争端的5%左右。

### 四、工程师在处理索赔中的作用

在工程索赔工作中,工程师起着十分重要的作用。一个工程项目的索赔工作能否处理好,在很大的程度上取决于工程师的工作责任心和职业道德。工程承包合同中,大都强调工程师解决索赔争端的权力。发生索赔后,都要先以书面形式提交工程师,要求工程师在合同规定的时间内做出公正的决定。

工程师在索赔管理工作中的任务,主要包括以下三个方面。

(一) 预防索赔发生

在工程项目承包中,出现索赔是正常现象,尤其是规模大、工期长的工程。但是,从合同双方的利益出发,应该使索赔事项的次数减至最低限度。在这里,工程师的工作深度和工作态度起很大作用,他应该努力做好以下工作:

1. 做好设计和招标文件

工程项目的勘察设计工作做得仔细深入,可以大量减少工程实施期间的工程变更数量,也可以尽量避免遇到不利的自然条件或人为障碍,不仅可以减少索赔事项的次数,也可保证工程的顺利进行。招标文件包括合同条件、工程量表、技术规范和施工图纸等大量技术经济文件。这些文件的编写质量愈高,愈能减少索赔的发生。

2. 协助业主做好招标工作

招标工作包括投标前的资格预审,组织标前会议,组织公开开标,评审投标文件,做出评标报告,参加合同谈判及签订合同协议书等工作。为了减少工程期间的索赔争端,要注意处理好两个问题:一是选择好中标的承包商,即选择信用好、经济实力强、施工水平高的承包商。报价最低的承包商不一定就是最合适中标的承包商。二是做好签订合同协议书的各项审核工作，在合同双方对合同价、合同条件、支付方式和竣工时间等重大问题上彻底协商一致以前，不要仓促地签订合同。否则，将会带来一系列的合同争端。

3. 做好施工期间的索赔预防工作

许多索赔事项都是合同双方分歧已长期存在的暴露。作为监督合同实施的工程师，应在争端的开始阶段，就认真地组织协商，进行公正地处理。例如，在发生工期延误时，合同双方往往是互相推卸责任，互相指责，使延误日益严重化。这时，工程师应及时地召集专门会议，同业主、承包商一起客观地分析责任。如果责任难以立刻明确，可留待调查研究，而立即研究赶工的措施，采取果断的行动，以减少工期延误的程度。这样的及时处理，很可能使潜在的索赔争端趋于缓和，再继以适当的工程变更或单价调整，就可能使索赔争端得到较圆满的解决。

（二）及时解决承包商提出的索赔问题

工程师对索赔管理的一项重要任务，就是对承包商的索赔报告进行评审，并提出处理的意见。当发生索赔问题时，工程师应抓紧评审承包商的索赔报告，提出解决的建议，邀请业主和承包商协商，力争达成协议，迅速地解决索赔争端。

为此，工程师首先要十分仔细地对索赔文件进行全面的分析，即进行索赔分析。索赔分析包括以下几个方面。

1. 合同文件分析

工程师在接到承包商的索赔报告以后，并在必要时要求承包商对短缺的资料进行补充后，即开始合同文件分析工作。合同文件分析的目的，是根据已发生的、引起索赔的事项，对工程项目合同文件中的有关条款进行严格的分析，以确定索赔事项的起因、是否可以避免、是否采取了减轻损失的措施以及合同责任等四个方面的实际情况。澄清这些问题非常重要，它是进行工期索赔和经济索赔的基础。查明引起索赔的起因，往往涉及到合同责任的问题。

根据索赔事项的具体情况对合同文件进行严格分析，其最终目的是确定合同责任，这是索赔是否成立的基础。在进行合同文件分析时，要根据索赔事项的具体情况对有关的合同条件进行分析。

在完成合同文件分析工作并明确合同责任的基础上，再继续进行工程进度影响分析和工程成本影响分析，以确定不属于承包商责任的前提下可能发生的工期延长天数和索赔款额。

2. 工程进度影响分析

工程进度影响分析的目的，是研究确定应给承包商的工期延长的天数。承包商在工期索赔报告中往往把同时进行的作业工种的受影响的延误天数，简单地叠加起来，要求按叠加的总天数延长工期，而没有考虑是否影响关键工期，即处于工程关键路线上的、影响整个工程竣工日期的工种延误天数。因此，对索赔事项涉及的作业工种的影响程度，应进行逐项地具体分析。通常是利用计算机软件，如 P3，进行工程网络图分析，进行施工顺序的合理调整，以求得最短的、必需的工期延长天数。

在进行工期影响分析时，首先按原定的计划进度绘制进度网络图。然后，把工程的实际进度和索赔事项的干扰放进去，进行对比，即按下列顺序操作：

（1）绘制确切的计划进度图；
（2）核实详细的实际进度；
（3）查明受到延误的作业工种；
（4）查明影响工程进度的因素；
（5）确定延误因素对工程进度及整个工程竣工日期的影响。

根据工程进度影响分析的结果，可以确定承包商有权取得工期延长的天数。

3. 工程成本影响分析

工程成本影响分析的目的，是确定由于索赔事项引起的工程成本增加款额，也是确定可以支付给承包商的索赔款额。工程师进行工程成本影响分析时，分项核算不属于承包商责任而引起的工程投资增加款项，即计算承包商有权获得的索赔款额。工程师独立地进行索赔款计算，并以自己核算的结果与承包商的索赔要求款额来比较。在索赔款额中，由于生产效率降低所引起的成本增加一般占很大比重。这种成本增加主要来自两个方面：一是施工设备窝工引起的费用；二是工人工时的增加和管理人员费用。生产率影响分析的关键，是通过可靠的现场施工记录资料，对原定的计划工时与费用以及实际的工时和费用进行对比，求出其差值，即为生产率降低而引起的索赔款额。

工程师在完成上述分析核算工作以后，即可对承包商的索赔报告提出解决的意见，并分别报送给业主和承包商。由此开始，合同双方即可就索赔的解决办法开始正式的会谈讨论，力争通过协商一致而得到解决。

工程师对承包商索赔报告的处理意见，不外乎两种情况：一是反驳承包商的索赔要求，论述该项索赔没有合同依据，说明承包商不具备此项索赔权，因此否决承包商的索赔要求。二是修正承包商的索赔要求，指出索赔报告中不应列入的事项，或计算上的错误，从而改变承包商要求的工期延长天数或经济补偿款额，一般的结果，是核减承包商的要求，使工期延长缩短，经济补偿减少。

对于工程师的索赔处理意见，如果承包商不同意，或者承包商和业主都不满意时，工程师有责任听取双方的意见，修改索赔评审报告和处理建议，直到合同双方均表示同意。如果合同双方中仍有一方不同意，而且工程师坚持自己的处理意见时，此项索赔争端将提交进一步的评审机构，或提交仲裁。

（三）处理业主的索赔要求

工程承包业中，业主和承包商都享有索赔权，总承包商和分包商之间也互有索赔权。业主的索赔理由是承包商违约，如不按期建成工程，施工质量不符合技术规范的标准，施工中给业主或第三方造成了财产损害或人身伤亡等。

对于业主的索赔要求，工程师要做的工作是：(1) 研究业主的索赔要求。对业主提出的索赔事项，对照合同条件和具体证据进行研究，肯定合理的索赔要求，对有异议的同业主再次讨论；(2) 进行业主的索赔处理。根据合同条件的规定，将业主的索赔决定正式通知承包商并在月结算单中予以扣减。

通过谈判和调解解决索赔争端，都是非对抗性处理争端的良好方式，这样可以避免破坏承包商和业主之间的商业关系。即使承包商对采取仲裁或诉讼解决争端有胜诉的把握，多数仍是不愿意贸然提交仲裁或诉讼。因为，聪明的承包商懂得，要想在一个地区或国家长久立足，不能采取过于强硬的方式，否则可能使自己无法在这个地区或国家生存。能够通过谈判协商或借助调解人的中间调停使争端获得解决，不仅可以节省大量用于某些法律程序的费用和时间，还不致伤害双方的感情，甚至还能营造双方愿意今后继续合作的良好气氛。

**五、索赔报告的编写**

一个完整的索赔报告书，一般包括四个部分：
(1) 总论部分：概括地叙述索赔事项；
(2) 合同论证部分：叙述索赔的根据；
(3) 索赔款额和/或工期延长的计算论证和分析；
(4) 证据部分。

1. 总论部分

每个索赔报告书的首页，应该是该索赔事项的一个综述。它概要地叙述发生索赔事项的日期和过程；说明承包商为了减轻该索赔事项造成的损失而做过的努力；索赔事项对承包商增加的额外费用和/或工期延长天数；以及自己的索赔要求。最好在上述论述之后附上一个索赔报告书编写人、审核人的名单，注明每个人的职称、职务，以表示该索赔报告书的权威性和可信性。总论部分应简明扼要，对于较为重大的索赔事项，一般也应以 3~5 页篇幅为限。

2. 合同引证部分

合同引证部分是索赔报告关键部分之一，它的目的是论述自己有索赔权，这是索赔成立的基础。合同引证的主要内容，是该工程项目的合同条件及相关技术文件，说明自己理应得到经济补偿和/或工期延长，或二者均应获得。因此，索赔人员应通晓合同文件，善于在合同条件、技术规范、工程量表以及来往函件中寻找索赔的法律依据，使自己的索赔要求建立在合同和法律的基础上。

在合同引证部分的最后，如果了解到有类似的索赔案例，无论是发生在工程所在国的或其他工程项目上的，都可以作为例证提出。英美法系是案例法系，提供相关案例有助于在使用英美法系的国家论证自己索赔要求的合理性。

对于某些合同条款的引证，如不利的自然条件或人为障碍，合同范围以外的额外工程，不可抗力等，应在索赔报告书中做详细的论证，并引用有说服力的证据资料。因为在这些方面经常会有不同的观点，对合同条款的含义不同的解释往往是索赔争端的焦点。

综合上述，合同引证部分一般包括以下内容：
(1) 概述索赔事项的处理过程；
(2) 发出索赔通知书的时间；
(3) 引证索赔要求的法律规定、合同条款和技术文件；
(4) 指明所附的证据资料。

3. 索赔款额计算部分

在论证索赔权以后，应接着计算索赔款项，具体论证和分析合理的经济补偿款额。这是经济索赔报告的第三部分，也是索赔报告书的主要部分。

款额计算的目的，是以具体的计价方法和计算过程说明承包商应得到的经济补偿款额。如果说合同论证部分的目的是确立索赔权，则款额计算部分的任务是决定应得的索赔款。前者是定性的，后者是定量的。

在款额计算部分中，承包商应首先注意采用合适的定量分析模型。至于采用哪一种计价方法，应根据索赔事项的特点及自己掌握的证据资料等因素来确定。其次，应注意每项开支的合理性，并指出相应的证据资料的名称及编号。只要计价方法合适，各项开支合理，则计算出的索赔款总额就有说服力。

索赔款计价的主要组成部分是：由于索赔事项引起的额外开支的人工费、材料费、施工机械费、现场管理费、上级管理费、利息、税收、利润等。每一项费用开支，应附以相应的证据或单据。

款额计算部分在写法结构上，最好首先写出定量计算的结果，即列出索赔总款额汇总表，然后，再分项地论述各组成部分的计算过程。这是国际工程索赔文件通用的编写格式。在编写款额计算部分时，切忌采用笼统的计价方法和不实的开支款项。

款额计算部分的篇幅可能较大。因为应论述各项计算的合理性，详细写出计算方法，并在此基础上累计出索赔款总额。通过详细的论证和计算，使业主和工程师对索赔款的合理性有充分的了解，这对索赔要求的迅速解决很有帮助。

4. 工期延长论证部分

在索赔报告中进行工期论证的目的，首先是为了获得工期的延长，以免承担误期损害赔偿费的经济损失。其次，可能在此基础上，探索获得经济补偿的可能性。因为如果投入了更多的资源时，就有权要求业主对附加开支进行补偿。对于单纯的工期索赔报告，工期延长论证是它的第三部分。

在索赔报告中论证工期的方法主要有：横道图表法、关键路线法、进度评估法、顺序作业法等。

在工期索赔报告中，应该对实际工期、计划工期等工期的长短（天数）进行详细的论述，说明自己要求工期延长（天数）或加速施工费用（款额）的根据。

如果采取了加速施工措施，则实际工期的天数较计划工期的天数将显著地缩短。这个计划工期同实际工期之差，即缩短计划工期的天数，就是加速施工所挽回的工期天数。这个被挽回的天数，有时亦被称为"理论上的工期延长"。因此，在分析工期时可以说：加速施工所挽回的工期天数等于理论上的工期延长天数。

### 5. 证据部分

证据部分通常以索赔报告书附件的形式出现，它包括了该索赔事项所涉及的一切有关证据资料以及对这些证据的说明。证据是索赔文件的必要组成部分，没有详实可靠的证据，索赔是不可能成功的。

索赔证据资料的范围甚广，它包括工程项目施工过程中所涉及的有关政治、经济、技术、财务等许多方面的资料。这些资料，应该在整个施工过程中持续不断地搜集整理，分类储存，最好是存入计算机中以便随时查询、整理、分析或补充。这些证据资料，并不是都要放入索赔报告书的附件中，而是针对索赔文件中提到的开支项目，有选择、有目的地列入，并进行编号，以便审核查对。在引用每个证据时，要注意该证据的效力和可信程度。为此，对重要的证据资料最好附以文字说明，或附以确认函件。除文字报表证据资料以外，对于重大的索赔事项，还应提供直观记录资料，如录像、摄影等证据资料。

实践证明，对一个同样的索赔事项，索赔报告书的好坏对索赔问题的解决有很大的影响。索赔报告书写得不好，往往会使承包商失去在索赔中有利的地位和条件，使正当的索赔要求得不到应有的妥善解决。因此，有经验的承包商都十分重视索赔报告书的编写工作，使自己的索赔报告书充满说服力，逻辑性强，符合实际，论述准确，使阅读者感到合情合理，有理有据。为此，报告书的编写者应注意写作技巧。一份成功的索赔报告书，应注意做到：① 事实准确；② 逻辑性强；③ 善于利用案例；④ 文字简练，论理透彻；⑤ 逐项论述，层次分明。

## 第五节 业主向承包商的索赔

在工程项目合同中，对合同双方（业主和承包商）均赋予提出合理索赔的权利，以维护受损害一方的正当利益。在工程承包实践中，当承包商遇到了难以预见的或自己难以控制的客观原因或业主方的原因而使工程成本增加或延误了工期时，将提出进行公平调整的要求，即承包商对业主的索赔。业主可以对承包商的索赔要求进行评议，提出其不符合合同条款的地方，或指出计算错误的地方，或去除索赔计价中的不合理部分，从而压低其索赔款额，甚至将其索赔要求全部否定。同时，业主也可以利用工程合同条款赋予的权利，对由于承包商违约而造成业主的损失提出索赔要求，以维护自己的合法权益。本节主要讨论业主对承包商索赔的主要内容以及业主对承包商索赔的特点。

## 一、业主对承包商索赔的特点

同承包商提出的索赔一样，业主对承包商的索赔要求也是为了维护自己的合法权益，避免由于承包商的原因而蒙受经济损失。在具体的工作程序方面，业主对承包商的索赔工作不像承包商的索赔工作那么复杂。在处理业主对承包商的索赔款方面，亦没有那么困难。这些特点和区别，亦是工程承包市场上占统治地位的"买方市场"规律所决定的。

业主对承包商的索赔工作的特点，主要表现如下：

1. 业主对承包商可索赔的措施，基本上都已列入工程项目的合同条款中去了，如投标保函、履约保函、预付款保函、保留金、误期损害赔偿费、工程检验和缺陷通知期的有关规定等。在合同实施的过程中，许多业主对承包商的索赔措施已顺理成章地一一体现了。

2. 业主对承包商的索赔，不需要提交什么报告之类的索赔文件，只需通知承包商即可。有的业主对承包商的索赔决定，如承包商保险失效、误期损害赔偿费扣除等，根本不需要事先通知承包商，就可以直接扣款。

3. 业主对承包商的索赔款额，由业主和工程师根据有关法律和合同条款确定，且直接从承包商的工程进度款中扣除。如工程进度款数额不够，便可以从承包商提供的任何担保或保函中扣除。如果还不够抵偿业主的索赔款额，业主还有权扣押、没收承包商在工地上的任何财产，如施工机械等。这同承包商取得索赔款的过程和难度相比，有天壤之别。

4. 业主方对承包商的工期索赔可以体现为延长缺陷通知期，但应该有一个限度。如 FIDIC "新红皮书"即规定：缺陷通知期的延长不得超过两年。

当然，这并不意味着业主可以任意而为。业主应通情达理，工程师应公平行事，这在国际工程承包界已是众所周知的职业道德。同时，业主也必须考虑到本身的信誉和长远利益。

## 二、业主对承包商索赔的工作内容

工程承包中的业主对承包商的索赔，主要有以下三个方面：

1. 工期延误

在工程项目的施工过程中，由于多方面的原因，往往使工程竣工日期较原定竣工日期拖后，影响到业主对该工程的利用计划，给业主带来经济损失。按照国际工程承包的惯例，业主有权向承包商索赔，即要求他承担"误期损害赔偿费"。承包商承担这项赔偿费的前提是：这一工期延误的责任属于承包商方面。

工程的工期，一般是指从工程师发出的"开工令"中所指明的日期开始，直至工程"实质性竣工"的日期，即指整个工程已基本建成，可以按照原定的设计要求交付使用。实质性竣工标志着：业主向承包商支付了大部分的工程款；承包商开始实施缺陷通知期的职责；业主开始使用该项工程，并向承包商退还部分保留金等。

工程合同中规定的误期损害赔偿费，通常都是由业主在招标文件中确定的。业主在确定这一赔偿金的费率时，一般要考虑以下诸项因素：

(1) 由于本工程项目拖期竣工不能投产，租用其他设施时的租赁费；
(2) 继续使用原设施或租用其他设施的维修费用；
(3) 由于工程拖期而引起的投资（或贷款）利息；
(4) 工程拖期带来的附加监理费；
(5) 原计划收入款额的落空部分等。

业主应该注意赔偿费率的合理性，不应把它定得过高，超出合理的数额。而且，在工程承包实施中，一般都对误期损害赔偿费的累计扣款总额有所限制，如不得超过该工程项目合同价的 5%～10%。至于误期损害赔偿费的计算方法，在每个工程项目的合同文件中均有具体规定。一般按每延误一天赔偿一定的款额计算。

2. 工程缺陷

工程承包合同条件都规定，如果承包商的工程质量不符合技术规范的要求，或使用的设备和材料不符合合同规定，或在缺陷通知期未满以前未完成应该负责修补的工程时，业主有权向承包商追究责任，要求补偿业主所承受的经济损失。这就是由于工程缺陷业主对承包商的索赔，或称为质量缺陷业主对承包商的索赔。

工程缺陷包括的主要内容有：

(1) 承包商建成的某一部分工程，由于工艺水平差，而出现倾斜、开裂等破损现象；
(2) 承包商使用的材料或设备不符合合同条款中指定的规格或质量标准，从而危及建筑物的安全性；
(3) 承包商负责设计的部分永久工程，虽然经过了工程师的审核同意，但建成后发现了缺陷，影响工程的安全性；
(4) 承包商没有完成按照合同文件规定的应进行的隐含的工作等。

上述工程缺陷或未完成的工作，引起业主的任何损失时，业主有权向承包商提出索赔。

这些缺陷修补工作，承包商应在工程师和业主规定的时期内做完，并经检查合格。在缺陷通知期届满之际，工程师在全面检查验收时发现的任何缺陷，一般应在14天以内要求承包商修好，才能向业主移交工程，从而完成缺陷通知期的责任。否则，业主不仅可以拒绝接收工程，还可以向承包商提出索赔。

缺陷处理的费用，应该由承包商自己承担。如果承包商拒绝完成缺陷修补工作，或修补质量仍未达到合同规定的要求时，业主则可从其工程进度款中扣除该项修补所需的费用。如扣款额还不能满足修补费的需要时，业主还可从承包商提交的履约保函或保留金中扣除。

3. 承包商的其他违约行为

除了上述两项主要的业主对承包商的索赔以外，业主还有权对承包商的其他任何违约行为提出索赔。在业主对承包商的索赔实践中，常见的由于承包商违约而引起的业主对承包商的索赔主要有：

（1）承包商运送自己的设备和材料时，损坏了沿途的公路或桥梁，公路交通部门要求修复；

（2）承包商所申办的工程保险，如工程一切险、人身事故保险、第三方责任险等过期或失效时，业主代为重新申办这些保险所发生的一切费用；

（3）由于工伤事故，给业主人员或第三方人员造成的人身或财产损失；

（4）承包商的材料或设备不符合合同要求，而需要重复检验时的费用开支；

（5）由于不可原谅的工期延误，引起的在拖期时段内工程师的服务费用及其他开支；

（6）承包商对业主指定的分包商拖欠工程款，长期拒绝支付，指定分包商提出了索赔要求；

（7）当承包商严重违约，不能（或无力）完成工程项目合同的职责时，业主有权终止其合同关系，由业主自己或雇佣另一个承包商来完成工程，业主这时还可以使用原承包商的设备、临时工程或材料，然后再清理合同付款；

（8）有时，工程项目的合同条款中包含了防备贿赂、泄密等专用条款。在实施这种合同的过程中，如果业主发现承包商有进行贿赂或严重泄密等行为时，也有权向承包商进行业主对承包商的索赔，甚至终止其合同关系。

## 第六节　工程索赔管理的一种思路

工程索赔是合同各方，尤其是承包商必不可少的维护其经济利益的最基本管理行为。工程索赔涉及工程项目招投标、设计、施工、合同条件、相关法律、保险、融资、成本管理、计划管理等各方面的经验和知识，是一门跨多学科的系统工程。索赔管理的难度也很大，尤其是重大索赔工作牵涉金额巨大，有时拖延多年，往往需要有丰富实践经验，并掌握索赔问题专门知识的索赔专家才能做好。

工程索赔在我国正处于发展阶段，我国对外承包公司和国内大型国际工程项目业主单位面临的一个最主要的问题是缺乏工程索赔的经验和专业的索赔管理人才。另外，高级索赔专家的培养和雇佣费用昂贵。为了解决这一问题，笔者通过在实践工作中的切身体会和理论上的研究，提出了建立索赔专家系统的初步模型：索赔矩阵，旨在共享索赔专家丰富的知识和经验，提高索赔工作效率，进而提高索赔成功率，同时也力求降低索赔管理本身的成本。

### 一、索赔矩阵的构成和建立

索赔矩阵的构想是将索赔的分类（矩阵的行）和可索赔的费用、利润和工期等（矩阵的列）以矩阵的形式有机地结合在一起。下文中表8-6就是一个以FIDIC"土木工程施工合同条件"（1987年第四版）为基础，承包商对业主索赔的索赔矩阵示例。

首先，对索赔进行合理的分类可以有效地指导索赔管理工作，以明确索赔工作的任务和方向。索赔的分类方法有很多，在表8-6中索赔矩阵的"行"就是按索赔的合同根据分类组成的。该分类参照了关于FIDIC"红皮书"的"摘要"（《The FIDIC Digest: Contractual relationships, responsibilities and claims under the fourth edition of the FIDIC Conditions》）第77页列举的承包商可引用的索赔条款。这就是索赔专家的意见，因为该书的两位作者都是有丰富国际工程合同管理和索赔经验，并且对FIDIC合同条件有很深研究的专家。总之，索赔矩阵的行是由索赔专家针对项目使用的合同条件进行深入、细致的分析和研究之后提出方案确定的。

另外，矩阵的"列"是由可索赔的费用、利润和工期组成的。可索赔的费用一般包括人工费、材料费、施工机械费和间接费（包括上级管理费和现场管理费）。其中，这些费用项目还可以进一步细分，见第三节表8-4的内容。其他项目分类详见矩阵中各列。索赔矩阵的列一般并不随合同条件的变化而变化，可以保持相对稳定。

表8-6中索赔矩阵的各行各列及其分类均给予了特定的、唯一的编号，矩阵的行用R系列表示，矩阵的列用C系列表示。矩阵的各个元素：E——表示可以出此项目索赔；P——表示可能出此项目索赔；空格——表示不存在此项目索赔的可能性或可能性极小。

例如，R12×C11 = E，表示R12—"业主未能提供现场"，存在C11—"人员闲置"的索赔；R12×C14 = P，表示可能存在C14—"劳动生产率降低"的索赔；R12×C12 = 空格，表示得到C12—"加班工作"索赔的可能性没有或极小。

表8-6中E、P或空格的界定是笔者结合某一由世界银行贷款的高速公路项目初步确定的，在此仅为一个示例说明。索赔矩阵中的元素E、P或空格应是由索赔专家针对项目所使用的合同条件，并综合考虑项目各方面的因素而确定的。这些元素的确定是索赔矩阵的关键，其准确程度也决定着该矩阵模型质量高低和其是否真正具有实用价值。元素E、P或空格的确定，也就是向索赔专家获取知识，建立系统知识库的主要工作之一。

第六节 工程索赔管理的一种思路

表 8-6 索赔矩阵示例

| 索赔的分类 | | 索赔依据的合同条款 | 可索赔的费用项目 | C10 人工费 | | | | C20 材料费 | | | C30 施工机械费 | | | C40 间接费 | | | | | | C50 其他费用 | | C60 利润 | | | | C70 工期 | |
|---|---|---|---|---|---|---|---|---|---|---|---|---|---|---|---|---|---|---|---|---|---|---|---|---|---|---|---|
| | | | | C11 人员加班 | C12 额外劳动 | C13 劳动效率降低 | C14 闲置工作力的雇用 | C21 材料采购费的增加 | C22 额外材料 | C23 材料运输及保管费的增加 | C31 机械采购及闲置费增加 | C32 机械使用费 | C33 机械作业效率降低 | C41 合同工期内的现场管理费增加 | C42 合同工期延长期间的现场管理费增加 | C43 延长期间的上级管理费 | C44 合同工期内的间接费增加 | C45 其他管理费 | C46 保险、担保费 | C51 合同变更补偿费用 | C52 其他补偿的其他费用 | C61 合同工期延长机会利润 | C62 合同变更利润 | C63 合同解除补偿利润 | C64 其他利润 | C71 处于关键线路上的项目 | C72 处于非关键线路上的项目 |
| R10 业主违约 | R11 | 6.3/4 | 施工图纸拖期交付 | E | | P | P | P | | P | P | | P | P | P | P | | | P | | | P | | | | E | P |
| | R12 | 42.2 | 业主未能提供现场 | E | | P | P | P | | P | P | | P | P | P | P | | | P | | | P | | | | E | P |
| | R13 | 65.8 | 终止合同 | E | | | | P | | | E | | | P | | | | | E | | | | | P | | E | P |
| | R14 | 69 | 业主违约 | P | P | P | P | P | P | P | P | P | P | P | P | P | P | | | P | E | P | P | | | E | P |
| R20 工程变更 | R21 | 51.1 | 工程变更 | P | P | | | P | P | | P | P | | P | P | | P | | | P | E | P | P | | | E | P |
| | R22 | 52.1/2 | 变更指令付款 | P | P | | | P | P | | P | P | | P | P | | P | | | P | E | P | P | | | E | P |
| | R23 | 52.3 | 合同额增减超过15% | P | | | | | | | | P | | P | | | | | | | | P | | | | | | |
| R30 工程师指令 | R31 | 18.1 | 工程师指令钻孔勘探 | P | | | | P | | P | P | P | | P | P | | P | | P | P | | P | | | | | P | |
| | R32 | 31.2 | 为其他承包商提供服务 | P | | | | P | | P | P | P | | P | P | | P | | P | P | | P | | | | | P | |
| | R33 | 36.5 | 进行试验 | E | | | | P | | P | | P | | P | | | | | | P | | P | | | | | | |
| | R34 | 38.2 | 指示剥露或开凿 | P | E | | | E | | P | | P | | P | | | | | | P | | P | | | | | | |
| | R35 | 49.3 | 要求进行修理 | E | | | | P | | | | P | | | | | | | | | | | | | | P | | |
| | R36 | 50.1 | 要求检查缺陷 | E | | | | | | | | P | | | | | | | | P | | | | | | | | |

# 第八章 国际工程索赔管理

续表

| 索赔的分类 | 索赔依据的合同条款 | 可索赔的项目 | C10 人工费 | | | | C20 材料费 | | | C30 施工机械费 | | | C40 间接费 | | | | | | C50 其他费用 | | C60 利润 | | | | C70 工期 | |
|---|---|---|---|---|---|---|---|---|---|---|---|---|---|---|---|---|---|---|---|---|---|---|---|---|---|---|
| | | | C11 人员加班闲置工作效率降低雇佣 | C12 额外劳动 | C13 额外劳动力 | C14 效率降低 | C21 额外材料采购 | C22 材料运费 | C23 材料采购及保管费用增加 | C31 机械机械使用作业机械使用效率降低 | C32 机械闲置费 | C33 机械购置费 | C41 合同工期上级管理费的增加 | C42 工期延长期间现场管理费 | C43 延长期间现场管理费 | C44 其他合同变更引起的其他管理费 | C45 合同工期延长期间同场管理费 | C46 保险、担保费延长增加 | C51 | C52 | C61 合同机会利润 | C62 合同解除利润补偿 | C63 其他合同变更利润补偿 | C64 利润补偿 | C71 处于关键线路上的项目 | C72 处于非关键线路项目 |
| R40 暂停施工 | R41 40.2 | 中途暂停施工 | E | | | | P | | | P | | | P | P | P | | | P | P | | P | P | | | E | P |
| R50 业主风险 | R51 20.3 | 业主的风险及修复 | E | P | | | P | | | P | | | P | P | P | | | P | P | | | P | | | | P |
| | R52 65.3 | 特殊风险引起的工程破坏 | E | P | | | P | | | P | | | P | P | P | | | P | P | | | | | | | P |
| | R53 65.5 | 特殊风险引起的其他开支 | E | | | | P | | | P | | | P | P | P | | | P | P | | | | | | | P |
| R60 不利的自然条件客观障碍得 | R61 12.2 | 不利的自然条件 | E | P | | | P | | | P | | | P | P | P | | | P | P | | | P | | | | E |
| | R62 27.1 | 发现化石、古迹等 | E | P | | | P | | | P | | | P | P | P | | | P | P | | | P | | | | E |
| R70 合同缺陷 | R71 5.2 | 合同论述含糊 | E | P | | | P | | | P | | | P | P | P | | | P | P | | | P | | | | E |
| | R72 17.1 | 因数据差错、放线错误 | E | | | | P | | | P | | | | P | P | | | P | P | | | P | | | | E |
| R80 其他 | R81 70.1 | 成本的增加 | | | | | | P | | | | | | | | | | | | E | | | | P | | |
| | R82 70.2 | 法规变化 | | | | | | | | | | | | | | | | | | E | | | | | | |
| | R83 71.1 | 货币及汇率变化 | | | | | | | | | | | | | | | | | | E | | | | P | | |

## 二、索赔矩阵与相关数据库

索赔矩阵模型可以作为一种索赔管理思路，给实际索赔管理人员处理索赔问题一个方向性的指导。必须将索赔矩阵和其他相关的数据库结合起来使用，才能够真正发挥其作用。为此，要建立专门的或与项目其他数据库共享的数据库如：工程项目数据库（DB1）、工程量及定额数据库（DB2）、索赔案例数据库（DB3）和索赔定量计算模型数据库（DB4）等。

索赔矩阵中的每一个标有 E 或 P 的元素，均可能在相应的数据库里找到对应的内容，以之作为索赔处理的证据资料、参考数据、成功的参考案例、计算模型等。

工程项目数据库 DB1 中的数据主要来源于总的工程项目管理信息系统，是一个索赔管理与项目管理信息系统的主要接口。实践经验告诉我们，如果等到发现索赔线索之后再去收集、整理有关的数据就已经晚了，完整的索赔数据是靠日积月累形成的。如必须建立起项目专用的班报、日报管理系统，随时存储、更新最新的工程施工进展情况以及遇到的问题，这些都是日后索赔的必不可少的数据。因此数据库 DB1 的日常更新维护工作量非常大，它是一个项目综合信息管理水平的体现。同时也需要其他管理软件所提供数据的配合，如当进行工期索赔时可以使用美国 Primavera 公司的进度计划管理软件 P3（Primavera Project Planner）中的数据和网络图对实际进度计划与原进度计划进行计算和比较，分析造成工期延误的原因；当需要调用有关项目合同文档和来往信函等资料时，可以采用美国 Primavera 公司的合同管理软件 Expedition 的数据等。

工程量及定额数据库 DB2 做起来相对简单，若为单价合同可将工程量表做成数据库，同时应将工程的有关定额数据建到数据库中。索赔案例数据库 DB3 是需要收集大量国内外同行业相关的获得成功索赔的案例，并对其进行标准化和规范化处理，这需要由索赔专家和合同管理人员来实施，同时，索赔专家还应该把他们对每一个索赔案例的评价意见写入数据库。索赔定量计算模型数据库 DB4 是用来将比较成熟，能在实际中使用的索赔定量计算模型，如用于上级管理费索赔计算的"Eichleay"模型、用于计算劳动生产率的"学习曲线"模型等进行分类存储，很多模型可以作为处理索赔事件做定量计算时的参考，这项工作也要由专业索赔人员进行。

当然，这些数据库并不是一朝一夕能够建立和完善起来的，每个数据库的内容都需要在实践中不断的充实和改进。这是一项很有意义，但又非常艰巨的工作。

## 三、索赔矩阵模型的使用程序和应用设想

一个工程项目开始实施之前要由索赔专家和项目有关人员一起，建立起本项目专用的索赔矩阵模型，并逐步建立起相关的数据库。在项目实施过程中，首先

要在 DB1 中保持所有有关的同期记录和相关的数据和文件。当一个索赔事件发生以后，可以参考索赔矩阵给出的索赔分类，尽快找到索赔事件的主要合同依据，并分析相关的合同条款。然后索赔人员就可以在已经建好的索赔矩阵模型上确定在哪一行上，进而可以看该行上是否有 E 和 P 元素，再看对应的列就可以找出此索赔事件可以得到那些方面的费用索赔，是否有利润或工期索赔。而根据索赔矩阵与各相关数据库的关系，可以不断从 DB1 中提取相关的同期记录和数据，并可参照 DB2 中的价格和定额确定可参考的单项费率，同时在 DB3 中找出类似成功的索赔案例作为参考和样板，甚至可作为论证索赔和索赔谈判的依据。如有可能在 DB4 中找出可使用的索赔定量计算模型，准确估算出索赔的金额或要求索赔的工期。

按上述步骤即使对索赔管理并不是很熟悉的人员也能像一个索赔专家一样很快做出初步有根据的索赔报告，大大提高了索赔工作的效率。进一步的索赔报告以及最终的索赔报告的编制仍然重复上述步骤。这样，一般参与索赔管理的人员在处理索赔事件时就有了很强的针对性，结合索赔项目的最新具体数据以及他本人的判断，确定一个具体的实施方案。这个过程本身也是一般索赔管理人员迅速学习提高的过程。

鉴于该模型的用户：承包商、业主和工程师单位的项目管理水平和索赔管理水平不同，可以设想索赔矩阵模型的使用可分为下面三个步骤或层次：

第一，对于项目管理水平和信息管理水平相对较低的用户，可在项目实施的初期聘请几位高水平的索赔专家按照本文的思路帮助建立起针对项目的索赔矩阵模型，并且由计算机方面的人员配合建立起模型专用的数据库，尽可能多地收集和整理与索赔有关的信息，以构成对未来索赔事件的支持。在这个阶段，索赔矩阵模型只能起到对索赔管理提供基本思路，进行初步的支持作用，并指出索赔管理的方向。

第二，对于自己已经拥有一定数量较高水平的索赔管理人员，并且能够建立起较为完备的项目管理信息系统的用户，可以让自有的索赔管理人员配合外聘高水平的索赔专家共同建立起索赔矩阵模型，并在使用过程中对模型进行不断的完善和升级，同时充分利用项目管理信息系统的资源，建立起共享的数据库，这样对索赔的处理就能真正起到支持和辅助索赔决策的作用。

第三，在第二步的基础之上，运用专家系统的理论和成熟的信息技术逐步建立起索赔专家系统。汇集各种来源的索赔知识和经验，建立知识库，进而建立推理机制，使系统真正具有推理能力，并能使索赔管理人员和系统进行启发式的人—机对话。帮助索赔管理人员和决策者快速计算出各种可能的索赔解决方案。可将专家系统作为交互式智能问题解决和咨询系统，从而大大增强使用者的索赔谈判和决策能力。

专家系统的很多能力来源于所存储的大量专门知识，以计算机为基础的专家系统，要力求去收集足够的专家知识。计算机能使我们实验各种各样的、把事实组合起来以产生专家推理结果的方法。这样，专家系统就能成为一种实验知识的表达和应用方法的实验工具。索赔专家系统在某种程度上可以被作为一种汇集该领域各种来源的索赔专门知识的工具。因此，专家系统建立和开发本身可对工程索赔管理的发展做出重要的贡献。

随着现代信息理论和技术的不断发展，信息技术在工程项目管理以及索赔管理中的应用的不断深入，项目管理信息系统的建立和不断完善，为索赔专家建立索赔矩阵模型及其相关的数据库提供了方便，计算机已经为索赔专家系统的建立和应用提供了坚实的技术基础。

上面给出了一个适用于承包商向业主索赔的索赔矩阵的思路。索赔矩阵的思路同样可以适用其他合同条件，如 EPC/交钥匙项目合同条件、工程设备和设计—建造项目合同条件等。同样可以将这种思路用于业主对承包商的索赔，所要做的是修改索赔矩阵模型，尤其是矩阵模型中行的确定和各 E，P 元素的确定。同时还要更新相应的数据库的内容。索赔矩阵模型和相关数据库的结构在使用过程中都应保持相对稳定。

目前国内很少有对索赔专家系统的研究，而国外已经开始了这方面的研究和开发工作，并且认为这是一项非常有开发前景的领域，但也尚未发现已经真正投入实际工程项目使用的成熟索赔专家系统。其主要原因仍然是索赔系统本身的综合性太强，而且专家系统理论如何与索赔理论和实践相结合也是一个不太容易解决的问题。

笔者所提出的初步索赔专家系统模型：索赔矩阵的思路，主要是想探讨如何把国内外索赔专家的知识和经验为一般参与索赔管理的人员所共享，并能加速培养高水平的国际工程索赔专业人才，从而尽快弥补目前我国对外承包公司和大型工程的业主单位索赔专家数量不足的缺陷，降低工程中大量存在的索赔问题处理过程的成本。同时也希望通过对索赔矩阵模型的分析、研究和使用，使索赔工作程序化、标准化和规范化，以达到提高索赔工作的效率，进而提高索赔成功率的目的。

## 思 考 题

1. 试分析和解释索赔的基本概念。
2. 工程项目索赔有哪些常见的分类方法？
3. 常见工程项目索赔的发生原因有哪些？
4. 给出工程项目索赔工作的一般程序。
5. 工程项目索赔费用一般有哪些项目，试分析总部管理费索赔计算过程。
6. 由承包商向业主提交的索赔报告一般应主要包括哪几部分？
7. 你能描述一下索赔矩阵和专家库的理念和构思吗？

# 参 考 文 献

1. Griffith, A. and Watson, P. Construction Management: Principles and Practice. Palgrave Macmillan, Basingstoke, 2004
2. Howes, R. and Tah, J.H.M. Strategic Management applied to International Construction. Thomas Telford, London, 2003
3. Fellows, R. F., Langford, D., Newcombe, R. and Urry. Construction Management in Practice (2ndEd.). Blackwell Science, Oxford, 2002
4. Levy, S. M. Project Management in Construction (3rdEd.). McGraw Hill, New York, 2000
5. Loosemore, M. Crisis Management in Construction Projects. ASCE Press, Reston, Virginia, 2000
6. FIDIC. Conditions of Contract for Construction, 1999
7. Richard H. Clough, Glenn A. Aears. Construction Contracting. JOHN WILEY & SONS. INC, 1994
8. FIDIC合同指南. 北京：机械工业出版社，2003
9. FIDIC招标程序. 北京：中国计划出版社，1998
10. 何伯森. 国际工程招标与投标. 北京：水利电力出版社，1994
11. 何伯森. 国际工程承包（第一版）北京：中国建筑工业出版社，2000
12. 何伯森，张水波. 国际工程合同管理. 北京：中国建筑工业出版社，2003
13. 张水波，何伯森. FIDIC新版合同条件导读与解析. 北京：中国建筑工业出版社，2003
14. 陈勇强. 项目采购管理. 北京：中国机械工业出版社，2002
15. 刘家明，陈勇强，戚国胜. 项目管理承包——PMC理论与实践. 北京：人民邮电出版社，2005
16. 陈勇强. 工程项目分包合同招标文件的模块化开发. 港工技术. 2001, 3
17. 陈勇强，何伯森. 国际工程索赔管理的一种新思路——初步索赔专家系统模型：索赔矩阵. 天津大学学报. 2000, 4
18. 汤礼智. 国际工程承包总论. 北京：中国建筑工业出版社，1997
19. 毕星，瞿丽. 项目管理. 上海：复旦大学出版社，2000
20. 梁鉴. 国际工程施工索赔管理（第二版）. 北京：中国建筑工业出版社，2002
21. 全国建筑业企业项目经理培训建材编写委员会. 施工项目管理概论. 北京：中国建筑工业出版社，2002
22. 丛培经. 建设工程项目管理规范系列讲座-11：施工项目信息管理. 施工技术. 2003, 2
23. 邢厚媛. 增长方式的转变呼唤政策的转变. 国际经济合作. 2006, 3
24. 陆绍凯，秦廷栋. 工程项目中的供应链管理研究. 西南交通大学学报（社会科学版），2005, 6
25. 杨秋波. 国际工程承包中项目文化的创建. 国际经济合作. 2004, 10
26. 邹治学，陈乐常. 浅论国际承包工程项目物资管理. 世界桥梁. 2003, 4
27. 黄磊. 海外工程项目管理中的"文化冲击". 国际经济合作. 2002, 4